E AGORA, O QUE EU FAÇO?

Um guia para compreender e ajudar filhas/os/es

LGBTQIAPN+

ORGANIZADORA/ES
Fernanda Cabral Bonato
Robson Girardello
Rodrigo Gouvêa

E AGORA, O QUE EU FAÇO?

Um guia para compreender e ajudar filhas/os/es LGBTQIAPN+

Prefácio de
Ana Canosa

manole
editora

Produção editorial: Lívia Oliveira
Projeto gráfico: Departamento Editorial da Editora Manole
Diagramação: Deborah Takaishi
Projeto gráfico da capa: Marcelo Benevides de Oliveira

CIP-BRASIL. CATALOGAÇÃO NA PUBLICAÇÃO
SINDICATO NACIONAL DOS EDITORES DE LIVROS, RJ

A219

E agora, o que eu faço? : um guia para compreender e ajudar filhas/os/es LGBTQIAPN+ / editores Fernanda Rafaela Cabral Bonato, Robson Tscha Girardello, Rodrigo Gouvêa. -1. ed. - Barueri [SP] : Manole, 2025.

Inclui bibliografia e índice
ISBN 9788520469989

1. Identidade de gênero. 2. Família - aspectos psicológicos. I. Bonato, Fernanda Rafaela Cabral. II. Girardello, Robson Tscha. III. Gouvêa, Rodrigo.

25-101646.0 CDD: 306.768
CDU: 316.7-055.3

Gabriela Faray Ferreira Lopes - Bibliotecária - CRB-7/6643

Edição – 2025

Editora Manole Ltda.
Alameda Rio Negro, 967 – cj. 717 – Alphaville
06454-000 – Barueri – SP – Brasil
Fone: (11) 4196-6000
www.manole.com.br | https://atendimento.manole.com.br/

Impresso no Brasil
Printed in Brazil

Sumário

Parte II – Família e diversidade

Parte III - Vivendo (e sofrendo) em sociedade: apoio e orientações

Nota da editora:

A revisão realizada no texto deste livro adota integralmente as normas do Novo Acordo Ortográfico da Língua Portuguesa, firmado em 2009 e com aplicação obrigatória no Brasil desde 2016, conforme registrado no Vocabulário Ortográfico da Língua Portuguesa (VOLP), publicado pela Academia Brasileira de Letras.

Essa padronização aplica-se inclusive a trechos de citações diretas.

A palavra não binariedade e suas derivações, estão grafadas sem hífen, seguindo o uso consagrado nas fontes de referência e em conformidade com as diretrizes ortográficas vigentes.

Olá,

Neste livro, você encontrará dicas de leitura, estudos e materiais de apoio relacionados aos diversos temas aqui tratados. Também estão incluídas as biografias completas de todas as pessoas autoras dos capítulos, bem como as referências bibliográficas utilizadas e aprofundadas por elas/es/us durante a elaboração desta obra.

Para acessar estes conteúdos, é simples:

Digite o endereço abaixo no seu navegador ou escaneie o QR-Code presente nesta página ou ao longo dos capítulos.

Digite no campo "voucher" a palavra guialgbt, exatamente como está escrita, com letras minúsculas.

Cadastre seu e-mail e senha para criar um login e acessar o conteúdo.

Importante: o acesso à plataforma é válido apenas durante a vigência desta edição.

Endereço: https://conteudo-manole.com.br/cadastro/e-agora-o-que-eu-faco

Prefácio

Acredito que mães, pais, cuidadoras/es e familiares que amam suas crianças e adolescentes tenham um desejo comum: que sejam saudáveis e felizes. Desde os primeiros momentos da parentalidade, criamos expectativas sobre o futuro dessas pequenas vidas que nos foram confiadas. Idealizamos caminhos, projetamos sonhos e, muitas vezes, nos deparamos com realidades que fogem às nossas previsões. Não por falta de amor ou compreensão, mas porque fomos todas criadas/os/es em uma cultura que, por muito tempo, privilegiou uma visão heterocisnormativa da vida, quando uma filha/o/e se revela LGBTQIAPN+, mesmo aquelas/es que se consideram pessoas abertas e conscientes podem sentir o impacto inicial.

Esse impacto, no entanto, não precisa ser sinônimo de distanciamento. Pelo contrário, pode ser uma oportunidade de crescimento, aprendizado e fortalecimento dos laços de apego. E é justamente nesse contexto que esta obra se torna uma ferramenta valiosa. Composta por vários capítulos, cada um escrito por profissionais de diferentes áreas, esta obra oferece muito mais do que informação. Ela traz compreensão, acolhimento e um convite para que mães, pais e cuidadores se aproximem ainda mais de filhas/os/es, respeitando suas identidades e necessidades singulares. É também uma leitura indicada para educadoras/es e profissionais de qualquer área e que lidam diretamente com crianças, púberes e adolescentes.

O conteúdo do livro abrange conceitos, definições e reflexões essenciais sobre a diversidade sexual, oferecendo orientações práticas sobre como abordar esses temas em diferentes contextos. Além disso, as pessoas autoras compartilham dicas de filmes, séries, livros e outros recursos que podem ampliar o repertório cultural e fortalecer o entendimento das vivências dessa população, facilitando a empatia e o diálogo.

Um aspecto particularmente interessante é que muitas das pessoas autoras, além de serem altamente qualificadas e engajadas em pesquisas sobre sexualidade, também trazem suas próprias experiências como pessoas LGBTQIAPN+, ou como mães, pais e responsáveis de crianças e adolescentes. Essa perspectiva pessoal agrega um valor único, oferecendo uma visão de dentro para fora, que muitas vezes falta em discursos puramente acadêmicos.

O foco na saúde mental e sexual permeia todo o conteúdo, trazendo luz a uma questão central: não se trata apenas de aceitar, mas de garantir que nossas crianças e adolescentes possam viver com plenitude, segurança e bem-estar. Ao abordar elementos históricos sobre as narrativas que construíram o conceito de "sexualidade normativa", as autoras e autores também nos ajudam a desconstruir pré-conceitos e combater julgamentos que ainda persistem em nossa sociedade.

Gostaria de parabenizar a/os organizadora/es desta obra pelo brilhante trabalho de reunião de tantos saberes e experiências em um só lugar. Embora totalmente respaldada na ciência, a clareza da linguagem facilita o acesso à leitura, fazendo deste livro uma referência indispensável para qualquer pessoa que deseje apoiar e amar suas filhas/filhos/filhes de maneira ainda mais plena e consciente.

E, por fim, meu reconhecimento a mães, pais, familiares e cuidadoras/es que têm a coragem e a disposição de buscar mais conhecimento. Esse gesto é, em si, uma demonstração poderosa de amor e responsabilidade afetiva. Afinal, amar também é aprender. E, ao aprender, garantimos que o amor que oferecemos seja cada vez mais libertador, respeitoso e transformador.

Ana Canosa
Psicóloga (CRP 06/35966-8), educadora em sexualidade e terapeuta sexual
@anacanosa

Apresentação

Este livro nasceu da necessidade de oferecer um material de apoio acessível e fundamentado para mães, pais e responsáveis que desejam compreender melhor as vivências da sexualidade de crianças e adolescentes LGBTQIAPN+. Muitas famílias se encontram perdidas ao descobrir que filhas/os/es vivenciam uma sexualidade que difere da heterossexualidade e da cisgeneridade e, muitas vezes, não sabem por onde começar a buscar informações confiáveis e embasadas na ciência. Nosso objetivo é oferecer um guia acolhedor, que esclareça dúvidas e contribua para que essas famílias e/ou responsáveis possam exercer um papel de apoio e proteção.

Esperamos que esta obra possa ajudar também a profissionais de diversas áreas, como fonte de pesquisa, reflexão, atualização e orientação, além de material de indicação para sua clientela, de modo a preencher lacunas na formação de profissionais que trabalham com crianças e adolescentes LGBTQIAPN+.

O livro foi desenvolvido com a colaboração de diversas coautoras e coautores, incluindo tanto pessoas LGBTQIAPN+ quanto profissionais especializadas/os/es na área de gêneros e sexualidades. Assim, garantimos que a diversidade de perspectivas estivesse presente, proporcionando um conteúdo abrangente e respeitoso. Além disso, cada capítulo conta com materiais de apoio para aquelas/es que desejam se aprofundar ainda mais nos temas abordados.

A obra está organizada em três partes. A primeira parte apresenta noções introdutórias sobre sexualidade, trazendo conceitos fundamentais para compreender a diversidade sexual e de gênero. A segunda parte se concentra na família e na diversidade, explorando os desafios e as possibilidades de construção de vínculos saudáveis e respeitosos entre familiares/responsáveis para com suas crianças e adolescentes LGBTQIAPN+. Por fim, a terceira parte aborda a vivência dessas pessoas em sociedade, discutindo os desafios enfrentados, as formas de apoio e orientações sobre como promover um ambiente mais amoroso, respeitoso e inclusivo.

Embora o livro tenha sido estruturado de forma lógica, para que a leitura em sequência possibilite uma compreensão mais completa e instrumentalizada do tema, cada capítulo pode ser lido de maneira independente, de acordo com o interesse e a necessidade de quem o acessa.

Outro ponto importante foi a escolha por uma linguagem inclusiva e/ou neutra de gênero, diferenciando-se do uso exclusivo de pronomes neutros. Por exemplo, em vez de utilizarmos “psicólogos” ou "psicólogos/as", optamos por “profissionais de psicologia”. Quando necessário o uso de palavras generificadas, adotamos a inversão da prática convencional, trazendo o feminino para a frente e incluindo uma opção neutra, como em “mães, pais e responsáveis” ou "filha/o/e", porém sem variar o pronome que antecede, ficando “sua filha/o/e”, por exemplo. Essa escolha busca tornar a leitura mais inclusiva e representar com maior equidade a diversidade de gêneros.

Esperamos que este livro sirva como um guia confiável, acolhedor e esclarecedor, ajudando famílias e profissionais a compreenderem melhor as vivências da sexualidade de suas crianças e adolescentes LGBTQIAPN+ e, assim, fortalecerem laços baseados no respeito e no amor, sem preconceitos.

Fernanda, Robson e Rodrigo

Parte I

Noções introdutórias da sexualidade

CAPÍTULO I

E o que é essa tal sexualidade?

Fernanda Rafaela Cabral Bonato

Psicóloga. Professora e pesquisadora em gênero/sexualidade. Doutora e Mestre em Psicologia. Possui pós- graduações em Terapia Cognitivo-Comportamental e Sexualidade Humana.

Ser mãe, pai ou responsável pela criação de uma criança ou adolescente não é tarefa fácil, não é mesmo?

Quando a gente pensa na paternidade e na maternidade vem aquele amor indescritível, um cuidado que não cabe, um senso de responsabilidade que guia as atitudes para a criação de uma criança, que comumente faz mães, pais e responsáveis desenvolverem um grau de exigência gigante e, consequentemente, uma culpa enorme. Nenhum pai, nenhuma mãe, nenhum/a responsável quer errar na educação de suas filhas/os/es, mas também não nascemos sabendo tudo, não é mesmo? Na verdade, a aprendizagem se faz no dia a dia da vida e o importante é que você está aqui para desbravar e conhecer esse grande conceito que é a sexualidade.

Mas o que é essa tal de sexualidade? Ela é sinônimo de sexo? O que eu preciso aprender sobre ela?

O primeiro aprendizado que eu gostaria de compartilhar é que a sexualidade é permeada de mitos e crenças, isso porque aprendemos sobre ela de uma maneira velada, por meio de uma comunicação nada clara, que faz com que o tema seja permeado de tabus e concepções equivocadas.

Quer ver uma concepção errônea que temos? Achar que sexualidade e sexo são sinônimos, enquanto na verdade são conceitos distintos que se conectam, mas não são iguais.

Sexo integra o grande conceito que é sexualidade, mas os dois não são equivalentes. Quando falamos em sexo estamos falando de um conjunto de características biológicas, cromossômicas e endocrinológicas responsáveis pela diferenciação sexual dos seres humanos em macho, fêmea ou intersexo (você aprenderá mais sobre isso no Capítulo 12) ou, ainda, quando falamos sobre a atividade sexual, do intercurso sexual no qual algumas pessoas se envolvem na busca de um prazer afetivo e/ou erótico (CIASCA; HERCOWITZ; LOPES JUNIOR, 2021). Já a sexualidade é um conceito mais amplo, pois ela é um aspecto central da vida dos seres humanos, que engloba diversos conceitos, incluindo o sexo, mas indo além desse, pois ao se falar sobre sexualidade também falaremos sobre identidade, papéis de gênero, orientação sexual, erotismo, prazer, intimidade e reprodução (OMS, 2006).

A sexualidade é influenciada por fatores biológicos, psicológicos, sociais, econômicos, políticos, culturais, éticos, legais, históricos, religiosos e espirituais e envolve outros conceitos, como erotismo, corpo, exploração, descoberta, diferentes formas de se relacionar, prazer, intimidade, toque, amor, respeito, orgasmo, cumplicidade, comunicação, beijo, carinho, masturbação, ciúmes, menstruação, menopausa, andropausa, namoro, noivado, casamento, monogamia, relacionamentos abertos, poligamia, traição, valores, fantasias, proteção, gravidez, parto, infecções sexualmente transmissíveis, estupro, consentimento, proteção e tantos outros assuntos que englobam a saúde sexual, a disfunção sexual, violência sexual e prazer sexual (NAPOLINA; BROGNA, 2016; UNESCO, 2014; ABDO, 2012; OMS, 2006).

Com esse conceito, conseguem compreender como o conceito de sexualidade é muito mais amplo do que sexo?

Eu costumo dizer que a sexualidade é um grande conjunto, como aqueles conjuntos matemáticos que aprendemos na escola, formado por pequenos grandes conceitos. Para visualizar melhor o que estou dizendo, vou deixar essa figura aqui embaixo, pois acredito que ela nos possibilita visualizar o que é a sexualidade.

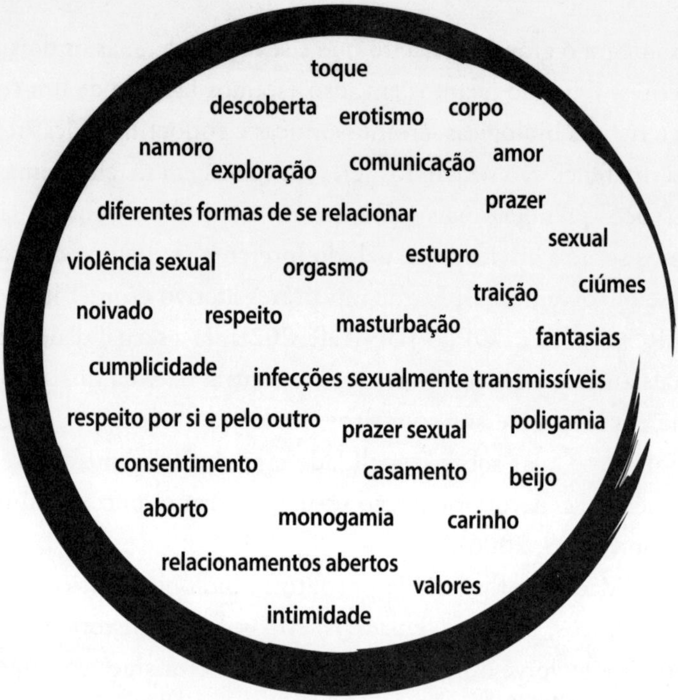

O que é sexualidade?

A sexualidade perpassa questões que envolvem prazer, mas também questões que envolvem o respeito por si e pela outra pessoa, a responsabilidade nos relacionamentos, responsabilidade consigo mesma/o/e, a prevenção, o desenvolvimento de uma visão crítica e reflexiva sobre o corpo, possibilitando que as pessoas desenvolvam a cidadania no sentido pleno, a partir da compreensão de que todos os seres humanos merecem respeito, independentemente de seu gênero e de sua orientação afetiva/sexual (RIBEIRO, 2020).

Quando falamos em sexualidade, não estaremos nos restringindo a questões que envolvem o prazer e bem-estar, porque, infelizmente, o conceito *sexualidade* também envolve questões relativas a desprazer, violência e disfunção, uma vez que falar em sexualidade também é falar de disfunções sexuais, como disfunção erétil ou dificuldade para chegar no orgasmo, e também sobre violência, assédio, ofensa sexual, estupro, infecções sexualmente transmissíveis, entre outros...

Agora me diz: alguma vez você já tinha pensado que a sexualidade englobava todos esses conceitos? Que quando falamos em sexualidade não estamos fazendo uma equivalência ao conceito de sexo? Que ao pensarmos em sexualidade estamos pensando num aspecto que nos constitui ser quem somos e que é influenciado pelo momento histórico que vivemos? Pelas crenças e valores sociais e culturais aos quais somos expostos no desenvolvimento enquanto seres humanos?

É verdade que a questão cromossômica e endocrinológica influencia a sexualidade, mas esse é somente mais um aspecto, uma vez que a sexualidade sofre influências diretas com questões sociais, políticas, culturais, históricas e religiosas. Sabe como você pode perceber isso? Parando para pensar como as pessoas já viveram em nossa sociedade ao longo dos anos...

Como suas avós viviam sendo mulheres quando eram jovens? Com quantos anos seus pais se casaram? O divórcio era uma possibilidade real para eles? Quem podia trabalhar na época de seus bisavôs? Quando você era criança, quais eram os brinquedos com os quais você mais brincava? O que esses brinquedos te ensinavam? Como foi sua reação quando você menstruou? Com que idade as pessoas costumavam beijar, namorar e se casar? Era possível beijar antes do casamento? Como as pessoas lidavam com uma gravidez antes do casamento? Em sua escola, durante as aulas de educação física, estudantes eram divididos/as em turmas? Os esportes que lhe eram ensinados eram os mesmos? Suas avós podiam votar?

Se não quiser revisitar seu passado, você pode pensar em diferentes formas de ser quem se é nas sociedades atuais, mas pensando a partir de diferentes nacionalidades ou diferentes crenças religiosas. Por exemplo: uma mulher brasileira experimenta sua feminilidade da mesma maneira que uma mulher que nasceu na Índia? Um homem que segue os princípios do islamismo se comporta da mesma maneira que um homem ateu? De modo bem generalista, a resposta seria não, mas você percebe como isso se relaciona ao conceito de sexualidade que compartilhei a pouco?

Se pensarmos que a sexualidade é formada por condutas, comportamentos, emoções, fantasias e sensações podemos perceber que ela é alvo de direito e proibições, assim como que ela muda com o tempo, se desenvolve com o passar do tempo, diante das possibilidades de vivência que temos em períodos históricos e, por isso, sofre a influência política, social, cultural, religiosa, ética e legal (CIASCA; HERCOWITZ; LOPES JUNIOR, 2021).

Pensando que a sexualidade é formada por todos esses aspectos fica mais fácil compreender que ela é experimentada e expressada em nosso dia a dia. É por isso que eu amo a explicação das autoras De Paula, Regen e Lopes (2011, p. 27) sobre sexualidade, pois elas esclarecem que "A sexualidade não está separada de outras esferas da vida. Não fica em casa, guardada em uma gaveta, enquanto o indivíduo vai para a escola ou para o trabalho. Ela é exercitada e desenvolvida no cotidiano, a partir das relações consigo mesmo, com o mundo e os outros, desde os primeiros anos de vida".

A partir desse conceito de sexualidade, podemos compreender outros três conceitos igualmente importantes: saúde sexual, prazer sexual e direitos sexuais.

Segundo a Organização Mundial da Saúde (OMS) (WHO, 2006), a saúde sexual é um estado de bem-estar físico, emocional, mental e social em relação à sexualidade; não é meramente a ausência de doença, disfunção ou enfermidade. Por isso, para se ter saúde sexual, será necessária uma abordagem positiva e respeitosa da sexualidade e nos relacionamentos sexuais, pois somente por meio dessa abordagem positiva e respeitosa as pessoas terão a chance de ter experiências sexuais prazerosas e seguras, livres de coerção, discriminação e violência.

Em suma, a partir do conceito de saúde sexual proposto pela OMS (2006), podemos pensar que a saúde sexual tem a ver com bem-estar, não apenas com a ausência de infecções sexualmente transmissíveis; que saúde sexual envolve respeito, segurança e deve ser vivenciada sem discriminação e violência; que a saúde sexual está totalmente relacionada a garantia e cumprimento dos direitos humanos e é relevante durante toda a existência do indivíduo, não apenas para aqueles que estão na idade reprodutiva. Além disso, a saúde sexual é expressa por meio de diversas sexualidades e formas de expressão sexual. Não há uma única forma correta. Se existe consentimento, respeito, capacidade civil e é exercida entre seres humanos, estamos falando da possibilidade de uma vivência sadia da sexualidade (WHO, 2024).

Já o prazer sexual foi um conceito criado pela *Global Advisory Board* (GAB) (GAB, 2016) e confirmado pela *World Association for Sexual Health* (WAS) (WAS, 2021) e afirma que

> O prazer sexual é a satisfação/prazer física e/ou psicológica derivado de experiências eróticas solitárias ou compartilhadas, o que incluiu pensamentos, sonhos e autoerotismo. Para isso, a autodeterminação, o consentimento, a segurança, a privacidade, a confiança e a capacidade de se comunicar e negociar as relações sexuais são fatores essenciais para que o prazer contribua para a saúde e o bem-estar sexual. O prazer sexual deve ser exercido no contexto dos direitos sexuais, particularmente os direitos à igualdade e à não discriminação, à autonomia e à integridade corporal, o direito ao mais alto padrão de saúde possível e à liberdade de expressão. As experiências de prazer sexual humano são diversas e os direitos sexuais garantem que o prazer seja uma experiência positiva para todos os envolvidos e não seja obtido por meio da violação dos direitos humanos e do bem-estar de outras pessoas (WAS, 2021, p. 1).

Por meio desses dois primeiros conceitos, podemos perceber que só teremos saúde sexual e prazer sexual se os direitos sexuais e reprodutivos forem respeitados. Por isso, se estamos compreendendo o que é sexualidade, precisamos compreender também que uma sexualidade saudável, ou ainda, um bem-estar sexual, só será alcançado se os direitos sexuais e reprodutivos forem garantidos e respeitados.

Conclusões

Quando eu aprendi que sexualidade era algo muito mais amplo do que sexo, meus pensamentos foram ampliados, porque consegui compreender que precisamos falar sobre sexualidade com crianças e adolescentes, pois é a partir desse conceito que podemos falar sobre formas de se relacionar de maneira saudável e respeitosa, assim como podemos abordar os cuidados com os corpos, ensinando-as/os/es a se proteger de relacionamentos violentos, que podemos falar sobre intimidade, prazer, toque, amor, respeito, cumplicidade, comunicação, beijo, carinho, diferenças sociais que marcam a existência enquanto pessoas em nossa sociedade, sobre fantasias, valores, relacionamento, namoro, casamento...

A nossa sociedade está sempre falando sobre sexualidade, mas de uma maneira velada. Aprendemos a como nos comportar de uma determinada maneira, a nos relacionar de outra maneira, a nos vestir, a amar, a expressar nosso amor conforme modelos que vão direcionar toda a forma como nos posicionamos na sociedade.

O que eu espero é que com este capítulo você tenha desmistificado o conceito de sexualidade.

Espero que eu tenha conseguido mostrar a vocês que sexo e sexualidade não são sinônimos, assim como que a sexualidade é um conceito muito mais amplo, que engloba inúmeros outros conceitos que são fundamentais para que tenhamos bons relacionamentos afetivos e amorosos, conosco (os/es) e com os outros.

Além disso, pensar na sexualidade não é pensar sempre em prazer, pois sexualidade também envolve aspectos negativos ou violentos (cá entre nós, violências nunca deveriam acontecer, não é mesmo?). Fato é que precisamos nos engajar com a busca de uma saúde sexual, para que possamos ter bem-estar e prazer sexual, algo que só será possível se tivermos os direitos sexuais e reprodutivos garantidos e assegurados.

Para as informações sobre autoria, as referências e o material de apoio deste capítulo, acesse o QR-Code.

CAPÍTULO 2

Feminino e masculino na história da humanidade

Janaina de Fátima Zdebskyi
Psicóloga. Professora. Doutora e Mestre em História.
Possui pós-graduação em Sexologia.

Na cultura da sociedade contemporânea ocidental, ainda[1] somos educadas/os/es a partir de uma visão de mundo pautada na binariedade, ou seja, em uma perspectiva dual de "masculino e feminino", como se houvesse apenas essas duas formas de ser e estar no mundo, onde cada pessoa está dentro de uma ou de outra forma, as quais definem comportamentos, brincadeiras, roupas, atitudes, gostos e preferências que seriam "adequadas" para cada grupo de pessoas, sendo "homens e mulheres", de acordo com seu sexo de nascimento.

Assim, há milhares de anos a sociedade vem produzindo narrativas na tentativa de diferenciar homens e mulheres, masculino e feminino e essa diferenciação também produz hierarquias. Sobre isso, Simone de Beauvoir (1970, p. 9) afirmava que "a humanidade se reparte em duas categorias de indivíduos, cujas roupas, rostos, corpos, sorrisos, atitudes, interesses e ocupações são manifestadamente diferentes", porém se faz importante destacar que essa distinção é construída socialmente e que não temos um conjunto de critérios estáticos para definir o que é uma mulher e o que é um

1 É importante destacar que já temos acesso a outras perspectivas educacionais, porém ainda pouco popularizadas em comparação com as ideias "binárias" sobre gênero e identidade de gênero, considerando ainda os retrocessos sofridos no campo da pauta de gênero na educação escolar.

homem. Além disso, esses critérios mudam ao longo da história, apesar de compartilharem alguns aspectos pelo menos desde que temos acesso à história escrita.

Considerando isso, o objetivo deste capítulo é apresentar uma perspectiva introdutória sobre a ideia de "masculino e feminino", seguida por discussões a respeito de normativas de conduta e de estética atribuídas às mulheres e aos homens ao longo da história, visibilizando também os aspectos de desigualdade e opressão nas relações de gêneros.

Para iniciar esse debate, precisamos compreender que masculino e feminino não é o mesmo que homem e mulher, até mesmo porque uma pessoa que nasce sendo definida com o sexo feminino, por exemplo, não necessariamente virá a se perceber enquanto uma mulher, visto que as categorias homem e mulher estão relacionadas a papéis ou identidades de gênero que são subjetivamente construídas na vivência de cada pessoa desde o seu nascimento até o fim da vida.

Para pensar a ideia de "masculino e feminino", gostaria de me fundamentar em discussões do autor Carl Gustav Jung, psiquiatra e psicoterapeuta suíço, nascido em 1875, escritor das obras *Estudos sobre o simbolismo do si-mesmo* (2008) e *Arquétipos e Inconsciente Coletivo* (2000), nas quais temos acesso a um debate sobre os conhecidos termos "Animus e Anima", popularmente – mas limitadamente – traduzidos como princípios "masculino e feminino", para descrever energias psíquicas ou aspectos do inconsciente antagônicos e ao mesmo tempo complementares.

Apesar de serem considerados conceitos de difícil definição, podemos entender que a Anima seria um sinônimo de vida ou da "Senhora Alma"; o "princípio feminino que se manifesta nos homens", tendo sua manifestação a partir de imagens com personificação de um ser feminino (JUNG; 2008, 2000) ou que geralmente é projetada em mulheres (JUNG; 2008, p. 37), como as imagens de mãe; donzela; fadas; deusas; bruxas; rainhas/princesas; sereias; Vênus; Psique (JUNG; 2008, 2000). Enquanto por Animus podemos entender o "princípio masculino" que se manifesta nas mulheres, sendo o intermediário entre consciência e inconsciente, com manifestações a partir de imagens masculinas, de deuses, como Zeus; pai, o mago, o rei ou príncipe, duendes... (JUNG, 2009; 2000).

Essas imagens muito antigas da Anima e do Animus são conhecidas pela maioria de nós e formam os conceitos do que entendemos e interpretamos como sendo masculino e feminino. Apesar disso, algumas ideias e imagens atreladas a Anima, por exemplo, podem romper com papéis de gênero que, na contemporaneidade Ocidental, são impostos aos homens, como quando pensamos nas deusas Kali, ligada à guerra, à morte e à destruição violenta e a deusa Ártemis, ligada à caça, à guerra, à razão e à justiça.

Considerando isso, podemos inclusive compreender que não existe uma binariedade entre masculino e feminino em homens e mulheres, mas que são aspectos que se entrelaçam e que todas as pessoas têm em si manifestações que podem ser lidas socialmente como masculinas e como femininas. Atrelado a isso, Emma Jung compreende Anima e Animus como um complexo funcional que se comporta de forma compensatória em relação à personalidade externa, como uma personalidade interna que apresenta aquelas propriedades que faltam à personalidade externa, consciente e manifesta, por serem características femininas no homem e masculinas na mulher que normalmente estão sempre presentes em determinada medida (JUNG, 1967, p. 15). Esses aspectos também são construídos socialmente, visto que o caráter dessas figuras é condicionado pelas experiências que cada um traz em si do trato com indivíduos do gênero oposto no decurso de sua vida e através da imagem coletiva que o homem tem da mulher e a mulher do homem (JUNG, 1967, p. 16).

Diferentemente do que percebemos na teoria de Jung, ao longo da História podemos compreender que a ideia de masculino geralmente foi atribuída aos homens e que a ideia de feminino geralmente foi atribuída às mulheres, inclusive por meio de imposições e normas sociais, condenando quem se distanciava dos aspectos que "deveria" seguir, considerando seu sexo biológico.

Essas imposições sociais também trazem consigo a determinação de atitudes, posturas e até mesmo características de personalidade, como afirma Breno Rosostolato: que "os homens cresceram ouvindo expressões violentas tais como: 'seja forte', 'não seja uma menininha', 'homem não chora'"; conceitos que formaram uma mentalidade, a cultura do machão; sendo este o cenário que persiste na sociedade, um jeito equivocado de como os homens devem ser, homens que se constroem por meio da negação dos sentimentos (ROSOSTOLATO, 2019, p. 55). Tendo em conta que a negação de tudo o que não for considerado como "supostamente" masculino resulta na violência ao feminino, a fim de manter a virilidade e o padrão social de masculinidade (ROSOSTOLATO, 2019, p. 55), gerando o medo do feminino, a misoginia e efeminofobia (ROSOSTOLATO, 2019, p. 58).

Assim, a divisão do que é masculino e feminino também irá conferir um "lugar social" para homens e para mulheres, incluindo âmbitos da vida como conjugalidade, divisão sexual do trabalho, sistemas econômicos, controle reprodutivo, privilégios e desigualdades (ROSOSTOLATO, 2019, p. 55), gerando também um fenômeno social de dominação do homem sobre a mulher e tentativas de "assegurar ao homem hegemonia, relações de privilégios e poder, tendo como respaldo um sistema que promove comportamentos sexistas, imposições, violências e essencializações de gênero" (MUJALI; FERREIRA, 2012 *apud* ROSOSTOLATO, 2019, p. 55).

Desse modo, podemos entender o masculino e o feminino também como papéis de gênero, sem prescindir de sua natureza anatômica, que são construções históricas, sociais e culturais (FÉRES-CARNEIRO; NEGREIROS, 2004, p. 34), que englobam aprovações, restrições e proibições que seriam apreendidas e transmitidas ao longo de gerações e durante o percurso da vida, do bebê ao idoso (FÉRES-CARNEIRO; NEGREIROS, 2004, p. 35), de forma que, culturalmente – na contemporaneidade ocidental –, se espera que os meninos sejam "fortes, independentes, agressivos, competentes e dominantes", e as meninas "dependentes, sensíveis, afetuosas e que suprimam seus impulsos agressivos e sexuais".

Além das imposições de comportamentos e condutas, vemos ainda ao longo da história diversas imposições estéticas, sobre vestimentas, adereços e a aparência atribuída aos homens e mulheres, considerando aquilo que seria uma estética masculina ou feminina. Essas perspectivas estão de fato enraizadas na sociedade, até mesmo por serem discursos bastante antigos, como mencionei no início deste capítulo! Para que possamos compreender esses discursos ao longo da história, gostaria de trazer aqui algumas fontes de diferentes lugares do mundo sobre o tema.

Para refletirmos acerca dessas imposições sociais sobre comportamentos e expressões de gênero e de sexualidade ao longo da História, gostaria de apresentar um caso da antiga Roma, uma pessoa que viveu entre o ano 203 e 222 da nossa Era[2], conhecido posteriormente por Heliogabálo por ser um sacerdote do deus solar Elagabal, mas tendo por nome de nascimento de Vário Avito Basiano e como nome de imperador de Marco Aurélio Antonino. Heliogabálo foi um jovem imperador romano nascido e criado na Síria, filho de pai e mãe sírios, e por isso recorrentemente julgado como um "estrangeiro com costumes bárbaros entre os romanos", foi membro da dinastia dos Severos, e seu governo durou do ano 218 ao ano de 222 da nossa Era, dos quatorze aos dezoito anos do imperador.

Durante a vida de Heliogábalo, temos registros escritos por seus contemporâneos, como Dião Cássio, que fazia as seguintes descrições acerca dos costumes, vestimentas e comportamentos do imperador romano:

> [...] Costumava sair em público vestido de maneira bárbara com túnicas de manga larga, costuradas e talhadas de ouro e púrpura. Suas pernas também estavam cobertas, desde as pontas dos pés até a cintura, com roupas igualmente bordadas de ouro e púrpura. O colorido de uma coroa de pedras preciosas iluminava em sua cabeça.
> [...] Ao vê-lo desta maneira, Mesa, se enfadava muito e, suplicante, tentava convencê-lo de que, ao se aproximar de Roma, com sua entrada no Senado, trocasse aquelas roupas por uma vestimenta romana. Temia que aquela roupa estranha e bárbara em todos os detalhes causasse desgosto nos que o vissem por não estarem acostumados. Temia que pensassem que aquilo não se tratava de coisas de homem, mas de mulheres. Mas Antonino menosprezou o conselho da anciã e ninguém o convenceu. [...] Sentiam aversão em vê-lo com o rosto maquiado com mais exagero do que era permitido à mulher decente e vestido como uma mulher, com colares de ouro e vestidos curtos, dançando de tal forma que todos prestavam atenção nele (DIÃO CÁSSIO, História Romana, LXXX *apud* SILVA, 2019, p. 256).
> [...] Ele usava uma túnica feita de tecido de ouro e usava púrpura, também usava joias persas, e, em tais ocasiões, ele dizia que se sentia pesado pelo que carregava. Ele ainda usava joias gravadas em seus sapatos, uma prática que

2 Utilizo a ideia de "nossa Era" como forma de evitar conceitos não laicos de datação como "Antes de Cristo e Depois de Cristo".

> despertou a zombaria de todos, como se a gravação de artistas famosos pudesse ser vista em joias presas a seus pés. Ele também queria usar um diadema de joias para que sua beleza fosse aumentada e seu rosto mais parecido com o de uma mulher (DIÃO CÁSSIO, História Romana, LXXX *apud* SILVA, 2019, p. 257).
>
> [...] Aurélio Zótico, um nativo de Esmirna, a quem também era chamado de cozinheiro depois de ter sido comercializado por seu pai, atraiu tanto o amor e o ódio profundo do imperador, e por esta última razão sua vida foi salva. Aurélio não tinha apenas um corpo que era todo lindo, vendo que ele era um atleta, mas em particular, ele superou todos os outros por conta do tamanho excessivamente grande de suas partes íntimas. Este fato foi relatado ao imperador por aqueles que estavam à procura dessas coisas. [...] quando Aurélio se dirigiu a ele com a saudação habitual: "Salve! Meu Senhor imperador!" ele inclinou o pescoço, assumindo uma pose feminina arrebatadora, e virando os olhos e com um olhar derretido por ele, respondeu sem qualquer hesitação: "Não me chame de Senhor, pois eu sou uma senhora" (DIÃO CÁSSIO, História Romana, LXXX DIÃO CÁSSIO, História Romana, LXXX, 17, 1 *apud* SILVA, 2021, p. 109).
>
> [...] Sua luxúria chegou a tal ponto que ele pediu aos médicos que inventassem a vagina de uma mulher em seu corpo, por meio de uma incisão, prometendo a eles grandes somas como pagamento (DIÃO CÁSSIO, História Romana, LXXX *apud* SILVA, 2021, p. 110).

Nesses trechos, percebemos imposições sociais e culturais a respeito do que seriam vestimentas consideradas masculinas e femininas, bem como a maquiagem atrelada a uma estética feminina. Notamos ainda que os julgamentos depreciativos sobre Heliogábalo não se davam necessariamente pelo imperador se relacionar com outros homens, mas sim por sua tentativa de agir como uma "senhora", nos comportamentos e em sua construção estética, inclusive, havendo boatos no contexto local de que o imperador tentará procurar um médico que lhe fizesse um procedimento que hoje conhecemos por cirurgia de redesignação sexual genital.

Ainda no contexto da Antiguidade Clássica, podemos encontrar outros excertos de subversões às normas e às imposições sobre sexualidade e expressão de gênero, como nos relatos de Plínio, O Velho, um naturalista Romano, que em um de seus textos nos fala sobre a transformação de mulher em homem e sobre as diferentes características no nascimento de meninos e meninas:

> Transformação de mulher em homem: não é lenda que mulheres se transformam em homens. Encontramos nos Anais que, no consulado de Público Licínio Crasso e de Gaio Cássio Longino, uma rapariga de Cassino, sob tutela dos pais, se transformou em rapaz, e, por ordem dos arúspices, foi deportado para uma ilha deserta. Licínio Muciano contou que viu, em Argos, Aresconte, que tinha o nome de Arescusa, e até tinha casado com um homem; pouco depois apareceu-lhe barba e virilidade, e casou com uma mulher; conta também que viu, em Esmirna, um rapaz do mesmo tipo. Eu próprio vi, em África, transformar-se em homem no dia do casamento Lúcio Consício, cidadão de Tisdro. [...] Ao nascerem gêmeos, rara é a sobrevivência da mãe ou de mais do que uma criança; se, com defeito, os gêmeos gerados são de um e outro sexo, mais frágil é a saúde dos dois; as raparigas nascem mais rapidamente do que os rapazes, assim como envelhecem mais depressa; os rapazes mexem-se mais vezes no útero, e geralmente são gerados do lado direito, e as raparigas no esquerdo (PLÍNIO, O VELHO, Livros vii-xi, 118).

Neste trecho, percebemos que o autor reconhece a possibilidade de uma pessoa nascida do sexo feminino tornar-se um homem heterossexual, vindo a se casar com uma mulher, algo que hoje poderíamos compreender como uma pessoa transgênera, um conceito que ainda não existia no contexto da antiga Roma. No mesmo trecho, percebemos a existência de definições, inclusive estéticas, do que viria a ser um homem (barba e virilidade) e que essas definições e diferenças também são percebidas de uma maneira biologicamente determinista, em que desde o nascimento meninos e meninas apresentariam características e disposições diferentes, em que, inclusive, a mulher envelheceria mais depressa que os homens.

Em outros contextos da Antiguidade, também podemos encontrar regras e normas de condutas que visam impor quais seriam os comportamentos adequados para uma mulher, como é o caso da Índia antiga e da obra Kama-Sutra, com sua escrita atribuída à Vatsyayana que pode ter vivido entre os séculos I e VI da nossa Era, sendo um documento com pelo menos 1500 anos de existência.

De forma resumida, por Kama, na cultura indiana, podemos considerar o sentido de prazer, erotismo e toda espécie de satisfação obtida dos sentidos, direta ou indiretamente, como tudo aquilo que expressa lazer, segurança, adorno e conforto material. Nesse sentido, o Kama-Sutra se dá como um "manual" de satisfação pelos sentidos, incluindo questões sobre sexo e casamento.

Em um dos trechos, percebemos o julgamento negativo sobre mulheres não virgens, como uma ameaça à reputação do homem e a garantia de legitimidade sobre os filhos gerados.

Quando Kama é praticado pelos homens das quatro castas segundo as regras da Sagrada Escritura (isto é, o casamento legal), com virgens da sua própria casta, isto se torna um meio de ter filhos legítimos e boa reputação, e não contraria os costumes do mundo (VATSYAYANA, S/A, p. 41).

Sobre isso, o Kama-Sutra divide as mulheres em categorias, servindo para diferentes fins, de acordo com a ótica dos homens:

> Assim, há três tipos de Nayikas: as virgens, as casadas duas vezes e as cortesãs. Gonikaputra opinava que há um quarto tipo de Nayika, a mulher que o homem procura em ocasiões especiais, mesmo se ela já foi casada. Essas ocasiões especiais ocorrem quando um homem pensa das seguintes maneiras:
> a) Esta mulher é voluntariosa e já foi desfrutada por muitos outros antes de mim. Por isso, posso procurá-la sem riscos como uma cortesã, apesar dela pertencer a uma casta superior à minha. Ao fazer isso, não estarei violando os preceitos de Dharma.
> Ou: b) Esta mulher casou-se duas vezes e foi desfrutada por outros antes de mim, por isso nada me impede de procurá-la.
> Ou: c) Esta mulher conquistou o coração do seu grande e poderoso marido, e exerce uma influência sobre ele, que é amigo do meu inimigo. Portanto, se eu procurá-la, ela se unirá a mim e fará o marido voltar-se contra o meu inimigo.

> Ou: d) Esta mulher fará com que seu marido, que é muito poderoso, não goste de mim e pretende me prejudicar, fique a meu favor.
> Ou: e) Conquistando a amizade desta mulher ajudarei meu amigo a alcançar seu objetivo, destruirei um inimigo ou conseguirei atingir algum outro propósito difícil.
> Ou: f) Unindo-me a esta mulher, matarei o seu marido e me apoderarei da sua enorme riqueza, que cobiço.
> Ou: g) Minha união com esta mulher não representa qualquer risco e me fará rico, do que muito preciso, pois sou pobre e incapaz de me sustentar. Dessa forma, será muito fácil eu me apoderar do que ela possui.
> Ou: h) Esta mulher me ama muito e conhece todos os meus pontos fracos. Por isso, se não nos unirmos, ela os tornará públicos e arruinará minha reputação. Ou fará uma acusação grave contra mim, que será difícil desmentir e acabará me destruindo. Ou talvez afaste de mim o marido, que é poderoso mas ela controla, fazendo-o aliar-se ao meu inimigo, ou ela própria se aliará a ele.
> Ou: i) O marido desta mulher violou a castidade das minhas esposas, por isso devo retribuir a injúria seduzindo as dele.
> Ou: j) Com a ajuda desta mulher matarei um inimigo do rei, que encontrou refúgio junto a ela, e que o rei me mandou matar.
> Ou: k) A mulher que amo está sob o controle desta mulher. Por isso, através da influência da última, conseguirei conquistar a primeira.
> Ou: l) Esta mulher me levará a uma virgem rica e bela, mas que é inacessível e está sob o domínio de outras pessoas.
> Ou, finalmente: m) Meu inimigo é amigo do marido desta mulher. Portanto, devo fazê-la aliar-se a ele, criando assim uma inimizade entre o marido e meu inimigo (VATSYAYANA, S/A, p. 41-43).

Percebemos neste trecho que as mulheres são colocadas em um lugar estratégico para que os homens conquistassem objetivos e desejos pessoais, sejam eles sexuais, de vingança ou de alianças com outros homens. Além disso, na narrativa do Kama-Sutra, temos ainda uma definição de mulheres que não devem ser procuradas, sendo as seguintes:

> A leprosa. A louca. A expulsa da sua casta. A que revela segredos. A que manifesta publicamente desejo de ter relações sexuais. A extremamente clara. A extremamente escura. A que cheira mal. A que é uma parenta próxima. A que é uma amiga. A que leva uma vida austera. Por fim, a esposa de um parente, um amigo, um sábio brâmane e a do rei (VATSYAYANA, S/A, p. 41-43).

Nesse sentido, observamos uma série de exigências estéticas e de comportamentos femininos, como ideais de pureza e castidade, em que a sexualidade da mulher é considerada como uma propriedade ou um benefício direcionado ao homem. Isso se assemelha ao que observamos em outro contexto da antiguidade, em fontes da Antiga Mesopotâmia[3], em trechos de alguns códigos de leis que datam de aproximadamente quatro mil anos atrás.

Leis de Ur-Namma sobre sexo e violência sexual:

> 6 Se um homem violar os direitos de outro e deflorar a mulher virgem de um jovem, matarão esse homem.
> 7 Se a esposa de um jovem, por iniciativa própria, aproximar-se de um homem e iniciar relações sexuais com ele, eles deverão matar essa mulher; esse homem será solto.
> 8 Se um homem violar os direitos de outro e deflorar a escrava virgem de um homem, pesará e entregará 5 siclos de prata.
> 14 Se um homem acusar a mulher de um jovem de promiscuidade, mas a Provação do Rio a absolve, o homem que a acusou pesará e entregará 20 siclos de prata (ROTH, 1997, p. 17-18 *apud* ZDEBSKYI, 2024, p. 133-134).

Leis de Lipit-Ishtar sobre sexo e violência sexual:

> (...) Se um … ferir a escrava de um homem e fazer com que ela perca seu feto. pesará e entregará 5 siclos de prata.

3 Antiga Mesopotâmia é o nome que se dá ao conjunto de povos que na antiguidade habitaram o que hoje se compreende como a região que ocupa a maior parte do atual Iraque e Kuwait.

> 33 Se um homem alegar que a filha virgem de outro homem teve relações sexuais, mas se for provado que ela não teve relações sexuais, pesará e entregará 10 siclos de prata (ROTH, 1997, p. 27 e 33 *apud* ZDEBSKYI, 2024, p. 133-134).

Leis escritas por Belshunu sobre sexo e violência sexual:

> 1' Se ele empurrar a filha de um homem e fazer com que ela aborte seu feto, ele deve pesar e entregar 10 siclos de prata.
> 2' Se ele ferir a filha de um homem e fazer com que ela aborte seu feto, ele deve pesar e entregar 20 siclos de prata.
> 7' Se ele deflorar na rua a filha de um homem, seu pai e sua mãe não o identificam, (mas) ele declara: "Eu me casarei com você" – seu pai e sua mãe a entregarão a ele em casamento.
> 8' Se ele deflorar na rua a filha de um homem, seu pai e sua mãe o identificam (?), (mas) o deflorador contesta a identificação (?) – ele fará um juramento ... no portão do templo (ROTH, 1997, p. 43-44 *apud* ZDEBSKYI, 2024, p. 147-148).

Nestes excertos, vemos que a sociedade não impõe somente uma diferença social entre homens e mulheres, mas também hierarquia e dominação, em que a sexualidade das mulheres vem sendo apropriada pelos homens há milhares de anos, sobretudo com fins reprodutivos, tanto que a violação sexual de uma mulher era considerada um crime contra o seu marido ou contra seu pai (no caso de uma mulher solteira) e a indenização era paga a ele, tendo então um status de propriedade deste homem em uma relação de poder e dominação de gênero e superioridade dos homens.

Considerações finais

A partir das discussões produzidas no presente capítulo, podemos compreender que os sentidos atribuídos às ideias de masculino e feminino e de homem ou mulher são socialmente construídos, ainda que possamos encontrar discursos biologicistas e deterministas sobre o tema. Percebemos, ainda, que essas narrativas se transformam ao longo da história, mas carregam características semelhantes já há milhares de anos, em uma tentativa de estabelecer comportamentos, estéticas e normas de conduta esperadas e cobradas de homens e de mulheres.

Essas normas de conduta acabam por produzir uma dinâmica desigual nas relações sociais de gênero, que perpassa por hierarquias e violências, sobretudo no que tange à diferentes formas de violência contra às mulheres, misoginia e apropriação do corpo das mulheres, inclusive da capacidade reprodutiva de pessoas com útero.

Apesar de encontrarmos inúmeras regras antiguíssimas sobre normas de conduta e de comportamentos exigidos de homens e de mulheres, concernentes ao que é considerado como o "masculino ideal" e o "feminino ideal", também encontramos muitas transgressões a essas normativas, como é o caso de Heliogábalo; daqueles e daquelas que se tornaram homens ou mulheres, independentemente do sexo biológico, e de cada pessoa que hoje ousa expressar sua autenticidade, independentemente das barreiras impostas socialmente sobre normativas de gênero e de uma sexualidade hetero-cisnormativa.

Para as informações sobre autoria e as referências deste capítulo, acesse o QR-Code.

CAPÍTULO 3

Gêneros: mas o que é isso?

Andreone Teles Medrado
Travesti. Bióloga. Psicóloga. Mestre em Fisiologia e Doutora em Psicologia.

Para além do par: o gênero ao redor do mundo

Uma quantidade significativa de estudos acadêmicos apresenta amostras divididas entre as categorias de "homens" e "mulheres". A perspectiva que classifica os seres humanos nestas duas categorias distintas geralmente é referida como "binarismo de gênero", e teve um impacto profundo no curso da história da ciência clínica, entre elas a psicológica e a psiquiátrica, mas também afeta o modo como o conhecimento é transmitido à população geral (DUBOIS; SHATTUCK-HEIDORN, 2021; HYDE, 2018). No entanto, nas últimas décadas, o binarismo de gênero tem enfrentado desafios substanciais decorrentes tanto da pesquisa acadêmica quanto do ativismo social.

Embora o que se entende por *identidades de gênero* escape desse binarismo e esteja de fato ganhando mais visibilidade nas últimas duas décadas, elas não são um fenômeno recente. Identidades, para além do binário homem/mulher, estão presentes ao longo de grande parte da história humana em uma ampla variedade de culturas, com diferentes expressões de suas sexualidades e identidades e expressões de gênero (HERDT, 2020).

Ao redor do mundo, existem diferentes identidades e expressões que desestabilizam a noção ocidental de *binarismo*, mostrando que a pluralidade dessas identidades humanas não cabe numa caixa, com nomeações fixas. A título de exemplos, têm-se: o *bissu*, em Sulawesi; *hijra*, na Índia; *xanith*, de Oman; *muxes*, no México; *woubi*, na Costa do Marfim; *paneleiros* e *travestis*, no Brasil; e talvez o grupo mais estudado no campo da psicologia da sexualidade, *fa'afafines*, nas ilhas de Samoa, que muitas vezes são referidas na literatura como "o terceiro gênero" (MEDRADO, 2024; VALENTOVA et al., 2022). Essas diferentes identidades são construídas culturalmente, podendo variar de cultura para cultura, bem como de um período histórico para o outro; ou até ao longo do desenvolvimento pessoal de uma mesma pessoa. As identidades não são fixas nem no tempo nem no espaço e estão para além do par homem/mulher.

Importância do entendimento dos gêneros

Ao longo de nossas vidas e do nosso desenvolvimento psicológico construímos a nossa identidade a partir das percepções do mundo, dos estímulos ao nosso redor e das suas produções emocionais interiores. Durante o contínuo e interminável processo de formação da nossa identidade, os estímulos sociais atravessam as nossas escolhas e podem exercer influências que podem orientar os nossos gostos e vontades. É inegável que nesse processo a influência das mídias (como novelas, cinema, redes sociais, músicas etc.), do sistema educacional, a noção de família, a religião, a literatura e outros fatores participam das nossas construções e dos nossos desejos; mas isso não significa que a nossa subjetividade seja de fato determinada pela sociedade. O mesmo acontece quando o assunto é *gênero*.

Entre outros fatores que constituem a nossa identidade, como a personalidade, o humor, as nossas maneiras de pensar e as nossas atrações e aversões, o gênero também participa como constituinte de quem somos. A partir de muitas transformações pelo mundo, sociedades modernas ocidentais (p. ex., países das atuais Américas e da Europa Ocidental) têm reforçado a diferença entre as pessoas com base na *diferença sexual* (HERDT, 2020; HYDE et al., 2018). Ou seja, a organização social e a distribuição tanto dos tipos de trabalhos quanto dos deveres e das expectativas sociais são direcionadas de modo desigual entre homens e mulheres.

Desde muito cedo no nosso desenvolvimento individual e coletivo aprendemos que existem "coisas de menino" e "coisas de meninas". Atribuímos quase que intuitivamente as cores rosa e azul para nossas crianças sem muitos questionamentos, e quando vemos um menino usando rosa ou uma menina usando azul não é raro que estranhemos aquela escolha. Se nos questionarmos mais profundamente, talvez perceberemos que as cores não definem as crianças. Todavia, certas construções sociais são tão bem enraizadas no imaginário coletivo que de tanto se repetirem tornam-se postulados quase intocados.

Além disso, considerando que uma pessoa que se adequa mais facilmente a essas normatividades tende a transitar melhor pela sociedade, isso produz quase que uma sedução para a reafirmação dessas lógicas. E o risco de tomarmos como norma uma construção social e tratá-la como "natural", portanto, como verdade máxima, é passarmos a realmente acreditar que existe apenas uma maneira de *ser* e de *estar* no mundo. Quando acreditamos que toda a história acontece em apenas um sentido e com um único caminho, fortalecemos o perigo da história única (ADICHIE, 2019), que por sua vez invisibiliza, exclui e violenta outras maneiras plurais de existência. As pessoas existem em diversidade, tanto de raça/etnia, corpos, desejos, quanto de identidade de gênero. Não se nasce uma pessoa com todas suas características, torna-se! E esse percurso deve ser compreendido em sua pluralidade, com acolhimento, cuidado e respeito ao direito de existir.

Existem outras identidades para além de *homem cis* e *mulher cis*[1], e muitas pessoas já na infância não se identificam com o gênero que lhes foi

1 De acordo com Anne Alencar Monteiro, uma pessoa cisgênera é aquela que se identifica com o gênero que lhe foi designado ao nascimento. Essa designação pode ser médica, mas também é reforçada pelo conjunto social em que essa pessoa está inserida. Assim, uma pessoa que, em seu nascimento, foi designada "homem" ou "mulher" e na construção de sua identidade de gênero se percebe como tal, é uma pessoa cis (ou cisgênera). Todavia, o binarismo de gênero fortifica as identidades homem e mulher, reduzindo a tais identidades toda a pluralidade de gênero. Pessoas trans (ou transexuais, ou transgêneras) são aquelas que ou não se identificam com o gênero que lhes foi designado ao nascimento, ou que não se identificam com o binarismo de gênero (como é com pessoas não binárias). Sobre identidade de gênero, para Jaqueline Gomes de Jesus, pode ser entendida como a atitude individual frente aos construtos sociais de gênero, diante dos quais as pessoas se identificam como homens ou mulheres, percebem-se e são percebidas como integrantes de um grupo social determinado pelas concepções correntes sobre gênero, partilham crenças e sentimentos e se comprometem subjetivamente junto ao grupo com o qual se identificam, como acontece em relação a qualquer outra identidade social que adotam. No que diz

atribuído ao nascimento; outras podem levar mais tempo tanto para compreender o seu gênero quanto para se expressar conforme sua identidade de gênero (JESUS, 2010). Quando entendermos que as identidades, entre elas a de gênero, fazem parte da vida das pessoas, quando olharmos para cada ser humano como um universo capaz de existir e florescer em suas qualidades e perspectivas, e quando não impomos nossas escolhas e vivências como verdades absolutas sobre outras pessoas e nem sobre nós, só aí caminharemos para a construção de um sistema social mais inclusivo e que respeita as diferentes formas de expressão; o gênero deve participar dessa inclusão. Mas afinal, o que é gênero?

Gênero e sexo: entendendo por que não são sinônimos

Em termos mais tradicionais, poderíamos compreender que isso que se chama de "***gênero***" é a organização social da diferença sexual. Ou seja, *gênero* diz respeito ao significado geral que socialmente atribui um local simbólico de nomeação e classificação para marcações de diferenças físicas entre os corpos: é uma construção social para nomearmos grupos que apresentam diferenças sexuais (WITTMANN, 2019). Por exemplo, em uma visão mais conservadora, um corpo que nasce com pênis será nomeado como sendo do sexo masculino, logo, um homem; enquanto o corpo que nasce com vulva e vagina será nomeado como do sexo feminino, portanto, uma mulher. Contudo, essas nomeações são binárias e partem de uma marcação biológica para definir uma noção identitária. Elas operam a partir do par material masculino/feminino com base na morfologia das genitais para designar identidades simbólicas como homem e mulher (BENTO, 2010).

---

respeito à heterossexualidade, trata-se da orientação sexual de uma pessoa, isto é, por qual gênero ela se sente atraída. Nesse caso, heterossexuais sentem desejo por pessoas do gênero oposto. Para mais detalhes, ver: JESUS, J. G. de. Gênero sem essencialismo: feminismo transgênero como crítica do sexo. *Universitas Humanística*, n. 78, p. 241-258, 2014. Disponível em: https://doi.org/10.11144/Javeriana.UH78.gsef. e MONTEIRO, A. A. Cavalos-marinhos: uma análise etnográfica sobre masculinidades que engravidam. In: BOLLETTIN, P.; EL-HANI, C. N. (Orgs.). *Teorias da natureza: etnografias da Bahia*. Padova: CLEUP, 2020. p. 11-29. Disponível em: http://www.cleup.it/cdn/dl_view.php/BOLLETTINCHARBEL.pdf?documentID=60363725be7ea0c8377ec252.

No entanto, pessoas intersexo, que nascem com genitálias que não estão delimitadas na compreensão médica do que se supõe ser nem um pênis nem uma vulva, foram por muitos anos submetidas a cirurgias de adequação morfológicas e, a partir dessa adequação, e a depender da estética final, seria nomeada em um dos polos do binarismo. Tudo isso porque se busca uma correspondência entre sexo e gênero (MACHADO, 2005).

O sistema discursivo que regula essas nomeações é o que chamamos de *Cisgeneridade*: um complexo sistema de organização social que, a partir de saberes médicos, psicológicos, educacionais e jurídicos, classifica e organiza os corpos a partir da diferença entre as genitais de um corpo, compreendendo o par homem/mulher como referência para a adequação de todas as identidades.

Assim, dizer que o gênero demarca e nomeia as diferenças físicas não é o mesmo que dizer que ele reflete ou reproduz essas diferenças físicas fixadas ou "naturalizadas" entre mulheres e homens; em vez disso, o gênero é o conhecimento que estabelece significados para diferenças corporais. As diferenças corporais existem, mas elas falam sobre o nosso conhecimento biológico e anatômico sobre o corpo. No entanto, esse conhecimento não é puro, tampouco ele não pode ser isolado de sua implicação num sentido mais amplo do que se entende por ser humano.

Se por um lado afirmamos que gênero é uma construção social, o sexo, por sua vez, é o conhecimento que temos de aspectos biológicos dos corpos. (Poderíamos dizer que *sexo* também é uma construção social, mas nesse caso, e para não complexificar muito a discussão, vamos nos ater para o fato de que o sexo, isoladamente, não fala sobre a identidade da pessoa, mas sobre sua constituição corporal "biológica".).

Marcadores sexuais biológicos, como concentração de hormônios pré-natais, o conjunto de cromossomos, alguns genes, o formato das genitais, a presença ou ausência de seios na fase adulta, entre outras coisas, compõem o que se entende por sexo. Categorizá-los em "masculino" e "feminino" é parte de um grande discurso biomédico, que se popularizou ao definir que algumas dessas marcações são específicas de um conjunto cromossômico e não de outro; por exemplo, homens teriam cromossomos "XY", enquanto mulheres teriam "XX" (MACHADO, 2005). Mas tal discurso não se sustenta diante de corpos que possuem os cromossomos sexuais como "XXY", "X", "XYY", entre outros. Qual o sexo desses corpos? E seu gênero? Em suma, corpos podem ser morfológica e hormonalmente diferentes, e essas diferenças são reais, mas elas não definem o gênero de uma pessoa (BUTLER, 2018).

Marcações sociais a partir da categorização entre masculino e feminino produziram ao longo da história outros acessórios culturais que nomeiam corpos sem que seja sequer necessário saber qual o "sexo" de um indivíduo para que ele seja nomeado e identificado como homem, mulher ou outro. As roupas, os comportamentos (desde os gestos e movimentos até o modo como se fala), as inclinações e as expectativas intelectuais e profissionais servem de identificadores e marcadores de gênero a partir do papel social que o indivíduo desempenha. Dentro de uma lógica binária e sexista, espera-se de um corpo assignado como homem e como mulher funções e práticas sociais distintas. Mas isso requer um treinamento que pessoas adultas tiveram insistentemente em suas vidas até que passaram a acreditar que faz sentido.

Conta-se uma anedota de autoria atribuída ao sexólogo alemão Magnus Hirschfeld, em que três crianças nadavam em um lago, e entre essas crianças havia um menino. As crianças brincavam e nadavam alegres, até que um líder religioso que estava ali perto se aproxima e repreende o menino dizendo algo como *"Você não pode brincar aí com essas meninas. Isso é perverso. Por que você está aí?"*. Naquele momento, o menino, tentando se defender daquela repreensão, diz algo como *"mas elas estão sem roupas, como eu ia saber que eram meninas se não estavam vestidas?"*.

Essa anedota nos convida a questionar o quanto os atributos estéticos, de ordem material (no caso as roupas), assumem um papel central na classificação simbólica acerca do gênero, e como aprendemos isso desde muito cedo. Ao mesmo tempo, também nos mostra que para uma criança não necessariamente importa qual o gênero das pessoas, isso não constitui um separador quando eles não estão marcados. Ainda assim, a partir de aprendizados contínuos, podemos nos tornar pessoas adultas que internalizarão os aprendizados ao ponto de não conseguirmos funcionar sem que as diferenças de gênero sejam responsáveis, inclusive, por separar as atividades que as pessoas podem exercer.

Identidade de gênero: cis e trans

Uma pessoa ***cisgênera*** é aquela que se identifica com o gênero que lhe foi atribuído ao nascimento; diferentemente de pessoas ***transgêneras***, que não se identificam com o gênero atribuído a elas ao nascimento (SPIZZIRRI et al., 2021). Por exemplo, uma mulher cisgênera (ou, mulher cis) foi assignada como mulher, com base em sua genitália e em outros marcadores biológicos; essa mulher, ao longo do seu desenvolvimento, identifica-se com o gênero e com os atributos e com as expectativas sociais que esse gênero compreende. Por outro lado, um homem transgênero (ou homem trans) é aquele que ao nascimento foi assignado como mulher – também pelos mesmos motivos da mulher cis –, porém no seu desenvolvimento pessoal não se identifica com essas atribuições, mas se identifica como homem.

Percentualmente, a maior parte da população brasileira se identifica como cisgênera, enquanto estudos apontam que cerca de 2% da população brasileira se identifica como pessoas trans ou não binárias (SPIZZIRRI et al., 2021), número esse que não é totalizante, uma vez que não compreende vários outros casos não notificados.

Da mesma forma que para as identidades cisgêneras (homens e mulheres cis), as demais identidades são dignas de respeito e do direito de existir, independentemente de seu percentual na população. A título de exemplos temos: I) as pessoas não binárias: que não se identificam necessariamente nem dentro do gênero masculino nem do feminino; II) pessoas gênero fluido: que podem transitar (ou fluir) entre um gênero e outro, sem necessariamente se identificar com nenhum deles fixamente; III) pessoas agênero: para as quais a ideia de gênero não faz sentido em suas concepções identitárias; IV) pessoas transmasculinas: que podem ou não se identificar como homens trans, mas que em sua expressão de gênero destacam-se características ditas mais masculinas; V) as travestis: que é uma identidade de gênero feminina, específica da América Latina (BENTO, 2018; JESUS, 2010).

A identidade de gênero para além do biológico

Apesar da grande participação popular e ativista na desconstrução do binarismo de gênero a partir de olhares políticos e sociológicos, alguns estudos científicos sobre *gênero* estão focados no entendimento das bases biológicas da diferenciação sexual, especialmente sobre o papel da neuroanatomia e dos hormônios sexuais na formação das estruturas cerebrais.

Algumas evidências apontam para o fato de que hormônios pré-natais e os produzidos durante a puberdade apresentam efeitos sobre o comportamento que se mantém na vida adulta. Por exemplo, segundo estudos, as diferenças anatômicas nas estruturas cerebrais entre homens e mulheres cisgêneros, com padrões semelhantes observados em pessoas transgêneras, sugerem que a anatomia cerebral pode refletir de alguma forma a identidade de gênero; a nível neuroanatômico, diferenças na espessura cortical, tamanhos da amígdala e do hipocampo destacam o dimorfismo sexual no cérebro (RISTORI et al., 2020).

Da mesma maneira, algumas habilidades cognitivas, que são consideradas sexualmente específicas, também foram estudadas para entender o impacto dos hormônios na função cerebral, mostrando padrões de ativação distintos em tarefas entre pessoas cisgêneras e transgêneras (RISTORI et al., 2020). No entanto, embora essas descobertas apontem para diferenças e similaridades morfológicas (sexuais) e sugiram influências biológicas sobre as identidades de gênero, a relação direta entre diferenças de gênero tanto no comportamento quanto no dimorfismo cerebral permanece incerta (MORGENROTH; RYAN, 2021). Isso porque estes estudos reconhecem que tanto características anatômicas quanto o conjunto de experiências de vida se associam, contribuindo para essas diferenças. Igualmente, o conceito de "sexo do cérebro" não tem respaldo científico, permanecendo aberto a futuros estudos.

É nesse sentido que a identidade de gênero não pode ser determinada pelas condições materiais de um corpo, pois estão para além desse constructo. Nem genitais, nem hormônios, nem nenhum fator biológico pode definir como uma pessoa se identifica (ou se identificará) ao longo da sua vida em relação ao seu gênero. A identidade de gênero diz respeito a um conjunto subjetivo que localiza simbolicamente a própria pessoa na percepção de si mesma, bem como em um grupo, em um contexto e sobre como suas características convergem para essa localização. Isso significa dizer que a identidade de gênero está associada a como essa pessoa se percebe psicologicamente e sobre como ela quer também ser percebida no seu contexto de socialização. Outros fatores, como raça/etnia, classe, corporeidade, neurodiversidade etc., compõem a identidade de uma pessoa e afetam como também a vivência de gênero se dará no conjunto social. E, nesse contexto, cabe pensar acerca de como essa identidade de gênero se expressa socialmente, a fim de informar como a pessoa se identifica.

Expressão de gênero: como ela participa da identidade e pode representar liberdade

Se identidade de gênero diz sobre como a pessoa se percebe internamente, a expressão de gênero, por sua vez, é sobre como essa identidade é mostrada para o exterior. A expressão de gênero é muito importante na construção da identidade, uma vez que é a partir da expressão que uma pessoa se sente validada no modo como se identifica. Apesar disso, por muitos anos nem todas as identidades foram socialmente aceitas, e até hoje movimentos sociais lutam por despatologizar as identidades para que as pessoas possam vivê-las com mais liberdade. Assim foi com o termo "homossexualismo" e "transexualismo", ambos em desuso atualmente, mas que em sua origem conotam doenças ou distúrbios mentais e de sexualidade (MEDRADO, 2024).

Nesse sentido, a expressão de gênero diz respeito a como a identidade de gênero pode ser representada por cada pessoa. Essa expressão não é fixa, e pode variar até mesmo dentro de mesmas identidades de gênero. Quando a cisgeneridade (como vimos anteriormente) é tomada por norma, ou seja, quando é tida como a única possibilidade de identidade e de expressão, temos a *cisnormatividade*. Ela representa um sistema impositivo no qual apenas se reconhecem estéticas masculinas e femininas que estejam em corpos de homens e mulheres cis para, então, serem consideradas legítimas. No entanto, uma pessoa trans irá, a partir da expressão de gênero, romper a cisnormatividade, mostrando pela sua expressão de gênero que ela possui uma identidade que está para além da cisgênera.

A expressão de gênero pode acontecer a partir do modo como a pessoa se veste, a partir de seus comportamentos e dos adereços que essa pessoa escolhe utilizar em seu corpo, bem como na linguagem que ela adota (como o *Pajubá*, para as travestis, mas também o uso de linguagem neutra, para pessoas não binárias).

Cabe ressaltar que a não identificação com o gênero atribuído ao nascimento, somada à impossibilidade de expressão de acordo com a própria identidade de gênero, bem como às punições por conta dessa expressão, está entre as causas de sofrimento psicológico de pessoas trans, podendo culminar em taxas mais altas de depressão, ansiedade, suicídio, preocupações relacionadas a traumas, comportamentos alimentares desordenados e uso de substâncias em comparação com pessoas cisgêneras (TEBBE; BUDGE, 2022).

Considerações finais

O objetivo deste capítulo foi conversar sobre o que é isso que chamamos de gênero e entender como é importante saber de sua pluralidade para acolhermos as pessoas ao nosso redor, sobretudo nossas crianças. Entender que gênero é diferente de *sexo*, e que identidade de gênero é o modo como cada pessoa se percebe no mundo é fundamental para acolhermos nossas crianças. Muitos são os desafios que crianças LGBTQIAPN+ enfrentam na sociedade, desde discriminação e rejeição até profundos sentimentos de abandonos e de invalidação. E nesse contexto a família representa um importante espaço no qual a construção subjetiva se desenvolve, ter o apoio familiar na jornada de descobrimento e conhecimento de sua identidade é fundamental para nossas crianças crescerem mais seguras de si.

Acolher a identidade de gênero de uma criança, sobretudo de crianças trans, contribuirá para a formação de uma pessoa adulta que poderá expressar seus desejos e sua subjetividade sem medo de ser inadequada. Falar sobre gênero e identidade de gênero com crianças pode ser uma tarefa delicada, mas essencial para promover a compreensão e a aceitação desde cedo.

Para isso, o melhor caminho é começarmos pela busca dos diferentes conhecimentos acerca das vivências de gênero e de sexualidades, como essa que você está fazendo ao ler este livro. Alguns caminhos importantes podem ser trilhados nesse processo, entre eles:

1. Ler sobre diferentes identidades de gênero, ampliando a percepção de que outras identidades existem e são legítimas, oferecendo um contato com diferentes conteúdos em que haja a representatividade dessas identidades, conforme a idade da criança.
2. Evitar estereótipos de gênero sobre a própria criança: proporcionar às crianças o direito de escolherem suas próprias roupas e seus brinquedos sem que sejam julgadas por isso, desafiando assim os estereótipos de gênero e ampliando o repertório infantil.
3. Ter atenção e cuidado ao ouvir crianças falando de suas vontades – muitas crianças podem deixar de falar de suas vontades por medo de represálias que foram experimentadas dentro e/ou fora do contexto familiar.
4. Responder às perguntas das crianças com honestidade e com exemplos lúdicos, mas também reais; lembre-se de utilizar uma linguagem nítida, mas adequada à idade delas; acolher as dúvidas e oferecer uma escuta afetiva e empática pode ajudar na construção de um espaço seguro.

Cada criança é um universo, respeitar seus processos de construção de identidade é preservar e apoiar o direito de elas serem quem realmente são.

Para as informações sobre autoria, as referências e o material de apoio deste capítulo, acesse o QR-Code.

CAPÍTULO 4

Para além das feminilidades e masculinidades: as diferentes formas de ser em nossa sociedade

Graziela Rodrigues da Silva Chantal

Psicóloga e sexóloga. Mestre em Ciências da Religião. Possui pós-graduação em Sexualidade Humana. Especialista em Terapia Cognitivo Comportamental e Terapia Cognitivo Sexual.

Rodrigo Torres Carvalho de Souza

Psicólogo e sexólogo. Master em Sexologia Clínica e Saúde Sexual. Possui pós-graduação em Terapia Sexual e formação em Terapia Cognitiva Sexual.

O tema das feminilidades e masculinidades é vasto e complexo, abrangendo diversas áreas do conhecimento e práticas sociais. As noções de masculinidade e feminilidade são construções sociais que têm sido objeto de extensa pesquisa nas ciências sociais e humanas. Essas construções moldam comportamentos, expectativas e identidades de gênero, e variam significativamente entre culturas e ao longo do tempo.

O que é ser homem ou mulher?

Desde a primeira infância, as crianças são nomeadas com base em seus órgãos genitais. Homens e mulheres são tratados de forma diferente em nossa sociedade devido ao sexo com o qual nascem. Culturalmente, as meninas recebem brinquedos de cozinha, bonecas e fantasias de princesas. E os meninos, por outro lado, ganham bolas, skates, armas de brinquedo e espadas. Outra construção social é de que meninas devem usar roupas da cor rosa e os meninos devem vestir roupas da cor azul.

Pessoas que nascem com vulva ou com pênis são educadas de forma diferente; aqueles designados como meninos precisam demonstrar coragem e força, enquanto as designadas meninas são vistas como frágeis e dependentes. As definições sobre feminilidades e masculinidades fazem parte de discussões que variam em diversos contextos culturais e sociais. Essas definições não são universais, mas sim dinâmicas e influenciadas por uma interação complexa de fatores biológicos, psicológicos, sociais e culturais.

Muitas culturas impõem expectativas estritas sobre como as pessoas devem se comportar, o que pode criar desafios para aquelas cujas identidades de gênero não se alinham com essas normas.

Para pessoas LGBTQIAPN+, as definições de feminilidade e masculinidade podem ser especialmente complexas devido à falta de conformidade com as normas tradicionais de gênero. A diversidade de expressões de gênero dentro da comunidade LGBTQIAPN+ desafia as ideias convencionais sobre feminilidade e masculinidade, ampliando os horizontes da sociedade em relação ao que é considerado aceitável ou normal.

O que são feminilidades e masculinidades?

Feminilidades referem-se aos comportamentos e características, que uma sociedade considera apropriados para as mulheres por pertencerem ao sexo feminino. Esses conceitos são construídos dentro de uma sociedade e podem variar de cultura para cultura, são comportamentos e papéis tradicionalmente associados às mulheres e à condição de ser uma pessoa com vulva, como fragilidade, delicadeza, gentileza, empatia, nutrição e expressividade emocional etc.

As normas culturais de feminilidade reproduzem ideais do que é próprio das mulheres e, muitas vezes, colocam essas mulheres em papéis de cuidado com a casa, dos parceiros – em relacionamentos heterossexuais –, das filhas/os/es, ou seja, são consideradas seres passivos, que não podem estar em cargos de lideranças, porque são frágeis, sensíveis, entre outros adjetivos que visam bloquear seus acessos nesses cargos.

A desconstrução das expectativas de feminilidade e de masculinidade dominantes abrem espaço para uma expressão mais autêntica e diversificada de identidades de gênero dentro da comunidade LGBTQIAPN+. Também destaca a importância de reconhecer e respeitar a diversidade de experiências e expressões de gênero. Isso envolve desafiar estereótipos, promover a inclusão das identidades de gênero dentro de uma perspectiva mais ampla de justiça social e equidade.

É importante reconhecer que as experiências de feminilidade e de masculinidade na comunidade LGBTQIAPN+ são diversas e únicas. Isso inclui uma variedade de estilos de moda, comportamentos, interesses e formas de se relacionar com a própria feminilidade, com a masculinidade ou até mesmo com a não identificação por nenhum desses conceitos.

Respeitar essa diversidade ajuda a desconstruir ideias limitadas de feminilidade e de masculinidade e promove uma compreensão mais inclusiva e respeitosa das identidades de gênero.

Já as *masculinidades* referem-se aos comportamentos, papéis e atributos que uma sociedade considera apropriados para aquelas pessoas que nascem com pênis. Assim como as feminilidades, esses conceitos são construídos socialmente e variam entre culturas e épocas, reúnem características que definem o que é pertencer ao sexo masculino, como ser agressivos, violentos, capazes de assumirem cargos de liderança, que demonstram força, coragem, que não podem demonstrar fragilidade, que não podem chorar e nem demonstrar vulnerabilidades; pelo contrário, devem ser os provedores do lar, da proteção, do poder, dentre outras características.

Muitos homens LGBTQIAPN+ enfrentam desafios relacionados à expressão da sua masculinidade, especialmente quando esta não se alinha com as normas tradicionais de gênero. As pressões sociais que impõe padrões rígidos sobre o que é ser homem masculinizado podem ser prejudiciais e limitadoras para pessoas LGBTQIAPN+, levando a sentimentos de inadequação ou invisibilidade. Para homens LGBTQIAPN+, encontrar um equilíbrio entre as expectativas sociais e a autenticidade pessoal pode ser um desafio significativo. A desconstrução dessas normas rígidas de masculinidade pode permitir um espaço mais seguro para a expressão autêntica de gênero e o desenvolvimento de identidades masculinas diversas e inclusivas.

Masculinidade e feminilidade: rompendo barreiras e estereótipos

Homens e mulheres aprendem desde crianças como devem agir, como se só existissem dois caminhos a seguir: o masculino ou o feminino.

Discutir masculinidades e feminilidades significa quebrar um padrão fixo e limitante das formas de ser em sociedade. Devemos buscar maneiras de desconstruir estereótipos e entender a importância de as pessoas saírem das "caixinhas", ou seja, de romper com comportamentos pré-determinados do que é se expressar como desejam.

Precisamos ressaltar a respeito de indivíduos não binários, cuja identidade de gênero não se encaixa exclusivamente nas categorias tradicionais de masculino ou feminino. Estas identidades variam e incluem pessoas que se identificam como uma combinação de ambos os gêneros, ou com nenhum dos dois, ou que sentem que sua identidade de gênero não se encaixa em um sistema binário dicotômico, sendo assim fluida. A compreensão e o reconhecimento das identidades não binárias[1] são fundamentais para promover a inclusão e o respeito na sociedade.

Muitas atitudes consideradas "masculinas" são reflexo do machismo, que é conjunto de atitudes, comportamentos e crenças que promovem a ideia de superioridade de indivíduos com pênis sobre outras pessoas consideradas mais frágeis. Toda forma de discriminação contra mulheres, pessoas não binárias, ou pessoas com vulva, com o objetivo de inferiorizá-las, controlá-las e desqualificá-las só por não se encaixarem em padrões ditos normais, faz com que haja uma discriminação, marginalização e exclusão social.

Essa ideologia busca justificar e perpetuar a discriminação, a opressão e o controle de indivíduos em diferentes aspectos da vida social, econômica, política e cultural. Assim, qualquer comportamento que visa controlar, menosprezar ou discriminar deve ser questionado e repensado.

É importante ressignificar o conceito de masculinidades, para que possamos compreender o impacto das estruturas patriarcais direcionadas às

1 Para mais informações, veja o capítulo sobre não binariedade.

mulheres, seja pela objetificação dos seus corpos ou pela proibição de vivenciar a sua sexualidade.

Identidades, experiências e desafios

Falar sobre masculinidade é abordar a pressão social intensa que os homens enfrentam para manterem um comportamento dito como adequado em qualquer situação, sob pena de serem vistos como inferiores, já que desde pequenos aprendem que homem não pode ser fraco ou chorar. É importante discutirmos a masculinidade para percebermos que como crianças os meninos são obrigados, desde cedo, a negar e esconder seus sentimentos para mostrar uma força e uma insensibilidade que não são naturais.

A necessidade de reforçar o lugar da masculinidade aumenta a toxicidade das atitudes machistas, sendo uma delas a dificuldade de enxergar e demonstrar seus sentimentos. Impor aos homens que devem se comportar como machos e que não podem reconhecer suas fraquezas, se assemelha à condição imposta às mulheres, de fraqueza e fragilidade. Os estereótipos podem afetar o desenvolvimento pessoal, profissional e social das pessoas, criando barreiras e preconceitos.

Essas pessoas tendem a se sentirem menos homens, independentemente de sua orientação sexual, caso não consigam atender as expectativas criadas pela sociedade, devem ser autossuficientes e não depender de ninguém, ser bem-sucedidos em suas carreiras e fornecer sustento financeiro para suas famílias. Demonstrar emoções, especialmente vulnerabilidade ou tristeza, é muitas vezes visto como sinal de fraqueza; ao contrário, devem demonstrar virilidade através de suas conquistas sexuais.

Há uma expectativa de que todas as pessoas com pênis se vejam como homens, gostem de esportes, carros, tecnologia e outras atividades consideradas "masculinas". Essas expectativas podem ser limitantes e prejudiciais, impedindo que tais pessoas expressem plenamente suas emoções e interesses. Discutir e desafiar esses estereótipos é essencial para promover uma sociedade mais inclusiva e compreensiva.

Já as expectativas de feminilidade impostas pela sociedade envolvem um conjunto de normas e comportamentos que exigem que pessoas com vulvas se vejam como mulheres e sejam cuidadosas com sua aparência, seguindo padrões de beleza estabelecidos, são encorajadas a expressar seus sentimentos e a serem empáticas, a serem gentis, delicadas e comportarem-se de maneira suave e agradável, que tenham interesses e hobbies que são vistos como "femininos", como moda, culinária, artesanato e atividades relacionadas ao lar.

Para os indivíduos não binários, também existe uma série de desafios em diversas áreas da vida devido à falta de compreensão e aceitação de suas identidades de gênero. Muitos sistemas legais e sociais não reconhecem identidades de gênero não binárias, o que pode levar à exclusão em documentos oficiais, como carteiras de identidade, passaportes e formulários administrativos. Na área da saúde, falta preparo por parte de profissionais sobre as necessidades específicas de pessoas não binárias, além de uma linguagem inclusiva. Em outras esferas da sociedade, como o meio profissional ou na área da educação, a falta de reconhecimento pode resultar em marginalização, exclusão, violência e um sentimento de invisibilidade para essas pessoas.

A sociedade tende a impor normas rígidas de gênero que dificultam a expressão autêntica de indivíduos não binários. Isso pode levar a uma luta contínua pela aceitação pessoal e social. A falta de apoio e de compreensão por parte de familiares também pode ser um desafio significativo, o que leva muitas vezes a conflitos e à rejeição.

Todas as expectativas são limitantes, impedem que as pessoas em geral expressem suas ambições e talentos. Desafiar e desconstruir esses estereótipos é crucial para criar uma sociedade mais igualitária e permitir que todos os indivíduos, independentemente de gênero, vivam de forma autêntica e plena.

Compreender essa diversidade ajuda a desconstruir ideias limitadas de feminilidade e promove uma compreensão mais inclusiva e respeitosa das identidades de gênero.

A feminilidade e a masculinidade são uma construção social que evolui ao longo do tempo e varia de acordo com o contexto cultural e histórico. Para pessoas LGBTQIAPN+, essa construção pode ser desafiada e redefinida de maneiras que resistem às normas tradicionais de gênero.

A desconstrução das expectativas de feminilidades e de masculinidades dominantes abre espaço para uma expressão mais autêntica e diversificada de identidades de gênero dentro da comunidade LGBTQIAPN+.

Em suma, a discussão sobre feminilidades na população LGBTQIAPN+ destaca a importância de reconhecer e respeitar a diversidade de experiências e expressões de gênero. Isso envolve desafiar estereótipos, promover a inclusão e celebrar a autenticidade das identidades de gênero dentro de uma perspectiva mais ampla de justiça social e equidade.

A masculinidade é uma construção social que pode ser moldada por normas culturais e históricas. Para pessoas LGBTQIAPN+, e mesmo para algumas pessoas cisgêneras e heterossexuais que não se enquadram completamente neste padrão, essa construção pode ser redefinida de maneira que desafia as ideias convencionais sobre o que significa ser um homem. A desconstrução das expectativas tradicionais de masculinidade abre espaço para uma expressão mais autêntica e diversificada de identidades de gênero dentro da sociedade.

A masculinidade tradicional muitas vezes valoriza características como a força, a independência e a racionalidade, enquanto desencoraja a expressão de emoções e vulnerabilidade. Para pessoas LGBTQIAPN+, encontrar um equilíbrio entre as expectativas sociais e a autenticidade pessoal pode ser um desafio significativo.

A discussão sobre masculinidades na população LGBTQIAPN+ destaca a importância de reconhecer a diversidade de experiências e expressões de gênero masculino e feminino. Isso envolve desafiar normas prejudiciais, promover a inclusão e celebrar a autenticidade das identidades de gênero dentro de uma perspectiva de respeito e valorização da diversidade humana.

A desconstrução dessas normas rígidas de masculinidade pode permitir um espaço mais seguro para a expressão autêntica de gênero e o desenvolvimento de identidades masculinas diversas e inclusivas.

Existem diferentes tipos de masculinidades, incluindo masculinidades queer, transmasculinidades e outras formas de masculinidade que não se encaixam nos estereótipos convencionais.

Muitas culturas impõem expectativas estritas sobre como homens e mulheres devem se comportar, o que pode criar desafios para pessoas cujas identidades de gênero não se alinham com essas normas. Para indivíduos LGBTQIAPN+, as definições de feminilidade e masculinidade podem ser especialmente complexas devido à falta de conformidade com as normas tradicionais de gênero.

A diversidade de expressões de gênero dentro da comunidade LGBTQIAPN+ desafia as ideias convencionais sobre feminilidade e masculinidade, ampliando os horizontes da sociedade em relação ao que é considerado aceitável ou normal.

Considerações finais

Ao discutir feminilidades e masculinidades na população LGBTQIAPN+, é crucial adotar uma abordagem inclusiva e sensível que reconheça a variedade de experiências e identidades dentro dessa comunidade diversificada. Essa discussão não apenas desafia preconceitos arraigados, mas também contribui para uma compreensão mais rica e respeitosa da diversidade humana.

As experiências da população LGBTQIAPN+ são marcadas por uma complexa interseção de identidades de gênero e orientações sexuais, o que leva a diversas vivências em relação às feminilidades e às masculinidades.

Promover um ambiente inclusivo e respeitoso para todas essas formas de ser é essencial para uma sociedade saudável. Isso envolve educação e sensibilização, políticas inclusivas e a criação de espaços seguros onde todas as pessoas se sintam valorizadas e respeitadas.

Promover a educação sobre equidade de gênero desde cedo ajuda a desconstruir estereótipos e a incentivar a aceitação de diversas formas de expressão de gênero.

Discutir e desafiar essas expectativas é crucial para promover uma sociedade mais inclusiva, equânime e igualitária. Reconhecer e questionar os estereótipos de gênero permite que indivíduos de todos os gêneros explorem e expressem plenamente suas identidades, interesses e emoções, sem medo de julgamento ou repressão.

Para as informações sobre autorias, as referências e o material de apoio deste capítulo, acesse o QR-Code.

CAPÍTULO 5

Quando falamos em orientação sexual, do que estamos falando?

Roberta C. Gobbi

Psicóloga. Professora. Pesquisadora em gênero/sexualidade. Doutora e Mestre em Comunicação e Linguagens. Possui pós-graduações em Psicologia Jurídica e em Sexualidade Humana.

Quando pensamos que esgotamos as letras do alfabeto queer e de identificação e orientação sexuais, logo nos aparece alguma outra em busca de reconhecimento, não é? Neste capítulo não vamos falar sobre todas estas letrinhas, pois temos um espaço específico para cada uma, ao virar de páginas do livro. Mas sim, falaremos sobre o que é essa tal de orientação sexual e como ela se liga, ou não, com os gêneros.

Como visto anteriormente, os gêneros estão relacionados a como as pessoas se identificam pessoalmente e socialmente, podendo ser como homens, mulheres, queer, neutro, não binário, entre outros. Já a **orientação sexual corresponde a por qual, ou quais, gênero(s), a pessoa se sente (ou não) atraída sexualmente**. Ou seja, quais pessoas a atraem em termos de relacionamentos afetivos-sexuais. Porém, como bem explica a Cartilha de saúde LGBTI+:

> Vale pontuar que existe uma diferença entre a orientação sexual e a orientação romântica, esta última entendida como a atração romântica ou a possibilidade de se apaixonar que uma pessoa pode sentir por outras pessoas. Não necessariamente envolve sexo, ou seja, não está relacionada diretamente com a orientação sexual (UNAIDS, 2021, p. 42).

Acredito que se você chegou até este livro, esteja buscando informações ou para lidar com questões pessoais, de amigos/as/ues, ou mesmo de familiares, e que já tenha conhecimento de que é bastante comum que as pessoas se sintam atraídas não só por um, mas por mais de um gênero, como no caso de bissexuais e pansexuais. Se for o seu caso, não se desespere, você PODE SIM atrair-se por dois ou mais gêneros, ou por nenhum. Acolher a sua orientação sexual não quer dizer que você precisa fazer uma escolha entre os gêneros e nunca mais se relacionar com outro(s).

Outra coisa que pode também acontecer é a pessoa perceber uma certa fluidez na sua orientação sexual, o que é igualmente legítimo e não patológico[1]. Por exemplo, um homem que sempre se relacionou com mulheres pode, em determinado momento de sua vida, passar a sentir-se atraído por outro homem (cisgênero ou não). Isso pode durar somente aquela atração ou permanecer na vida deste homem, e ele pode vir a entender-se como bissexual, ou mesmo, agora, como um homem *gay*. Nestes casos, muitas vezes, as pessoas à sua volta podem pensar que este homem estava antes "mentindo" sobre sua sexualidade, ou que já sabia de sua orientação homoafetiva, mas não tinha "coragem" de assumi-la. Quando acontece, fica clara a dificuldade das pessoas em legitimar e receber os relacionamentos não heterossexuais com a mesma validade e naturalidade, reflexo de uma estigmatização e discriminação destas configurações do prazer e do amor. Em realidade, esta nova vivência da orientação sexual não invalida sua heterossexualidade prévia, a não ser que a pessoa passe a entender e afirmar para si. Assim dizendo, a orientação sexual pode sim ir diferenciando-se no decorrer da vida da pessoa, de acordo com suas aproximações e vivências. Mas a orientação sexual de muitas pessoas pode manter-se durante toda a sua vida.

Para além da fluidez da orientação sexual e da legítima atração por mais de um gênero, existem também as pessoas que não sentem atração sexual por nenhum dos gêneros, e definem-se como assexuais. Como disse, tal vivência pode ser somente no aspecto sexual ou também romântico. Isto é,

---

1 Prefiro esta expressão à palavra "normal", uma vez que a segunda já foi muito utilizada pelas ciências médicas e psicológicas para regular as práticas e desejos que seriam aceitos socialmente; e a nossa intenção neste livro é passar longe da disseminação de um conhecimento que possa, de qualquer maneira, reduzir as sexualidades e gêneros em comportamentos "normais" ou "anormais". Posto que também não acreditamos na existência destes, mas sim na pluralidade e multiplicidade de vivências românticas, sexuais e de gêneros.

uma pessoa pode ter interesse em estabelecer relacionamento afetivo com outra, mas não sexual, ou ainda nenhum dos dois.

Outro esclarecimento de suma importância é a de que há muito já é sabido que a orientação sexual não é uma "escolha" pessoal ou uma opção, como o senso comum costumeiramente insinua. Não que tal seja impensável ou impossível. Mas as pessoas, sejam elas heterossexuais ou não, vivem as atrações românticas independentemente de fazerem juízo ou serem capazes de decidir por senti-las ou não.

Da mesma maneira, também não utilizamos mais a palavra *homossexualismo* quando nos referimos a pessoas gays, pois, neste caso, o sufixo "ismo" indicava uma condição patológica. Portanto, desde 1990, o termo correto é *homossexualidade*, e entendido como condição normal da diversidade sexual pela Classificação Internacional de Doenças (CID).

A orientação sexual independe da identidade de gênero, uma vez que a identidade de gênero é "quem eu sou" e a orientação sexual é sobre "quem eu desejo". Porém, assim como pessoas não heterossexuais, as pessoas trans enfrentam muitas dificuldades para serem reconhecidas e respeitadas socialmente. Uma tirinha da artista Laerte, com a personagem Muriel/Hugo, ilustra bem esse cenário[2].

Na sequência de quadros, vemos uma personagem feminina caminhando pela rua, com vestido e aparência lida socialmente como feminina. As pessoas ao redor a cumprimentam com naturalidade, chamando-a de Muriel e perguntando como ela está. No quadro seguinte, a personagem pensa algo como "Nada como finalmente ser aceita", marcando um momento de alívio e pertencimento.

No terceiro quadro, essa sensação é abruptamente interrompida. Muriel é atingida por um tomate arremessado de longe, enquanto alguém grita o xingamento "bichona". Já no último quadro, caída no chão depois da agressão, as mesmas pessoas que antes a chamavam de Muriel passam a tratá-la

2 Charge "Muriel/Hugo", de Laerte Coutinho. Disponível para visualização em: Itaú Cultural, Ocupação Laerte. Disponível em: <https://www.itaucultural.org.br/ocupacao/laerte/oa-laerte/?content_link=3\>.

pelo nome masculino, Hugo, e ainda a culpam pela violência, dizendo que ela provocou e questionando se "aquilo é jeito de se vestir".

A tirinha evidencia mais de um ponto importante. Primeiro, a transfobia cotidiana que recusa o reconhecimento de Muriel como mulher e a pune por isso. Segundo, a confusão frequente entre identidade de gênero e orientação sexual. O insulto "bichona" é um termo pejorativo usado para ofender homens cisgêneros gays. Ao ser dirigido a Muriel, uma mulher trans, o xingamento mostra como, socialmente, muitas pessoas não diferenciam identidade de gênero de orientação sexual.

Quando pensamos em orientações sexuais, estamos falando apenas de quais gêneros despertam o interesse e o desejo de alguém. A orientação sexual não define a identidade de gênero. Em outras palavras, o modo como a pessoa se relaciona e com quem ela se envolve não determina quem ela é em termos de gênero.

Na tirinha, ao ser xingada de "bichona", Muriel é rotulada com um termo que faz referência a homens cisgêneros gays, enquanto o único aspecto que a própria história em quadrinhos permite afirmar com segurança é que se trata de uma mulher trans. A orientação sexual da personagem não é informada em nenhum momento. É justamente essa mistura entre gênero e orientação, somada à culpabilização da vítima pela violência sofrida, que a charge de Laerte denuncia.

Já escutei de pessoas menos familiarizadas ao tema que a transexualidade ou travestilidade seriam uma espécie de evolução da homossexualidade[3], e este pensamento está completamente equivocado. Nem sempre uma pessoa trans deixa de se sentir atraída pelo gênero com o qual já se relacionava antes da transição de gênero. Por exemplo, uma mulher trans que antes se relacionava com mulheres como um homem cisgênero heterossexual, depois da transição, pode continuar se relacionando com mulheres, entendendo-se agora como uma mulher transexual lésbica. Lembre-se: mulher transexual = identidade de gênero, lésbica = orientação sexual.

3 Escrevi sobre o assunto em minha dissertação de mestrado "A garantia dos direitos à saúde de travestis e transexuais em serviços de saúde de Curitiba/PR: uma análise das práticas de profissionais da saúde" (BACCARIM, 2017), e no artigo "Acesso de Pessoas Trans à Saúde: uma Análise das Práticas de Profissionais" (BACCARIM; TAGLIAMENTO, 2020).

Acredito que parte desta confusão na associação das vivências não cisgêneras às não heterossexuais se dá por pertencerem ao mesmo grupo político de luta por direitos, as pessoas LGBTQIAPN+, e pela avassaladora cis-heteronormatividade que

> tem a matriz heterossexual como base das relações de parentesco e a matriz cisgênera como organizadora das designações compulsórias e experiências das identidades de gênero; ambas produzindo efeitos que são naturalizados em nossa cultura, a partir da constituição de uma noção de normalidade em detrimento da condição de anormalidade, produzindo a abjeção e ocultamento de experiências transgressoras e subalternas (MATTOS; CIDADE, 2016, p. 134).

Isto é, somente as identidades e formas de vínculo e relação que obedecem a esta norma heterossexual e cisgêneras são legitimadas cultural, social e politicamente, causando um estranhamento e marginalização da pluralidade.

Assim posto, a orientação sexual é uma parte extremamente importante e constituinte do ser humano e do seu bem-estar, pois a autonomia e liberdade do prazer e dos relacionamentos amorosos e sexuais são fundamentais neste sentido. Conforme a Organização Mundial de Saúde (OMS, 1948), devemos entender o conceito de saúde como um completo estado de bem-estar físico, mental e social e não meramente a ausência de doença ou enfermidade. Por isso, a garantia de uma experiência positiva relacionada às questões de gêneros e sexualidades são cruciais para o bom desenvolvimento de qualquer pessoa. E de que maneira podemos buscar promover boas vivências de gêneros e sexualidades?

Penso que esta resposta só pode ser elaborada em duas frentes, a individual e a coletiva. Individualmente, é muito importante que sejamos acolhedores de nossa orientação sexual. Há muito já se sabe que a orientação não é uma "escolha" pessoal, mas que faz parte do desenvolvimento e amadurecimento psicológico e sexual. Assim, e também por ser considerada como uma variante comum da diversidade sexual, é substancial que sejamos ensinadas/os/es a reconhecer, respeitar e aceitar a própria orientação sexual, a fim de vivenciá-la com menor sofrimento possível. Para tal, pode ser importante buscar informações de qualidade e livre de julgamentos e ter acesso garantido a elas para a melhor compreensão de si e para a desconstrução de preconceitos socialmente cristalizados.

Outro fator é a busca de apoio em saúde mental, quando necessário. Cuidar da saúde mental, seja com psicoterapia ou na participação em grupos, pode ser essencial para a autoaceitação e fortalecimento individual, para lidar com possíveis desafios e constrangimentos gerados socialmente ou mesmo no seio familiar. E não menos importante é buscar estabelecer relacionamentos saudáveis, baseados no respeito e na amorosidade, na comunicação sincera e de apoio emocional para uma vivência positiva das relações amorosas e sexuais.

Já na dimensão coletiva, é inevitável pensarmos em formas de atuação individuais e sociais orientadas para a erradicação da discriminação de pessoas não heterossexuais ou não cisgêneras em todos os aspectos de suas vidas. Ser e fortalecer redes de apoio que ofereçam suporte emocional, lutar contra a LGBTQIAPN+fobia e ser um difusor de informações de qualidade e livres de julgamentos e discriminações em posicionamentos pessoais e públicos, estimular a visibilidade e respeito a pessoas não heterossexuais e não cisgêneras, são formas de promoção de vivências mais positivas e autênticas da orientação sexual.

A liberdade para a felicidade nos relacionamentos afetivos e sexuais relaciona-se, deste modo, não só à habilidade pessoal em estabelecer bons vínculos amorosos, mas também em podermos viver em ambientes seguros, que respeitem e celebrem a diversidade sexual e de gêneros, garantindo o direito a dignidade, trabalho, moradia, educação, saúde e ao exercício de todos os direitos sociais de maneira equânime a qualquer outro cidadão brasileiro.

Para as informações sobre autoria, as referências e o material de apoio deste capítulo, acesse o QR-Code.

CAPÍTULO 6

Orientações sexuais em outras espécies

Irene Delval
Psicóloga e antropóloga. Doutora com pós-doutorado no IP-USP.
Victor Gregolin
Graduando em Biologia.

Na cultura ocidental a relação entre a ciência e a sociedade, a sexualidade passou por grandes mudanças em um período relativamente curto de tempo. Podemos observar como, historicamente, a percepção social sobre este assunto influenciou a pesquisa científica e o conhecimento produzido a partir dela. Por exemplo, no caso dos seres humanos, comportamentos como homossexualidade, transexualidade ou diferentes identidades de gênero foram tratados como doenças durante séculos.

Na psiquiatria do início do século XX, o comportamento homossexual era classificado como uma doença mental a ser diagnosticada, tratada e curada. No "Manual Diagnóstico e Estatístico de Transtornos Mentais" (cuja sigla em inglês é DSM), um guia fornecido pela Associação Americana de Psiquiatria para o diagnóstico de doenças mentais, o comportamento homossexual foi considerado como uma doença mental até 1973. Na primeira edição do DSM em 1952, homossexualidade era classificada como uma psicopatia, e na segunda edição (DSM-II) de 1968, como um distúrbio de comportamento sexual. Pessoas que atualmente classificaríamos como transsexuais (termo que não existia até em torno da década de 1960) eram diagnosticadas como sofrendo de distúrbios psicóticos, neuróticos ou esquizofrenia.

Profissionais de psicologia, psicanálise e outros teóricos da época classificavam essas pessoas como "imaturas", "mentalmente confusas" ou "transtornadas". Diversos procedimentos foram utilizados em tentativas de curar esses comportamentos, incluindo desde psicoterapia até tratamentos químicos, terapias de choque e lobotomias. Inclusive, o termo *homossexual* só foi cunhado no século XIX, quando em maio de 1868 o jornalista austro-húngaro Karl-Maria Kertbeny o usou numa carta. Posteriormente, em 1886 o psiquiatra alemão Richard von Krafft-Ebing popularizou o termo no seu livro *Psicopatias Sexuais*. Até então, termos como *sodomia*, *inversão sexual* ou *safismo* eram usados para se referir a interações sexuais entre pessoas do mesmo gênero.

Nas ciências da natureza, principalmente a biologia, a ocorrência desses comportamentos também causava estranhamento entre cientistas e era tratada como uma anormalidade. O comportamento homossexual entre animais, por exemplo, era com frequência propositalmente ignorado, não sendo relatado nas observações de pesquisadores ou considerado como um simples erro entre os animais, que deveriam ter identificado um ao outro como sendo de sexos diferentes quando na verdade não eram. Outros pesquisadores iam além e descreviam aquilo que observavam como "uma inversão da ordem natural" ou "comportamento pervertido entre animais". Por exemplo, em 1834, o entomólogo alemão August Kelch observou sexo entre dois machos de besouro (*Melolontha melolontha*) e concluiu que um deles devia estar estuprando o menor, para dominá-lo. Durante uma expedição à Antártica em 1911, o explorador inglês George Murray Levick estudou o comportamento sexual do pinguim-de-adélia (*Pygoscelis adeliae*), registrando comportamento homossexual, sexo não reprodutivo e necrofilia[1] entre indivíduos dessa espécie, porém suas anotações foram redescobertas e publicadas só em 2012, pois elas foram rejeitadas por serem consideradas indecentes na época das observações (1915). Estes exemplos demonstram como o pensamento mais popularizado até pouco tempo atrás era o de que tais comportamentos simplesmente não existiam na natureza ou não deveriam existir, o que ao mesmo tempo contribuía para uma falta de dados e

1 Segundo a https://www.britannica.com/dictionary/necrophilia, necrofilia é a atração sexual ou prática de atos sexuais com cadáveres.

estudos sobre o tema, dificultando a compreensão adequada da realidade desse comportamento na natureza.

Vale lembrar que a ciência é um conjunto de conhecimentos sistematicamente organizado que pretende explicar os fenômenos que ocorrem na natureza de forma simples e não enviesada. Na biologia, a evolução por seleção natural proposta por Darwin em 1859 explica a diversidade da vida na Terra a partir da premissa de que seres vivos que apresentam características vantajosas a sua própria sobrevivência têm maiores chances de se manterem vivos e se reproduzirem, e assim passar essas características para as futuras gerações (o oposto acontece em relação aos indivíduos com características desvantajosas). Ao longo de muitas gerações, o efeito desse processo sobre o conjunto de animais de uma mesma espécie pode levar esta a se modificar ao ponto de se dividir e dar origem a novas espécies, se manter existindo ou se extinguir e ter seu lugar na natureza tomado por outras espécies.

A existência de comportamentos sexuais que não levam à reprodução, como a homossexualidade, a masturbação ou o sexo entre indivíduos não férteis (como infantes, fêmeas prenhas, lactantes ou fêmeas na menopausa) é algo que intriga cientistas. Inclusive, há cientistas que descrevem este fenômeno como um "paradoxo evolutivo", já que parece difícil explicar como esses comportamentos haveriam surgido e se mantido na natureza, dado que não levam à produção de descendentes, e, ainda, considerando que supõem um "custo" em termos de tempo e energia para os animais envolvidos. Contudo, as interações sexuais entre indivíduos do mesmo sexo têm sido registradas em mais de 1.500 espécies diferentes de animais, incluindo insetos, peixes, anfíbios, répteis, aves, mamíferos e muitos outros grupos. Mas como a ciência explica a existência desse tipo de interações na natureza?

Aparentemente, o comportamento homossexual surgiu independentemente várias vezes durante a evolução da vida na Terra e diferentes explicações podem ser aplicadas às distintas espécies de animais que apresentam esse comportamento.

A biologia atualmente reconhece três principais grupos de hipóteses que tentam explicar esse fenômeno, que são as adaptativas, neutras e não adaptativas. As hipóteses adaptativas sugerem que há alguma vantagem para os indivíduos que apresentam esses comportamentos, mesmo que a reprodução não ocorra. Por exemplo, em primatas como os chimpanzés e os macacos japoneses, o sexo homossexual entre indivíduos na juventude parece facilitar e aumentar o desempenho sexual quando se tornam adultos, em comparação aos que cresceram sem essa prática ou praticaram menos.

Você sabia que em diversas espécies é possível observar também situações em que o sexo homossexual parece ter como resultado uma diminuição nos conflitos e aproximação em termos de convivência entre indivíduos do mesmo sexo, facilitando a vida em grupo?

Em bisões (*Bison bison*), por exemplo, acredita-se que a convivência próxima entre os machos jovens que têm relações sexuais entre si aumente suas chances de sobrevivência em relação àqueles mais solitários, pois eles são especialmente vulneráveis ao ataque de predadores durante a juventude e apresentam maiores chances de sucesso ao se defender em grupos do que sozinhos. Nos golfinhos-nariz-de-garrafa (*Tursiops truncatus*) observa-se que machos, durante a juventude, formam alianças e praticam atividades sexuais entre si como uma forma de fortalecer laços sociais e de cooperação, o que pode aumentar suas chances de sucesso reprodutivo ao competirem por fêmeas. Em algumas colônias de albatrozes (*Phoebastria immutabilis*) as fêmeas formam pares do mesmo sexo e criam filhotes juntas. Essas uniões podem surgir devido à escassez de machos disponíveis e garantem que mais filhotes sejam cuidados e tenham chances de sobrevivência.

As hipóteses neutras sugerem que esses comportamentos sexuais não sejam fortemente vantajosos ou desvantajosos, possivelmente sendo um subproduto de alguma outra característica ou comportamento mais fortemente associados à reprodução e à sobrevivência, e por isso seguem existindo simplesmente por não interferir demais nessas questões a ponto de serem danosos. Por exemplo, é possível que a característica de sentir prazer com a estimulação promovida pelo sexo seja vantajosa por incentivar os indivíduos a se relacionarem uns com os outros e assim se reproduzirem mais, e que a prática de sexo não reprodutivo entre os animais seja um resultado desse incentivo promovido pelo prazer, que, no entanto, não chega ao ponto de comprometer a sua qualidade de vida ou fertilidade. Em insetos como os besouros, há evidências de que alguns machos copulam com outros machos em situações em que a identificação do sexo é difícil, o que parece não ter impacto significativo na sobrevivência ou reprodução dos indivíduos envolvidos.

Segundo as hipóteses não adaptativas, esses comportamentos podem ter um impacto negativo no sucesso reprodutivo dos animais que os praticam, como o gasto desnecessário de energia, tempo ou esperma, e consequente diminuição no número de filhotes; por isso, considera-se a tendência de esses comportamentos desaparecerem ao longo do tempo por atuação da seleção natural. Em situações experimentais, ratos machos (*Rattus norvegicus* e *Mus musculus)* se engajam em comportamento homossexual quando há uma alta densidade populacional e um excesso de machos, o que pode levar a uma diminuição temporária na eficiência reprodutiva. Em algumas populações de ovelhas (*Ovis aries*) um pequeno percentual de carneiros mostra preferência por parceiros do mesmo sexo, o que pode reduzir o número total de filhotes nascidos.

É importante lembrarmos que o impacto de um comportamento, seja ele benéfico, danoso ou indiferente, pode variar bastante a depender de múltiplas condições e contextos de vida de diferentes animais. Por exemplo, fatores como a presença ou ausência de predadores, falta ou abundância de alimentos e outros recursos, tamanho da população, quantidade de machos e fêmeas férteis disponíveis, dentre muitos outros, podem fazer com que características tipicamente vantajosas deixem de ser, ou vice-versa, ou que afetem a sobrevivência e reprodução de maneira mais ou menos intensa do que o esperado. Dessa forma, diferentes hipóteses podem explicar melhor ou pior certos comportamentos dependendo do contexto e da espécie em questão, os quais podem variar bastante entre cada situação que estudamos.

Tendo em vista todo o contexto histórico e atual dos estudos sobre o comportamento sexual na natureza, precisamos parar um pouco para refletir e compreender uma possível armadilha do pensamento com a qual nos deparamos com frequência ao tentar explicar essas e outras questões, chamada de **falácia naturalista**.

Podemos defini-la resumidamente como uma conclusão ou crença de que aquilo que existe na natureza, sem alteração ou intervenção humana, é necessariamente bom ou desejável e por isso deve ser considerado correto e mantido inalterado. Um exemplo desse fenômeno é quando ouvimos dizer que um determinado comportamento "não é natural" e por isso devemos considerá-lo "incorreto". Usando exemplos da vida cotidiana, podemos de fato pensar em situações em que essa lógica parece fazer sentido, como a atividade de dormir, que é natural aos seres humanos e muitos outros seres vivos e cuja falta pode nos trazer desconforto e problemas de saúde. No entanto, podemos também pensar em exemplos em que esse pensamento não faz sentido, como é o caso de verminoses, infecções bacterianas e resfriados, que ocorrem naturalmente, para os quais vários tratamentos já foram fabricados industrialmente pelos seres humanos, como antibióticos, vermífugos e vacinas, e parece difícil querer classificar as doenças como "boas" e os tratamentos como "ruins". Ou comportamentos que ocorrem com frequência na natureza e não necessariamente consideraríamos como bons, tal como a violência, o infanticídio, a necrofilia, dentre outros. Podemos concluir então que a existência de algo no mundo natural não obrigatoriamente significa que aquilo seja benéfico ou desejável para nós, e que, portanto, tentar usar esse critério sozinho sem mais informações ou contexto para classificar algo como "bom" ou "ruim" pode nos levar a conclusões equivocadas.

Até então falamos principalmente sobre o comportamento sexual dos animais, mas e outros aspectos como gênero e identidade? Esses são consideravelmente mais difíceis de estudar, uma vez que não temos como perguntar aos animais como se veem, como se identificam ou quais são suas preferências (para além do comportamento observado). No entanto, existem registros de animais que exibem características e comportamentos que não seriam tipicamente esperados para o seu sexo, como é o caso, por exemplo, de leoas encontradas na reserva de Moremi em Botswana, que desenvolveram características típicas de machos, como juba, territorialidade e o hábito de montar outras fêmeas. Entre uma das espécies mais comuns de veados, o veado-de-cauda-branca (*Odocoileus virginianus*), encontrado do sul do Canadá ao norte do Brasil, parece ter um terceiro gênero, os "*velvet-horns*" (ou "chifres de veludo", em tradução livre ao português). Os machos adolescentes possuem chifres de um material mais macio que dos adultos e de aparência aveludada, e às vezes alguns machos nunca desenvolvem o padrão adulto de chifres e de comportamento, não se inserindo nas brigas dos machos adultos pelas fêmeas, e formando seu próprio bando tipicamente entre 3 e 7 "*velvet-horns*". Parecem não ter interesse na reprodução, mas têm sido vistos adotando veados órfãos no bando de "*velvet-horns*".

Em primatas como chimpanzés e bonobos, encontramos comportamentos específicos aos indivíduos de um determinado sexo, como as brincadeiras físicas mais violentas que parecem ser preferidas pelos machos, ou o maior interesse por observar e manusear filhotes dentre as fêmeas. No entanto, alguns indivíduos parecem seguir o padrão de comportamento típico do outro sexo, o que em geral parece não causar estranhamento nos outros membros da espécie. Por exemplo, o caso de Donna, uma chimpanzé estudada pelo primatólogo Frans de Waal, que demonstrava preferência por passar o tempo brincando com os machos, desenvolvendo ao longo do tempo características de comportamento tipicamente masculinas, e que parecia não ter interesse no sexo (atualmente poderia ser classificada como assexual). Contudo, Donna manteve uma vida saudável e sem problemas de convivência com outros chimpanzés.

Em conclusão, outras orientações sexuais existem na natureza e formam parte do repertório sexual habitual de inúmeras espécies animais, desde insetos até seres humanos, e a invisibilização dessa variabilidade sexual é prejudicial para a completa compreensão da natureza. No momento atual, com a progressiva visibilização da comunidade LGBTQIAPN+ e redução dos tabus associados à pesquisa desses tópicos, a ciência está começando a prestar maior atenção a esses fenômenos, observando que a incidência é maior do que anteriormente se acreditava.

Para as informações sobre autorias e as referências deste capítulo, acesse o QR-Code.

CAPÍTULO 7

E essa sigla? Para que tantas letras?! Entendendo o que é LGBTQIAPN+

André H. dos Santos Francisco

Sociólogo. Doutor e Mestre em Antropologia e especialista em Sexualidade.

A sigla LGBTQIAPN+ faz referência às pessoas que não se identificam com identidades conformes ao padrão endossexo-cis-heteronormativo[1]. As letras que compõem a sigla têm significados próprios e englobam conceitos diferenciados, que envolvem questões de corpo, gênero e sexualidade: identidades de gênero, orientações sexuais, desejos e afetos, sexo biológico e fisiologias diversas, entre outras.

Compreendemos a identidade de gênero como o modo com que cada pessoa se sente e se identifica em relação ao seu próprio gênero. Trata-se, assim, muito mais de uma experiência interna e individual do que algo relacionado com características biológicas tipicamente atribuídas aos sexos masculino e feminino (ou seja, o sexo biológico).

Quando a identidade de gênero de uma pessoa corresponde ao seu sexo biológico (ou ao sexo que lhe é designado ao nascer), entendemos essa pes-

1 O padrão endossexo-cis-heteronormativo pressupõe (erroneamente) como "normal" – ou ainda "mais comum" – que as pessoas se encaixem em ideias pré-concebidas a respeito de corpos, gêneros e mesmo conexões afetivas, românticas e/ou sexuais. A endossexualidade pressupõe como "normal" que as pessoas possuam características sexuais inatas que se encaixem nas ideias médicas mais típicas e/ou normativas para corpos entendidos biologicamente como femininos ou masculinos (CARPENTER; DALKE; EARP, 2023). A cisnormatividade se baseia na presunção de haver uma identificação natural entre a identidade sexual e de gênero da pessoa com sexo biológico ou aquele que lhe foi atribuído no nascimento (BONASSI, 2017; BAGAGLI, 2016). A heteronormatividade é a ideia que entende como normal/comum/correto que as pessoas se atraiam ou sintam desejo apenas por pessoas de sexos opostos (RICH, 1980).

soa como cisgênero (ou simplesmente cis). No caso da pessoa que se identifica com um gênero diverso daquele que lhe foi designado ao nascer, trata-se de um indivíduo transgênero (ou simplesmente trans).

A expressão de gênero caminha ao lado da identidade de gênero. Basicamente, diz respeito à forma que a pessoa manifesta socialmente, de forma pública, sua identidade de gênero, por meio do seu nome, suas roupas, seu cabelo, a forma de usar a voz, a forma de expressão do corpo etc.[2]

É importante, aqui, notar que a identidade de gênero é uma percepção de autoimagem. Isto significa que quem define algo a respeito da identidade de gênero de uma pessoa é ela própria: ela sabe de si, do modo como se percebe a respeito do próprio gênero. Assim, como não cabe a nós definirmos se um indivíduo é um homem, mulher, travesti, entre outros, é interessante perguntar para a própria pessoa, buscar saber como ela se identifica, quais os seus pronomes, entre outras informações.

Já a orientação sexual está ligada à conexão afetiva/emocional e ao desejo sexual que uma pessoa pode sentir por outra(s). De maneira simplificada, podemos encontrar indivíduos que se sentem atraídos por pessoas de sexo/gênero diferente daquele com o qual se identifica, sujeitos que possuem desejo por pessoas de sexo/gênero semelhante àquele com o qual se identifica, além daquelas pessoas que se interessam tanto por pessoas de sexo/gênero semelhante quanto diferente[3].

É também importante lembrar que não se usa o termo *opção sexual*, pois o modo como nos atraímos pelas outras pessoas não se trata de modo algum de uma escolha. Há diversos componentes em nossa formação que, ao longo do tempo, atuam na construção dessa nossa orientação.

A Figura 1 ajuda a compreender melhor as diferenças de cada um desses conceitos e mesmo como eles se relacionam:

---

2 Cabe lembrar que a expressão de gênero também pode estar ligada à percepção social, ou seja, o modo como a pessoa é socialmente lida por outras. Por exemplo, homens cisgênero heterossexuais podem ser lidos como homossexuais por algo que socialmente seja considerado mais feminino, mesmo que essa não seja sua intencionalidade.

3 Há ainda pessoas que não se atraem por nenhum sexo/gênero, ou têm sua atração condicionada a algum fator, como veremos mais adiante.

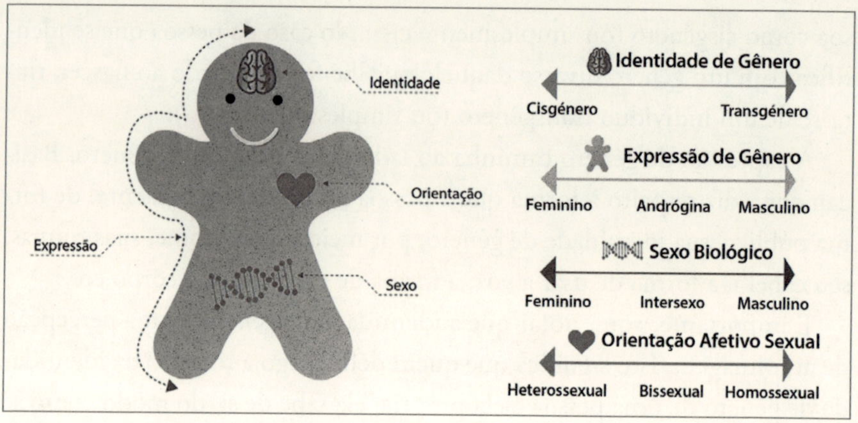

Figura 1
Fonte: adaptada de Guia da Diversidade LGBT: saúde, atendimento e legislação (Rio de Janeiro, 2019).

Considerando a diversidade de identidades, orientações e expressão, podemos dizer que a sigla LGBTQIAPN+ engloba lésbicas, gays, bissexuais, diferentes pessoas trans, pessoas queer, intersexuais, assexuais, pansexuais, pessoas não binárias e demais identidades de gênero e orientações sexuais e/ou afetivas que diferem do padrão.

Origem da sigla LGBTQIAPN+

A sigla surgiu no início da década de 1980, com a necessidade de denominar o movimento e a comunidade, referenciando as pessoas por elas representadas. Inicialmente, era utilizada a sigla GLS, fazendo referência a gays, lésbicas e simpatizantes. Ao longo do tempo, no entanto, a sigla foi sendo alterada de acordo com as mudanças que ocorreram nas pautas do movimento e com a busca por direitos das pessoas da comunidade.

A primeira mudança da sigla ocorreu em decorrência do avanço do movimento, de suas pautas e reivindicações e, sobretudo, por uma questão identitária. No final da década de 1980 foi-se percebendo a necessidade de o movimento se concentrar na representação e no empoderamento das pessoas que enfrentam diretamente os desafios de (con)viver e (r)existir em sociedades moldadas em cima de preconceitos, o que culminou, no início da década de 1990, com a retirada da letra S e a inclusão de outras duas letras (B e T).

Naquele período, eram chamadas de simpatizantes as pessoas que se posicionavam e/ou atuavam como aliadas e apoiadoras da causa, do movimento e da comunidade composta por indivíduos LGBTQIAPN+. Geralmente, eram familiares e pessoas amigas de indivíduos discriminados por sua identidade de gênero ou orientação sexual, figurando também entre "simpatizantes" da causa diversas figuras públicas (artistas, políticos, intelectuais e celebridades). Embora sejam cruciais para a luta por direitos e inclusão, especialmente por amplificar as vozes da comunidade para o exterior, ao longo do tempo e das lutas, chegou-se à compreensão de que o protagonismo da luta e a representatividade da sigla deveriam englobar as parcelas discriminadas.

Assim, buscando criar um espaço dedicado às questões internas da comunidade e de seus indivíduos, a comunidade passou a utilizar a sigla GLBT. Se antes a sigla abordava, de forma bastante reducionista, as expressões de orientações sexuais (gays e lésbicas), essa nova sigla começa a desconstruir o binarismo ao incorporar as pessoas bissexuais, bem como começa a abordar as identidades de gênero ao trazer pessoas trans.

Logo em sequência, foi requisitado pelas mulheres (cis e lésbicas) envolvidas no movimento que a letra L estivesse em destaque, iniciando a sigla. Esse tipo de reivindicação, de fato, era algo que remontava ao nascimento do movimento e tinha a ver com uma invisibilização ou secundarização das mulheres lésbicas. Por exemplo, no Brasil, por muitos anos, o movimento foi conhecido como "movimento homossexual" ou "movimento gay", justamente porque a grande maioria das organizações e grupos em atividade era composta por pessoas do sexo masculino. Além disso, por um bom tempo vigorou na nossa sociedade e dentro das comunidades o entendimento do termo "gay" como algo abrangente, que contemplava tanto os homens que se relacionavam com homens quanto as mulheres que se relacionavam com mulheres.

Mesmo dentro de um movimento que lutava por igualdade de direitos, era (e talvez ainda seja) possível perceber o quanto as ações, campanhas e pautas podem ser afetadas pelo machismo estrutural e pela misoginia.

Dessa forma, para atender a essa reivindicação de grupos cada vez mais organizados de mulheres dentro do movimento, durante a 1ª Conferência Nacional de Gays, Lésbicas, Bissexuais, Travestis e Transexuais, com o apoio da Secretaria Especial de Direitos Humanos do Governo Federal, em 2008, houve uma votação que determinou que a sigla oficial seria LGBT. Essa pequena mudança na ordem das letras, além de promover um alinhamento com a comunidade internacional, tem um efeito simbólico e mesmo político de grande relevância, no sentido de mostrar a importância das mulheres – especialmente as lésbicas e feministas – como parte da comunidade, reconhecer sua força na luta coletiva e evitar seu apagamento ou secundarização.

O avanço e a popularização das teorias queer nas sociedades ocidentais, aliadas mais recentemente às teorias decoloniais[4], abriu espaço para se pensar em diferentes formas de ser, de existir, para além de binarismos e outras categorias mais estanques. À medida que novas identidades e orientações surgiam e/ou ganhavam força, suas demandas também se tornavam mais prementes.

Assim, ao longo deste nosso século 21, mais letras foram gradativamente adicionadas à sigla: LGBTQIAPN+[5]. Na formatação mais atual, foram

---

4 A teoria queer, emergindo nos anos 1990, questiona gênero e sexualidade como categorias fixas, passando a entendê-las como algo fluido. Autores como Judith Butler (2003) e Michel Foucault (1988) são fundamentais para o entendimento de que as identidades são construídas socialmente e a sexualidade é regulada por normas culturais. Ou seja, gênero e sexualidade são conceitos construídos historicamente por meio da cultura e da educação. São estes instrumentos que determinam, desde que se nasce, o que é ser homem e o que é ser mulher, por intermédio das "tecnologias de gênero" – mecanismos que acionam técnicas, procedimentos, práticas e discursos para produzir sujeitos que se identifiquem como homens e mulheres, meninos e meninas (CALDEIRA; PARAÍSO, 2016).
A teoria decolonial critica as estruturas de poder colonial que ainda persistem nas sociedades contemporâneas e atuam na conformação de relações sociais e identitárias. Diversos autores discutem a colonialidade do poder, do saber e do ser nas perspectivas latino-americanas e de outros contextos pós-coloniais, bem como as formas que (ainda) afetam o modo como as relações se estabelecem – pessoal e socialmente – e como impactam, inclusive, em nossos afetos (MIGNOLO, 2017; QUIJANO, 2005).
Assim, a perspectiva queer decolonial reside na interseção dessas duas teorias. Ambas desafiam normas e estruturas que oprimem e marginalizam. A teoria queer decolonial propõe uma crítica das identidades que considera as questões de sexualidade e gênero aliadas às heranças coloniais e suas implicações na formação de identidades. Isso implica uma análise crítica das formas como a colonialidade moldou as normas de gênero e sexualidade, especialmente em contextos não ocidentais.

5 A sigla LGBTQIAPN+ é a mais atual, tendo sido adotada mundialmente pelo movimento. Porém existem variações da sigla, várias delas com mais letras, que expressam realidades de contextos locais – por exemplo, a sigla LGBTQQICAPF2K+, que reflete identidades típicas de regiões norte-americanas,

inseridas as letras correspondentes às pessoas queer e intersexo, indivíduos assexuais e pansexuais, pessoas que se definem como não binárias. Para tornar a sigla bastante ampla e representativa, já há mais de uma década é utilizado o símbolo "+" de modo a garantir a representação das demais orientações sexuais e de gênero que "fogem" à norma, ao padrão.

Breve história da comunidade LGBTQIAPN+ no Brasil e no mundo

A sigla LGBTQIA+ surgiu a partir da luta dos movimentos sociais e políticos por mais representatividade e direitos para a população que não se encaixa nos padrões endossexo-cis-heteronormativo. Na história contemporânea ocidental, a Revolta de Stonewall, ocorrida em Nova York, Estados Unidos, em 1968, é considerada um marco de estabelecimento do movimento LGBTQIAPN+.

Stonewall Inn era o nome do bar/boate que aceitava pessoas LGBTQIAPN+ na época. Localizava-se em um bairro boêmio da cidade e recebia, muito mais do que os outros estabelecimentos, vistorias constantes da polícia, muitas delas que acabavam de maneira violenta. Isso porque, nos Estados Unidos, até 1962, a homossexualidade era tipificada no código penal como crime.

Mesmo com a queda desta lei ainda na década de 1960 em função da atuação dos movimentos por liberdade, a maioria dos lugares nos Estados Unidos, por exemplo, sequer vendiam bebidas alcoólicas a pessoas LGBTQIAPN+. Vários estabelecimentos "não deixavam essas pessoas entrarem. Uma lei local nova-iorquina regrava até mesmo o vestuário, não sendo permitido, assim, que fossem usadas duas 'peças do sexo oposto'. Ou seja, havia um nítido veto a pessoas trans ou até mesmo a mulheres que usassem calça e camisa, por exemplo" (BARBOSA, 2024, s/p).

como o caso de "*two-spirit*", um termo vindo de uma identidade indígena regional (PIRES; MOURA, 2023). Cabe também apontar que o Governo Federal do Brasil, em 2023, adotou em todas as suas comunicações oficiais uma forma um pouco menor da sigla: LGBTQIA+.

Assim, como o *Stonewall Inn* foi o primeiro bar a aceitar e se declarar abertamente voltado a o público LGBTQIAPN+, tornou-se refúgio dessa população e, ao mesmo tempo, alvo das perseguições do poder público e de grupos e entidades conservadores. Eram frequentes as batidas policiais no *Stonewall Inn*, causando revolta em seus frequentadores. O ápice desta revolta ocorreu em junho de 1968, após uma violenta ação policial que culminou com uma pessoa da comunidade LGBTQIAPN+ frequentadora do estabelecimento, indignada por sua prisão sem sentido, bradando às pessoas que passavam por ali e às que estavam no bar: vários transeuntes e frequentadores aderiram ao chamado e começaram a protestar, tendo sido presas diversas dessas pessoas (CARTER, 2004).

O bar seguiu reabrindo suas portas e as pessoas seguiram reagindo a cada momento de repressão. Casais LGBTQIAPN+ passaram a andar de mãos dadas nas ruas, mesmo sendo proibido. Caso a polícia viesse com truculência, respondiam no mesmo tom, jogando pedras, pedaços de pau e detritos (ADAM, 1987). Nesse contexto, as travestis Marsha P. Johnson e Sylvia Rivera despontaram como lideranças dessa revolta, por terem começado as reações, inicialmente jogando copos de vidro em carros da polícia. "Marsha, uma mulher negra, trans e prostituta, foi uma das primeiras e principais organizadoras da I Parada Gay (como era chamada na época) do mundo, que aconteceu nos arredores de *Stonewall Inn*, em 28 de junho de 1968, reunindo milhares de pessoas" (BARBOSA, 2024).

A partir desse marco, movimentos organizados foram ganhando espaço, como a Frente de Libertação Gay, nos Estados Unidos. Aliado a esses movimentos, o panorama internacional em 1968 apresentava uma certa efervescência de diversos movimentos, como o levante de maio de 1968 na França e os movimentos antirracistas e da contracultura nos próprios Estados Unidos.

Embora não haja uma data específica que marque o início do movimento pelos direitos LGBTQIAPN+ no Brasil, essa onda internacional de movimentos e levantes teve sua influência no país, então as manifestações por respeito e contra preconceitos e discriminação da população LGBTQIAPN+ podem ser observadas desde a década de 1960, com maior visibilidade a partir da década de 1970, após a abertura política (TREVISAN, 2018). Nesse período, os movimentos estudantil, feminista e movimento negro ganharam força, impulsionando o surgimento de grupos e organizações que reivindicavam, entre outras coisas, a inclusão da orientação sexual na Constituição Federal e a despatologização da homossexualidade. Um exemplo foi o grupo *Somos* (Grupo de Afirmação Homossexual, em São Paulo), que surgiu com o objetivo de transformar a sociedade e questionar as normas sexistas e autoritárias (FACCHINI, 2003).

Nos anos 1980, houve debates promovidos pela Assembleia Nacional Constituinte, com apoio do Conselho Federal de Medicina, com a proposta de inclusão do termo *orientação sexual* na Constituição de 1988, porém foi rejeitada por grande parte dos parlamentares. No entanto, o movimento se intensificou com a criação do Grupo Gay da Bahia (GGB), fortalecendo o ativismo no Nordeste (MOTT, 2018), especialmente no contexto do impacto da epidemia de HIV/Aids, que afetou não apenas pessoas envolvidas no movimento, mas também a estigmatização do público homossexual (sobretudo homens cis que se relacionavam com outros homens cis e/ou mulheres trans, bem como as travestis). Surgiu então a "segunda onda" do movimento, focada em garantir direitos civis e combater discriminação (FACCHINI, 2018).

A partir dos anos 1990, o movimento LGBTQIAPN+ ganhou força com a resposta à crise da Aids e a diversificação das demandas para diferentes grupos, como lésbicas, gays, bissexuais, travestis e transexuais. A criação da Associação Brasileira de Gays, Lésbicas, Bissexuais, Travestis e Transexuais (ABGLT), em 1995, consolidou a organização nacional, e o número de paradas e eventos cresceu (TRINDADE, 2018) A partir desse momento também foram sendo organizadas, mesmo que timidamente, as primeiras Paradas do Orgulho em capitais como Rio de Janeiro e São Paulo. Em 2004, o programa "Brasil sem Homofobia" foi lançado para combater a homofobia e promover políticas públicas de inclusão. A inserção de personalidades LGBTQIAPN+ na política se fez sentir com mais força, como foi em 2010, com a eleição de Jean Wyllys, abertamente homossexual, como deputado federal e votações expressivas de deputados estaduais e federais nas eleições mais recentes (especialmente candidaturas mais recentes de pessoas trans como Duda Salabert, Érika Hilton e Danieli Balbi, todas eleitas com ampla margem de votos).

No que tange a essa expressividade, cabe lembrar que, atualmente, o dia 28 de junho foi estabelecido como Dia Mundial do Orgulho LGBTQIAPN+. Da mesma forma, o mês de junho é marcado no calendário internacional como Mês do Orgulho LGBTQIAPN+. Nesse período, em milhares de cidades do mundo, acontecem diversos eventos para celebrar as lutas e as conquistas do movimento (e das pessoas) LGBTQIAPN+, em especial as Paradas do Orgulho – como a Parada do Orgulho LGBT de São Paulo, que ocorre na Avenida Paulista desde 1997 e se tornou uma das maiores do mundo (em termos de público presente) e que já figurou em episódios de produções audiovisuais internacionais que abordavam (mesmo tangencialmente) questões relativas à população LGBTQIAPN+.

Importância da sigla LGBTQIAPN+

Apesar de sabermos que existiam práticas homossexuais desde pelo menos a Grécia Antiga na história mundial – e, em muitas civilizações, serem tidas como naturais e até mesmo ritos de passagem (ANDRADE, 2018) –, houve também muita repressão ao longo dos séculos.

Além disso, os regimes de exceção política perseguiam pessoas LGBTQIAPN+. Durante o nazismo, na Alemanha, a essas pessoas eram dados triângulos que eram costurados em seus uniformes em campos de concentração ou colocados nas portas de suas casas antes de serem capturadas. Aos homens gays, triângulos rosas; às mulheres lésbicas – chamadas de "mulheres antissociais" –, triângulos pretos invertidos (BRAZDA; SCHWAB, 2011).

Na Ditadura Civil-Militar Brasileira existiram grupos de extermínio a travestis, que as perseguiam nas ruas, em processos higienistas que também tentavam "varrer" pessoas em situação de rua, em sua maioria negras. Em 1968, enquanto acontecia a Revolta de Stonewall nos Estados Unidos e o Maio de 1968 na França, foi montada no Brasil uma grande operação "para inglês ver": durante a passagem de Elizabeth II, rainha da Inglaterra, por São Paulo. Todas as noites eram executadas rondas policiais, comandadas pelo delegado José Wilson Richetti, que prendiam, batiam, torturavam e até matavam travestis e moradores de rua, para que, durante o dia, essas vias parecessem... limpas (RELATÓRIO DA COMISSÃO DA VERDADE DO ESTADO DE SÃO PAULO, 2013).

Além disso, na atualidade, conforme apurado pela BBC em 2023[6], ser uma pessoa LGBTQIAPN+ ainda é considerado crime em mais de 70 países, sendo punível com a pena de morte em 13 deles. Nesses locais, mesmo que alguns avanços já tenham sido alcançados, há linhas da Medicina e Psicologia que ainda encaram a homossexualidade e a transgeneridade como doença, apesar de os manuais da Classificação Internacional de Doenças (CID) há anos terem excluído essa noção de suas páginas.

Foi para lutar contra situações abusivas, desrespeitosas e discriminatórias como estas que os movimentos sociais foram se organizando. Dessa forma, o movimento LGBTQIAPN+ é um movimento civil e social que busca defender a aceitação das pessoas representadas por esses termos na sociedade, além do respeito integral aos direitos dessas pessoas (SANTOS FRANCISCO, 2022). Apesar de não ser um movimento centralizado e único nos seus mais diversos núcleos ao redor do mundo, existem inúmeras organizações não governamentais que atuam para oferecer a esses indivíduos o respeito e a dignidade que tanto buscam.

A importância da sigla LGBTQIAPN+ está na força de sua representação: ela traz para o centro da cena identidades e individualidades que sempre estiveram à margem da sociedade, expondo as violências sofridas por essas pessoas ao longo do tempo e demandando que sejam respeitadas e que tenham seus direitos garantidos. A sigla reflete também a busca pela igualdade social: seja por meio da conscientização das pessoas contra os preconceitos e discriminações sofridos por pessoas LGBTQIAPN+, seja pelo aumento da representatividade dessas pessoas nos mais diversos setores da sociedade.

E até em locais onde alguns avanços já foram alcançados, há linhas da Medicina e Psicologia que ainda encaram a homossexualidade e a transge-

6 A reportagem "Os países que punem a homossexualidade com pena de morte" pode ser acessada no link https://www.bbc.com/portuguese/internacional-64252532.

neridade como doença, mesmo que tenham saído dos manuais da Classificação Internacional de Doenças (CID) há anos[7].

O que significa cada letra da sigla LGBTQIAPN+

Cada uma das letras da sigla tem, portanto, uma historicidade própria e indica não só uma identidade, mas também o orgulho[8]. A construção da sigla e dos conceitos que a envolvem faz parte de um processo social inserido no contexto cultural e econômico. É, portanto, algo que está em constante transformação, posto que novos entendimentos podem ser elaborados, novos conhecimentos podem ser construídos e, assim, as letras que compõem a sigla podem ser alteradas.

Na conformação mais atual, a sigla adotada pelos movimentos sociais no Brasil e na comunidade internacional (especialmente no Ocidente) é LGBTQIAPN+. Veremos a seguir o que significa cada uma das letras que compõem esta sigla[9].

L = Lésbicas

São mulheres (ou pessoas não binárias que se alinham com o gênero mulher de alguma forma) que sentem atração afetiva/sexual pelo mesmo gênero (ou seja, outras mulheres) e/ou por pessoas que consideram seus gêneros parecidos.

---

7 Sugerimos a leitura do capítulo "'Cura gay'": a necessidade de combater a desinformação" [N.O].

8 Usa-se historicamente o termo *orgulho* como um contraponto à ideia de vergonha que era imposta a pessoas "fora a norma", que não podiam sequer circular livremente em espaços públicos e eram perseguidas nas suas vidas privadas. Ele é uma forma de resistir à discriminação, à marginalização e à estigmatização que muitas pessoas LGBTQIAPN+ enfrentam na sociedade. O "orgulho" não é apenas sobre sentir-se bem consigo mesma/o/e, mas também sobre afirmar a própria identidade de maneira positiva e empoderada, desafiando as normas sociais e culturais que tentam silenciar ou excluir essas pessoas.

9 Este capítulo apresenta os conceitos de cada uma das letras de modo introdutório e, assim, as definições são bastante simplificadas. Nos capítulos seguintes tais conceitos serão desenvolvidos de forma mais robusta e explicativa.

G = Gays

São homens (ou pessoas não binárias que se alinham com o gênero homem de alguma forma) que sentem atração afetiva/sexual pelo mesmo gênero (ou seja, outros homens) e/ou por pessoas que consideram seus gêneros parecidos.

B = Bissexuais

De maneira simplificada, diz respeito às pessoas que sentem atração afetivo/sexual pelos gêneros masculino e feminino, ou ainda por pessoas de qualquer sexo/gênero. Cabe informar que uma pessoa que se identifica como bissexual não precisa necessariamente sentir atração igual ou equânime por pessoas de ambos os sexos: é uma identidade fluida em que as pessoas podem sentir diferentes graus de atração por outros indivíduos[10].

T = Transgênero

Diferentemente das letras anteriores, o T não se refere a uma orientação sexual, mas a identidades de gênero. Também chamadas de "pessoas trans", elas podem ser transgênero (homem ou mulher), travesti (identidade feminina) ou pessoa não binária, que se compreende além da divisão "homem e mulher".

Pode-se dizer, então, que são pessoas cujo gênero designado ao nascimento é diferente do gênero que possuem (parcialmente ou completamente). Mesmo assim, nem todas as pessoas que se encaixam nesta definição se identificam como trans. Essa é a realidade para algumas travestis, certas pessoas não binárias e para algumas pessoas que vivem em culturas que vão além do binário de gênero. De qualquer modo, a maioria das pessoas que não são cis – neste caso, qualquer pessoa cujo gênero designado ao nascimento é

10 De acordo com o Manifesto Bissexual, publicado em 1990 na revista norte-americana *Anything That Moves*, a bissexualidade não tem relação direta com poligamia, promiscuidade, infidelidade ou comportamento sexual inseguro: esses comportamentos podem ocorrer e/ou serem desempenhados por quaisquer pessoas, de quaisquer orientações sexuais e afetivas. O texto original do Manifesto Bissexual está disponível na página "Bialogue": https://bialogue-group.tumblr.com/post/17532147836/atm-1990-bisexualmanifesto.

parcial ou completamente diferente do gênero que possui, ou cujo gênero não pode ser traduzido adequadamente para o modelo de gênero eurocêntrico como homem ou como mulher – é bem-vinda na comunidade trans.

No Brasil, muitas vezes se colocam as identidades travesti ou travesti e transexual também na letra T (como termos separados de transgênero). *Travesti* geralmente é um termo usado por pessoas que se identificam como tal, e que é marcado por resistência e inconformidade em relação ao padrão cis sobre o que uma pessoa trans "aceitável" deveria ser. *Transexual* é um termo que costuma ser relacionado socialmente a pessoas trans que querem fazer um ou mais tipos de transição corporal, todavia nem todas as pessoas que se definem como transexuais fazem ou querem fazer modificações corporais. Em alguns contextos locais, utilizam-se na sigla letras T seguidas.

Ainda falando sobre pessoas trans, é preciso falar sobre a variabilidade de gênero na infância e adolescência. Como o gênero está além de caracteres fisiológicos e trata-se de uma construção social, a variabilidade de gênero refere-se à diversidade nas identidades e expressões de gênero que não se encaixam estritamente nas categorias tradicionais de "masculino" e "feminino". Esse conceito inclui uma ampla gama de identidades, como transgêneros, não binários, gênero fluido, entre outros. Essa variabilidade pode se manifestar em qualquer fase da vida, de várias maneiras e, dessa forma, pode se manifestar na adolescência ou ainda na infância. É comum que crianças comecem a expressar suas identidades de gênero desde cedo, por volta dos 2 a 3 anos, quando começam a compreender as categorias de gênero. Muitas crianças, desde muito cedo, podem se identificar com um gênero diferente daquele que lhes é atribuído ao nascer, ou podem exibir comportamentos que não são tradicionalmente associados ao seu gênero designado[11].

A transgeneridade e a variabilidade de gênero são muito mais comuns do que se pensa, ou seja, não significa que há algo de errado com a criança ou adolescente. É importante que mães, pais, responsáveis e demais educadores compreendam que isso pode acontecer e que estejam preparadas/os/es para lidar com essa variabilidade, oferecendo um ambiente seguro e de

11 Sugerimos a leitura dos capítulos "Existe criança trans?" e "Transexualidade na infância e adolescência: informações gerais para família" [N.O].

apoio, onde a criança possa expressar sua identidade sem medo de julgamento ou rejeição e procurar ajuda especializada, quando necessário.

Q = Queer

Pessoas "queer" são aquelas que transitam entre as noções de gênero. A teoria queer defende que a orientação sexual e identidade de gênero não são resultado da funcionalidade biológica, mas de uma construção social. Assim, podemos dizer que *queer* diz respeito àquelas pessoas que não se identificam e/ou não se rotulam em nenhum gênero. São pessoas que, geralmente, não correspondem à padronização imposta na sociedade para que todos sejam heterossexuais e cis (não trans).

O termo *queer* pode ser entendido como um termo guarda-chuva, que abrange qualquer pessoa fora das normas de gênero, sexo e relacionamentos, e muitas pessoas que se consideram da comunidade queer também usam outros rótulos para suas orientações e/ou para sua identidade de gênero.

Algumas pessoas definem sua orientação como queer por não quererem/saberem defini-la de outra forma e ao mesmo tempo não serem/se reconhecerem hétero. Outras pessoas podem se definir como queer simplesmente por não quererem/saberem outra forma de se definir além de "nem homem, nem mulher", ou ainda por desafiarem as normas de ser homem ou mulher. Também há pessoas fora do binário homem/mulher que preferem o termo *queer* ao invés do termo *não binário* por definirem sua identidade de gênero como o que ela é (queer) ao invés de como o que ela não é (binária).

A letra Q ainda pode fazer menção ao termo *questionando*, para pessoas que não sabem de fato qual é sua identidade, que não sabem como se definir (ou ainda que não querem se definir utilizando algum outro conceito).

I = Intersexo

São chamadas de intersexo ou intersexuais as pessoas que nascem com características sexuais que não se encaixam nas noções binárias típicas/médicas atribuídas a corpos masculinos ou femininos. As suas combinações biológicas e desenvolvimento corporal – cromossomos, genitais, hormônios etc. – não se enquadram na norma binária, ou seja, "macho" ou "fêmea". Dessa forma, pessoas intersexo são o "oposto" de pessoas endossexo.

A = Assexual

Pessoas assexuais não sentem atração afetivo/sexual por outras pessoas (de qualquer gênero) ou sentem pouca atração, ou ainda sentem atração condicionadas a algum aspecto. Dessa forma, podemos entender *assexual* como termo "guarda-chuva", dentro do qual podem caber outras identidades de um espectro.

Pessoas assexuais podem se localizar na área cinza do espectro (*graysse-xual*), geralmente por sentirem atração sexual condicionada a uma situação específica (p. ex., pessoas demissexuais, sapiossexuais, dentre outras) e podem, também, se localizar na área estrita do espectro (assexual estrita). Da mesma forma, existem outras formas de identificação no espectro da assexualidade que não necessariamente se encontram nessas divisões.

Há diversas formas de se relacionar que não necessariamente dependem da atração sexual. Pessoas assexuais podem se atrair romanticamente (ou não) de diversas formas, afetivamente (ou não) de diversas formas, constituir (ou não) família, ter (ou não) parcerias e relações sexuais. Assim, a letra A também pode estar relacionada às pessoas agênero, isto é, pessoas que não possuem gênero ou ao menos se sentem mais ou menos contempladas por esta definição. Algumas pessoas agênero não se consideram trans, genderqueer ou não binárias, embora possam usar tais termos também para se definir.

P = Pansexual

Pessoas "pan" sentem atração por todos os gêneros. Ou, como apontado por muitas pessoas, sentem atração por pessoas independentemente do gênero. Também pode fazer menção às pessoas polissexuais/polirromânticas[12], que sentem atração por muitos gêneros.

12 É importante não confundir o conceito de polissexualidade com poliamor: enquanto o primeiro diz respeito à atração sexual/afetiva, o segundo está relacionado a ter mais de uma parceria num relacionamento compromissado.

N = Não binária/e

São pessoas que não são somente/completamente/sempre homens ou que não são somente/completamente/sempre mulheres. Engloba pessoas sem gênero, com vários gêneros, com gêneros separados/diferentes de homem e mulher, com gêneros parecidos/similares, mas não totalmente alinhadas com a noção de homem ou mulher. Pessoas não binárias podem se dizer trans, mas algumas não se consideram trans. Além disso, a inclusão separada da letra N ajuda a ressaltar que pessoas não binárias estão inclusas na comunidade, e não só pessoas trans binárias.

+ = Outros corpos, identidades e orientações

O símbolo de "mais" no final da sigla aparece para incluir outras identidades de gênero e orientações sexuais que não se encaixam no padrão cis-heteronormativo, mas que não aparecem em destaque antes do símbolo.

Além dessas letras, que são as mais comuns atualmente, dependendo do grupo ou da pessoa, é possível que algumas letras sejam retiradas e/ou novas letras sejam adicionadas. Por exemplo, há algumas correntes que apontam para a utilização de uma sigla mais extensa: LGBTQQICAAPF2K+ (composta por Lésbicas, Gays, Bissexuais, Transgêneros, Queer, Questionando, Intersexuais, Curioso, Assexuais, Aliados, Pansexuais, Polissexuais, Familiares, 2-espíritos[13] e Kink[14]).

Da mesma forma, há grupos que não aceitam ou reconhecem pessoas assexuais, arromânticas, intersexo, pan ou poli como "reais" ou como "mar-

---

13 O termo *two-spirit* é um anglicismo que, como dito anteriormente, reflete identidades indígenas típicas de regiões norte-americanas. É um termo cultural usado por alguns povos indígenas para descrever pessoas que possuem simultaneamente características entendidas como femininas e como masculinas. Essa ideia se conecta às crenças indígenas de que tanto um espírito masculino quanto um feminino podem viver em um único corpo (PIRES; MOURA, 2023).

14 Kink é um anglicismo que significa "fetiche"; logo, sua inclusão na sigla diz respeito a pessoas com fetiches não convencionais ou que se envolvem em práticas sexuais tidas, socialmente, como não convencionais. Dessa forma, essa inclusão "deixa de lado algo que vinha explicado em algumas outras identidades, que é com quem essas pessoas se relacionam, em termos de gênero e sexo. Portanto, essa categoria funciona assimetricamente às outras, visto que não é construída com as mesmas questões identitárias de gênero e sexualidade, e sim abrange um aspecto do comportamento sexual" (PIRES; MOURA, 2023, p. 15).

ginalizadas o suficiente para compor a sigla ou o movimento" e utilizam versões mais curtas da sigla.

Por fim, há grupos que defendem o uso de outras siglas, alternativas à LGBTQIAPN+, como a sigla Q(U)ILTBAG com uma variante pronunciável de LGBTQIA+, ou NHINCQ+ (Não Hétero, Intersexo, Não Cis, Queer e mais identidades relacionadas), que tem a intenção de ser o mais inclusiva possível, mas sem depender da adição de novas letras[15].

Letras e cores

A bandeira do movimento LGBTQIAPN+ é um símbolo significativo que reflete a diversidade e a luta pelos direitos da comunidade. Criada por Gilbert Baker em 1978, a bandeira original apresenta seis faixas coloridas, cada uma simbolizando um aspecto essencial da vida e da luta LGBTQIAPN+: vermelho para a vida, laranja para a cura, amarelo para a luz, verde para a natureza, azul para a harmonia e roxo para o espírito.

Essas cores simbolizam a inclusão e a diversidade, refletindo as múltiplas identidades representadas na sigla. Mas, assim como a sigla, a bandeira sofreu alterações ao longo do tempo, com a inclusão de trechos e cores de outras bandeiras, para garantir maior representatividade dos indivíduos abraçados pela comunidade LGBTQIAPN+.

Podemos citar, por exemplo, a adição das cores específicas para a comunidade trans (azul claro, rosa e branco), na busca por incluir identidades que antes eram marginalizadas, reforçando a ideia de que a sigla LGBTQIAPN+ representa uma ampla gama de experiências. As mudanças mais recente foram a incorporação da simbologia intersexo (círculo roxo sobre um fundo amarelo) e a incorporação das cores da luta antirracista (preto e marrom).

---

15 Para mais siglas alternativas e suas definições, consultar o site Orientando: https://orientando.org/o-que-significa-lgbtqiap/#:~:text=LGBTQIAPN%2B%20%C3%A9%20uma%20sigla%20que,%2C%20N%C3%A3o%2Dbin%C3%A1rias%20e%20mais

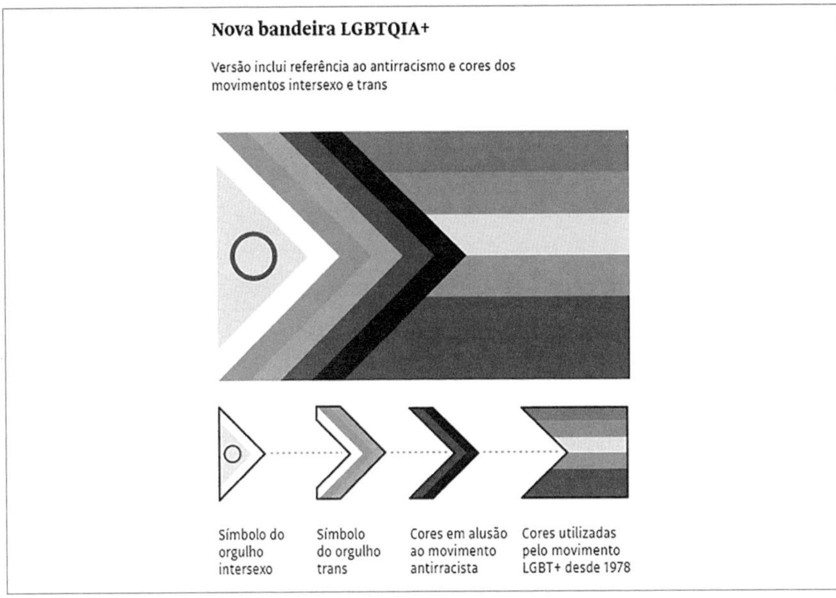

Figura 2 Fonte: adaptada de Revista Cenarium.

Cada letra na sigla e cada elemento da bandeira trazem à tona diferentes lutas e necessidades específicas dentro da comunidade. A bandeira e a sigla, assim, se entrelaçam, refletindo uma luta coletiva por reconhecimento e direitos, e simbolizando a rica diversidade da comunidade LGBTQIAPN+.

Para visualizar as imagens em cor, as informações sobre autoria, as referências e o material de apoio deste capítulo, acesse o QR-Code.

CAPÍTULO 8

Lésbicas e Sapatão[1]: silenciadas e marginalizadas

Grazielle Tagliamento

Psicóloga. Professora e pesquisadora em gênero/sexualidade. Doutora e Mestre em Psicologia.

Experiências de lésbicas e sapatão na infância e adolescência

Explorar as experiências de lésbicas e sapatão durante a infância e adolescência é um exercício de profunda análise sobre como normas culturais e sociais atuam na formação e expressão de identidades de gêneros e sexualidades. Desde muito jovens, as crianças estão inseridas em um ambiente social que já possui expectativas rígidas e binárias sobre gênero. A sociedade, através de suas diversas instituições – família, escola, mídia e religião –, transmite mensagens sobre comportamentos considerados aceitáveis e esperados para meninas e meninos. Essas normas são internalizadas desde cedo, influenciando a maneira como as crianças percebem e manifestam suas identidades.

Para meninas que futuramente poderão se identificar como lésbicas, ou seja, mulheres que se relacionam com mulheres, essas normas podem criar um ambiente de conflito e dissonância interna. Em um contexto em que a

1 Por se tratar de uma categoria política e para não recair em palavras flexionadas no feminino (sapatonas) ou no masculino (sapatões), os movimentos sociais brasileiros de lésbicas e sapatão não utilizam esse termo de forma flexionada.

heterossexualidade compulsória é a norma, conforme explorado por Adrienne Rich em seu ensaio *Heterossexualidade compulsória e a existência lésbica* (2010), as jovens podem sentir uma pressão intensa para se adequar a uma identidade que não reflete sua verdadeira experiência ou desejo. Essa pressão é exacerbada por representações culturais limitadas, que muitas vezes excluem ou estereotipam as experiências lésbicas e sapatão, moldando percepções sociais sobre o que é "normal" ou "aceitável".

Judith Butler, em sua obra *Problemas de gênero* (2018), apresenta a ideia de que o gênero é performativo. Isso significa que as identidades e expressões de gênero não são expressões naturais internalizadas, mas sim constituídas por meio de repetidas ações e normas sociais. Na infância, essa imposição de normas de gênero manifesta-se nas expectativas sobre o comportamento "apropriado" para meninas, o que pode gerar conflitos para aquelas que não se enquadram nesses padrões. Por exemplo, aquelas que não expressam feminilidade podem ser vistas de maneira negativa, sofrendo repressão por parte das figuras de autoridade ou pares. Essa experiência de policiamento de gênero não só limita a liberdade individual, mas também mina o desenvolvimento de uma autoimagem positiva, resultando em um processo complexo de autoaceitação e exploração da identidade.

A infância, portanto, pode ser marcada por uma socialização intensa, em que as normas de gênero são frequentemente reforçadas por uma série de influências externas, incluindo mães/pais/responsáveis, familiares, professoras/es e mídia. Muitas vezes, meninas que demonstram comportamentos não convencionais são estigmatizadas. Luce Irigaray (1985) critica essas normas patriarcais que suprimem qualquer forma de diferença que não se enquadre nos estereótipos esperados, promovendo um ambiente onde a diversidade de identidades é desvalorizada. Essa repressão inicial pode provocar sentimentos de isolamento e alienação, afetando a saúde emocional desde muito cedo.

É importante destacar um equívoco comum relacionado ao comportamento das crianças e a sua futura orientação sexual: a ideia de que uma menina que não se adequa aos padrões tradicionais de feminilidade automaticamente se identificará como lésbica no futuro. Essa suposição ignora a complexidade tanto da identidade e expressão de gênero quanto da orientação sexual, e perpetua estereótipos simplistas que podem ser prejudiciais para as crianças.

Em primeiro lugar, é importante reconhecer que o não conformismo aos padrões de gênero é uma experiência comum que não está necessariamente ligada à orientação sexual. As normas de gênero, como aquelas que ditam que meninas devam gostar de roupas cor-de-rosa ou brincar com bonecas, são construções sociais que não refletem a diversidade e individualidade das crianças. Quando uma menina prefere atividades ou estilos tradicionalmente associados ao masculino, isso pode simplesmente indicar suas preferências pessoais e interesses, sem que isso seja uma indicação de sua identidade sexual futura.

Desempenhar ou não uma feminilidade convencional não dita nem prediz a orientação sexual de uma pessoa. A orientação sexual – seja ela heterossexual, lésbica, bissexual ou outra – é uma dimensão distinta da identidade que pode se desenvolver e ser explorada ao longo do tempo. Assim, é completamente normal e saudável para uma criança explorar um amplo espectro de interesses e expressões de gênero sem que isso seja categorizado ou rotulado precocemente[2].

Além disso, pressionar as crianças a se conformarem a normas rígidas de gênero pode limitar suas oportunidades de autodescoberta e causar desconforto desnecessário. As crianças devem ser encorajadas a expressar quem são, sem medo de julgamento, apoiadas a explorar atividades que lhes tragam alegria e significado, independentemente de estas se alinharem ou não com as convenções de gênero tradicionais.

Ao entrar na adolescência, essa tensão entre a identidade pessoal (que é uma construção psicossocial) e as normas sociais torna-se ainda mais pronunciada. A adolescência é um tempo de busca por maior validação externa e identidade própria, processos que podem ser extremamente desafiadores para jovens lésbicas e sapatão, rodeadas por mensagens e pressões heteronormativas. A escola, muitas vezes, amplia essas questões, atuando como um microcosmo de normas sociais mais amplas. Ambientes escolares, normalmente, falham em reconhecer e apoiar a diversidade sexual e de

2 Sugiro ler o capítulo sobre orientação sexual [N.O.].

gênero, deixando as jovens lésbicas e sapatão vulneráveis à lesbofobia, exclusão e discriminação social (ABGLT, 2016).

Além disso, as normas culturais ligadas ao gênero e à sexualidade não agem isoladamente; elas são entrelaçadas com outras dimensões de identidade como raça, classe e religião, que também impactam a vivência e expressão das jovens lésbicas e sapatão. Essa interseccionalidade[3], um conceito amplamente discutido por Kimberlé Crenshaw (1989), reflete como múltiplos sistemas de opressão podem se sobrepor, intensificando a discriminação e a marginalização experimentados por essas jovens. Por exemplo, uma jovem lésbica de uma comunidade periférica pode enfrentar discriminação adicional devido a normas culturais específicas sobre o gênero e a sexualidade que variam de uma comunidade cultural ou racial para outra.

As consequências psicológicas dessa marginalização são substanciais. Jovens lésbicas e sapatão enfrentam taxas mais altas de depressão e ansiedade comparadas a suas contrapartes heterossexuais, em parte devido aos processos de estigmatização e à invisibilidade de suas experiências (TAGLIAMENTO, 2019). A ausência de modelos positivos de lesbianidades exacerba esse desafio, perpetuando sentimentos de alienação e de que suas experiências não são válidas ou respeitadas.

Além disso, a pressão para se enquadrar em normas heteronormativas pode levar a um processo de negação da própria identidade. Jovens lésbicas e sapatão podem sentir que devem ocultar sua sexualidade, resultando em uma vida dupla que gera estresse e conflitos internos. Essa luta pela aceitação social é exacerbada quando as normas culturais e familiares não reconhecem ou não aceitam a diversidade sexual.

As redes sociais, por sua vez, exercem uma influência significativa sobre as experiências de jovens lésbicas e sapatão. Embora a internet possa proporcionar oportunidades de conexão e apoio, também é um espaço onde a lesbofobia pode ter efeitos devastadores. A presença de discriminação on-line pode prejudicar ainda mais a saúde mental dessas jovens (HINDUJA;

---

3 Para mais informações sugiro a leitura dos capítulos "Religiosidade" e "As Pessoas LGBTQIAPN+ negras, negros e negres".

PATCHIN, 2010). Assim, o ambiente virtual pode ser tanto um refúgio quanto uma fonte de maior ansiedade.

Nesse contexto, o apoio familiar emerge como um fator determinante no bem-estar das jovens lésbicas e sapatão. Pesquisas realizadas por Ryan et al. (2010) e Tagliamento et al. (2020) destacam que a aceitação familiar está associada a resultados positivos em termos de saúde mental para jovens LGBTIs. Portanto, é crucial que as famílias saibam da importância do seu apoio e aceitação, criando um espaço seguro e acolhedor para a expressão da sexualidade[4].

Autoras como Monique Wittig (1992) e Teresa de Lauretis (1994) defendem a desconstrução dos discursos opressivos que inibem a diversidade de modos de ser e viver. Elas apontam para a necessidade de repensar radicalmente as categorias de gênero e sexualidade, propondo visões que celebram a multiplicidade e a fluidez das experiências sexuais. Os trabalhos dessas teóricas oferecem ferramentas valiosas para desafiar e desmantelar as estruturas de poder que mantêm a exclusão das experiências lésbicas e sapatão.

O diálogo contínuo sobre diversidade e inclusão na mídia, literatura e educação é fundamental. A presença de narrativas que celebram a diversidade sexual e de gênero não apenas oferece modelos positivos para jovens lésbicas e sapatão, mas também ajuda a normalizar uma variedade de experiências, promovendo a aceitação e o respeito em todas as áreas da vida social.

Atos de resistência, como a promoção de narrativas pessoais e o fortalecimento de comunidades, são essenciais para enfrentar a opressão sistêmica e construir uma sociedade mais inclusiva e justa. Este trabalho exige uma articulação contínua entre teoria, prática e políticas públicas, assegurando que todas as vozes sejam valorizadas e que nenhuma identidade seja marginalizada, subalternizada.

Portanto, a compreensão da formação e expressão de identidade de jovens lésbicas e sapatão envolve um reconhecimento das camadas de complexidade que permeiam as normas sociais e culturais. É preciso uma abordagem multifacetada para desafiar essas normas, promovendo visibilidade, aceitação e celebração das múltiplas formas de identidade que as pessoas

4 Você pode ler mais sobre isso no capítulo "Importância da Rede de apoio".

podem possuir. Transformar essas estruturas sociais não é apenas benéfico para a comunidade lésbica e sapatão, mas também para a construção de uma sociedade mais equitativa e inclusiva, na qual todas as formas de diversidade encontram seu espaço para existir e bem viver.

Silenciadas e marginalizadas

O apagamento das experiências lésbicas e sapatão é uma realidade persistente que se manifesta de diversas formas na sociedade contemporânea. Esse apagamento, que se refere à invisibilidade e à desvalorização das vivências lésbicas e sapatão, frequente e sistematicamente ocorre tanto em discursos sociais quanto em mídias. Muitas vezes, as narrativas que se concentraram em direitos de Lésbicas, Gays, Bissexuais, Travestis, Transexuais e Intersexuais (LGBTIs)[5] não oferecem representações adequadas das experiências vividas pelas **mulheres que se relacionam com outras mulheres**, resultando na homogeneização de suas histórias. Isso não apenas silencia suas vozes, mas também reforça a crença errônea de que a masculinidade e a feminilidade são entidades fixas, excluindo a diversidade presente nas experiências lésbicas e sapatão. Essa invisibilidade cria um ambiente no qual suas existências e lutas são frequentemente desconsideradas, impactando negativamente a autoaceitação e o reconhecimento de suas vivências.

As lésbicas e sapatão, ao se depararem com esse apagamento, também enfrentam diversas formas de violência que vão além de agressões físicas. A violência psicológica, muitas vezes enraizada nos processos de estigmatização e discriminação baseados nas normas sociais, é um aspecto cotidiano da vida de muitas lésbicas e sapatão, conforme apontado pelo *I LesboCenso Nacional* (TAGLIAMENTO; BRUNETTO; ALMEIDA, 2020). Elas podem passar por situações de discriminação em ambientes de trabalho, na escola e nas relações familiares, em que o amor e a aceitação são negados. Essa violência psicológica normalmente se manifesta por meio de piadas,

5 Neste texto será utilizada esta sigla, pois esta é a definida pelos movimentos sociais em conferências nacionais.

comentários lesbofóbicos e da negação de suas vivências, levando a um profundo impacto em sua saúde mental e emocional. O medo da rejeição e da violência pode fazer com que muitas se sintam compelidas a ocultar suas identidades, perpetuando um ciclo doloroso de silenciamento.

Além da violência psicológica, o enfrentamento de agressões físicas e sexuais é uma realidade alarmante para muitas lésbicas e sapatão – a cada 10 lésbicas e sapatão, 8 já sofreram lesbofobia, 39,17% foram forçadas a ter relações sexuais sem penetração e 24,76% foram forçadas fisicamente a manter relações sexuais com penetração (TAGLIAMENTO; BRUNETTO; ALMEIDA, 2020). Muitas dessas mulheres experimentam violência doméstica, abuso e agressões em relações românticas, muitas vezes sem o suporte das redes de apoio devido aos processos de estigmatização e discriminação associados à sua orientação sexual. Essa violação não apenas se reflete nas estatísticas, mas também se traduz em experiências de trauma duradouro que impactam suas vidas cotidianas. A falta de resposta adequada por parte das autoridades e o desprezo por suas experiências exacerbam esse problema, levando muitas a acreditarem que suas lutas não são válidas ou dignas de atenção.

Para as informações sobre autoria, as referências e o material de apoio deste capítulo, acesse o QR-Code.

CAPÍTULO 9

Gays: diferentes formas de ser gay

Alberto Bona

Fisioterapeuta. Mestre e especialista em Oncologia (INCA), com título em Oncologia e Saúde da Mulher.

Bruno Henrique do Amaral

Biólogue. Pesquisadore. Doutorande em Psicologia. Pessoa não binária.

De acordo com a definição do dicionário Oxford Languages, "forma" é a configuração física característica dos seres e das coisas, como decorrência da estruturação das suas partes e formato. Nos dias de hoje é inaceitável considerar que a orientação sexual determine como um indivíduo deve se parecer fisicamente, se vestir, se comunicar ou se comportar.

A palavra *gay* geralmente se refere a homens, sejam eles cisgêneros ou transgêneros, que sentem atração sexual por outros homens e se identificam dessa forma. Assim, *gay* pode ser entendido tanto como uma orientação sexual quanto uma identidade, que devem ser distinguidas de práticas sexuais. Existem homens que se identificam como gays, mesmo que nunca tenham tido relações sexuais com outros homens, assim como há aqueles que mantêm relações sexuais com homens, mas não se consideram gays.

A descoberta da identidade sexual de um filho pode ser um momento impactante e desafiador para os cuidadores. Entretanto, o apoio emocional e social de pais e familiares é crucial para o bem-estar de jovens gays. Jovens LGBTQIAPN+ que recebem apoio familiar têm menores taxas de depressão, ansiedade e comportamentos suicidas. Além disso, o apoio familiar está associado a melhores resultados acadêmicos e sociais (MUSTANKSI; LIU, 2013, MUSTANSKI et al., 2016).

Tendo isso em vista, este capítulo tem como objetivo desmistificar alguns mitos e estereótipos acerca da comunidade gay que habitam o imaginário popular e que podem nutrir preconceitos e levantar barreiras para o entendimento e aceitação dos cuidadores, e destacar a importância do suporte familiar para a saúde mental de jovens gays.

Mitos e estereótipos

Diversos mitos e estereótipos acerca da comunidade gay habitam o imaginário popular. Estes estereótipos fomentam pré-concepções sobre a comunidade gay, incluindo a crença de que existe uma forma correta ou ideal de expressar a sexualidade e, consequentemente, criam barreiras que dificultam a aceitação e autocompreensão. Para mães, pais e cuidadores, desmistificar esses conceitos e reconhecer a diversidade inerente de qualquer identidade pode ser fundamental para fomentar um ambiente acolhedor e afirmativo para seus filhos.

Um desses mitos que habitam o imaginário popular é o de que pessoas homossexuais escolhem sua orientação sexual. A orientação sexual está longe de ser uma escolha individual; pelo contrário, parece ser uma parte intrínseca da identidade do indivíduo, mediada não apenas por fatores psicológicos e ambientais, mas também por fatores biológicos (BAILEY et al., 2016). O pensamento de que as pessoas têm a capacidade de escolher ou controlar sua orientação sexual está fortemente associado a posicionamentos discriminatórios e homofóbicos (BLACKWELL, 2007). A persistência desse mito pode levar a rejeição familiar, práticas prejudiciais como a terapia de conversão e aumento do sofrimento psicológico entre jovens gays, destacando a necessidade de educação e conscientização para desmistificá-lo (CIASCA et al., 2021). Da mesma forma que não se escolhe ser heterossexual, ser gay também não é uma escolha, simplesmente se é.

Outra crença que precisa ser desconstruída é a de que homens gays desejam ser mulheres e mulheres lésbicas desejam ser homens, ou seja, a confusão entre os conceitos de "orientação sexual" e "identidade de gênero". A orientação sexual[1] diz respeito a qual ou quais gêneros o indivíduo direciona sua atração sexual e seu interesse afetivo-romântico (BAILEY et al., 2016). Assim, homossexuais se atraem sexual e afetivamente por pessoas do mesmo gênero, heterossexuais por pessoas do gênero oposto, bissexuais por mais de um gênero, pansexuais se atraem por todos os gêneros etc. A identidade de gênero, por outro lado, se refere ao senso profundamente individual de qual gênero a pessoa se identifica. Desta forma, indivíduos podem se identificar como homens, mulheres, não binários (pessoas que não se identificam com o gênero masculino nem o feminino) e outros. É importante ressaltar que a identidade de gênero pode corresponder ao sexo atribuído no nascimento (pessoas cisgêneras) ou não (pessoas transgêneras). Portanto, deve-se entender que a orientação sexual e a identidade de gênero não apenas são fenômenos distintos, mas também são independentes um do outro, ou seja, sentir atração pelo mesmo gênero não implica em um desejo de pertencer ao gênero oposto, ou vice-versa.

A ideia de que "todos os gays são iguais", ou que deveriam seguir um padrão/norma de comportamento e estética, é recorrente, apesar de inadequada. A comunidade gay se divide em vários grupos distintos, que divergem entre si em diversos aspectos, dentre eles a expressão de gênero, que diz respeito a como um indivíduo se expressa em relação aos padrões sociais de masculinidade e feminilidade – incluindo em termos de estética (roupas, acessórios, maquiagem, aparência corporal, estilo de cabelo etc.) e comportamento (gesticulação, linguagem corporal etc.); logo, é pessoal e pode variar amplamente de uma pessoa para outra, podendo ou não alinhar-se com as expectativas tradicionais de masculinidade ou feminilidade. Além da expressão de gênero, os subgrupos (ou subculturas) da comunidade gay também divergem entre si em termos de estética, lugares frequentados, gostos musicais, preferência por parceiros e práticas sexuais.

Uma parcela significativa da população acredita que homossexuais são promíscuos e têm dificuldades para manter relacionamentos afetivos duradouros (RICE et al., 2022). Entretanto, os casamentos entre homens gays,

1 Para mais informações sugerimos a leitura dos capítulos "Quando falamos em orientação sexual, do que estamos falando?" e "Orientações sexuais em outras espécies".

em média, são mais duradouros que os casamentos entre pessoas heterossexuais (RECZEK; UMBERSON, 2012). O estigma da promiscuidade na comunidade gay representa um perigo à comunidade, uma vez que impacta negativamente na opinião pública sobre minorias sexuais e no posicionamento da população sobre a igualdade de seus direitos (PINSOF; HASELTON, 2017).

Orientação sexual e outros marcadores sociais

A comunidade gay está longe de ser uma entidade homogênea, de modo que diversos outros marcadores sociais alheios à orientação sexual, como raça, classe, gênero e de recorte geográfico, impõem uma normatividade na forma como se espera que as pessoas expressem sua sexualidade (BOSO, 2016). A norma criada pela intersecção desses fatores tende a promover a segregação e exacerbar a vulnerabilidade de determinados grupos, dentro e fora da comunidade.

Um ótimo exemplo dessas normas diz respeito ao reforço de estereótipos de masculinidade. As crenças tradicionais sobre a expressão de gênero podem ser particularmente prejudiciais para homens gays, aumentando o estigma e a discriminação que enfrentam. Em muitas culturas, há normas rígidas sobre o que é considerado apropriado para homens e mulheres, incluindo expectativas sobre comportamento, aparência e papel social. Quando homens gays não cumprem essas normas, por exemplo, ao adotarem uma expressão de gênero considerada "feminina", frequentemente enfrentam preconceito, *bullying* e rejeição. Estudos com adolescentes demonstraram que homens gays e mulheres lésbicas que possuem expressão de gênero considerada atípica para seu gênero foram menos socialmente aceitos, enquanto indivíduos que possuíam uma expressão típica de seu gênero enfrentaram menos assédio e discriminação social (HORN et al., 2007).

Homens gays que exibem padrões de comportamento mais femininos têm mais probabilidades de sofrer homofobia em comparação aos mais masculinos (SANDFORT et al., 2007) e de serem marginalizados pela própria comunidade (Richardson, 2009). Isso pode levar a uma série de problemas de saúde mental, como depressão e ansiedade. Além disso, a pressão para conformar-se às normas de gênero pode desencorajar homens gays a expressarem sua verdadeira identidade, resultando em sentimentos de vergonha e isolamento. A aceitação e o apoio de familiares, amigos e comunidades podem mitigar esses efeitos, promovendo um ambiente em que a expressão de gênero diversa é respeitada e valorizada.

A classe social também se torna um importante marcador nesse contexto, uma vez que a concepção dominante da identidade gay implica em gastos materiais. Ou seja, os caminhos de entrada tradicionais para a chamada "cultura gay" (ou seja, bares, academias e boates) custam dinheiro (BOSO, 2016) e, portanto, apesar de sua importância – tanto histórica quanto atual – em promover espaços seguros para o encontro de minorias sexuais, tendem a excluir aqueles que não possuem os recursos financeiros ou o tempo disponível para frequentá-los (TAYLOR, 2016).

O recorte geográfico também merece importância, visto que habitantes de cidades pequenas ou rurais podem ter menos possibilidades de "sair do armário"[2] (ou seja, reivindicar sua identidade e viver abertamente como uma pessoa não heterossexual), especialmente sob a influência de dogmas religiosos, senso de comunidade e amarras familiares (BOSO, 2016).

O racismo[3] é um problema estrutural que transcende a orientação sexual, de forma que o viés racial e a hegemonia da branquitude também se interseccionam fortemente com a expressão da sexualidade. Pessoas negras frequentemente são marginalizadas dentro da própria comunidade gay, e quando são aceitas, ainda sofrem pressões sociais para exercerem sua sexualidade de acordo com estereótipos raciais, que frequentemente incluem um imaginário exagerado acerca do tamanho de seus pênis e uma expectativa de que eles prefiram o papel "ativo" (ou seja, insertivo) em suas relações sexuais (McBRIDE, 2005). Pessoas asiáticas, por outro lado, tendem a ser estereotipados como submissos e "passivos" (ou seja, preferirem o papel receptivo em suas relações) (HAN et al., 2014). Estes estereótipos de raça

2 Se você quiser saber mais, sugerimos a leitura do capítulo "O que é sair do armário".

3 Você pode ler mais sobre essa temática no capítulo intitulado "As Pessoas LGBTQIAPN+ negras, negros e negres".

produzem incongruências entre o desejo genuíno dos indivíduos e a expectativa de desempenho que é criada sobre eles por outros membros da comunidade, impactando negativamente na sua autoestima (MANALANSAN, 1996).

A intersecção desses marcadores sociais com os estereótipos mencionados na seção anterior deste capítulo tendem a fomentar no imaginário popular a ideia de que existe um jeito "ideal" de ser gay: sendo branco, masculino, tendo alto poder aquisitivo e vivendo em grandes centros urbanos. Essa idealização é perigosa, pois fomenta a segregação dentro da própria comunidade, além de exacerbar a vulnerabilidade social de grupos já marginalizados. É necessário reconhecer toda a miríade de realidades que tangenciam a orientação sexual, para podermos criar um ambiente verdadeiramente acolhedor e afirmativo, independentemente de raça, classe, expressão de gênero ou recorte geográfico.

Saúde mental e a importância do apoio familiar[4]

Uma dura realidade que deve ser enfrentada é a de que ser uma pessoa LGBTQIAPN+ em uma sociedade heteronormativa pode cobrar um preço alto da saúde mental, especialmente de adolescentes. Por um lado, o progresso feito nos últimos anos com relação à aceitação social da comunidade LGBTQIAPN+ permitiu que os jovens "saíssem do armário" em idades mais precoces; por outro lado, este processo de autodescoberta e autoaceitação passou a se interseccionar com a adolescência, um período de desenvolvimento caracterizado pela intensa regulação da própria identidade por fatores sociais e interpessoais (RUSSEL; FISH, 2016), como a homofobia, que são especialmente relevantes para adolescentes LGBTQIAPN+, que enfrentam maiores índices de estresse e violência ao longo da juventude (McDONALD, 2018).

Jovens LGBTQIAPN+ apresentam maiores índices de transtornos de saúde mental em comparação a adolescentes heterossexuais e cisgêneros, in-

4 Sugerimos a leitura do capítulo "A importância da rede de apoio".

cluindo transtorno de ansiedade, depressão, transtorno de estresse pós-traumático, abuso de substâncias e ideações suicidas (MUSTANKSI; LIU, 2013, MUSTANSKI et al., 2016), além de frequentemente serem vítimas de *bullying* (KOSCIW et al., 2016). Apesar de essa perspectiva parecer sombria, há esperança no fim do arco-íris: o apoio social de amigos, família e comunidades desempenha um papel vital para a saúde mental e o bem-estar de jovens LGBTQIAPN+.

O apoio familiar desempenha um papel crucial como fator protetor contra transtornos de saúde mental, estresse, depressão, sentimentos de rejeição, ideações suicidas, e abuso de álcool e outras drogas entre jovens gays. O apoio e suporte da família oferecem um ambiente seguro e acolhedor, essencial para o bem-estar emocional e psicológico desses jovens. Quando a família demonstra compreensão e amor incondicional, os jovens se sentem valorizados e menos isolados, o que pode diminuir significativamente os sentimentos de desesperança e baixa autoestima. Esse apoio emocional constante ajuda a combater o estigma social e a discriminação, proporcionando uma rede de segurança em que eles podem expressar suas preocupações e buscar ajuda sem medo de julgamento.

Famílias que estão atentas e envolvidas na vida de seus filhos podem identificar sinais precoces de problemas de saúde mental e intervir antes que a situação se agrave. Ao promover um ambiente de diálogo aberto e compreensão, as famílias podem incentivar os jovens a buscar ajuda profissional quando necessário, aumentando suas chances de um desenvolvimento saudável e resiliente.

Conclusão

Conforme descrito ao longo deste capítulo, a orientação sexual não determina como um indivíduo deve se parecer, se vestir, se comunicar ou se comportar. Aceitar e respeitar a identidade sexual de um filho pode parecer desafiador, mas é um passo crucial para os pais e cuidadores que pretendem nutrir um ambiente acolhedor e afirmativo para seus filhos.

Desconstruir mitos e estereótipos sobre a comunidade gay é fundamental para superar preconceitos e promover a aceitação. Algumas crenças equivocadas, como a de que a orientação sexual é uma escolha, ou que a expressão de gênero deve seguir padrões rígidos, ou de que todos os homossexuais são promíscuos podem fomentar barreiras para a compreensão da diversidade inerente dessa comunidade.

O apoio familiar reduz significativamente as taxas de depressão, ansiedade e comportamentos suicidas entre jovens LGBTQIAPN+, além de contribuir para melhores resultados acadêmicos e sociais. Assim, o acolhimento e o cuidado dos familiares e cuidadores são essenciais para o bem-estar dos jovens. O apoio e a aceitação familiar ajudam a combater o estigma e a discriminação, fornecendo uma base segura e amorosa que permite aos jovens explorar e afirmar sua identidade com confiança e dignidade. Um ambiente inclusivo e afirmativo, em que a diversidade de expressão de gênero e individualidade é respeitada, é crucial para que esses jovens se sintam valorizados e apoiados, reduzindo significativamente os riscos de problemas de saúde mental, como depressão e ansiedade, e promovendo um desenvolvimento mais saudável e resiliente.

Para as informações sobre autorias, as referências e o material de apoio deste capítulo, acesse o QR-Code.

CAPÍTULO 10

Bissexualidades

Lucas Schweitzer

Psicólogo. Professor. Doutor e Mestre em Psicologia. Possui pós-graduação em avaliação psicológica e formação em Psicodrama Psicoterapêutico.

> "Mas meu coração é grande e cabem.
> Todos os meninos e as meninas que eu já amei".
> *Jão*
>
> Não é só sobre amor, mas também é isso.
> Desejo, afeto. Eu aqui, inquieto, insisto.
> Tesão, prazer, existência. Resistência!
> Nos querem metade. Eu aqui, repito:
> Estou completo. Inteiro!
> *Lucas Schweitzer*

Introdução

Escrever sobre bissexualidade sempre me é apresentado como um desafio. Embora tenha o hábito de escrever sobre muitos assuntos no meio acadêmico, tratar de algo relevante social e cientificamente e, ao mesmo tempo, tão pessoal, é sempre marcado por momentos complexos e de barreiras para a escrita. Acabo acessando dores e desafios do caminho até aqui, os quais espero que outras pessoas não precisem passar. Desejo que nenhuma pessoa LGBTQIAPN+ se depare com preconceitos e outras formas de opressão social ao longo do seu processo de autoentendimento. Escolho começar este capítulo com esse ideal no horizonte. Tento trazer aquilo que considero mais relevante e que gostaria de saber durante meu processo de "me assumir". Também teria sido importante que meus familiares e amigas/os/es tivessem esse conhecimento durante a caminhada. Falo aqui como homem bissexual e, ao mesmo tempo, como profissional de Psicologia e militante LGBTQIAPN+.

Lembro que a primeira pergunta que ouvi de um familiar quando afirmei ser bissexual foi: "O que é isso?". Percebo como importante dar visibilidade e conceituá-la da forma mais clara possível. A bissexualidade, que teve diferentes significados ao longo da história, vem sendo compreendida há algumas décadas como um conceito "guarda-chuva", vinculado à sexualidade monodissidente ou não monossexual[1], e diz respeito a "pessoas que sentem atração sexual e/ou afetiva por mais de um gênero" (JAEGER; LONGHINI; OLIVEIRA; TONELI, 2019, p. 3), ou para quem "o gênero não é um fator determinante da atração sexual ou afetiva" (FRENTE BI, 2023).

Para essa discussão, julgo relevante citar a própria bandeira tri-colorida, nas cores rosa, roxa e azul, criada em 1998, por Michael Page, na qual a cor rosa refere-se a atrações por pessoas do mesmo gênero; o azul, a pessoas de gênero distinto; e o roxo, à combinação das duas matizes primárias rosa e azul. Assim, representa-se "a atração em qualquer lugar ao longo do espectro de gênero" (COELHO, 2019, p. 226), demonstrando a multiplicidade de pessoas bissexuais.

Se em algum momento histórico essa definição envolveu somente dois gêneros – masculino e feminino –, hoje essa lógica não se faz verdadeira, rompendo com perspectivas monossexistas e binárias[2] de gênero. O prefixo "bi" em bissexual não é de binário ou de dois gêneros. Contraria-se qualquer mecanismo transfóbico que tenha sido anteriormente vinculado à bissexualidade, cuja resistência rompe o binarismo (COELHO, 2019). Enquanto movimento social, a própria orientação sexual também passa por transformações sociais e históricas que acompanham o desenvolvimento da sociedade. Trata-se de uma luta com décadas de trabalhos contra opressões, dentre os quais cito a Frente Bissexual Brasileira[3], cujo manifesto pauta debates trazidos neste capítulo.

---

1 A monossexualidade diz respeito à atração exclusiva por um gênero, enquanto a não monossexualidade ou monodissidência rompe com esse padrão, tratando-se da atração por mais de um gênero.

2 Situações em que há somente duas possibilidades de existências (FRENTE BI, 2023).

3 Para mais informações sobre a história da visibilidade bissexual e de outros coletivos de mobilização social sobre a bissexualidade, é possível acessar, por exemplo, o site da Frente Bissexual Brasileira, disponível em: https://www.frentebissexualbrasileira.org/

É fundamental destacar que não é possível falar de uma bissexualidade de maneira genérica, como se vivências e opressões fossem comuns a todas as pessoas. Aspectos vinculados a sexualidade e gênero ocorrem em articulação com outros marcadores sociais que retratam especificidades e processos singulares de exclusão e desigualdade social, como raça, cor, classe social, escolaridade, localização territorial, nacionalidade e naturalidade, cultura, faixa etária, entre outros (NARDI, 2015; SCHWEITZER, 2022). O contexto histórico e cultural impõe aprovações, restrições e reprovações que são apreendidas e transmitidas durante a vida e de forma intergeracional, não sendo naturalmente dados (NEGREIROS; FÉRES-CARNEIRO, 2004). A lógica da interseccionalidade, portanto, demarca que a pessoa bissexual é múltipla e relembra sobre a descolonização do entendimento de sexualidade, gênero e atração (FRENTE BI, 2023).

Bissexualidade, mitos e estereótipo

A bissexualidade, por ser uma temática muito invisibilizada, traz muitos mitos, reforçados e reiterados cotidianamente, muitas vezes de modo pouco problematizado no cotidiano. Na dissertação de mestrado de Jaeger (2018), por exemplo, a autora observou que, em pesquisas científicas na área da Psicologia, é comum que a bissexualidade, quando citada, apareça em segundo plano em discussões sobre a homossexualidade. Em alguns casos, é citada como uma categoria em uma lista de "membros" da comunidade, como gays, lésbicas e transexuais. Observa-se, portanto, que ela é pouco considerada, questionada e problematizada de maneira específica também no meio científico.

Outra dissertação de mestrado relevante a ser destacada é a de Cavalcanti (2007). Sua pesquisa buscou identificar os discursos acerca da bissexualidade com base em um jornal impresso confeccionado pelo Núcleo de Bissexuais de Brasília/DF. A autora discutiu 10 mitos referentes à bissexualidade citados no jornal. Quais sejam: bissexualidade não existe; bissexuais são emocionalmente imaturos e não sabem o que querem; são promíscuos, eles/elas querem sexo e não compromisso; sofrem menos preconceitos; sofrem preconceito apenas quando têm relação sexual/afetiva com pessoa do mesmo sexo; um homem bissexual vai deixá-lo por uma mulher e vice-versa, ou seja, não seriam confiáveis; bissexuais espalham HIV/Aids; são todos/as casados/as, enrustidos ou fazem swing; são pessoas que se relacionam sexual/afetivamente com travestis, transexuais ou transgêneros; são melhores do que o resto da humanidade, são mais livres ou são o futuro em direção ao qual caminhamos. A autora discutiu sobre a (in)visibilidade da bissexualidade no contexto heterossexual e nos movimentos LGBTQIAPN+. Inspirado por esse debate, serão discutidos alguns desses mitos, os quais julgo que são fundamentais para se introduzir esta discussão.

Uma pessoa bissexual tem, necessariamente, sua atração/desejo dividido entre 50% deslocada para homens e 50% deslocada para mulheres?

Essa visão concluiria que seriam mais legítimos os bissexuais cuja atração se desse "igualitariamente" dividida entre o desejo por homens e mulheres, o que geralmente não se constitui em verdadeiro na experiência de bissexuais. O mito exposto parte de um pressuposto binário, incluindo apenas dois gêneros como possibilidade. Além disso, é monossexista, pautando-se em crença social de que as monossexualidades, ou seja, a heterossexualidade, as homossexualidades e as lesbianidades, seriam pressupostos sociais (supõe-se que todos sejam, a priori, monossexuais) e hierarquicamente superiores do que as não monossexualidades, como as bissexualidades, pansexualidades, polissexualidades e sexualidades fluidas (JAEGER, 2018; ROSS; DOBINSON; EADY, 2010). Logo, um bissexual seria um desviante da norma – inválido, inexistente, ilegítimo (COELHO, 2019). Essa lógica mantém relações significativas com a invisibilidade e o apagamento das não monossexualidades (JAEGER, 2018).

A bissexualidade é múltipla e não há jeito correto ou incorreto de ser bissexual; as pessoas simplesmente são e existem de forma própria, ou seja, não se trata de ser metade homo e metade hétero. Pessoas bissexuais são inteiramente bissexuais. O afeto destinado para outras pessoas, além de ser do âmbito privado, é parte única e exclusiva da experiência de cada pessoa.

Como fica a orientação sexual de pessoas bissexuais que estejam se relacionando de modo exclusivo (monogâmico, p. ex.) com somente uma pessoa?

Esse argumento, assim como o anterior, remete a uma invisibilidade e apagamento bissexual, em que é comum negar sua existência ou questioná-la a partir da lógica monossexual. Quando uma pessoa bissexual está em um relacionamento afetivo-sexual exclusivo, muitas vezes deslegitima-se a possibilidade de existência da bissexualidade. Parte-se do pressuposto de que, se uma pessoa está em um relacionamento, seria como se ela tivesse "se decidido" por um gênero específico "para desejar e se relacionar" (COELHO, 2019).

Uma pessoa bissexual segue igualmente bissexual, independentemente da pessoa com quem se relaciona. A própria Frente Bissexual (2023) já destaca a importância de acabar com a equivocada ideia de que o gênero da pessoa com quem nos relacionamos redefiniria uma sexualidade. Ademais, reitera-se que "relações não têm orientação sexual". Isso é característico de pessoas, enquanto singularidades. Beijos ou relações com quem quer que seja não caracterizam uma orientação sexual. Em outras palavras, "não há beijo lésbico no qual uma das mulheres que beija é bissexual, ou ambas o são" e "um homem e uma mulher bissexuais jamais formarão um casal heterossexual" (COELHO, 2019, p. 224).

Pessoas bissexuais sofrem menos preconceitos que outras pessoas da sigla LGBTQIAP+? São promíscuas e infiéis?

Historicamente, o termo *homofobia* foi utilizado de modo genérico, enquanto conceito que englobaria violências praticadas a diferentes grupos da comunidade LGBTQIAPN+. No entanto, o movimento bissexual sustenta a relevância do termo *bifobia*, diante da potência dessa nomeação e de características específicas dessa forma de preconceito, que seriam diferentes daqueles vivenciados por homossexuais, como lésbicas ou gays (JAEGER; LONGHINI; OLIVEIRA; TONELI, 2019).

O termo *bifobia*, portanto, está relacionado ao processo de invisibilização e deslegitimação das experiências bissexuais, sendo usado para descrever reações negativas em relação às bissexualidades, que se apresentam de maneira diversa daquelas experimentadas por pessoas monossexuais (GOOB, 2008, apud JAEGER, 2018). Ainda, seria o "ódio ou a aversão à bissexualidade ou às pessoas bissexuais" (COELHO, 2019, p. 223). É necessário que se aponte que as discriminações sofridas por diferentes grupos da comunidade LGBTQIAPN+, como homossexuais, lésbicas, bissexuais, intersexuais, travestis e transexuais, entre outros, são semelhantes por "questionamentos" vinculados à sexualidade e/ou gênero. No entanto, são diferentes entre si, em sua manifestação e intensidade (AVELAR; BRITO; MELLO, 2010). Trata-se de violências distintas, e não cabe estabelecer qualquer hierarquia entre elas, e sim lutar contra elas.

Destaca-se que avanços no movimento LGBTQIAPN+ não implicam necessariamente em maior visibilidade bissexual ou mais lutas contrárias às práticas bifóbicas. Esses elementos reforçam o sentimento de solidão de uma pessoa bissexual (COELHO, 2019). Por isso, é necessário encontrar pessoas, ocupar e construir espaços de diálogo, parcerias, representatividade, com protagonismo e visibilidade da pauta.

Sobre a saúde dos bissexuais, a Frente Bissexual destaca dados preocupantes em saúde mental dentro da comunidade, com altos índices de suicídios, por exemplo. Ademais, "como a atração afetiva e sexual direcionada a um gênero distinto do nosso é parte da nossa sexualidade, muitas vezes pessoas bissexuais entendem-se de tal forma em momentos mais avançados na vida" (FRENTE BI, 2023, p. 7). Isso pode se vincular ao próprio apagamento e invisibilidade dessa possibilidade de sexualidade em um mundo de heterossexualidade e monossexualidade compulsórias. Esses mecanismos negam possibilidades de autodescoberta "alinhada ao desenvolvimento da infância e adolescência", fato comum em outras orientações sexuais.

Outro aspecto recorrente é que, de maneira pejorativa e/ou bifóbica, as pessoas bissexuais são erotizadas, fetichizadas e associadas à não monogamia[4], à *ménage à trois*, à infidelidade e à transmissão de infecções sexualmente transmissíveis (CAVALCANTI, 2007). Sobre isso, alguns autores explicam que a mídia e a pornografia podem estar envolvidas nesse imaginário de uma suposta promiscuidade. Isso ocorre pois, historicamente, a bissexualidade, em especial a feminina, tem sido retratada de modo objetificado e fetichizado pela pornografia (JAEGER, 2018). Sobre isso, um fator a ser mencionado é que mulheres bissexuais possuem índices de violência doméstica e intrafamiliar mais elevados que em outros segmentos (COELHO, 2019).

É importante pontuar que, problematizando conceitos moralistas e de controle dos corpos, com origem cristã e colonial, não há nada de errado com a promiscuidade *a priori*. No entanto, de maneira nenhuma isso representaria ou definiria a sexualidade de pessoas bissexuais, sendo comportamentos que podem se expressar em pessoas de qualquer orientação sexual (COELHO, 2019). Logo, pessoas bissexuais – assim como qualquer pessoa – podem se relacionar dentro de um modelo monogâmico e cumprir acordos relacionais. Da mesma forma, pessoas de qualquer gênero ou sexualidade podem descumpri-los ou se utilizar de outros modos de relacionamento (COELHO, 2019).

Todos esses estereótipos e mitos trazem consequências para a saúde e, infelizmente, ainda é comum a existência bi ser tratada como inexistente ou patologizada, lida como sintoma de transtornos mentais por profissionais de saúde (COELHO, 2019). Em alguns casos, observa-se que ao buscar ajuda profissional ainda se encontram desafios. Um avanço relativamente recente foi a Resolução nº 8, de 17 de maio de 2022, do Conselho Federal de Psicologia, que estabelece normas de atuação para profissionais da psicologia em relação às bissexualidades e demais orientações não monossexuais. Nele, entre outros aspectos, veta-se a patologização, bem como a acentuação ou reprodução de estereótipos e estigmatizações no exercício profissional da psicóloga e do psicólogo.

---

4 Para mais informações sobre a não monogamia, sugere-se, entre outras obras, o livro *Descolonizando afetos: Experimentações sobre outras formas de amar*, publicado pela Editora Paidós e com autoria de Geni Núñez, de 2023.

Considerações finais

Escolho dedicar as considerações finais deste capítulo a famílias e amigas/os/es de pessoas bissexuais. Há muitas formas de bifobia enfrentadas no cotidiano, algumas delas citadas até aqui. No entanto, ao meu ver, poucas podem ter impacto tão significativo ao longo da vida de uma pessoa bissexual como aquelas enfrentadas no âmbito intrafamiliar. Elas podem trazer impactos permanentes, especialmente na saúde mental. A deslegitimação e o não entendimento de que não se trata de uma questão de escolha entre uma vida hétero ou homossexual ainda são relatos corriqueiros. É angustiante ter um suposto "armário" questionado ou reiterado, muitas vezes a cada relação estabelecida (COELHO, 2019). Não há "carteirinha" de bissexual a ser renovada. Não somos metade de nada. É violento subalternizar ou hierarquizar uma sexualidade ou atrelá-la à junção de outras. Há inteireza, especificidades, lutas específicas na vivência bissexual.

Em muitos casos, ainda se escuta: "meu maior medo é que meu filho vá sofrer lá fora". Afirmo que não é errado pensar que podem ocorrer coisas ruins em outros espaços, pois a LGBTfobia é uma realidade. Isso não é justificativa para que violências sejam encontradas dentro de casa. Como psicólogo, afirmo que já atendi inúmeros bissexuais e, na maioria dos casos, as histórias mais violentas, sobretudo psicológicas, ocorreram justamente no "seio" familiar. São aspectos adoecedores e não se espera que, quando estamos próximos daqueles que supostamente deveriam trazer acolhimento, convivência e amparo nos momentos mais complexos, se apresente o oposto, em forma de bifobia. Receber acolhimento e respeito em casa não deveria ser privilégio ou exceção. Que a gente construa um mundo onde esse seja o padrão, o esperado, o mínimo. Que nossa rede social se constitua em nossos maiores aliados.

Para as informações sobre autoria, as referências e o material de apoio deste capítulo, acesse o QR-Code.

CAPÍTULO II

Transexualidade e travestilidade: ancestralidade, trajetórias e vivências

Mariana Franco Fuckner
Assistente social e mestranda em Serviço Social.

Travestis e transexuais colocam os estudos de gênero em constantes reflexões, pois muitas pessoas acabam tendo leituras equivocadas sobre as vivências trans e travestis. Margaret Mead, em sua obra *Temperamento em três sociedades primitivas*" (1935), propõe reflexões acerca da feminilidade e da masculinidade, colocando em questão as atribuições de gênero na sociedade, e que estes não podem estar associados ao sexo biológico. Nesse sentido, pessoas trans se esforçam para não delimitar as fronteiras das identidades de gênero, transitando em aspectos do gênero como novas formas de viver/ser/estar na sociedade com perspectivas de sociabilidade totalmente diferentes.

Existem muitas dúvidas e dificuldades em distinguir as identidades "transexual" e "travesti", que representam diferentes formas para autoidentificação no campo das identidades de gênero. Para a Agência Nacional de Travestis e Transexuais (ANTRA), a compreensão dos termos *travesti* e *transexual* pode ser ampla, compreendendo um multifacetado campo, mas em sua maioria são atribuídos a pessoas cuja identidade de gênero não segue a lógica dominante na sociedade, o que esta considera, portanto, pessoas que são TRANSgressoras às normas da sociedade. Para uma melhor compreensão, vejamos:

> A pessoa transexual age de acordo com o que reconhece como próprio de seu gênero: mulheres transexuais adotam nome, aparência e comportamentos femininos, querem e precisam ser tratadas como quaisquer outras mulheres. Homens transexuais adotam nome, aparência e comportamentos masculinos, querem e precisam ser tratados como quaisquer outros homens (JESUS, 2012, p. 15).

Já quanto à identidade travesti, não existe uma única definição e pode variar conforme o território ou a localidade em que a pessoa vive, ou considerando também aspectos referentes à classe social. São pessoas que, ao nascer, os determinismos sociais e regras morais as colocaram enquanto homens, mas que no decorrer de sua vida não se compreendem nessa identidade, e buscam comportamentos e vivências do que a sociedade compreende ser feminino.

A pessoa se identificar como travesti ou transexual não possui nada relacionado a cirurgias ou transformações corporais, como a maioria das pessoas pensam. Acredito que seja mais uma definição pessoal de como a pessoa se sinta mais confortável. Para além do termo *trans* também existe o termo *cisgênero*, que é utilizado para denominar as pessoas que seguem as condutas e normas sociais desde o nascimento. Nesse caso, já que a cisgeneridade denominou pessoas trans de "trans", nada mais justo que pessoas trans denominem as demais pessoas de "cis".

Já o termo *transfobia* é utilizado para as pessoas que possuem ojeriza a pessoas transexuais e travestis. Trata-se da negativa da sociedade quanto a essas vivências e trajetórias. *Transfobia* e *homofobia* são termos que andam lado a lado. O preconceito contra pessoas trans e travestis é o resultado de múltiplos fatores e segue cada dia mais profundo pela dificuldade e a inércia do Estado Brasileiro em realizar estratégias para a solução dos problemas. São necessárias ações constantes e diversas campanhas para combater o preconceito e atos de discriminação, mas também são necessários constantes trabalhos no sentido de que a população trans e travesti conheça (e reconheça) os seus direitos e conquistas de cidadania. O que se verifica atualmente é um ambiente hostil, violento e de completo descaso com a vida de travestis e transexuais no Brasil.

Período escolar e dificuldades de sociabilidade

Abordar a vivência trans e travesti no período escolar é amplo, dada a dificuldade em sociabilidade e que são existentes diversos fatores que dificultam a conquista de território e em circular os espaços. No Brasil, ainda são cotidianas as violências psicológicas, físicas e patrimoniais que cercam as pessoas trans e travestis, fatores que podem ser relacionados ao aumento do conservadorismo, da intolerância, e as tentativas de impor medo na sociedade (AMARO, 2012).

Quando falamos do ambiente escolar, este pode ser marcado por desafios, pela necessidade de a estrutura física ser pensada para corpos que nunca ocuparam aquele espaço. O exemplo mais dificultoso é o uso dos banheiros por pessoas trans e travestis, que acarreta em disputas de narrativas por parte dos conservadores. Mesmo que este seja um espaço reservado para a realização das necessidades fisiológicas de cada pessoa, também é um espaço para reprodução de diferenças relacionadas ao gênero; e no caso de pessoas trans e travestis acaba-se gerando dificuldades e aversões com o corpo, ocasionando a dificuldade em utilizar banheiros de acordo com o seu próprio gênero. São diversos os casos de violências, agressões e de segregação contra pessoas trans e travestis que utilizam o banheiro conforme o seu gênero.

Ocorrem dificuldades também por parte de colegas de turma e de professores e demais profissionais com relação ao respeito e ao uso do nome social. O Nome Social é uma conquista importante do movimento trans e travesti, conforme o Decreto n° 8.727, de 28 de abril de 2016[1], que visa ao respeito e ao direito de cidadania conforme a pessoa deseja ser conhecida e reconhecida socialmente; são existentes tentativas de diminuição e de questionamentos por parte da cisgeneridade sobre identidades trans e travestis. A cisnormatividade e a heterossexualidade nunca são questionadas porque elas são compulsórias. Respeitar e adotar o uso do nome social de pessoas trans e travestis, trata-se de aspectos da liberdade, do sentimento de perten-

1 Decreto nº 8727 (planalto.gov.br).

cimento e da plena conquista da busca de felicidade, de acordo com a Constituição Federal Brasileira de 1988.

O ambiente educacional pode ser marcado por inúmeras dificuldades para as pessoas trans e travestis, relacionadas desde a dificuldades financeiras, dificuldades pedagógicas e de aprendizados. Recomendo a série "Segunda Chamada", disponível na Globoplay, que trata sobre o assunto de forma bastante interessante e abordando a realidade.

Um fator preocupante para os cuidados da saúde mental está relacionado à solidão, seja ela por exclusão do grupo familiar ou exclusão dos grupos de estudantes na escola, tendo sua vivência completamente ignorada no ambiente da sala de aula. Destaca-se que essas violências não são sutis, mas que ocorrem de forma direcionada. Portanto, é necessária a constante realização de reflexões de conceitos básicos de sociabilidade nos espaços educacionais, visando a uma educação laica e democrática, com a revisão de conceitos sociais que são postos e apresentados coercitivamente sobre questões relacionadas a gênero e sexualidade.

Dificuldades encontradas pela população trans e travesti brasileira[2]

Conforme dados da Agência Nacional de Travestis e Transexuais (ANTRA, 2023), estima-se que mais de 90% da população trans e travesti brasileira exerce trabalho remunerado através do mercado sexual. Esta população, quando se direciona para os serviços públicos, em sua maioria, relata que ocorre tratamento hostil e desrespeitoso, seja pela sua identidade de gênero ou pela sua profissão. No Sistema Único de Saúde (SUS), é possível realizar acompanhamento do tratamento hormonal (acima dos 18 anos) e as cirurgias de transgenitalização (acima dos 21 anos).

Uma outra conquista recente, e de extrema importância, foi a ADI 4275, julgada pelo Supremo Tribunal Federal (STF), reconhecendo as identida-

2 A autora recomenda em complemento posterior a leitura do livro *Rainhas da Noite*, escrito por Chico Felliti.

des trans e travestis e a facilidade em realizar a alteração do nome civil registral, sendo agora diretamente nos cartórios de registro e sem a necessidade de judicialização.

Pessoas trans e travestis deslocam cotidianamente as fronteiras de gênero e movimentam a sociedade com regras impostas pelo patriarcado. É através das suas vivências e trajetórias que denunciam e expõem as dificuldades do "ser mulher" na sociedade brasileira. A conquista do reconhecimento do gênero para uma pessoa trans e travesti vai além dos estereótipos da sociedade sobre ser homem/mulher, é sentimento de felicidade e de liberdade.

Por mais que o debate e as discussões de gênero no Brasil sejam mal interpretadas e dissuadidas com notícias falsas, e mesmo que com enormes dificuldades, a última década trouxe conquistas legislativas e judiciárias que beneficiaram pessoas trans e travestis, como o nome social, a possibilidade de doação de sangue e o reconhecimento das identidades trans. Também houve avanços no debate de gênero e sexualidades, como o reconhecimento das identidades trans não binárias, a pansexualidade, a luta das pessoas intersexo. A sociedade está se movendo para o novo.

Ainda temos um longo caminho para o enfrentamento do preconceito relacionado à temática de gênero, principalmente que este deve ser considerado como um marcador para as desigualdades sociais. O próprio debate sobre o capitalismo e a necessidade de padronização de corpos e de vidas também deve ser considerado nas reproduções dos preconceitos, o que contribui para a vigência de uma ordem moral.

Portanto, é preciso apontar que ocorre o descaso e a negativa do Estado Brasileiro em assegurar direitos para a população trans e travesti, e que promover o acesso aos direitos básicos, sociais, civis e eleitorais é efetivar os processos de cidadania qualificada, assegurando uma sociedade justa e distinta.

Considerações finais

Discorrer sobre a vivência de transexuais e travestis e aprofundar estudos acerca do tema, principalmente em ambientes educacionais permeados por conflitos partidos e correlações de forças, permite compreender as dificuldades na promoção de conquistas de novos direitos e na defesa daqueles que aparentemente se mostram consolidados. A grande retirada de direitos nos últimos governos brasileiros se reflete nos dados produzidos pelos movimentos sociais e pelas entidades que apresentam o Brasil como o mais violento do mundo para a população de transexuais e de travestis.

Todavia, promover acesso à educação e debater a permanência estudantil de transexuais e de travestis é fomentar a realização de ações que coíbam o sistema opressor no qual vivemos ao longo da nossa recente democracia. Lutar por uma sociedade justa e distinta é um dever de todas as pessoas.

Para as informações sobre autoria, as referências e o material de apoio deste capítulo, acesse o QR-Code.

CAPÍTULO 12

Intersexo – a genética além da binariedade

Thais Emilia de Campos dos Santos

Pedagoga, Psicopedagoga e Psicanalista. Doutora e Mestre em Educação. Especialista em Educação Inclusiva. Licenciada em Sociologia e Educação Física.

Dionne do Carmo Araújo Freitas

Terapeuta ocupacional. Mestre em Desenvolvimento Territorial Sustentável. Possui pós-graduação em Atenção e Cuidado a Saúde Hospitalar.

A existência da infância e da criança enquanto sujeito social ou mesmo de direitos é algo recente na história, antes sua existência era irrelevante. A infância passa a ser compreendida como um estatuto ou uma forma particular de pensar apenas em 1979, com a promulgação do Código de Menores (Lei nº 6.697 de 1979), época em que a criança passou a ser reconhecida na legislação brasileira, ainda que como um objeto de tutela. Posteriormente, em 1989, com a Convenção sobre os Direitos da Criança (Organização das Nações Unidas, 1989), a criança foi finalmente reconhecida como sujeito de direitos. Esse tratado serviu de base para a criação do Estatuto da Criança e do Adolescente (BRASIL, 1990), que estabeleceu no Brasil a proteção integral das crianças, incluindo o direito à voz. No entanto, essa mudança teórica sobre os direitos das crianças ainda não se reflete completamente na sociedade, que muitas vezes não garante a participação e o respeito determinados pela legislação. No caso das crianças intersexo, esses direitos são ainda menos respeitados.

Intersexo é um termo utilizado para descrever indivíduos que nascem com características gonadais, genéticas, hormonais e fenótipas[1] que não se encaixam nas definições típicas de masculino ou feminino. Essas características podem incluir variações nos órgãos genitais, nos cromossomos sexuais ou nos níveis hormonais. A condição intersexo abrange uma diversidade de corpos que fogem dos padrões binários de sexo[2], sendo mais de 150 variações corpóreas que acarretam numa vivência intersexo (SANTOS, ALBUQUERQUE, FREITAS, 2024).

As variações genéticas mais comuns associadas à condição intersexo incluem uma ampla gama de diferenças no desenvolvimento do sexo (DDS). Entendê-las é importante, mesmo que elas tenham algumas terminologias do campo das ciências da saúde que nem sempre são conhecidas por nós. Entre elas, citamos:

1. **Hipospádia:** é uma condição genética e congênita em que a abertura da uretra ocorre de forma atípica em local abaixo do pênis, ou em outros locais, como no escroto ou no períneo, ao invés do local típico: na ponta (extremidade da glande). Essa situação é bem comum em crianças com histórico familiar de hipospádia.
2. **Síndrome do Homem XX ou Síndrome de la Chapelle:** uma condição na qual o desenvolvimento testicular ocorre na ausência do cromossomo Y. Noventa por cento dos sujeitos apresentam desenvolvimento tido como masculino típico ao nascimento, com pênis, testículos, próstata e vesículas seminais e são, geralmente, diagnosticados após a puberdade por hipogonadismo, ginecomastia e/ou infertilidade na fase adulta, muitas vezes em serviços de reprodução humana.
3. **Hipoplasia das células de Leydig:** caracteriza-se por uma diferenciação atípica das células de Leydig durante o desenvolvimento em-

1 Conforme Maciel-Guerra e Guerra Junior (2005), as características gonadais, genéticas, hormonais e fenotípicas referem-se aos diferentes aspectos biológicos que determinam o sexo de um indivíduo. As características gonadais dizem respeito à presença de testículos ou ovários; as genéticas, aos cromossomos sexuais (como XX ou XY); as hormonais, aos níveis e efeitos de hormônios sexuais; e as fenotípicas, às características físicas observáveis, como genitália, estrutura corporal e distribuição de pelos. [N.O.]

2 Se quiser saber mais, sugerimos ler os capítulos sobre gêneros.

brionário, resultando em baixa produção de androgênios, tanto na vida intrauterina quanto após o nascimento. Essas pessoas apresentam uma diversidade de aspectos físicos, desde um fenótipo feminino típico até casos com genitália externa masculina com micropênis. Uma característica importante são as baixas concentrações de testosterona e elevadas concentrações de hormônio luteinizante (LH).

4. **Síndrome de Kalman:** caracteriza-se pela associação de hipogonadismo hipogonadotrófico à perda total ou parcial do olfato e afeta somente a secreção de gonadotrofinas (FSH e LH), sendo que todos os outros hormônios hipofisários são secretados normalmente.
5. **Síndrome de Morris (insensibilidade completa aos androgênios – CAIS)**: indivíduos com cromossomos XY (geneticamente ditos masculinos) têm uma resistência total aos androgênios (hormônios masculinos, como a testosterona) devido a uma mutação nos receptores de androgênios. Isso resulta em uma pessoa com características físicas femininas, apesar de possuir cromossomos XY. Essas pessoas geralmente têm genitália, vulva, sem útero ou ovários, e gônadas internas que são testículos. A síndrome geralmente não é descoberta até a puberdade, quando não ocorre menstruação devido à ausência de órgãos reprodutores internos ditos femininos.
6. **Síndrome de Klinefelter (47, XXY):** indivíduos com um cromossomo sexual extra (XXY) geralmente apresentam características ditas masculinas, mas com testículos pequenos e produção reduzida de testosterona. Pode resultar no desenvolvimento de características ditas femininas, como aumento das mamas, quadril largo e distribuição de gordura em locais ditos femininos.
7. **Síndrome de Turner (45, X ou 45, XO)**: a ausência parcial ou completa de um cromossomo sexual (X) afeta pessoas designadas como femininas ao nascer. As características incluem baixa estatura, falência ovariana precoce, entre outras condições.
8. **Hiperplasia Adrenal Congênita (HAC)**: excesso de andrógenos de origem das suprarrenais em indivíduos com cromossomos XX, resultando em genitália ambígua, como aumento do clitóris ou mesmo virilização total de genitália externa.

9. **Disgenesia Gonadal Completa ou Síndrome de Swyer:** características físicas ditas femininas, com genitália externa, vulva e vagina e com presença de útero interno, porém com gônadas disgenéticas e cariótipo XY; todavia necessitam de terapia hormonal para início da menarca e puberdade.
10. **Disgenesia Gonadal Parcial XY:** caracterizada pela presença de cariótipo 46, XY, sem mosaicismo, em indivíduos com diferenciação testicular parcial, ambiguidade genital sem sinais clínicos da síndrome de Turner; nas gônadas observam-se túbulos seminíferos hipoplásicos associados a áreas semelhantes ao estroma ovariano. A genitália interna consiste em combinação de derivados de tecidos prostáticos e tecidos uterinos.
11. **Disgenesia Gonadal Mista:** caracteriza-se pelo cariótipo mosaico 45,X/46,XY, com uma diversidade física que varia de genitais externos femininos a masculinos típicos, passando por diferentes graus de ambiguidade genital, sempre com algum desenvolvimento de derivados uterinos e a presença de uma gônada disgenética e um testículo disgenético contralateral, ou ainda de testículos disgenéticos bilateralmente.
12. **Síndrome de Insensibilidade Androgênica (SIA) – forma parcial**: em formas parciais, pessoas com cromossomos XY apresentam uma resposta reduzida aos hormônios androgênicos, resultando em genitália diferenciada ("ambígua") ou mista, variando na designação entre masculino a feminino.
13. **Síndrome de 5-Alfa-Redutase**: indivíduos com cromossomos XY não conseguem converter testosterona em sua forma ativa (DHT), levando ao desenvolvimento de genitália diferenciada ("ambígua") ou feminina ao nascer, e desenvolvimento de características masculinas durante a puberdade, incluindo virilização da genitália.
14. **Síndrome de Rokitansky:** apresentam cariótipo 46, XX e caracteres sexuais secundários femininos, uma vez que os ovários estão presentes e funcionantes, porém não há menstruação, por ausência de útero e parte final da vagina.

15. **Síndrome de Ovotesticular**: pessoas com tecido ovariano e testicular, resultando em características genitais mistas, ambíguas, pênis ou vagina. Podem ser designadas ao nascer como masculinas ou femininas.

Essas variações genéticas são algumas que acarretam uma vivência intersexo e podem apresentar uma diversidade de manifestações corporais e de desenvolvimento do sexo, desafiando o binarismo masculino-feminino normativo (SANTOS; ALBUQUERQUE; FREITAS, 2024). Cada variação requer uma abordagem médica e social sensível, respeitando os direitos humanos e a autonomia individual.

Desde 2021, no Brasil, existe a **possibilidade de ignorar o campo "sexo" na Declaração de Nascido Vivo (DNV)** para bebês intersexo. Isso representa um avanço significativo no reconhecimento dos direitos das pessoas intersexo no momento do registro civil. Essa medida foi introduzida pela Portaria nº 2.384, de 2 de setembro de 2021, do Ministério da Saúde, permitindo que, em casos em que o sexo do recém-nascido não pode ser determinado de forma clara ao nascimento, o campo "sexo" possa ser preenchido como ignorado na DNV. Posteriormente, quando a criança tiver idade suficiente e maior clareza sobre sua identidade de gênero, a família pode realizar a alteração e regularização do registro civil, com a designação de sexo conforme o desejo da pessoa intersexo (SANTOS; CUNHA; MARTINS, 2023). Essa mudança foi uma resposta direta às demandas dos movimentos sociais intersexo, especialmente a partir do caso Jacob.

Jacob nasceu em 2016 e, devido à falta de clareza sobre sua designação de sexo, ficou sem certidão de nascimento, o que gerou grandes dificuldades para sua família. Sua mãe, Thais Emilia, não pôde tirar licença-maternidade, enfrentando obstáculos burocráticos e administrativos devido à ausência do registro oficial do filho.

O caso de Jacob chamou atenção para a necessidade de mudanças na forma como o Brasil lida com os nascimentos de crianças intersexo, pressionando por uma solução que garantisse os direitos dessas crianças sem impor uma designação de sexo imediata.

Pessoas intersexo muitas vezes enfrentam discriminação e estigmatização, violações de direitos civis e sofrem violências físicas, psíquicas e institucionais por não se enquadrarem nos modelos normativos de sexo e gênero. De modo geral, a medicina, historicamente, tem tratado essas crianças como necessitando de "correção" por meio de cirurgias e terapias, levando à mutilação de corpos infantis com o objetivo de adequá-los a padrões binários.

No Brasil, apesar da Resolução 1.664/2003 do Conselho Federal de Medicina, que orienta o tratamento de crianças intersexo, não há legislação específica sobre o tema. A comunidade médica ainda considera o nascimento de uma criança intersexo uma "urgência biológica e social", e defende a realização precoce de cirurgias para evitar supostos danos psíquicos. No entanto, um número crescente de pessoas intersexo que passaram por essas cirurgias relata sentimentos de revolta, dor, depressão e angústia, contestando a ideia de que essas intervenções são para o seu bem-estar. Essas cirurgias são realizadas nos primeiros anos de vida, quando a criança não tem capacidade de consentir, com mães/pais/responsáveis sob pressão médica; e, principalmente, as mães, através de violências institucionais e obstétricas (SANTOS, 2024), são coagidas/os/es a autorizar o procedimento com a promessa de evitar sofrimento futuro. Muitas vezes, essas cirurgias são mantidas em segredo pela família, o que pode resultar em ainda mais trauma quando a pessoa descobre sua condição intersexo na vida adulta. A luta dessas pessoas é pelo direito de desenvolver sua identidade com autonomia e serem protagonistas nas decisões que envolvem seu corpo e sua dignidade, além de serem vistas como sujeitos de suas vidas.

As cirurgias em bebês intersexo, que são consideradas urgentes para garantir a saúde, representam uma necessidade médica. No entanto, procedimentos eletivos, com um viés estético, devem ser repensados à luz dos direitos humanos. Fausto-Sterling (2000) alerta que a remoção de um "micropênis" ao nascer pode ser uma decisão equivocada, pois, durante a puberdade, o órgão pode se desenvolver e atingir um tamanho considerado normal. Mesmo que isso não ocorra, a presença de um micropênis não oferece risco de vida. A literatura médica tem defendido a designação sexual precoce para facilitar a construção da identidade de gênero da criança. No entanto, estudos de pacientes que rejeitaram o sexo designado ao nascimento nos anos 1990 indicam a necessidade de adiar tais intervenções até que a/o/e jovem possa participar do processo decisório (DIAMOND, 1999).

A Resolução 1.664/2003, do Conselho Federal de Medicina, ainda considera essas situações como "isoladas", o que leva à recomendação de intervenções precoces. Contudo, a resolução afirma que, quando possível, o paciente deve participar das decisões sobre o tratamento. No caso de bebês, apenas a família é envolvida, muitas vezes sem receber informações adequadas sobre a possibilidade de optar por não realizar a cirurgia, como demonstrado por Souza (2017). Essa falta de informação impede uma participação ativa e consciente nas decisões sobre o tratamento, evidenciando a importância do Consentimento Livre e Esclarecido e da presença de uma equipe multidisciplinar, incluindo profissionais da psicologia, para garantir um atendimento integral.

No Brasil, o debate sobre cirurgias estéticas em bebês intersexo ganhou força a partir de denúncias de mães e do movimento social intersexo, especialmente com o caso de Jacob. Na Conferência Nacional de Saúde do SUS, foi aprovada a criação de decretos e leis que proíbem cirurgias estéticas em crianças intersexo, uma proposta liderada pela Associação Brasileira de Intersexo (ABRAI) e Associação Brasileira Profissional para a Saúde Integral de Pessoas Travestis, Transexuais e Intersexo (ABRASSITT). Essas iniciativas visam proteger a integridade física e os direitos humanos das pessoas intersexo, alinhando o Brasil às recomendações internacionais, como os consensos de Chicago de 2006 e 2016, que defendem a revisão das práticas médicas diante da intersexualidade (SANTOS, 2024b).

De acordo com Thais Emilia de Campos dos Santos, no artigo "O movimento social e a luta das mães de intersexo" (2024), as principais demandas das mães de crianças intersexo incluem:

1. Proibição de cirurgias estéticas não consentidas em bebês intersexo, realizadas para "normalizar" características sexuais, mas que não têm urgência médica e podem causar danos físicos e psicológicos irreversíveis.
2. Registro civil adequado, permitindo que o campo "sexo" na Declaração de Nascido Vivo (DNV) seja ignorado até que a criança possa definir sua própria identidade de gênero, evitando que famílias enfrentem barreiras burocráticas como a falta de certidão de nascimento.

3. Garantia de direitos trabalhistas, como a licença-maternidade, que muitas mães de bebês intersexo têm dificuldade de acessar devido à falta de um registro oficial de nascimento.
4. Maior conscientização e sensibilização de profissionais de saúde e órgãos públicos sobre as questões intersexo, visando a um tratamento mais humanizado e respeitoso, tanto para as crianças quanto para suas famílias.
5. Acesso à informação adequada, garantindo que as famílias possam tomar decisões informadas sobre o tratamento e os direitos de filhas/filhos/filhes, evitando a pressão por intervenções médicas irreversíveis.
6. Serviços de saúde adequados e dignos: a maior demanda das mães de crianças intersexo, conforme identificado nas entrevistas, é por serviços de saúde que ofereçam tratamento digno e especializado para suas filhas/os/es, além de formação médica humanizada, que reconheça e respeite as particularidades das pessoas intersexo e suas famílias.

Essas demandas visam garantir a autonomia das pessoas intersexo e o respeito à sua identidade, além de proteger os direitos das famílias que enfrentam desafios com o atual sistema de saúde e jurídico.

Para as informações sobre autorias, as referências e o material de apoio deste capítulo, acesse o QR-Code.

CAPÍTULO 13

Assexualidades

Breno Rosostolato

Psicólogo. Professor, escritor e pesquisador. É terapeuta e educador sexual e de casais. Hipnoterapeuta. Arteterapeuta.

Rodrigo Gouvêa

Psicólogo. Professor. Possui pós- graduações em Psicologia Junguiana, em Terapia de Casal e Família, em Sexologia. Formação em Arteterapia.

Conversar sobre sexo e sexualidade com filhas/os/es é um momento difícil e muito delicado para muitas mães, pais e responsáveis, uma vez que questões sobre como e quando iniciar estas reflexões e diálogos com as crianças fazem parte das dúvidas destas mães, pais e responsáveis. Quais conteúdos devo falar? Como iniciar este assunto e que abordagem ou estratégia devemos utilizar?

Assim, já temos uma premissa importante: o diálogo sobre sexualidade precisa acontecer. Esse momento com crianças e adolescentes é fundamental não apenas para ajudá-las a compreender certos temas, mas também para abrir caminho a orientações mais aprofundadas. Além disso, pode promover um espaço seguro e fortalecer o vínculo de afeto e apoio, com respeito aos limites e com adequação à sua linguagem.

A utilização de recursos como vídeos, desenhos infantis ou juvenis, livros e revistas que possam contribuir com as explicações e que orientem nestes contextos é imprescindível. Nenhuma exploração sobre sexualidade com filhas/os/es é tão fácil, uma vez que nem todas as pessoas possuem repertório para tal; então, como seria possível falar sobre aspectos mais específicos, como a assexualidade?

Para começar este capítulo, vamos deixar um relato pessoal de um dos autores, porque acreditamos que ele possa ajudar-lhes:

> Em uma conversa recente com a minha filha, durante a leitura do livro *GoGo, de onde vêm os filhos*, da escritora Carolina Arcari, num determinado momento Sofia, que tem nove anos, foi apresentada a como as crianças nascem e ao "encaixe", termo que a autora utiliza no livro, do pênis com a vagina. A todo momento a ideia de consentimento é ressaltada e de que o ato sexual é um momento em que os dois adultos escolhem fazer juntos um bebê. Além disso, a autora reforça que este carinho entre adultos não pode acontecer com uma criança, trazendo de uma maneira muito sutil as questões sobre abuso sexual.

Minha filha perguntou se eu ficaria muito triste se ela não quisesse ter filhos ou se ela não quisesse se casar. Fiz questão de reforçar que ela será e fará o que quiser e que terá sempre o meu apoio. Para ela, a lógica do ato sexual é para procriação, o que neste momento, para a compreensão dela e respeitando o limite dela, é totalmente plausível. Minha preocupação, enquanto pai, foi enaltecer a questão do consentimento e da violência, e aqui caberia uma sutileza importante, quanto aos debates sobre assexualidade, que nem todas as pessoas precisam ter filhas/os/es daquela maneira. Até porque existem outras formas, escolhas e ainda há dificuldades, mas diversas pessoas também ficam muito confortáveis em não ter aquele "encaixe". Para uma criança de 9 anos, esta já é informação consistente e da qual ela já pode se apropriar com os recursos emocionais de que dispõe; e, principalmente, com o respaldo do adulto, se sentir acolhida e à vontade. Para quem está lendo, guarde esta palavra: consentimento. Retomaremos este conceito durante as reflexões sobre assexualidade.

Ainda hoje, com um recrudescimento de pautas que dizem defender determinada moralidade comportamental e castidade, existem receios, certos mitos, sobre "como", "quando" e "se" deve-se abordar o assunto de sexualidade com aquelas crianças que estão sob nossa responsabilidade e cuidado. Torna-se ainda mais desafiador uma conversa sobre sexualidade quando os assuntos da discussão podem tangenciar temas que, mesmo dentro da discussão da sexualidade, não encontram ainda um terreno propício para frutificação, como é o caso da assexualidade, e com poucos escritos científicos sobre o tema.

Uma das intenções deste texto é trazer algumas informações que possam ajudar mães, pais, avós, tias, tios, tutoras/es, responsáveis, professoras/es e cuidadoras/es a encontrar mais informações quanto a como conversar com crianças e adolescentes sobre assexualidade.

Normatividades

Iniciamos nosso diálogo sobre assexualidades expondo uma reflexão, cujas ideias serão engendradas partindo de uma crítica social, cuja premissa é suscitada em um dos vários debates sobre assexualidade, o conceito de *sexonormatividade* (OLIVEIRA, 2016). Este conceito pressupõe que a relação ou o vínculo sexual seja algo esperado num relacionamento ou que a prática do sexo faça parte das relações íntimas.

Contextualizando sobre a sexonormatividade, é importante compreender que é uma normativa social que estabelece a universalidade do interesse afetivo-sexual, assim como a compulsoriedade da atividade sexual nas relações amorosas e a centralidade das relações afetivo-sexuais na experiência humana.

Uma concepção de que o vínculo sexual é algo posto e determinado em sociedade parece ser um tanto quanto equivocado, haja vista que, para muitas pessoas que praticam sexo, as vivências são bem particulares e específicas, cuja experiência do jogo erótico, da experiência sexual com o próprio corpo, o entendimento e acesso ao próprio prazer são únicas e diferentes; portanto, por que a prática do sexo seria considerada como prioritária para todas as pessoas que estejam ou não vivendo um relacionamento?

A propósito, se a crítica até aqui é a determinação à prática sexual nas relações de amor e íntimas, talvez precisemos dar alguns passos atrás e refletirmos sobre uma imposição social que defende a ideia de que as pessoas só serão felizes se viverem um relacionamento romântico (ou ainda que necessitem viver um): a amatonormatividade (BRAKE, 2012). Uma normativa social que estabelece que todas as pessoas precisam de um relacionamento romântico-sexual exclusivo, único e central, e que ele é, categoricamente, superior a qualquer outro. Concepção questionável de que as pessoas precisam se casar ou estabelecer relações românticas.

Algo que acontece socialmente é a expectativa de formar par. Até mesmo em filmes infantis isso pode ser visto, quando se cobra socialmente ou se espera uma parceria para a Elsa do Frozen, ou se questiona o motivo de Moana não se apaixonar.

Em geral, aprendemos que o nosso ciclo de vida é como o da plantinha: nascemos, crescemos, nos reproduzimos e morremos. E pode-se ainda incluir o casar antes da reprodução, já que é uma cobrança social somada com a origem religiosa. Com isso, existem expectativas sobre crianças e adolescentes quanto a seu futuro amoroso, até em simples brincadeiras como "vamos ficar grávidas juntas, assim sua filha irá namorar meu filho", entre outras falas que reforçam a ideia de formação de casal. Podemos lembrar das músicas reforçadoras de um par, ideia de completude etc. Desde "Piu-piu sem Frajola", "Carne e unha, alma gêmea", a "só sei que sem você parei de respirar", vemos que, seja no afetivo ou no sexual, estar só não é opção.

Para Núñez (2023, p. 102), vemos:

> A mesma estrutura familiar nos ensina que alguém sem namorado ou marido está só, colocando maior importância nesses nomes do que nas práticas relacionais. Se temos pessoas que nos amam, nos apoiam e nos fortalecem, não estamos solteiras sozinhas.

O envolvimento sexual não deveria ser uma lógica já predeterminada, e esta premissa também se aplica a uma relação romântica. Existem pessoas que não compreendem o sexo como um vínculo e algo inerente às relações humanas, e é a respeito disso que precisamos refletir: a assexualidade.

Contextos sobre assexualidade

A assexualidade pode ser definida como uma identidade/orientação sexual na qual a atração sexual pode se manifestar de modo parcial, condicionada a uma situação específica ou dependendo das circunstâncias, da situação e da relação estabelecida entre as pessoas, bem como esta atração pode ser totalmente ausente, cujo entendimento da prática sexual não é o referencial primário da atração. É importante salientar que, ao pensarmos a assexualidade, primeiro partimos da existência ou não de atração sexual e não de desejo. Pessoas assexuais sentem desejo e podem ou não ter vínculos de intimidade e se relacionarem sexualmente com outras pessoas. Segundo, a identidade assexual é uma maneira de perceber e compreender a sexualidade e a relação que cada pessoa possui com o ato de ter relação sexual ou não. Este posicionamento diante do ato sexual deveria ser entendido como algo natural, fruto da conscientização e respeitando o que faz sentido para a pessoa (BEZERRA, 2019).

Assexuais seriam, portanto, pessoas que não têm atração sexual ou têm pouca atração, ou ainda esta atração está condicionada a algo, relação ou situação e, como todas as outras orientações, é autodeterminada.

É importante ressaltar uma breve diferença entre desejo e atração. A **atração** é um interesse, seja pela pessoa ou algo que ela faça, relacionado a sua aparência, seus gestos, vestimenta, podendo ser algo focado ou ampliado. Já o **desejo** é um forte sentimento de querer concretizar a vontade, ansiar que algo aconteça e/ou buscar pelo objeto desejado. Posso chegar numa padaria e admirar muito uma bela fatia de bolo em sua estética, perfume e formato; ou os ingredientes que compõem a receita podem me atrair, mas isso não quer dizer que vou comê-lo, assim como posso chegar na mesma padaria, me deparar com esse bolo e devorá-lo porque saí de casa com muito desejo de um doce e me saciei com o bolo.

Desmistificando a assexualidade

O debate sobre o tema precisa partir de alguns pontos e premissas importantes para desmistificar o que é e o que não é a assexualidade. Dito isso, a seguir estão pontos relevantes para um diálogo mais direto e didático acerca desta identidade sexual:

- Enquanto identidade/orientação sexual precisamos compreender a assexualidade como um grande guarda-chuva que inclui inúmeras outras expressões de identidades e que implica em fluidez, chamadas áreas cinzas e espectros que explicaremos com mais detalhes adiante.

- **Assexualidade não é celibato ou abstinência:** uma pessoa celibatária não pratica sexo por algum motivo, nem sempre por sua escolha, enquanto, na abstinência, uma pessoa escolhe não praticar sexo.
- Outro equívoco é considerar que pessoas assexuais são "frias" e incapazes de construir relações afetivas. Assexualidade é apresentar ou não atração sexual e isto não é impedimento de estabelecerem vínculos de afeto, romanticidade e amor.
- **Pessoas assexuais podem se masturbar:** o fato de se identificarem como assexuais não as impede de acessarem seu prazer, seja pela masturbação ou qualquer outra maneira que para a pessoa seja agradável e confortável. Lembrem-se, assexualidade se refere a ter ou não atração e não a desejo.
- **Assexuais não praticam sexo e não sentem desejo sexual.** Isto não é verdade. Pessoas assexuais, muito embora não sintam atração sexual ou sintam pouca atração sexual, podem voluntariamente se envolver em atividades sexuais, pelas mais variadas razões: satisfação pessoal ou de parcerias, ter filhas/os/es, entre outras possibilidades.
- Assexualidade não é doença, inclusive, para a pessoa assexual, **não existe sofrimento**, **perdas** ou **prejuízo**, não em relação a sua identidade. O sofrimento ocorre como resultado de sistemas opressores e preconceitos, como descrito em uma lista de sistemas opressivos e preconceitos disponibilizada pelo site Orientando.org (s/a).
- **Acemisia:** preconceito a pessoas assexuais. Não utilizaremos o sufixo **"-fobia"**, pois pode confundir com quadros clínicos de medos exagerados e aversão, ou ainda, de fato, a expressão do ódio. Iremos adotar, portanto, o sufixo **"-misia"** (expressão grega que significa "ódio").
- **Zedsexismo/alossexismo:** crença de que as pessoas vão eventualmente ser atraídas por outras e querer relacionamentos com outras (amatonormatividade). Numa sociedade sexonormativa, a lógica de que um relacionamento sem atração sexual ou romântica é incompleto ou de menor valorização, cuja normativa invalida e apaga as identidades assexuais e/ou arromânticas.

- **Monossexismo**: sistema que impõe que pessoas devem se atrair por apenas um gênero, atacando atrações por mais de um gênero, atrações fluidas, e também atrações dentro do espectro da assexualidade em certo nível.
- Outro aspecto é que no diagnóstico de desejo sexual hipoativo ou do transtorno do interesse/excitação sexual feminina não devem ser considerados como diagnóstico caso a pessoa se autodeclare como assexual. Esta é uma orientação do DSM-5-TR (APA, 2022) e um avanço no processo de desmistificar e reconhecer a assexualidade. Nestes transtornos há algo de estranho à pessoa e na assexualidade, a estranheza vem de fora, pela cobrança social.
- O termo correto é *assexual* e não *assexuado*: assexuado se refere a uma forma de reprodução sem troca de gametas. Usar "assexuado" é pejorativo; portanto, nunca deve ser utilizado.

É importante este letramento sobre assexualidade, que nos apresenta uma série de identidades dentro do espectro, mas aqui seria difícil enumerar todas elas. Para se ter ideia da dimensão da assexualidade, a área cinza, também conhecida como escala cinza, nos ajuda a compreender as graduações das expressões identitárias da assexualidade.

Os tons de cinza

A área cinza vai desde uma assexualidade estrita, ou seja, pessoas que não possuem nenhuma atração sexual, até uma sexualidade na qual pessoas assexuais podem apresentar atração sexual. Existem graduações na expressão da atração sexual, como demonstrado na Figura 1.

Algumas pessoas sentem atração sexual com pouca frequência, de forma condicional e/ou de forma fraca; ou seja, a prática sexual não é prioritária na vida destas pessoas, pode ser sazonal e acontecer mediante a situações e contextos específicos.

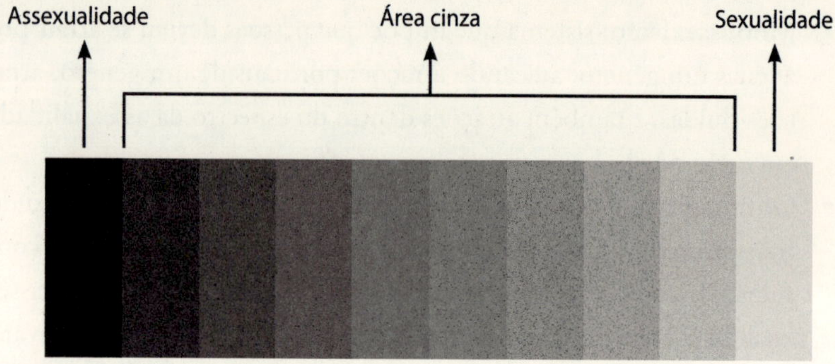

Figura 1

Alguns exemplos de identidades podem ser encontrados no espectro assexual, como descrito em *The Rainbow Stores* (s.a.) e em definições específicas no *Dicionário Priberam* (s.a.):

- **Demissexual**: pessoa que pode desenvolver atração sexual mediante a vínculo afetivo estabelecido anteriormente.
- **Gray-A**: pessoas em que a atração sexual acontece esporadicamente.
- **Assexual fluido**: indivíduo que transita entre as identidades assexuais.
- **Bellussexual:** falta de atração sexual e nenhuma vontade de estar em um relacionamento, porém a pessoa tem interesse em alguns atos sexuais.
- **Grayssexualidade:** atração sexual rara e circunstancial, com ou sem um motivo específico.
- **Frayssexualidade:** atração sexual podendo ser desenvolvida apenas no caso da não existência de um vínculo afetivo e/ou emocional com outra pessoa.
- **Sapiossexual:** atração sexual ou interesse amoroso com base na inteligência das outras pessoas.

É importante termos em mente que são muitas as identidades que compõem o espectro assexual, haja vista que a assexualidade é percebida por cada pessoa a partir de suas vivências, logo, construída e reconstruída ao longo da vida. Neste sentido, usamos o termo no plural: *assexualidades*.

As pessoas podem se identificar de um jeito e com o tempo se identificarem de outra maneira, e tudo bem quanto a isso, porque o ser humano é plural e passível de transformações e ressignificações de vida.

Outro ponto importante é que trouxemos apenas alguns exemplos dentro do espectro da assexualidade, e acreditamos que a princípio o foco não deva ser na definição em si, mas na escuta de quem está experienciando a autodescoberta.

Arromanticidade

Aqui cabe muito brevemente uma explicação sobre arromanticidade e diferenciá-la da assexualidade, uma vez que se confundem os dois contextos e é importante distinguir a atração sexual da atração romântica.

Assim, como vimos que na assexualidade existe a expressão ou não de atração sexual e que existem identidades diversas no espectro, a lógica não é diferente quando pensamos sobre a arromanticidade, cuja experiência romântica é diferente das normativas sociais.

Pessoas arromânticas não sentem atração romântica ou a sentem de forma condicional, rara ou pouco frequente. Por atração romântica entende-se o apaixonamento e a relação de amor por alguém, e muitas vezes ter vontade de estreitar e estabelecer uma relação de exclusividade e duradoura com outra pessoa. Romanticidade está pautada nos ideais do amor romântico, de expectativas e idealizações da pessoa amada (NETO; JÚNIOR; HERCOWITZ, 2021).

Outro aspecto que também contribui para a compreensão da arromanticidade é que existem vários tipos de amor: amor familiar, amizades, parcerias, amor aos animais, amor pela natureza, entre outras maneiras.

Por que esse assunto dentro de assexualidades? Como vimos, há um ideal sobre comportamento afetivo e sexual, colocando obrigatoriedades e espera-se que crianças e adolescentes tenham comportamentos padrões quanto às relações. Entender que não há um formato quanto ao desejo e atração, incluindo sua ausência, possibilita o olhar único para a pessoa, além de um olhar ampliado quanto à sexualidade.

Uma vez que existem assexuais que têm desejo sexual e/ou atração romântica, não se excluem as demais orientações afetivo-sexuais. Uma pessoa assexual pode ter desejo ou atração por uma pessoa do mesmo gênero, sendo homossexual ou pelo gênero diferente do seu, heterossexual, ou por mais de um gênero, bissexual, ou por todos os gêneros, pansexuais. No campo da romanticidade utilizamos a mesma classificação: homorromântica, heterorromântica, birromântica, pan-romântica etc.

A assexualidade é também chamada de ACE, enquanto a arromanticidade é denominada ARO. São expressões comuns dentro de cada comunidade e entre as pessoas que se reconhecem com estas identidades.

Quem tem medo da assexualidade?

A assexualidade pode aparentar ser a orientação afetivo-sexual mais tranquila para mães, pais e responsáveis, uma vez que essas crianças e adolescentes podem parecer estar longe dos "perigos noturnos" e da temida puberdade, mas a verdade é que pode ser um momento de conflito, em especial para adolescentes assexuais, repercutindo em familiares, nas pessoas da sua rede, além de influenciar nas atividades sociais, relacionais e acadêmicas. A sensação de não saber agir pode estar presente em mães, pais e responsáveis, além de microviolências com cobranças por relações amorosas etc. Em geral, essa pressão social começa na adolescência, uma vez que se espera menos teor sexual e amoroso em crianças. Para Hergesel (2018, p. 6 e 7):

> Alguns adolescentes assexuais se sentem confusos durante o processo de autodescoberta, sobretudo devido ao fato de não se encaixar nas orientações sexuais que já conseguirem atingir um constructo social embasado e amplamente popularizado (heterossexualidade, homossexualidade e bissexualidade). Essa falta de reconhecimento sobre a própria sexualidade, somada à pressão social de que as relações sexuais são imprescindíveis, envolve o adolescente em um dilema não somente interno como também familiar e social.

O sentimento de ser "diferente" pode afetar a ideia de pertencimento, com sentimentos de menos-valia, baixa autoestima, inadequação, isolamento, dificuldade com vínculos e o aprimoramento de habilidades sociais.

O medo em relação à sexualidade surge em vários momentos, incluindo quando mães, pais e responsáveis não estão disponíveis e com abertura para aprender, seja sobre assexualidades ou outras manifestações da sexualidade. O medo também se alimenta da nossa dificuldade em reconhecer que o mundo, as sociedades, as pessoas e as mentalidades estão em constante transformação. Ele reflete a falta de compreensão das diversas identidades e expressões sexuais

Como abordar o assunto?

Comece ouvindo e observando. Estude sobre o tema, e busque uma rede de referência para trocas de informações e dicas de como lidar com adolescentes assexuais. O acolhimento é essencial, considerando que uma parcela significativa da população sente atração romântica e sexual, sendo estas pessoas chamadas de alossexuais. É imprescindível romper com um sistema que naturaliza essas relações, em que toda a rede social precisa revisitar seus conceitos e desconstruir ideias moldadas culturalmente. A frase "na sua idade, eu já estava beijando" é um exemplo sutil de cobrança social, que reforça sentir atração como norma e impõe uma expectativa de conformidade.

Para as informações sobre autorias, as referências e o material de apoio deste capítulo, acesse o QR-Code.

CAPÍTULO 14

Pansexualidade

Patrícia Müller da Costa
Psicóloga. Professora. É terapeuta sexual.

Falar sobre sexualidade, especialmente quando se trata de orientações que divergem da heteronormatividade, pode ser desafiador para muitas famílias. No entanto, é importante que mães, pais e familiares estejam disponíveis a aprender a respeito de diferentes identidades de gênero e orientações sexuais, para que possam oferecer apoio, orientação e compreensão.

Muitas pessoas entendem que não falar sobre a própria orientação sexual é uma forma de respeito aos costumes da família quando há sinais de que a família esteja fechada para outras vivências que não sejam heterossexuais.

Outras pessoas não contam aos pais que são pansexuais porque temem sofrer repressão, punição ou até mesmo exclusão familiar: todo mundo conhece alguém que já sofreu castigos físicos, que foi expulso de casa ou cujos pais se tornaram mais críticos (passaram a ver defeitos em tudo o que a pessoa diz ou faz), mais controladores (passaram a impedir que a pessoa dormisse fora de casa quando antes era autorizado, começaram a restringir o acesso a amizades e a querer controlar o uso do celular, que antes da revelação não faziam) e mais exigentes (começaram a cobrar notas mais altas, a exigir a realização de atividades que não eram exigidas antes ou mesmo passaram a tratar filhos/filhas/filhes com regras diferentes baseadas na orientação sexual), ou seja, são vários os motivos que fazem com que várias pessoas pensem muitas vezes antes de contar para a família que é pansexual.

A *pansexualidade* é um termo que vem sendo cada vez mais utilizado. Trata-se de uma orientação sexual na qual há atração por pessoas independentemente do gênero, da orientação sexual ou de características sexuais primárias (genital) ou secundárias (seios, ombros largos, distribuição de pelos e gordura no corpo...).

Quadro 1 Comparando orientações sexuais

Orientações sexuais	Atração por:
Heterossexuais	Pessoas de outro gênero
Lésbicas e gays (homossexuais)	Pessoas do mesmo gênero
Bissexuais	Pessoas do mesmo gênero e de outro gênero
Pansexuais	Pessoas, independentemente do gênero

Pansexualidade: O que É e o que NÃO é

Se você for procurar na etimologia da palavra pansexualidade: "pan" significa "tudo". E tem gente mal intencionada por aí dizendo que pansexuais são pessoas que transam com carro, árvore, animais... Isso é só um jeito de desinformar e causar mais estigma e preconceito quanto a pessoas que se identificam como pansexuais.

Existe um conceito que refere que pansexuais são pessoas que se relacionam com todas as pessoas: homem ou mulher, cis ou trans/travesti, binária ou não binária, endossexual ou intersexo e **isso está correto**, mas não significa que a gente queira se relacionar com qualquer homem, com qualquer mulher, com qualquer pessoa não binária ou intersexo, muito menos com todas as pessoas.

Dito de outra forma: todas as pessoas têm critérios de com quais pessoas se relaciona ou não e pansexuais são pessoas que não vão deixar de se relacionar afetivo-sexualmente com uma pessoa porque ela tem uma identidade de gênero ou outra, um genital ou outro, ou porque é intersexo. Selecionamos com quem queremos nos relacionar a partir de outros critérios, ou seja, a atração afetivo-sexual é complexa e envolve diversos fatores além do gênero e genital.

Eu, por exemplo, não me relaciono com pessoas que possuem um posicionamento político muito divergente do meu, nem com pessoas que maltratam animais, mas esses são apenas dois critérios dos vários que tenho.

A moda é ser pansexual?

A pansexualidade é um conceito novo para muitas pessoas e muitas vezes a novidade traz desconfiança. Será uma moda nova? O que esses jovens estão inventando dessa vez? Viver num mundo em constantes transformações nos desafia o tempo todo: botox, *bullying*, crossfit e home office são exemplos de palavras que foram introduzidas na Língua Portuguesa muito recentemente e já foram incorporadas na nossa rotina. Como o termo *"pansexual"* vem sendo difundido e adolescentes estão sempre com muita atenção a novos termos, esses tem tido mais familiaridade e têm se identificado mais como pansexuais, porém isso está mais relacionado ao acesso às discussões de gênero do que à ideia de "modinha".

Cada vez é maior a necessidade das pessoas de falarem sobre a sua orientação sexual, tanto para dar visibilidade às suas vivências quanto para lutar pelo combate à opressão/discriminação e contra a violação dos seus direitos. Muitas pessoas mais velhas, apesar de terem vivências que poderíamos denominar como *pansexuais*, aprenderam pela repressão e viveram a esconder a sua orientação sexual, tiveram que passar anos escondendo as pessoas com quem se relacionam e mantêm esse assunto como um tabu, mas vivências pansexuais sempre existiram... Só não tinha esse nome. O conceito de pansexualidade começou a se difundir na década de 1990.

Vivências da pansexualidade

Pansexuais se relacionam com lésbicas, gays, bissexuais, trans/travestis, assexuais e pessoas intersexo. A homofobia/a lesbofobia, a bifobia, a transfobia, a acefobia e a intersexofobia dirigida para quem a gente se relaciona também impacta em nós:

1. **Quais impactos mulheres pansexuais vivem ao se relacionar com lésbicas?**
   Um exemplo é o preconceito e a falta de conhecimento de uma parcela de profissionais da saúde. Há pesquisas que revelam que as consultas tendem a ser mais rápidas quando a paciente revela ser lésbica ou se relacionar afetivo-sexualmente com outra mulher. O preconceito dirigido a mulheres que se relacionam com mulheres é bastante agravado por uma cultura patriarcal; assim, é comum que a violência de gênero ameace mulheres em diversos aspectos: fetichismo, famílias que desrespeitam a autonomia de mulheres que se relacionam com mulheres, invalidação de seus relacionamentos, entre outros.
2. **Quais impactos homens pansexuais vivem ao se relacionar com gays?**
   Durante o período escolar, por exemplo, garotos que são "lidos" como gays ou afeminados, sofrem ameaça de violência física constante e são isolados: outros garotos evitam aproximação para não se tornarem alvo também. Muitos garotos pansexuais não se sentem seguros de manifestar interesse por outros meninos com receio de sofrerem violência física/psicológica/sexual. Em muitos locais de trabalho, homens pansexuais não se sentem confortáveis de levar seus namorados/parceiros/maridos em eventos de confraternização, mesmo quando pessoas heterossexuais são incentivadas a levarem as suas famílias ou as pessoas com quem se relacionam.
3. **Quais impactos pansexuais vivem ao se relacionar com pessoas heterossexuais?**
   Heteronormatividade presumida: se sou uma mulher e estou me relacionando com um homem, ou vice-versa, muitas pessoas vão dizer que meu relacionamento homoafetivo ou com uma pessoa trans/travesti era só uma fase ou então vão pensar que voltei para o armário. Também frequentemente ouvirei piadas e comentários LGBTfóbicos porque vão supor que sou heterossexual. Difícil é reconhecerem

que me relaciono com a pessoa que faz mais sentido para mim, independentemente da cis-heteronormatividade.

4. **Quais impactos pansexuais vivem ao se relacionar com pessoas bissexuais e pansexuais?**
   - Um exemplo clássico de bifobia que se estende a pessoas pansexuais consiste em supor que pessoas bissexuais e pansexuais inevitavelmente se relacionam sexualmente com muitas pessoas e estão sempre disponíveis para fazer ménage; por isso, é comum que casais compostos por pessoas bissexuais e/ou pansexuais sejam frequentemente chamados para participar de sexo a três, orgias, festas liberais, muitas vezes de forma desrespeitosa. Também é frequente que esse casal seja visto como ameaçador para outros casais, como se estivessem sempre em busca de mais parcerias sexuais. Há inclusive pansexuais que são assexuais e que nem possuem interesse ou possuem baixo interesse em sexo. Ou seja, da mesma forma como tem heterossexuais que transam com poucas pessoas na vida e tem heterossexuais que transam com muitas pessoas, assim também são pansexuais: não é porque se relaciona com um gênero que você tem disponibilidade de se relacionar com todas as pessoas desse gênero: ou você conhece alguém que por ser uma mulher cisgênera e heterossexual tem interesse em ficar/transar/se relacionar com todos os homens, sem nenhuma exceção?
   - **Exclusão dentro do próprio movimento LGBTQIAPN+:** muitas festas e encontros de mulheres que se relacionam com mulheres ou de homens que se relacionam com homens não estão abertos para a presença das pessoas de outro gênero com as quais a gente se relaciona... Ou a gente vai só ou a gente fica de fora desses eventos.
5. **Quais impactos pansexuais vivem ao se relacionar com pessoas intersexo?**
   - **Invisibilidade de relacionamentos com pessoas intersexo:** a intersexualidade sempre foi escondida e certamente há muitas pessoas que são intersexo e que nem sabem que são: tanto por nunca terem tido uma avaliação ou um diagnóstico quanto por terem passado por cirurgias quando essas pessoas ainda eram bebês e nem sempre a famí-

lia revela, até porque, por muitos anos, os próprios profissionais da medicina orientavam esconder. A intersexualidade ainda é um grande tabu e pessoas/casais em que uma pessoa é intersexo não possuem muitas referências quanto a seus desafios e suas vivências. Poucos profissionais da saúde possuem conhecimento para fazer orientações (profissionais da psicologia, da psiquiatria, terapeutas sexuais, ginecologistas, urologistas...), há poucos estudos abordando, por exemplo, os desafios familiares e relacionais que pessoas intersexo vivem.

- **Intersexofobia internalizada da parceria:** há pessoas intersexo que pensam que nasceram com "defeito de fabricação" porque a padronização dos corpos, o ideal de beleza, defende isso, afetando a autoimagem de pessoas intersexo e gerando potencial de fazê-las se sentirem inseguras em suas relações; por isso, pode acontecer de nossas parcerias demandarem mais validação, mais disponibilidade de tempo e de atenção, palavras de afirmação frequentes e muitas checagens sobre a satisfação com a relação.

6. **Quais impactos pansexuais vivem ao se relacionar com pessoas assexuais?**
   Invalidação da relação: muitas pessoas referem que se não há sexo ou há apenas eventualmente o relacionamento é "só amizade".
7. **Quais impactos pansexuais vivem ao se relacionar com pessoas trans/travestis?**
   - **Preconceito de classe:** como pessoas trans e travestis eram (e continuam sendo) muito rechaçadas no mercado de trabalho há séculos, é comum que atualmente possuam subempregos e baixa perspectiva de ascensão profissional. Embora existam pessoas trans e travestis conquistando cada vez mais lugares de status social, muitas permanecem marginalizadas e isso faz com que várias famílias de pessoas que se relacionam com pessoas trans/travestis as rejeitem também por classismo (preconceito e discriminação direcionados a quem não pertence a uma classe social). Ou seja, é importante lembrar que a discriminação e o preconceito por transfobia também são potencializados por intersecções como: classismo, racismo, capacitismo, etarismo, gordofobia...

- **Barreiras de acesso ao lazer:** se pessoas trans/travestis precisam ir embora antes de um show porque usar os banheiros coletivos não é seguro, quem se relaciona com elas também irá embora antes de o show acabar. Se usar banheiros de rodoviárias, aeroportos e de postos de combustíveis na estrada é perigoso para a pessoa com quem eu me relaciono, também é perigoso para mim... Esses são alguns exemplos que fazem ser necessário ter que planejar cada passo, cada situação de lazer que se queira compartilhar com pessoas trans/travestis.
- **Acompanhamento/apoio frequente relacionado a procedimentos de saúde:** se a pessoa com quem me relaciono apresenta necessidade/interesse de realizar procedimentos de afirmação de gênero, tais como: cirurgias, hormonioterapia, fonoterapia, entre outros, meu cotidiano poderá ser atravessado por consultas e/ou hospitalização da parceria e possivelmente requererá apoio.
- **Estresse constante porque frequentemente a pessoa com quem me relaciono é desrespeitada em diversos lugares:** se ao sair com quem me relaciono e o gênero com o qual se identifica não é reconhecido/respeitado, isso causa constrangimento e mal-estar. Sempre há a possibilidade de pontuar o comportamento equivocado ou desrespeitoso, mas cansa muito fazer isso o tempo todo, e sabemos que muitas pessoas o fazem intencionalmente para provocar brigas.
- **Risco aumentado de sofrer violência física/psicológica:** já que pessoas trans/travestis são o principal alvo da violência de gênero, quem se relaciona afetivo-sexualmente com pessoas trans/travestis também está frequentemente nessa mira.

Obs.: é importante ressaltar que mulheres trans lésbicas também sofrem lesbofobia, homens trans gays também sofrem homofobia, pessoas não binárias também sofrem violência relacionada à orientação sexual. Cabe também assinalar que muitas pessoas intersexo também são transexuais.

"Se o relacionamento com pessoas trans/travestis traz tantas dificuldades, por que você não para de se relacionar com elas?"

Porque o problema não está nas pessoas trans/travestis... O problema está nas pessoas transfóbicas e estas eu evito tanto quanto possível.

Apesar dos desafios, relacionar-se com pessoas trans/travestis traz algumas vantagens: elas são mais predispostas a romper com as limitações que os estereótipos de gênero impõem: algumas vêm fazendo isso desde bem pequenas, outras um pouquinho (ou um poucão) mais tarde... De um modo geral, têm vivências que as fazem compreender opressões de gênero e evitá-las. E é verdade que também há pessoas trans que reproduzem opressão de gênero, ninguém está livre de fazê-lo, mas trans/travestis tendem a ter mais atenção e a ter mais compromisso com a desconstrução pela própria vivência da transição e por saberem o quanto a cisnormatividade, a opressão de gênero, é violenta e limitadora.

"Sou pai, mãe, familiar de uma pessoa pansexual e não quero que essa pessoa tenha que passar por tudo isso. O que eu posso fazer?"

Proibir ou dificultar o relacionamento dessa pessoa não só não a protegerá de todas as adversidades descritas, como também adicionará mais uma: essa pessoa terá enfrentamentos dentro de casa e dentro da família. É importante ressaltar que tudo fica menos difícil quando podemos contar com apoio, com o cuidado e com a aceitação familiar. Pequenos atos cotidianos fazem uma grande diferença para pessoas pansexuais:

- **Banheiro público:** se eu me relaciono com uma pessoa trans masculina e quando saímos junto com o meu irmão, meu pai, meu tio, outro homem que possa acompanhá-lo ao banheiro ou ao menos ficar próximo, ou ainda checar se o banheiro tem cabines ou se só tem mictório é uma importante forma de cuidado e já aumenta a segurança dessa pessoa; logo, eu não estarei num momento de tensão. Se me relaciono com uma mulher trans ou travesti, uma mulher cis que a acompanhe ao banheiro público faz com que ela se sinta mais segura; logo, eu também.

- **Piadas LGBTs:** piadas com a temática LGBT nos estigmatizam, nos humilham, ferem a nossa dignidade. Elas não são adequadas quando eu e a pessoa com quem me relaciono estamos presentes, como também sustentam e "naturalizam" LGBTfobia quando não estamos presentes. Não está tudo bem contar ou rir de piadas quando não estamos presentes porque:
  1. Na rodinha de amizades ou da família pode ter outra pessoa LGBT que ainda não revelou ser LGBT e estará sendo ofendida.
  2. Mais cedo ou mais tarde alguém vem nos contar que você estava contando a piada ou rindo... DE NÓS, das nossas vivências, das nossas dores.
  3. Você estará passando uma mensagem para outras pessoas de que o seu "divertimento" está acima do nosso bem-estar emocional e social. Brincadeira só é brincadeira quando todas as pessoas se divertem, se alguém está sofrendo constrangimento ou ofensas é só crueldade mesmo.
  4. Você estará sinalizando para as outras pessoas que o preconceito, a discriminação e o ódio a pessoas LGBTs é aceitável... Fica implícito.

Uma opção mais ética é não fazer essas piadas e questionar quando alguém fizer. Você não precisa necessariamente se indispor com quem fizer a piada, mas se você revelar que sente incômodo ou disser que não entendeu e pedir para a pessoa explicar, já estará provocando que a pessoa reflita sobre o que disse.

- **Fim de relacionamento:** se uma pessoa pansexual termina um relacionamento com uma pessoa que não seja cis-heterossexual, comemorar o acontecido não fará a pessoa deixar de ser pansexual. Mesmo que ela se envolva num relacionamento cis-heterossexual naquele momento, continuará a ser pansexual e terá tido a experiência de te ver colocando a sua LGBTfobia acima dos sentimentos dela no momento em que talvez precisasse muito do seu apoio.

- **Dê atenção especial ao que você diz quando estiver sentindo irritação:** muitas pessoas supõem não serem LGBTfóbicas porque não saem às ruas caçando pessoas LGBTs para espancar ou matar e porque "até têm amigos que são gays", mas essas mesmas pessoas, quando estão com raiva de alguém, usam a orientação sexual e/ou a identidade de gênero para ofender. Por exemplo: você tem uma discussão de trabalho com um colega que tem um comportamento inadequado consigo, você sente que foi cometida uma injustiça contra si; aí nessa hora você diz "tinha que ser esse viado". Ou seja, nesse momento o que escapa é que, no fundo, você se considera superior por ser heterossexual e que entende que ser LGBT é vergonhoso e humilhante.
- **Respeite a identidade de gênero de todas as pessoas:** ninguém gosta quando alguém confunde o seu nome. Imagine frequentemente passar por isso. Agora imagine frequentemente te tratarem por um gênero que não é aquele com o qual você se identifica. Muitos homens gays, bissexuais e pansexuais são chamados de "mulherzinha", "boneca", "florzinha"; são termos que remetem ao feminino e que têm a intenção de ofender. As pessoas sabem que se trata de um homem e o chamam de mulher por considerá-lo afeminado ou por saber que ele se relaciona com homens. Por outro lado, uma mulher trans/uma travesti que está usando vestido, maquiagem, vários signos considerados femininos, e deseja ser tratada no feminino é chamada de homem e tratada no masculino. E nada disso é aceitável. Respeitar a identidade de gênero das pessoas e inspirar outras pessoas a fazer o mesmo é uma ajuda bastante importante e evidencia que há uma relação de respeito.

Alie-se ao combate à LGBTQIAPN+fobia

Conforme reportagem do G1 Paraná (2024), no dia 16/06/24 um homem cis-heterossexual (Oziel Branques) foi assassinado dentro de um ônibus em

Curitiba/PR ao tentar defender um homem que estava acompanhado de uma mulher trans. Dois homens, um adulto e um adolescente, começaram a zombar do casal e tentaram despir o homem do casal para verificar o genital porque perceberam que a mulher que o acompanhava era trans.

Ou seja, o primeiro alvo da violência era o homem do casal, que estava tendo a sua identidade de gênero e o seu genital questionados por se relacionar com uma mulher trans. Por isso, ressalto que apoiar pansexuais é combater todos os tipos de preconceito e discriminação... e toda ajuda faz uma grande diferença. Contudo, esse caso também nos revela que nem mesmo pessoas cis-heterossexuais estão livres de sofrer violência sofridas por pessoas LGBTfóbicas: Oziel não fazia parte da comunidade LGBT, mas se solidarizou ao presenciar a violência imputada ao casal.

Outra situação, divulgada pela *Folha de S. Paulo* (2011), ocorreu em Campinas/SP: pai e filho foram espancados por sete homens porque estes acreditaram que eles eram casal gay.

Embora em proporções muito menores, pessoas cis-heterossexuais são confundidas com pessoas LGBTs e sofrem preconceito/discriminação/violência também.

Por consideração a nós pessoas LGBTs, por consideração às pessoas com as quais você se importa e que são LGBTs e você não sabe, mas também porque a violência atinge todas as pessoas e também pode atingir você, lutar contra a LGBTfobia é um dever de todas as pessoas.

Considerações finais

Pansexuais são pessoas que vão escolher outros critérios de seleção que **não são:** 1. a identidade de gênero; 2. a orientação sexual; 3. a expressão de gênero; nem 4. o genital que a pessoa tem. Ainda assim, pessoas pansexuais têm critérios.

Dizer que a pansexualidade é "modinha" é um jeito de deslegitimar a identidade e a vivência de muitas pessoas... Eu torço muito para que "a moda" seja poder se relacionar com as pessoas por quem haja interesse de verdade, sem limites pré-estabelecidos, sem regras que nos digam: "não se relacione com essa pessoa para não perder status social e para não sofrer violência direta ou indiretamente". Torço para que a moda seja que as pessoas parem de ser ensinadas a "vigiar e punir" a sexualidade alheia.

Ser pansexual é me relacionar com pessoas de identidades sexuais diferentes, de orientações sexuais diversas e ter que estar atenta a como a existência da pessoa com quem eu me relaciono me atravessa. Para que eu possa viver em paz, pessoas lésbicas, gays, bissexuais, travestis/transexuais, assexuais e intersexo também precisam viver bem: estamos numa interconexão.

Para as informações sobre autoria, as referências e o material de apoio deste capítulo, acesse o QR-Code.

CAPÍTULO 15

Não binariedades[1]

Izi Silva
Licenciada em Letras. Professora de inglês e português. Pessoa não binária.

"Dizem que não sou homem
Nem tampouco mulher
Então olha só, doutor
Saca só que genial
Sabe a minha identidade?
[...]
Nada a ver com genital".
(*Linn da Quebrada*)

Como canta Lina: nem mulheres, nem homens. Na pluralidade da não binariedade, alguns de nós somos transmasculinos, algumas somos transfemininas, outras somos travestis, ou agêneros, ou bigêneros, ou de gênero fluido, queer. Somos muitas possibilidades. Todas longe das caixinhas sociais de gêneros binários, e todas mais perto de nós mesmas, mesmos e mesmes, para além de toda e qualquer norma.

Introdução

Mulheres lésbicas são aquelas que se relacionam afetivo-sexualmente com outras mulheres, homens gays aqueles que se relacionam afetivo-sexualmen-

---

1 A revisão realizada no texto deste livro adota integralmente as normas do Novo Acordo Ortográfico da Língua Portuguesa, firmado em 2009 e com aplicação obrigatória no Brasil desde 2016, conforme registrado no Vocabulário Ortográfico da Língua Portuguesa (VOLP), publicado pela Academia Brasileira de Letras. Essa padronização aplica-se inclusive a trechos de citações diretas.
A palavra *não binariedade* e suas derivações, estão grafadas sem hífen, seguindo o uso consagrado nas fontes de referência e em conformidade com as diretrizes ortográficas vigentes.

te com outros homens. Por sua vez, pessoas bissexuais se relacionam tanto com pessoas dentro do seu gênero como com pessoas de outro gênero e a comunidade pansexual é composta por pessoas que fazem questão de afirmar politicamente que não distinguem gênero em suas relações afetivo-sexuais. Já as pessoas transgênero são as que não se identificam com o gênero que as foi designado ao nascer. Portanto, mulheres trans são as pessoas trans que se identificam como mulheres e homens trans os que se identificam como homens. No entanto, e as pessoas trans não binárias? Como defini-las? Para algumas pessoas, o assunto soa como complexo e novo. Este capítulo tentará ajudar na compreensão do tema, e ao fim estão disponíveis materiais e um resumo para reforçar o entendimento.

No decorrer deste capítulo vamos conversar sobre algumas questões que costumam gerar dúvidas em relação à não binariedade e que são relevantes para compreender e respeitar pessoas não binárias. Para isso, as autoras Butler (2018), Simionato (2021) e York, Oliveira e Benevides (2020) nos ajudarão a compreender as noções de binariedade e não binariedade, evitando que caiamos na falsa ideia de associar não binariedade unicamente a *androginia* (indivíduo que possui características, peculiaridades, ações, condutas que oscilam entre o masculino e o feminino). Assim como Pombo (2024) e D'Avila (2022) agregarão na conversa sobre a sexualidade de pessoas não binárias. Por último, e "muito importante", a gramática da língua portuguesa por Bechara (2009) e os autores Guimarães (2021) e Lau e Sanches (2019) contribuirão ao momento em que nos debruçaremos sobre o uso de neolinguagem não binária para o tratamento de pessoas trans não binárias. Popularmente conhecidas como "pronomes neutros", essas palavras e seu uso costumam causar polêmicas, discussões acaloradas e muitas dúvidas quando o assunto é não binariedade no Brasil.

Eu, que escrevo a vocês, me chamo Izi Silva. Atuo como professora, sou formada em Letras, e aqui falo também enquanto a pessoa não binária transfeminina que sou. Mantendo o tom de diálogo, além dos recursos teóricos, este capítulo também é construído com experiências pessoais da minha própria não binariedade em alguns breves momentos. Como já sabemos, este livro é direcionado a mães, pais e responsáveis de crianças e adolescentes LGBTQIAPN+ em fase de descoberta de suas identidades de gênero e/ou sexualidade. Especificamente, neste capítulo de noções introdutórias sobre a não binariedade minha intenção é que ao terminá-lo você saiba com clareza o que é a identidade não binária. Antes de começar, existe algo que não pode ser esquecido: pessoas não binárias também **são** pessoas trans! Agora sim, vamos lá?

A identidade de gênero não binária se refere, necessariamente, a pessoas com expressão de gênero andrógina?

Para Butler (2018, p. 9), a associação de certa *conformação cromossômica* (a autora usa o termo "sexo natural") a determinado gênero social, assim como a atração aparentemente "natural" pelo sexo/gênero oposto, é "uma conjunção não natural de construções culturais a serviço de interesses reprodutivos". Ou seja, a ideia de que pessoas com cromossomos XY devem pertencer ao gênero *homem,* e XX ao gênero *mulher*, de que só existem esses dois caminhos, e teoricamente estes gêneros deveriam sentir exclusivamente atração um pelo outro, é uma construção social. A noção de gêneros binários vem justamente dessa construção, em que só se reconhecem dois gêneros: homem ou mulher. Abaixo, Simionato (2021, p. 91) descreve o conceito de não binariedade de gênero:

> Entende-se por não binariedade de gênero as identidades de gênero que fogem ao padrão binário homem e mulher, ou seja, pessoas que não se identificam nem como homens, nem como mulheres únicas, inteiras e constantes. Assim, gênero não binário é um termo guarda-chuva que engloba diferentes identidades de gênero, como o terceiro gênero (pessoa que se identifica com um gênero que não é homem nem mulher); a ageneridade (quando não há gênero); o gênero fluido (quando os gêneros fluem pelo indivíduo esporadicamente, se identificando ora como um, ora como outro); o gênero-neutro (quando se porta com indiferença com o gênero); a androginia (quando há a fusão dos gêneros homem e mulher); entre outras identidades (SIMIONATO, 2021, p. 91).

No trecho citado, a autora menciona algumas expressões não binárias, entre elas a androginia. Entretanto, é importante reforçar que toda identidade desencaixada da construção social apontada por Butler (2018), na qual só se validam os gêneros homem e mulher, é não binária.

No texto *Manifestações textuais (insubmissas) travesti*, as autoras Sara Wagner York, Megg Rayara Gomes Oliveira e Bruna Benevides (2020, p. 7) dizem que há um reforço compulsório de que pessoas trans se enquadrem em aparências e performances binárias e assim reforcem ainda mais a lógica da binariedade. Ou seja, uma vez que a binariedade só vê um jeito "certo" de ser homem e um jeito "certo" de ser mulher, a lógica binária reforça que homens trans e mulheres trans tentem se aproximar desses "jeitos 'certos' de ser homem e de ser mulher". Em contraposto a isso, elas afirmam que "travestilizar as formas é prática de luta e desajuste desta forma" (YORK; OLIVEIRA; BENEVIDES, 2020, p. 7). Para as autoras, afirmar a identidade *travesti* também pode ser uma atitude de romper com a cobrança binária de que a feminilidade trans se pareça ao máximo com a feminilidade da mulher cisgênero.

As razões pelas quais diferentes pessoas trans se identificam com a não binariedade são muito distintas. Ao ponto de que é mais fácil descrever não binariedade como uma *desidentidade*, isto é, um desencaixe das identidades de gênero pré-estabelecidas, do que tentar descrevê-la como uma identidade de gênero específica. Pessoas trans não binárias podem se expressar de forma andrógina, se assim preferirem. Porém podem expressar suas masculinidades ou feminilidades próprias, à sua forma, sem necessidade de alcançar padrões idealizados sobre ser homem, mulher ou uma ambiguidade exata entre ambos.

Como ficam as orientações sexuais de pessoas que não se encaixam em gêneros binários?

Para Mariana Ferreira Pombo (2024, p. 15), continuar insistindo em descrever e dar sentido às mais variadas expressões e identificações a partir de uma lógica binária e heterocentrada "tem efeitos limitadores e desvitalizantes para a comunidade LGBTQIA+". Mesmo quando pensamos nas identidades homossexuais, que rompem com a expectativa heterocentrada sobre as relações, ainda utilizamos lógicas binárias. Utilizamos a expressão "gay" para homens que se relacionam com outros homens e "lésbica" para mulheres que se relacionam com mulheres. Mas como nomear a sexualidade de quem não é homem nem mulher?

Para as sexualidades não monossexuais (a bissexualidade e a pansexualidade), não existe nenhuma incompatibilidade com gêneros não binários. Pessoas não binárias que se relacionam com pessoas dentro ou fora de sua identidade de gênero podem se identificar como bissexuais. Assim como não bináries que façam questão de não delimitar preferências de gênero para suas relações podem se identificar como pansexuais.

Mas existem pessoas que não são homens nem mulheres – são não binárias – e são monossexuais, ou seja, se atraem por um espectro de gênero específico? Na matéria de título "O atual entendimento legal sobre o gênero não binário", para o noticiário jurídico no qual escreve o colunista Richard F. M. D'Avila (2022, s/p), faz o seguinte comentário:

> Um indivíduo não binário, assim como um binário, pode ser monossexual (atraído por apenas um gênero), sendo sua classificação dividida entre ginessexual e androssexual, ao invés de homossexual ou heterossexual. Contudo, sabendo que não binariedade não é um gênero monolítico, mas sim um termo guarda-chuva, há gays e lésbicas que se descrevem como não binários, pois a desconexão para com os gêneros binários não deve ser necessariamente integral.

Assim como a vivência de gênero, a experiência de sexualidade de pessoas trans vai variar de indivíduo para indivíduo de forma muito particular. Contudo, teoricamente, se um não binário transmasculino se atrai unicamente por pessoas em espectros de gênero masculino, ele pode se identificar como gay. Isso porque não cabe a ninguém dizer a sexualidade de outra pessoa, apenas o próprio indivíduo pode se identificar com aquilo que faz sentido para si, e então nomear sua identidade. Assim também uma pessoa transfeminina ou travesti não binária que se atraia pelo feminino pode ser lésbica, caso esse termo faça sentido para si mesma. Pessoas não binárias que estão em espectro de gênero masculino ou feminino e se atraem por pessoas do espectro oposto podem se identificar como hétero caso prefiram assim.

Certamente existem pessoas não binárias que não se identificam com esses termos para descrever sua sexualidade, entre estas podem estar aquelas que são agênero, bigênero, gênero fluido, queer[2], ou que de alguma forma estejam mais próximas à neutralidade de gênero ou androginia. Algumas destas pessoas podem usar os termos apontados por D'Avila (2022): *ginessexual*, quem se atrai pela feminilidade em parceiras/parceires; e *androssexual*, quem se atrai pela masculinidade em parceiros/parceires. Outras pessoas podem ainda considerar mais adequado se declarar monossexual e especificar: "monossexual com preferência pelo feminino" ou "monossexual com preferência pelo masculino".

Encerro este pedaço do capítulo utilizando a minha própria sexualidade como exemplo. Eu, Izi Silva, que sou uma pessoa não binária transfeminina, ao longo da vida e até o atual momento me relacionei e me atraí por pessoas no espectro de gênero da masculinidade, fossem eles homens cis, homens trans ou não bináries transmasculines. Com isso, existe quem me veja como hétero ou androssexual. Eu, particularmente, por pensar de forma similar a Pombo (2024, p.15), que identificações binárias e heterocentradas são limitadoras e desvitalizantes para pessoas LGBTQIAPN+, prefiro dizer em relação a minha sexualidade que sou monossexual com preferência pelo masculino. Para além das relações afetivo-sexuais diretamente, a sexualidade é parte importante da identidade social de qualquer indivíduo binário ou não binário; dessa forma, a autodeclaração e a experiência pessoal de cada indivíduo deve ser considerada.

Pessoas não binárias utilizam exclusivamente pronomes, artigos e terminações de desinência de gênero em neolinguagem não binária?

Como debatido anteriormente neste capítulo, não existe um gênero não binário único. E se a identidade não binária abarca toda a pluralidade de

1 Nem toda pessoa que se identifica como queer se percebe como pessoa não binária. Caso queira saber mais informações, sugiro ler o capítulo "Queer: Não tinha um Q? – QUEER e + significados".

pessoas trans que não se enquadram nos gêneros culturalmente mais reconhecidos, essas diferentes pessoas também não necessariamente vão utilizar a mesma linguagem de marcação de gênero para se referir a si mesmas. Popularmente conhecida como "pronome neutro", a neolinguagem não binária inclui não apenas pronomes, porém todo um grupo de neologismos com pronomes, artigos, terminações de desinência de gênero de quaisquer palavras existentes na língua portuguesa que tenham marcação definida como masculinas ou femininas. Não necessariamente uma pessoa não binária a utiliza ou exclusivamente a utiliza, mas antes de debater o uso vamos conversar sobre este tipo de neolinguagem na língua portuguesa.

A gramática de Bechara (2009, p. 89), ao abordar o tema da renovação do léxico e criação de palavras, diz que as múltiplas atividades dos falantes na vida em sociedade favorecem a criação de palavras para atender às necessidades culturais, científicas e da comunicação de forma geral. "As palavras que vêm ao encontro dessas necessidades renovadoras chamam-se *neologismos*" (Bechara, 2009, p. 89). O autor diz ainda que os neologismos penetram na língua por diversos caminhos e o primeiro deles é mediante utilização de elementos já existentes no idioma.

O conjunto de neologismos aqui chamados de *neolinguagem não binária* se constrói principalmente a partir de adaptações dos seguintes elementos já existentes na língua portuguesa:

- Os pronomes de terceira pessoa "ele", "ela", "eles" e "elas".
- Os pronomes possessivos meu(s)/minha(s), seu(s)/sua(s), dele(s)/dela(s) e nosso(s)/nossa(s).
- Os pronomes demonstrativos aquele(s)/aquela(s).
- Os artigos o, a, os, as, um, uma, uns, umas.
- As terminações de desinência de gênero em -o, -a, como nas palavras "querido"/"querida" e "amigo"/"amiga", e outras variantes de terminações que indicam feminino ou masculino para palavras que seriam basicamente as mesmas se não fosse a marcação de gênero.

Ao longo dos anos, diversas adaptações têm sido feitas aos elementos citados. Entre elas, já estão em desuso o "X" e o "@" como tentativa de marcar alguma neutralidade de gênero, segundo Lau e Sanches (2019), devido à inviabilidade para a pronúncia. Atualmente, na cultura popular registrada na literatura e em produções audiovisuais, como nos livros de Lucas Santana e Nino Cavalcanti[3] ou nas legendas e dublagens em português brasileiro de séries da Netflix, entre outras possibilidades utilizadas, as variações mais recorrentes são as seguintes:

- Uso de pronomes **elu** ou **ile**, como adaptação neutralizada de ele/ela.
- Uso de pronomes possessivos adaptados para **mi**(s), **su**(s), **delu**(s)/**dile**(s), **nosse**(s).
- Uso de pronome demonstrativo **aquelu**(s), como adaptação de aquele(s)/aquela(s).
- Ausência de artigos definidos e substituição dos indefinidos um/uma/uns/umas por **ume/umes**.
- Uso da terminação de desinência de gênero em **-e**, como nas palavras "**queride**" e "**amigue**".

Dessa forma, a mesma frase utilizada para o cantor cisgênero Bruno Mars "O Bruno Mars é um cantor muito popular, ele é famoso no mundo inteiro.", por exemplo, poderia ser escrita da seguinte forma para falar de Sam Smith, que é não binárie, "Sam Smith é ume cantore muito popular, elu é famose no mundo inteiro.".

Lau e Sanches (2019) comparam a língua portuguesa com a língua inglesa, dizem que o inglês em sua própria estrutura não marca especificamente um gênero binário. A palavra *teacher*, por exemplo, serve igualmente para professor/professora e apesar de algumas exceções como as palavras *actor* e *actress*, respectivamente, ator e atriz, em geral a língua não marca gênero de forma tão forte. Inclusive, segundo Lau e Sanches (2019), o pronome *they* em sua forma singular já é dicionarizado como um pronome neutro. Diferentemente da língua portuguesa, que "diferencia e dicotomiza tudo em masculino e feminino" (LAU; SANCHES, 2019, p. 89). Assim, é importante compreender também que a neolinguagem não binária a qual

3 Vide material de apoio deste capítulo.

nos referimos como um conjunto de neologismos construídos a partir de pronomes, artigos e terminações de desinência de gênero pré-existentes é um fenômeno próprio da língua portuguesa a partir das demandas da comunidade não binária lusófona[4].

Sobre as manifestações políticas contrárias a esta movimentação orgânica na língua, Guimarães (2021) diz que os argumentos utilizando recursos teórico-linguísticos para concluir sobre a impossibilidade do *gênero neutro* no português são meras opiniões. Uma vez que, para Guimarães (2021), não cabe ao saber linguístico validar ou não a discussão do gênero neutro, mas sim, no futuro descrever essas palavras caso elas deixem de ser *neologismos* (BECHARA, 2009) e se consolidem no português.

Finalmente, agora que compreendemos de forma mais clara do que se trata a tal neolinguagem não binária podemos tirar nossas conclusões sobre o uso dessa neolinguagem por pessoas trans não binárias, certo?

Se sabemos que pessoas não binárias são todas as pessoas trans que não se identificam estritamente como mulher ou homem, e que isso não significa que elas não possam se identificar com algum aspecto de feminilidade ou masculinidade, então podemos compreender que isso também vai refletir na forma como cada pessoa usa a língua. Eu, que vos escrevo, por exemplo, sou uma pessoa não binária transfeminina e, particularmente, me refiro a mim mesma no feminino. Sou a Izi, e prefiro ser chamada pelos pronomes ela/dela. Exceto quando me refiro coletivamente a mim em momentos em que esteja reunida com outres amigues ou conhecides não bináries, quando estamos juntes me refiro a nós dessa maneira tanto para ser inclusiva com todes como por uma questão de afirmação identitária coletiva. Da mesma forma, quando travestis não se identificam como mulheres trans e estão sob o termo guarda-chuva da não binariedade, ainda assim os pronomes e artigos de tratamento de uma travesti sempre são os femininos. Muitos não binários transmasculinos, mesmo não se afirmando enquanto homens trans, podem preferir majoritariamente ou exclusivamente serem tratados por pronomes masculinos. E mesmo pessoas que sejam unicamente não bináries, ou agêneros, bigêneros, de gênero fluido ou de

4 *Lusófona* é um termo que se refere a todas as pessoas falantes de língua portuguesa.

gênero queer podem preferir serem chamades unicamente de forma neutra; alternar pronomes ou mesmo preferir tratamento masculino ou feminino é completamente particular de cada pessoa.

No fim das contas, em termos de tratar as pessoas de maneira respeitosa e digna, antes mesmo de saber qual é a identidade de gênero de um indivíduo, é essencial saber o nome e os pronomes de tratamento que aquela pessoa usa. Nunca tente adivinhar, quando você não souber, **pergunte** o nome e os pronomes de tratamento das pessoas. E se, como primeiro passo, você chama alguém pelo nome e pronomes particularmente adequados, entender e respeitar qualquer que seja a identidade dessa pessoa trans será um segundo passo bem mais simples.

Considerações finais

Então, para nós, pessoas não binárias, é nítido que somos a comunidade que abrange todes que estão "fora da caixa" dos demais rótulos de identidade de gênero. Em conclusão, para você, mãe/pai/responsável por crianças e adolescentes LGBTQIAPN+, as informações aqui presentes não são tudo o que você precisa saber sobre a pessoa que você cuida e ama. Aqui, vimos os principais pontos para compreender a não binariedade caso este seja o seu contato inicial com essa comunidade de pessoas. Caso a pessoa que você cuida seja uma pessoa não binária, ou de outra identidade da sigla LGBTQIAPN+, a maior parte do que você precisa saber só pode ser descoberto ouvindo-a com carinho e com o coração aberto. Deixe-a ciente de o quanto a ama, e seja o ponto de segurança e retorno em que ela possa confiar quando precisar de acolhimento.

Conversamos e descobrimos juntos neste capítulo sobre as seguintes informações:

- Binariedade é uma construção social que pressupõe que todas as pessoas deveriam ser unicamente homens ou mulheres, algumas pessoas se encaixam assim, mas a binariedade definitivamente não é uma verdade absoluta para todos os indivíduos.

- Em contraponto, a **comunidade não binária** é o grupo de pessoas que não se reconhecem nesses limites binarizados de homem/mulher.
- Dessa forma, a relação com **a sexualidade e a forma de declará-la** enquanto uma identidade social também pode se dar de forma diferente das pessoas binárias.
- A **neolinguagem não binária na Língua Portuguesa** é um conjunto de neologismos que acontecem pela demanda da comunidade não binária lusófona, ou seja, falante de português, em poder se expressar sem marcações binárias de gênero na língua.
- E por último, mas também relevante, não necessariamente toda pessoa não binária prefere pronomes adaptados em neolinguagem não binária para se referir a si mesma.

Encerrando este capítulo, eu pessoalmente, Izi, espero ter te ajudado de maneira leve e clara a conhecer a não binariedade. Enquanto professora de língua portuguesa e pessoa não binária, brinco também que estou te concedendo o direito de falar todos os neologismos que quiser, incluindo os criados a partir da nossa comunidade para se referir a sus amigues caso elus prefiram. Claro, sinta-se livre para fazer isso independentemente da opinião de alguns conservadores que mascaram suas posturas políticas com falso discurso de defesa da gramática. Te desejo uma boa leitura dos próximos capítulos deste livro, assim como desejo uma boa vida para você e as pessoas que você ama, repleta de afeto, cuidado e acolhimento mútuo.

Para as informações sobre autoria, as referências e o material de apoio deste capítulo, acesse o QR-Code.

CAPÍTULO 16

Queer – Não tinha um Q? – QUEER e + significados

Nicolle Amboni Schio
Médica pediatra com atuação em parto, puericultura e hebiatria. Possiu pós-graduação em Psicologia Rechiana. Pessoa não binária.

Para falar sobre o que significa o termo *queer* (lê-se cuir), primeiro precisamos entender de onde vem essa expressão. O termo *queer* surgiu por volta de 1980, nos Estados Unidos, após o início da epidemia da síndrome de imunodeficiência adquirida (Aids), a partir de um movimento que se intitulava *Queer Nation* (em português, Nação Queer) e tinha como ideia que parte da população foi rejeitada, humilhada, considerada motivo de desprezo e nojo devido à disseminação do vírus do HIV e da evolução da Aids, que naquela época acometeu de forma massiva a comunidade de homens gays, mulheres travestis e transsexuais estadunidenses (QUEER MANIFESTO, 1990; ALOS, 2020).

Em paralelo a isso, ligeiramente antes (década de 1960 e 1970) o termo *queer* era usado como xingamento (os estadunidenses usavam essa palavra de forma pejorativa para se referir a qualquer pessoa que tivesse orientação sexual, identidade ou expressões de gênero que fossem fora do padrão ou mesmo pessoas muito distintas aos costumes da época também poderiam receber o mesmo adjetivo) e o *Queer Nation* se apresentou para reivindicar e ressignificar o termo que se referia à população LGBTQIAP+ e outras pessoas diferenciadas que cabiam dentro dessa expressão, de forma que a palavra tivesse seu cunho difamatório transformado em algo que representasse positivamente essas maneiras de ser e se comportar, que eram, e ainda são, muito avessas ao padrão do que a sociedade conhece como masculinidades e feminilidades. Foi assim que se forjou o termo *queer*, como reação de luta e resistência a um novo momento evidenciado pela Aids e fez com que parte dessa comunidade fosse rotulada de suja, doente, imprópria para convivência, e abandonada para morrer à própria sorte por um novo vírus desconhecido que na época era letal (OLIVEIRA, 2021; LOURO, 2004).

Essa circunstância denunciou de forma mais gritante algo que sempre existiu dentro dos coletivos de sujeitos com diversidades de gênero e sexualidade: o abandono, a negligência, o controle social sobre a própria identidade, a condição de vida reduzida à chacota e à violência (FOUCAULT, 1990; 1993). *Queer* pode ser traduzido então como estranho, impróprio, ridículo, excêntrico, raro e extraordinário também, pois marcava pessoas que precisaram a vida toda de forças sobre-humanas para manter-se vivas de verdade e não apenas sobreviver.

Há bastante tempo que a sociedade tenta colocar pessoas diferentes para fora da sociedade em si, trazendo à tona a ideia de marginalização de minorias, mas que na verdade não são necessariamente minorias – mulheres e pessoas negras, por exemplo, são numericamente as maiores populações dentro da classificação de gênero e raça do Brasil (IBGE, 2022), mas são reiteradamente silenciadas e soam como minorizadas, pois são colocadas à margem do restante da sociedade pela maneira como a cultura valoriza essas características (ser mulher e ser uma pessoa negra) e, por conseguinte, não têm acesso aos mesmos direitos e liberdades que outros grupos.

Em termos demográficos, as pessoas com sexualidade e gênero divergentes não são maioria no Brasil, até porque ainda não existe um censo que faça essa contagem de forma certeira, mas a estimativa é de que varie entre 1,2 a 5% da população que tem sexualidade e gênero diversos no país, sendo que esse número provavelmente seja menor do que o número real (IBGE, 2022; 2015).

Algumas pesquisas mostram que o número real pode chegar a 12% da população (SPIRIZZI, 2022). Ainda assim, abrange um número considerável de pessoas da nossa nação. Pessoas essas que não fazem parte do que o sistema coloca como "padrão" e por isso são controladas, censuradas, privadas de liberdade e garantias civis (DE LAURENTIS, 1991; FOUCAULT, 1990).

Devido a essas rotulações, o movimento social de pessoas gays, lésbicas e travestis tinha pouca força, apesar de já existir desde a década de 1950. Ironicamente, a condição da Aids que estigmatizou a comunidade LGBTQIAPN+ daquele período também serviu para colocar holofotes sobre a causa e começar a chamar a atenção da população cis-heterossexual para um problema de saúde muito grave que estava acometendo principalmente essa fração da sociedade.

Hoje, sabemos que o vírus do HIV se transmite entre qualquer tipo de pessoa a partir de relações sexuais sem proteção ou por compartilhamento de sangue. Inclusive está crescendo bastante entre heterossexuais atualmente (MIN. SAÚDE, 2023). Mas, na época, falava-se que o HIV era um vírus exclusivo da comunidade LGBTQIAPN+, conhecido como o "câncer gay", causando enorme descrédito a essas pessoas; e até hoje tenta-se retirar essa chaga, pois apesar de a história do HIV ter surgido a partir desse contexto, não surgiu pela existência de pessoas LGBTQIAPN+ nem é exclusivo dessas pessoas.

Em paralelo a isso, outras pessoas pensadoras que estudavam e tentavam compreender todo esse movimento de diversidade de sexualidade e de identidade de gênero foram incorporando mais significados à palavra *queer* até chegarmos ao entendimento atual de que a expressão significa um apanhado de ideias e filosofias que agrupa muitas coisas (PELUCIO, 2009; PRECIADO, 2002; BUTLER, 2003; SOUZA, 2017). Cito aqui algumas dessas pessoas que foram importantes e colaboraram com a expansão de conhecimento sobre gênero, sexualidade e identidade, tanto para pessoas cisgênero e heterossexuais como para pessoas da comunidade LGBTQIAPN+: Judith Butler, Teresa De Laurentis, Michael Foucault, Paul Preciado, Guacira Lopes Louro, Dona Haraway, Jacques Derrida, Sigmund Freud, Jacques Lacan, Richard Miskolci, Gilles Deleuze, Felix Guattari, dentre tantas outras. Caso você, pessoa que está nos lendo, queira saber um pouco mais sobre por que e como essas pensadoras e pensadores questionaram a maneira como a sexualidade era imposta, procure mais a fundo por esses nomes na internet.

Pensando na cultura popular, podemos trazer figuras muito conhecidas que incorporaram de diversas formas o significado da expressão *queer* mesmo antes de a palavra ganhar notoriedade no mundo: Prince, Pabllo Vittar, Ney Matogrosso, Elke Maravilha, Clodovil, Pink, Sam Smith, David Bowie, Miley Cyrus, Vera Verão, Reynaldo Gianecchini, Tammy Gretchen, Rogéria, Roberta Close, Zélia Duncan, Lil Nas X, Laerte, Ludmilla, Liniker, Cazuza, Maria Gadú, Cássia Eller, Paulo Gustavo, Maria Bethânia, Gal Costa, Elton John, Erika Hilton, Gil do Vigor... A lista pode continuar por muitas páginas, mas estes exemplos que deixei, sem dúvida, são ou foram pessoas com jeitos de se vestir, de se comportar e de se expressar que não se enquadram nem completamente masculinos nem completamente femininos. Podemos dizer que essas pessoas têm ou tinham a capacidade de colocar uma pulga atrás da orelha ou mesmo de deixar outras pessoas incomodadas com seu jeito de ser, não é mesmo? A expressão *queer* está ligada a esse efeito: causar uma dúvida, levantar um questionamento, trazer à tona um desconforto, apontar uma diferença, um rompimento com alguma norma (SAMPAIO, 2014; PELUCIO, 2014).

Mas para continuarmos falando sobre o termo *queer*, também precisamos compreender um tanto sobre o que significa identidade. Se procurarmos no dicionário ou mesmo no Google, a explicação da palavra **identidade** engloba algumas descrições:

> "É um conjunto de características que distinguem uma pessoa ou uma coisa e por meio das quais é possível individualizá-la."[1]
>
> "Identidade é o conceito que atravessa as áreas da sociologia e da antropologia e está ligado às características do grupo social no qual o indivíduo está inserido. Alguns fatores como a cultura, a sexualidade, a história, o local onde vive e o idioma são importantes para que um grupo compartilhe elementos identitários."[2]
>
> "Identidade é o conjunto de características próprias e exclusivas com as quais se podem diferenciar pessoas, animais, plantas ou mesmo objetos inanima-

1 Conforme https://languages.oup.com/google-dictionary-pt/.

2 Segundo https://querobolsa.com.br/enem/sociologia/identidade-alteridade-e-diversidade.

> dos uns dos outros, quer diante do conjunto das diversidades, quer pelas suas semelhanças."[3]
>
> "A identidade é construída ao longo de nossa vida, a partir das coisas e experiências que passamos, ou seja, através das nossas relações sociais. É pensar sobre si, julgar-se a partir dos valores em que se vive como bom ou ruim, melhor ou pior, igual ou diferente etc. Através dessas relações vamos formando nossos conceitos do mundo, bem como criando preferências para nossas vidas."[4]
>
> "Além das características físicas, aos poucos cada pessoa vai formando o seu jeito de ser, com seus gostos e vontades. Você pode desenvolver sua identidade no momento em que passa a fazer escolhas, como a roupa que veste, a cor de sua preferência, as comidas que mais gosta, os amigos etc."[5]

Coloquei aqui várias formas de explicar identidade. O que chama a atenção em todas as explicações é que identidade é um conjunto de coisas que existem para definir um sujeito (afinal, nenhuma pessoa é igual a outra, nem mesmo pessoas gêmeas, apesar de serem muito parecidas) ou para juntar pessoas em um mesmo grupo (que geralmente é um grupo de indivíduos diferentes que compartilha de algumas semelhanças).

Invariavelmente, estamos falando aqui que a identidade nos faz excepcionais, singulares, especiais. Se identidade nos faz diferentes, por que temos tanta necessidade de criar normas e padrões para defini-las?

O movimento queer veio à tona justamente para questionar essas imposições. Essa filosofia acredita que as identidades são sempre múltiplas e atravessadas por diversos outros marcadores, como orientação sexual, raça, classe social, nacionalidade, gênero, idade, dentre outras, que se conectam e/ou se combinam (LOURO; OLIVEIRA, 2021). Portanto, todas as formas de identidades funcionam como forças que definem nosso lugar dentro da sociedade. Algumas possuem mais força e poder do que outras, porém identidade não é uma soma dessas forças (como sexualidade, gênero, raça e classe

3 De acordo com https://pt.wikipedia.org/wiki/Identidade.

4 Segundo https://escolakids.uol.com.br/geografia/voce-e-sua-identidade.htm.

5 Segundo https://brainly.com.br/tarefa/49333264.

social etc.) que existem sem ligação umas com as outras. Identidade é um fluxo entre esses diversos aspectos, ou seja, identidade é um processo sem fim. Estamos desde o dia que nascemos até o dia que morremos construindo nossa identidade. Algumas coisas firmamos mais precocemente e outras vamos demorando mais para amadurecer, mas a verdade é que nunca paramos de agregar coisas a nossa identidade (SOUZA, 2017). E isso é algo importantíssimo de ser entendido, pois nos ajuda a entender, aceitar e respeitar as diferenças entre as pessoas com quem nos deparamos todos os dias.

Muitos dos saberes que a sociedade usa para definir diferenças vêm a partir de "padrões de normalidade". Vou colocar entre aspas mesmo, pois normalidade é algo que depende da referência que usamos. Para uma pessoa que viveu e cresceu dentro de um lar violento, bater em crianças pode ser normal dentro da noção de educar e criar uma criança, mas não quer dizer que seja de fato saudável, gerando questões psicológicas e de saúde muito importantes, como mostram muitas evidências científicas que estudam a violência e crianças no ambiente familiar (HUGHES, 2017). Eis um exemplo em que a normalidade não é sinônimo de melhor opção, mas muitas pessoas ligam normalidade à melhor escolha ou maneira adequada de viver.

Da mesma forma, para quem tem hábitos de vida associados à prática de exercício, é normal conseguir fazer 1 a 3 horas de atividade física todos os dias, porém se usarmos os dados da população brasileira, mais da metade não faz mais de 3 horas de atividade física na semana (VIGITEL, 2022), ou seja, para essas pessoas não é normal praticar esportes diariamente e novamente a normalidade não quer dizer prática mais adequada.

Usei aqui alguns exemplos para mostrar como a normalidade vem a partir de uma perspectiva. E em se tratando de sexualidade e gênero, a perspectiva do senso comum está ultrapassada e foi construída a partir de muitos vieses culturais, que foram passados de geração para geração a partir de noções preconceituosas há dezenas de décadas atrás e ainda desconsidera tudo o que já foi estudado e comprovado sobre o comportamento humano, que fala muito a respeito dessa pluralidade de formas de ser e existir.

Posso afirmar, com alguma tranquilidade, por exemplo, que muitas de nós ouvimos nossos parentes mais velhos dizerem que homem gosta de mulher e mulher de homem (ou algo semelhante a isso que tivesse o mesmo significado) e qualquer coisa diferente disso estaria errado. Esses saberes foram passados na hierarquia da família sem grandes questionamentos. E quando questionados eram prontamente reprimidos. Apesar de virem a partir de crenças culturais, foram respaldados pela ciência da época.

A medicina, por exemplo, foi muito importante nesse processo de perpetuar informações e crenças infundadas sobre a comunidade LGBTQIAPN+. A partir do que a biologia e a medicina puseram como normal sobre corpos e sobre maneiras de se comportar, definiu-se por muito tempo que a homossexualidade e a transexualidade eram patológicas (ou seja, eram provenientes de alguma alteração neurológica, psiquiátrica, hormonal ou algum outro transtorno físico e isso era avaliado como uma doença) e hoje a própria medicina reconhece que essas foram concepções equivocadas sobre essa população (PRECIADO, 2011; PELUCIO, 2009).

Muitos dos saberes médicos foram carregados e passados para a frente por pessoas com crenças que não tinham respaldo científico e sim cunho religioso ou moral. A própria ideia sobre o HIV, que no passado tinha essas conotações pejorativas, mudou completamente de cenário, pois com o tempo o vírus foi sendo estudado e foi se aprendendo como funcionava o mecanismo deste no corpo humano, tirando totalmente a impressão de que ele estava ligado a uma população específica. Hoje sabe-se que a diversidade de sexualidade e de corpos é algo que vai existir em qualquer população de humanos no mundo todo[6]. Isso é esperado que aconteça. Isso inclusive é matematicamente provável que aconteça (SOUZA, 2010). Antigamente existiam tantas pessoas viadas (assim como queer, aqui no Brasil usamos essa expressão para nos referirmos a pessoas dentro da comunidade LGBTQIAPN+) quanto existem hoje, porém não apareciam tanto, pois a repressão moral era muito intensa. Provavelmente a maior parte de pessoas que lerem este livro conhecem alguém que já foi reprimido por sua diferente sexualidade, sendo agredido fisicamente, censurado verbalmente, ignorado ou negligenciado dentro de suas questões de identidade. Caso você pense que isso não aconteceu, pergunte para alguma pessoa da comunidade LGBTQIAPN+ que

6 Para mais informações, sugiro ler o capítulo "Orientações sexuais em outras espécies".

você conheça. Tenho certeza de que a grande maioria vai responder que sim, infelizmente (ALMEIDA, 2021).

Olhando pelo outro lado, quem da comunidade heterossexual e cisgênero alguma vez se perguntou em que momento você definiu que era essas duas coisas, cisgênero e heterossexual? Em que momento você, homem, definiu que gostava de tudo o que significava ser homem ou mesmo que você gostava de se relacionar afetiva ou sexualmente com mulheres? Alguma vez você se permitiu pensar em trocar carinho com outro homem sem que isso fosse uma ameaça a sua masculinidade? Se a resposta for "eu soube no dia que eu nasci: nasci homem (com um pênis) ou mulher (com seios e vulva/vagina)", então mais uma vez compreendemos que a ideia de definir uma pessoa a partir de uma característica física, como seu genital ou seu sistema reprodutor, é muito incompleta, rasa, pouco inclusiva e representa parte pequena do que significa ser um indivíduo. Se pensarmos sexualidade e gênero dessa forma puramente biológica e corpórea, então estamos, por lógica, negando e omitindo todas as outras características que nos fazem pessoas diferentes também. Se eu sou definida pelo meu corpo apenas, isso diminui muitas possibilidades de sermos de acordo com ideais que fazem sentido para a gente em um lugar ideológico, psicológico e emocional, além de apenas físico.

Nosso corpo não deveria ditar como nossa identidade é formada, mas é isso que acontece na nossa civilização atual. Nosso corpo pode contribuir para construir nossa identidade, mas não é o definidor da maioria dela. Existem muitas maneiras de compreender o gênero; por exemplo, formas múltiplas de ser homem ou ser mulher ou ser alguém misturando características que vão mais além do que esses dois conceitos isolados apenas. Talvez seja difícil compreender essa ideia inicialmente, mas o que quero é fazer vocês pensarem: é necessário tentar ir um pouco além dessa ideia padronizada que nos contaram. Mulher também pode ser corajosa, líder e agressiva. Homens também podem chorar, podem ser sensíveis, podem cuidar da casa. Mulheres têm pelos no corpo todo, assim como homens, mesmo que em menor quantidade. O cabelo cresce tanto em homens quanto em mulheres, a escolha do corte de cabelo deveria ser de acordo com o gosto de cada pessoa, assim como a vontade de manter ou tirar os pelos do restante do corpo, não algo imposto pelo gênero que aquela pessoa performa. Antigamente, mulheres não podiam usar calças; hoje em dia, isso é algo muito comum. Existem homens que gostam de cuidar do jardim e plantar flores, assim como existem homens que adoram cozinhar. Antigamente se casava por acordos financeiros explícitos. Hoje em dia as pessoas decidem compartilhar uma vida também porque se identificam em outros aspectos e não somente pela questão financeira (MUSSI, 2019).

Todas essas situações nos mostram que os significados sobre nossa identidade vão muito além do corpo que temos e, portanto, podem ir além do gênero também. É claro que isso depende muito dos locais e épocas em que vivemos. A identidade vai mudando de acordo com as mudanças culturais das épocas. Novas propostas de ser e existir são importantíssimas para que a sociedade se desenvolva. Se não tivéssemos buscado opções diferentes de vida durante o passar do tempo da história da humanidade, talvez estaríamos ainda subsistindo sem eletricidade ou sem água encanada, duas invenções que nos ajudaram muito e partiram da busca por algo que nos acomodasse melhor enquanto civilização. E mudanças dentro das noções de sexualidade fazem parte dessas aquisições que precisamos fazer para acompanharmos as mudanças necessárias para o caminhar da civilização (OLIVEIRA, 2021). Por que, afinal, a humanidade só pode existir a partir de algum senso de comunidade. E viver em comunidade significa incluir as diferenças (MIKOLSCI, 2012).

Pense novamente comigo: as pessoas com quem você convive são muito parecidas com você ou são diferentes? As pessoas com quem você trabalha, compartilha amizades, divide a moradia, a mesma academia, igreja ou boteco. O que você sabe exatamente sobre elas? Talvez você saiba mais sobre quem mora com você do que sobre quem trabalha com você ou frequenta a mesma igreja. No entanto, ainda assim, você convive em comunidade com todas essas pessoas, porque a partir delas você também tem espaço de interação com outros seres humanos. Se eliminássemos todo mundo que é diferente de nós em uma coisinha sequer, com quantas pessoas você teria a chance de conviver e compartilhar interação? Não conhecemos muitas pessoas muito a fundo. E mesmo assim, compartilhamos nossa vida com essas pessoas. Você só conseguirá de fato conhecer uma pessoa, entender e respeitar as escolhas desta pessoa, se topar se aproximar dela. E isso não deveria depender tanto do genital que ela possui ou da maneira como ela se veste ou mesmo de com quem ela escolhe dormir junto. Deveria depender muito mais da possibilidade de nos sentirmos tranquilas/os/es com as escolhas que fizéssemos ou que achamos ser melhor para nós, sem que isso agrida o outro. E geralmente pessoas LGBTQIAPN+ ou mesmo pessoas que se identificam como queer não se sentem bem, incluídas, vistas, e inclusive se sentem agredidas na maior parte das situações rotineiras de trabalho, família ou mesmo em seus momentos de lazer (ALMEIDA, 2021; HUGHES, 2017; LOURO, 2004; BUTLER, 2003). Apesar de este texto parecer que mudou de assunto, novamente estamos aqui falando sobre ser queer, que é exatamente esta ideia de que cada pessoa deveria ter autonomia para definir como prefere ser e se identificar. Sem que seja censurada ou que precise do aval de outros grupos de pessoas para isso.

Novamente faço uma pergunta para todo mundo que não faz parte da comunidade LGBTQIAPN+: imagino que você aí do outro lado tenha algum hábito diferente, algum comportamento que seja incomum a outras pessoas. Você alguma vez foi censurada/o/e ou foi corrigida/o/e por algo que sentia que fazia sentido para si, mas para a/o/e colega ao lado não? Se já sentiu isso, então você teve um lampejo do que é viver na pele de uma pessoa que tenha os ideais queer como filosofia de vida. E essas pessoas sempre vão apontar que entre os extremos, homem e mulher, existem mil possibilidades. Existe um espectro de maneiras que se pode ser, se vestir, se comportar, se mostrar para o mundo. Que entre ser homossexual e heterossexual, você talvez se interesse por tantas outras características das pessoas para além do genital e da sua definição de gênero. Que conexão, afetividade e respeito vão muito além do que a padronização da sociedade nos ensina. Falam muito mais sobre sabermos abraçar as diferenças, e se aquilo nos incomodar é porque não conhecemos ou não estamos acostumados. Talvez uma conversa honesta com alguém que esteja disposto a contar sobre essas diferenças seja muito mais humano do que segregar a partir dessas diferenças.

Ser queer é não deixar que ditem regras sobre nossas próprias ideias, sobre nossos próprios corpos e sobre nossas próprias identidades. Ser queer sempre será uma postura de repúdio a essa segregação, e junto com isso um grito de perseverança que mostra que pessoas fora do padrão vão continuar existindo mesmo que o mundo não nos queira aqui.

Para as informações sobre autoria, as referências e o material de apoio deste capítulo, acesse o QR-Code.

PARTE II

Família e diversidade

CAPÍTULO 17

Autoestima em crianças e adolescentes LGBTQIAPN+: reflexões para uma vida saudável

Rodrigo Gouvêa

Psicólogo. Professor. Possui pós- graduações em Psicologia Junguiana, em Terapia de Casal e Família, em Sexologia. Formação em Arteterapia.

> Júpiter, pode ser? Começar de novo,
> Se por lá não houver esse mesmo povo
> Que só quer controlar o que a gente quer
> E o que a gente só quer é amar.
> *Silva (cantor e compositor)*

Introdução

A palavra *autoestima* é de grande uso no cotidiano social, com falas do tipo "você tem a autoestima de milhões", "é necessário melhorar sua autoestima", "aquela pessoa tem baixa autoestima" ou "isso vai afetar sua autoestima", além de diversos livros e conteúdos midiáticos sobre o tema, apontando para sua importância, tendo várias definições e caindo no senso comum como a forma de se enxergar ou autoamor.

Uma antiga e clássica definição foi feita por Rosenberg em 1965, sendo citado por diversos autores, como mostram Sbicigo, Bandeira e Dell'Aglio (2010, p. 395): "Entende-se por autoestima um conjunto de sentimentos e pensamentos do indivíduo sobre seu próprio valor, competência e adequação, que se reflete em uma atitude positiva ou negativa em relação a si mesmo".

Falamos, então, de sentimentos e pensamentos sobre si, competência e individualidade, mas também sobre a ideia de fazer parte de algo maior, a sociedade e a relação que estabelecemos com ela. Para Oliveira (2019, p. 10), "autoestima tem a ver com autovalorização, autoconfiança, autocuidado, com o autoconhecimento! É algo individual, mas construído no processo relacional ao longo da vida".

Uma interessante definição de autoestima é trazida por Poletti e Dobbs (2020, p.3):

> É o resultado da visão que uma pessoa tem de si mesma: de sua aparência física, habilidades, realizações profissionais e pessoais, da riqueza de sua vida afetiva. O sucesso em uma ou em várias dessas áreas não garante a autoestima. Ela emana de um equilíbrio entre esses diferentes aspectos. Autoestima é uma moeda frágil e instável, que aumenta quando respeitamos os nossos próprios valores e diminui toda vez que nosso comportamento os contradiz.

Não há um único modelo de como agir e sim grandes reflexões. Por exemplo, autoestima e autoconhecimento são coisas distintas, porém possuem relação direta na dinâmica de uma pessoa. Algumas autoras/es apontam para os pilares da autoestima e para este capítulo escolho os quatro pilares descritos por Riso (2012, p.12), que destaca que, na prática, são conceitos mesclados e são separados apenas para fins didáticos:

> [...] autoconceito (o que você pensa de si mesmo); autoimagem (que opinião tem de sua aparência); autorreforço (em que medida você se premia e se gratifica) e autoeficácia (quanta confiança você tem em si mesmo).
>
> Se estiverem bem estruturados, serão os quatro suportes de um ego sólido e saudável; se funcionarem mal, serão como os quatro cavaleiros do Apocalipse.

A autoestima está ligada ao bem-estar e qualidade de vida do indivíduo, sendo um indicador de saúde psíquica e seria, portanto, o conjunto de várias formas de se enxergar, seja na aparência, competência, identidade, conceito etc. E ainda, "não é algo estável, imóvel, mas sim uma condição que durante toda nossa vida permanece em movimento, conforme a influência de fatores internos e externos" (SOUZA, 2019, p. 140). Neste sentido, temos em Franco (2019, p. 80):

> A origem e formação da autoestima se dá desde os primeiros anos de vida do sujeito, quanto a depender das relações estabelecidas, o indivíduo cresce com a capacidade de ter um olhar, sobre si, positivo (quando conhece suas qualidades e acredita no seu potencial de crescimento, aceitando suas limitações) ou negativo (quando não identifica ou não considera suas qualidades e potenciais para a explicação dos eventos, possui um filtro negativo sobre o qual observa o que acontece no mundo, com foco sempre no que deu de errado, no que falhou ou no que poderia ter sido melhor).

Neste capítulo, falaremos sobre a autoestima em crianças e adolescentes LGBTQIAPN+, sua construção e influências, reflexões para uma melhor condução, além da necessidade de repensar as relações interpessoais.

É preciso entender que cada pessoa dentro da sigla LGBTQIAPN+ é única, com questões e estigmatizações próprias, somadas a questões sociais como cor, meio em que vive, expressões corporais etc. Não devemos, portanto, ter qualquer tipo de generalização, uma vez que a vivência de uma pessoa intersexual, por exemplo, será diferente da vivência de uma pessoa trans e assim por diante.

Autoestima e LGBTQIAPN+

Nascimento (2021, p. 164), ao pensar no conceito de autoestima, diz:

> O verbo estimar vem do latim *restimare*, "avaliar". Sua significação é dupla, "a um só tempo, determinar o valor de e ter uma opinião sobre". Logo, podemos definir de maneira bem simples autoestima, como sendo a maneira como nos vemos e gostamos do que vemos. O juízo que temos sobre nós mesmos influencia nossos sentimentos e a relação que estabelecemos com o outro. Quanto mais positivo for esse juízo, maior eficiência para agirmos com segurança diante dos obstáculos da vida.

Mas como ter juízo positivo tendo o atravessamento de tantos discursos negativos? Em tempos de "meninas vestem rosa e meninos vestem azul" ou redes de *fastfood* tendo brinquedos ditos "para meninas" e outros "para meninos", e ainda, o estímulo a boicotes ao filme infantil Lightyear, por ter um sutil beijo entre duas mulheres, é mostrado o cenário social em que vivemos, com preconceitos, LGBTQIAPN+fobia e o reforço do que é diferente de ser heterossexual e cisgênero, tido, por várias vezes, como doença, repúdio, erro etc.

É comum a pessoa LGBTQIAPN+ experienciar momentos negativos na infância e adolescência, incluindo pressão quanto à entrada em uma norma, prejudicando o processo de individualidade, ampliando imagens negativas de si e castração da expressão de sexualidade. É importante pensarmos a construção da imagem que temos de nós mesmas/os/es e as autorizações e proibições que nos damos na vida. Podemos acreditar em alcançar sonhos? Nos permitimos ser iguais? Ficamos na inferioridade? Acreditamos que merecemos validações? Otimismo pode fazer parte de nossas vidas?

Mais especificamente na infância e adolescência, temos transições físicas e sociais, e necessidade de pertencimento. Autoestima nessa fase é um trabalho desafiador devido a fatores sociais, culturais e pessoais que afetam a percepção de si mesmo.

Desde a infância e a adolescência há, constantemente, a pressão de performar dentro de expectativas de um gênero, ligado a uma ideia de genital. Baliscei (2021, p. 30) diz:

> É na infância que, por meio de várias instâncias – tais como a família, as religiões, a educação escolar e a cultura visual –, a sociedade, coletivamente, se esforça para ensinar às crianças as diretrizes do que elas precisam fazer para que se mantenham coerentes e obedientes não só ao gênero que lhes fora atribuído, mas também às tradições adotadas socialmente para caracterizar esse gênero.

Esses formatos apreendidos socialmente geram confusão quanto à sexualidade e sua expressão, levando à baixa valorização e baixa autoestima como consequências. A baixa autoestima[1] tem sintomas como insegurança, estado depressivo, ansiedade, sentimento de menos-valia, inferioridade, esquiva, busca por mecanismos de ocultação ou adaptação, isolamento, timidez excessiva, procrastinação, medo de julgamento, dificuldade nas relações e expressões de emoções, perfeccionismo em excesso, autocobrança, desesperança, somatização, frustração, ideias de morte, além de problemas no sono, apetite, doenças, queixas físicas sem causa aparente etc. Há um ciclo de realimentação, à medida que os sintomas mencionados alimentam a baixa autoestima, esta aumenta ainda mais os sintomas, reforçando a ideia de inconformidade com o meio em que se vive. É importante ressaltar que a baixa autoestima não é uma doença em si, mas pode estar presente em diversos transtornos, como a depressão, e por isso a necessidade de uma boa avaliação psicológica e/ou médica.

Outros fatores podem afetar a autoestima, principalmente de crianças e adolescentes LGBTQIAPN+, como a descoberta de uma sexualidade fora do heterocisnorma por parte da família, a cobrança social e/ou familiar pela saída do armário ou ocultação, a falta de referências e pares em ambiente escolar, as regras familiares, o tratamento diferenciado entre pessoas na família etc. Destaco a questão da família, já que muitas adotam regras distintas entre crianças e adolescentes LGBTQIAPN+ e cis-hétero. Por exemplo: um adolescente cis-hétero tendo permissão para levar sua namorada para ambientes de família, já o adolescente gay ou bi precisa de avaliação sobre o caso, muitas vezes não tendo essa permissão. Se pensarmos em pessoas trans ou intersexo, essa questão pode ganhar ainda mais diferença.

Favero (2020, p. 19) faz forte e importante desabafo: "A sujeira está inscrita em mim. Em pessoas como eu. **Fui ensinada** [grifo meu] a vida toda a repudiar o que havia de sujo em meu funcionamento mental, [...]" e em outro momento diz: "Cisnormatividade não é apenas um trauma. Gostaria de chamá-la de violência. [...]". As falas da autora são sobre a contaminação que a sociedade provoca na psique de pessoas LGBTQIAPN+. A su-

1 É importante ressaltar a diferença de baixa autoestima e baixa estima. A autoestima é o sentimento que uma pessoa tem sobre si mesma, enquanto a estima é o sentimento de respeito ou admiração por alguém ou algo. Sendo, portanto, baixa autoestima uma questão interna, enquanto a baixa estima pode ser mais contextual ou relativa a objetos, pessoas ou situações.

jeira no texto não é o fato de ser trans ou travesti, mas a internalização dos pensamentos do outro social.

Sanchez (2009, p. 17) destaca:

> [...] A educação de filhos e filhas, supondo que serão heterossexuais (e amplio para sexualidades fora do heterocisnorma), produz uma surpresa sempre negativa, tanto nos pais quanto nos filhos: o inesperado desorienta, alimenta temores, podendo chegar a produzir rejeição até hoje.

O suporte e a aceitação familiar e social são cruciais para crianças e adolescentes LGBTQIAPN+, uma vez que pessoas que enfrentam rejeição ou discriminação do meio em que vive têm sua saúde mental afetada, gerando sofrimento. Algumas famílias, paralisadas diante do preconceito externo, tolhem suas filhas/os/es com medo do que enfrentarão socialmente. O AMOR também está dentro da palavra AMORdaçar, e muitas vezes esse medo leva pessoas adultas à "castração" de atitudes de quem está sob seu cuidado. E simbolicamente, esse corte afeta a identidade, a expressão, o desejo, o futuro e a autoestima. É preciso avaliar outras formas de lidar com o preconceito, entendendo até mesmo a limitação diante dele, não tendo como ter uma blindagem total.

Ah, mas só LGBTQIAPN+ pode ter a autoestima afetada? Não seria isso uma vitimização? É evidente que não, mas precisamos mostrar o quanto a vulnerabilidade é uma realidade para pessoas fora da heterocisnorma e, como consequência, vem a baixa autoestima.

Reflexões para o trabalho da autoestima

- **Cuidado com as referências e comparações sobre ser responsável:** cada família é única e não há formatos prontos para a criação de alguém. Cada criança e adolescente LGBTQIAPN+ tem especificidades a serem olhadas, tendo ainda mais o cuidado para não ter como métrica o padrão heterocisnormativo.

- **Cuidado com o ideal de criança e adolescente:** é natural ter expectativas e fazer projeções, criando ambiente de pressão, ampliando sofrimentos e estigmas. Será que de fato contribuímos para AUTOestima ou só reforçamos e contaminamos com a necessidade de entrar em uma pressão social? Evite comparações.
- **Incentive a autonomia:** permita a tomada de decisões e que assuma responsabilidade de acordo com a idade da criança e adolescente, com monitoria constante.
- **Demonstre afetos:** ajude a identificar e expressar sentimento de modo saudável. Culpa, vergonha e sensação de inadequação são comuns em LGBTQIAPN+, devido a questões sociais.
- **Seja flexível a mudanças:** permita o momento de descoberta e redescoberta de cada pessoa. Mudamos constantemente de hábitos, pensamentos, desejos, e nessa fase da vida não seria diferente disso.
- **Seja "modelo":** pessoas adultas são constantemente observadas por quem está sob seu cuidado.
- **Estabeleça limites claros:** proporcionam segurança, ajudam a criança e adolescente a colocar contornos com a sociedade e facilitam o entendimento do seu papel no mundo.
- **Exercite o ouvir e tenha diálogo:** a troca é fundamental para a construção do autoconhecimento, e isso passa pelo ouvir o que está sendo falado e não falado. Uma querida professora narrou um momento peculiar sobre sua filha, em que estavam em uma festa, e na frente de todos ela perguntou alto: "Mãe, o que é virgem?". É claro que todos se olharam, com dificuldade em ter respostas e a mãe respondeu calmamente: "Vamos buscar uma resposta, mas antes, onde você ouviu essa palavra e vamos pensar a partir daí, OK?" A filha prontamente pegou o azeite que estava na mesa, apontando para a escrita "extravirgem". Em geral, somos rápidos em "entender" as coisas, sem cautela e não permitindo a expressão da outra pessoa. Mostre que opiniões são importantes.
- **Celebre conquistas:** esta atitude reforça as qualidades da pessoa. A ideia é ser realista, apontando suas qualidades, reconhecendo feitos

e sinalizando o que é possível enriquecer, sem tom de cobrança, exposição ou punição.

- **Cuidado com redes sociais:** têm se mostrado grande fonte de estabelecimento de padrão de beleza, comparações, "regras" a serem cumpridas etc. É necessário o fortalecimento de um senso crítico ao olhar redes sociais.
- **Tenha boas intenções, mas sem atropelamentos:** a ansiedade em ver e fazer o bem para a outra pessoa é grande em muitos casos, mas respeite o tempo da criança e do adolescente. Ajude no levantamento de bandeiras, mas não levante por ela/e/u, ajude adolescentes a estabelecerem uma rede de apoio e relações amorosas e de amizade, mas não saia "enfiando" em tudo o que ache que vai ser bom.
- **Reflita sobre si mesmo:** entender suas emoções é essencial para evitar microviolências e cuidar de quem está ao seu redor. Como dizem nas instruções de voo: "Coloque a máscara em você antes de ajudar os outros." Ao mesmo tempo, é importante reconhecer que a família também pode ser alvo de preconceito, com rótulos como "mãe do viadinho" ou "pai que veste a filha de menino". Sentir raiva, medo ou vergonha é normal, e o importante é trabalhar esses sentimentos.
- **Crie local saudável com referências positivas:** filmes e seriados com temática LGBTQIAPN+ eram conhecidos por seus dramas e insucessos; isso tem mudado com o tempo. Hoje temos "finais felizes". É importante apresentar variabilidade de histórias, porém é essencial mostrar aspectos positivos que contribuam para imagens saudáveis sobre si. Avalie se há acolhimento nas escolas e tenha atenção frequente quanto a possível *bullying* e formas de preconceito. Cerque-se de pessoas saudáveis.[2]
- **Ajude a acreditar em si:** estimule a criança e a/o/e adolescente a ter objetivos e dê auxílio para alcançá-los. Dê espaço para os erros, aprendendo com eles e estimulando o autoperdão e gentileza para consigo mesmo.

2 Sugiro a leitura do capítulo "Violências na escola".

- **Incentive atividades prazerosas:** estimule hobbies e atividades que tragam prazer, com bom sono e atividades físicas.
- **Acolha sobre mudanças corporais e as expectativas sobre o corpo:** é necessário ter espaço para os incômodos com o corpo. Converse e entenda a queixa para buscar soluções. Em alguns casos, pode apresentar disforia de gênero, tendo relação direta com a autoestima.[3]
- **Tenha abertura para novas experiências:** o trabalho com autoestima pode ser oportunidade para novas relações, vínculos, desafios, estudos etc.
- Procure ajuda especializada, como profissionais de psicologia e psiquiatria.

Construção de um momento novo

Voltando ao questionamento: "Como construir autoestima em uma sociedade que deslegitima?". A construção da autoestima é um processo, nem sempre tendo só acertos, mas existem questões necessárias para se pensar e realizar. O processo tem etapas, e a busca pelo equilíbrio emocional, autoaceitação e integração social é um trabalho em conjunto, principalmente em se tratando de crianças e adolescentes.

Como salientam Hercowitz e Santos (2021, p. 119):

> [...] Ainda há muito a ser feito para compreensão da diversidade sexual, de gênero e de corpos por parte das famílias, escola e sociedade, de forma que crianças e adolescentes LGBTQIA+ possam ser respeitadas por serem quem são. Incluídos, permite-se que possam viver todas as experiências próprias da idade sem se sentirem rejeitados, julgados ou como anomalias, levando a qualidade de vida não só na infância e adolescência, mas com repercussões por toda a vida.

3 Sugiro a leitura do capítulo "Transexualidade e travestilidade: ancestralidade, trajetórias e vivências".

É preciso reforçar que a autoestima não é afetada pelo fato de ser LGBTQIAPN+, mas por estarmos em uma sociedade que pune quem não está dentro da norma; isso não deve ser usado para a retirada dos direitos e sim ser motivação para luta, busca por conquistas, denúncias, punição de qualquer tipo de preconceito, mudanças em políticas públicas e privadas, acesso a sistema de saúde de qualidade, ganho de espaços sociais e midiáticos etc. É certo que, embora se possa ter medo, a vivência de filhas/os/es será mais fácil com o apoio e auxílio de quem está ao redor.

Considerações finais

Diversas questões estão envolvidas ao se pensar autoestima de crianças e adolescentes LGBTQIAPN+, e a luta por direitos, pertencimento e apoio pode ser cansativa e demorada, porém recompensadora. Cabe aos responsáveis o lugar de acolhimento, proporcionando reflexões, apoio, ajuda em busca de referências saudáveis e muito mais.

Ter esse lugar não isentará que as adversidades e os preconceitos sofridos tenham seus impactos em sua vida, mas certamente contribuirá para uma melhor visão de si, das relações e do futuro. O trabalho é coletivo, gradual e contínuo, e fará diferença na sociedade, no futuro e na autoestima de tantas pessoas, em especial crianças e adolescentes LGBTQIAPN+.

Para as informações sobre autoria, as referências e o material de apoio deste capítulo, acesse o QR-Code.

CAPÍTULO 18

Como eu sei se (não) é só uma fase?

Bruna Gund

Graduanda em Psicologia. Formação em Terapia Cognitiva Sexual e Terapia de Aceitação e Compromisso.

Camila Marina Nery Pellizzer

Psicóloga. Possui pós-graduação em Sexualidade. Formações em Terapia Cognitivo Sexual para adultos, Terapia de Casal, Terapia de Aceitação e Compromisso e em Experiência Somática.

Por que a gente se questiona se é só uma fase?

Quando uma criança ou adolescente começa a demonstrar posicionamentos distintos do esperado em relação à sua identidade de gênero e/ou orientação sexual, é comum que ocorram variados graus de confusão ou, até mesmo, desconforto em responsáveis e demais membros de sua família. Neste misto de emoções, uma primeira (ou segunda, ou terceira!) reação muito frequente é a desconfiança de que a alegação retrate somente "mais uma fase"... Afinal de contas, você já viu aquela mesma pessoa que cuidou desde pequena passar por tantos ciclos e mudanças! Então, por que seria diferente desta vez?

Vamos dar alguns passinhos para trás para poder te explicar o motivo pelo qual, desta vez, provavelmente a história vai ser bem diferente... Então, comece refletindo: na sua criação, a sexualidade era um assunto bem-vindo? Se você faz parte da maior parcela da população que não teve uma educação em sexualidade adequada, provavelmente aprendeu que era melhor deixar esse tema de lado quando estava em casa. Por isso, hoje em dia, é normal que tenha muitas perguntas e até certo desconhecimento em relação à saúde sexual. Porém, agora, você se depara com a imensa responsabilidade de educar alguém não apenas diante de um tema que não teve a oportunidade de aprender tão bem assim, mas também alguém cuja vivência é completamente diferente da sua! Só com este cenário em vista já é compreensível o motivo pelo qual você pode começar a torcer para que esta seja "só uma fase" mesmo, que não precise lidar por muito tempo...

Com isso em vista, note que essa sua torcida é uma forma de evitação. Na nossa cultura, aprendemos desde cedo que existe um jeito certo de ser: cisgênero e heterossexual. Então, é mais "fácil" a curto prazo tentar evitar que esta realidade seja diferente dentro da sua casa... É mais "fácil" a curto prazo não precisar lidar com o desconhecimento ou com os medos em relação ao futuro de sua filha/o/e à sua (in)segurança, aos preconceitos que pode encontrar. Assim, esse rótulo de "fase" talvez te tranquilize momentaneamente para que não precise entrar em contato direto com tais agravantes (AMORIM; CARRIJO, 2019; HERCOWITZ; SANTOS, 2021).

Além disso, é possível que a ideia de "ser só uma fase" represente uma alternativa para postergar o seu luto – ou, inclusive, represente uma parte integrante da própria vivência de luto! Aqui, quando mencionamos o "luto" estamos falando de uma série de reações diante de perdas significativas (morte de um ente querido, fim de um relacionamento, grandes decepções e frustrações, quebra de um sonho), que podem ser vivenciadas como respostas emocionais, físicas, comportamentais e sociais singulares para cada pessoa (FREITAS, 2013). Neste caso, pode existir uma experiência muito real de dor em relação à quebra das idealizações que nutria quanto a essa pessoa desde que nasceu, aos sonhos e às expectativas sobre como seria a sua vida. A sua dor também não é nem um pouco facilitada porque, inúmeras vezes, ela é potencializada pela culpabilização social e pelo autojulgamento sobre ter cometido algum "erro" de criação! (ALVES, 2012; AMORIM; CARRIJO, 2019). O luto também pode ser visto como um processo de reconstrução e reorganização diante de uma perda, sendo um desafio psicoemocional a ser atravessado e elaborado.

Portanto, este capítulo não é somente uma instrução sobre o desenvolvimento psicossexual de minorias sexuais e de gênero visando que compreenda a experiência de sua filha/o/e para além de "apenas uma fase". Na verdade, gostaríamos de que o capítulo também fosse um convite para colocar de lado essas suas dúvidas por um momento e, assim, descobrir como acolher a sua dor e como a vivenciar com mais autocompaixão para que possa dar apoio a ela/e/u do melhor modo possível e cuidar da relação de vocês.

Então... como funciona o desenvolvimento da identidade?

Durante o processo de desenvolvimento, o sujeito em formação rapidamente absorve pistas culturais acerca das expectativas em relação ao seu comportamento, aprendendo rapidamente o que é validado e o que é punido em sua família. Este conteúdo ao qual a pessoa é exposta (o que cuidadoras/es falam, o que suas amigas/os/es aprovam, o que a mídia divulga...) lhe dão base para compreender quais possibilidades de existência estão disponíveis: como pode/deve se relacionar com os outros, o que pode/deve desejar e o que pode/deve evitar (MILLIGEN, 2020).

Este processo de construção identitária é bastante fluido, o que significa que crianças são inerentemente curiosas e estão em constante aprendizagem, simbolizando ludicamente como compreendem a si mesmas e ao mundo ao seu redor. Contudo, existem alguns contextos que dão mais margem para a sua criatividade natural, apresentando e validando diferentes jeitos de ser e existir que vão sendo aos poucos incorporados e/ou descartados de suas brincadeiras para, posteriormente, sedimentarem o seu senso de "eu" (PAIVA; NUNES; DEUS, 2010).

Mas olha que importante: não podemos ser ingênuos e achar que essa construção do senso de "eu" não se dá em uma sociedade marcada por gêneros! Existem diversos marcadores de gênero (características que são culturalmente atribuídas a um gênero ou ao outro) que podem ser incorporados e/ou descartados nas brincadeiras infantis de modo fluido, assim como ocorre com todos os demais elementos de suas brincadeiras. E vale ressaltar que essas crianças, já na primeira infância, conseguem identificar e categorizar gêneros com base na distinção desses marcadores! (CORDEIRO; VALLE, 2021; HERCOWITZ et al., 2021; PUI; HEYI; MING, 2020). Portanto, é provável que uma criança cuja genitália foi designada como feminina ao nascer seja mais exposta a pistas que articulem uma experiência de gênero alinhada com marcadores socialmente associados à feminilidade, como ocorre ao brincar de boneca (HERCOWITZ; SANTOS, 2021). Então, caso essa criança apresente mais conformidade com este gênero, ninguém verá nada de errado nessa trajetória de desenvolvimento. Contudo, se a fluidez se manifestar mais acentuadamente e forem demarcadas mais características de inconformidade de gênero, é provável que os adultos fiquem de "cabelo em pé" com esse desenvolvimento que acreditam ser incomum! Porém, não há nada de errado: o desenvolvimento é fluido e marcado por experimentações, não precisa seguir apenas uma trajetória linear e unidirecional em acordo com as expectativas associadas ao gênero atribuído ao nascimento (CORDEIRO; VALLE, 2021).

Como mencionamos, crianças já na primeira infância conseguem identificar e categorizar características de acordo com marcadores de gênero e, por isso, muitas vezes conseguem indicar a identidade de gênero com a qual mais se reconhecem. No entanto, isso varia de criança para criança e depende do contexto em que está inserida, das condições para processar informações e do apoio que recebe quando se expressa genuinamente (HERCOWITZ, 2021).

O mesmo vale para o desenvolvimento da identidade afetivo-sexual na pré-puberdade. Existem vários fatores biopsicossociais que irão mediar a percepção de atração por outros indivíduos já na terceira infância[1] (HERCOWITZ; CIASCA; JUNIOR, 2021). O que observamos nos estudos é que a maioria das/os/es adolescentes têm as primeiras experiências de atração afetiva ou sexual por outras pessoas em torno dos 10 anos. Desde esse momento, a atração pode estar direcionada a pessoas de outro gênero, do mesmo gênero ou a mais de um gênero, independentemente da influência da educação recebida em casa ou da vontade do indivíduo (HERCOWITZ; SANTOS, 2021). Contudo, tenha em mente que a maneira com que essa atração é interpretada sofre muita coerção cultural, de tal modo que pré-adolescentes e/ou adolescentes podem demorar até conseguirem nomear quando ela destoa da heteronormatividade esperada – e isso pode acabar passando uma impressão de "vaivém" (BOYER; LORENZ, 2020).

1 Embora não exista um consenso tão bem estabelecido quanto à faixa etária exata, a terceira infância pode ser compreendida como o período de desenvolvimento entre os 6 anos de idade até os 11 anos de idade (PAPALIA; FELDMAN, 2013).

E aí, a pessoa simplesmente sabe?

Cada pessoa vai compreendendo qual categoria identitária melhor contempla a sua existência de acordo com as experiências, sensações e percepções que tem na relação com seu corpo, com os marcadores de gênero acessíveis e com seus relacionamentos afetivos e sexuais (OLIVEIRA; FRANCISCO; GONÇALVES, 2021). Este é um processo que se chama "autodeterminação", que tem dois momentos importantes: 1) a autoidentificação, ou seja, uma determinação para si; e 2) a autodeterminação social, conhecida popularmente como "saída do armário".

1. **Autoidentificação**

No que diz respeito à autoidentificação, é importante saber que a orientação sexual e a identidade de gênero são aspectos necessariamente nomeados pelo próprio sujeito, ou seja, ninguém pode dizer se uma pessoa é heterossexual, bissexual, mulher, homem ou pertencente a qualquer outra identidade afetivo-sexual e de gênero, a não ser ela mesma (HERCOWITZ; SANTOS, 2021). Então, por mais que as famílias tenham a impressão de que a criança/adolescente possa ser heterossexual, gay, mulher etc., é importante aguardar que o ela/e/u mesmo se denomine, provendo recursos emocionais e informações para tanto. Além disso, tenha em vista que todo esse processo de autodeterminação pode ser ressignificado ao longo da vida e é muito atravessado pelo meio social!

Porém... Como o meio pode o afetar? Conforme a cultura vai se atualizando e se modificando, em cada localização geográfica e período histórico diferente, variam-se as possibilidades que um indivíduo tem para nomear a própria experiência e assim identificá-la na sociedade (HERCOWITZ, 2021). Tanto essa disponibilidade de categorias identitárias em uma cultura quanto o acesso que cada pessoa tem a essas informações desempenham grande papel na formação da identidade afetivo-sexual e de gênero.

Outro fator importante desse atravessamento social para minorias sexuais e de gênero é a forma como os adultos de referência se manifestam em relação à diversidade sexual e de gênero no seu cotidiano, como se estes demonstram respeito e receptividade ou preconceito e rejeição (COR-

DEIRO; VALLE, 2021). Posicionamentos negativos em relação a minorias sexuais e de gênero podem levar a criança/adolescente a temer se autoidentificar com alguma categoria que é menosprezada no seu meio, muitas vezes se retraindo e/ou se esforçando para aderir à identidade que lhe foi atribuída por outras pessoas (HERCOWITZ, 2021), mesmo que isto lhe gere sofrimento e bloqueie suas experimentações e autodescobertas.

2. **Autodeterminação social**

No que diz respeito à autodeterminação social, este também não precisa ser um processo linear e pode ocorrer tanto durante processo de autoidentificação, ainda perpassado por muitos questionamentos, quanto depois que a pessoa já tem alguma convicção sobre si. Esse processo pode oscilar, por exemplo, em crianças e adolescentes que passam por experiências de preconceito e/ou negação da sua identidade ("é só uma fase") ao se afirmarem como LGBTQIAPN+. Nesse caso, é frequente que acabem se isolando, questionando sua capacidade de avaliar suas experiências, escondendo-se novamente por um período e/ou até se esforçando para modificar quem são. Outras crianças/adolescentes, antes mesmo de passarem diretamente por essas experiências de preconceito, podem optar por esconder quem são para evitar preconceitos, violências e rejeição social apesar de terem convicção da sua autoidentificação (DEFENDI; KHOURI, 2021). Em todos os casos, é comum que tais pessoas sintam vergonha, culpa e desprezo por si mesmas, dentre outros sofrimentos, até que encontrem condições favoráveis para se expressarem (LAWREZ, 2023).

Então não existe um momento certo para as pessoas identificarem e expressarem sua identidade de gênero?

Não existe! Relatos de pessoas trans relacionados às primeiras percepções de suas próprias inconformidades com o gênero atribuído ao nascimento remontam a um período de no máximo 8 anos de idade (HERCOWITZ, 2021). Entretanto, como já mencionamos, devido a particularidades de cada indivíduo e aos atravessamentos do meio, alguns associam estas experiências à transgeneridade apenas muito mais tarde na vida adulta, enquanto outros, por volta dos 2 anos de idade, já conseguem expressar sentimentos de não conformidade com o gênero designado e adesão a alguma outra manifestação identitária (HERCOWITZ; SANTOS, 2021). Portanto, não existe um momento certo, mas o momento e o processo de cada pessoa!

E quando falamos de orientação sexual? De acordo com relatos de pessoas lésbicas, gays e bissexuais, as primeiras percepções da orientação sexual e afetiva podem ser observadas em torno dos 7 a 9 anos, enquanto a autodeterminação social ocorre geralmente por volta dos 13 anos (HERCOWITZ; SANTOS, 2021). Todavia, assim como ocorre com a identidade de gênero, a nomeação da orientação sexual é influenciada por particularidades individuais e por atravessamentos sociais. Logo, apesar de esta se desenvolver principalmente durante a adolescência, pode se estender ao longo da vida, constituindo-se por meio de processos de maior autoconhecimento, autoaceitação e da vivência de novas experiências.

O que afirmar que "é só uma fase" causa ao meu filho?

Dizer que é uma fase pode ferir o direito da criança/adolescente à autodeterminação. A partir de relatos em pesquisas, é possível observarmos que afirmar ser "uma fase" é uma das formas de invalidar a identidade de uma pessoa, de modo que 1) sinaliza que a experimentação e afirmação destes jovens é mal vista; 2) transmite a mensagem de que a pessoa não sabe quem é; e 3) nega o direito de reivindicar um lugar de pertencimento social (GARR-SCHULTZ; GARDNER, 2019). Trabalhando com saúde mental de pessoas LGBTQPIAN+, observamos que a invalidação da identidade pode ameaçar necessidades psicológicas importantes, pois um sentido de identidade coerente e um senso de pertencimento social são fatores essenciais ao funcionamento psicológico (GARR-SCHULTZ; GARDNER, 2019).

Impedir o acesso de uma pessoa à possibilidade de desenvolver um "senso de eu" saudável e dar lugar a sua experiência na sociedade por meio de uma categoria identitária (identificando-se como lésbica, gay, trans etc.) não faz com que a pessoa mude, mas só a coloca em sofrimento (HERCO-

WITZ, 2021). Isso pode levar não apenas à ocultação da orientação sexual ou identidade de gênero, mas também à internalização de um estigma negativo e de sentimentos de negligência, desprezo e rejeição (LAWREZ, 2023)... Enfim, tudo aquilo que já conversamos! Infelizmente, isto gera um estresse adicional para minorias sexuais e de gênero, tornando-as mais vulneráveis à baixa autoestima e autoconfiança, isolamento social, depressão, ansiedade e suicídio (LAWREZ, 2023). Portanto, o direito à autodeterminação é indispensável para um desenvolvimento saudável no âmbito psicológico, emocional, físico e social.

Agora está na moda ser LGBTQIAPN+ ou "é uma fase"?

A visibilidade e a consciência da diversidade de gênero tem crescido nos últimos anos e possibilitado a mais pessoas questionarem e explorem sua identidade sexual e de gênero além do modelo cis-heteronormativo, inclusive para crianças e adolescentes! Diante disso, muitos desconfortos, inseguranças, incompreensões, medos e preconceitos são despertados nas pessoas ao redor, o que é acompanhado de dizeres que definem esse movimento como uma "moda da atualidade". Porém, entendemos que esse discurso é apenas mais uma forma de afirmar que é "só uma fase".

Sabemos que a adolescência é um momento da vida no qual a identificação com os pares é de grande importância e no qual se olha muito para o que está acontecendo com o outro. E, de fato, ser diferente nessa fase leva a julgamentos e sensação de solidão (HERCOWITZ; SANTOS, 2021), o que faz com que ninguém queira estar nessa posição! Entretanto, por mais que a diversidade sexual e de gênero esteja sendo falada mais abertamente e protegida por leis e resoluções, ainda vivemos em uma sociedade cis-heteronormativa, permeada por desconhecimentos, preconceitos, violências, negligências e discriminações direcionadas às vivências LGBTQIAPN+.

Diante disso, observamos que, além da identidade de gênero e da orientação sexual não se tratarem de "escolhas", que poderiam ser utilizadas exclusivamente para pertencer ao grupo dos pares, os primeiros anos da adolescência são os de maior preconceito e violência para as pessoas LGBTQIAPN+

(HERCOWITZ; SANTOS, 2021). Neste momento, a maioria não encontra o pertencimento de que necessita; pelo contrário, encontram exclusão, *bullying* e violência. Portanto, afirmar que estas experimentações e identificações são provenientes de uma fase que está sendo vivida por "modinha" em busca de pertencimento a um grupo não condiz com a realidade que de fato é experienciada por crianças e adolescentes.

E como eu posso lidar com essa fluidez?

Como pôde ver, sua filha/o/e está passando durante a infância por um processo de maior fluidez e descobertas lúdicas sobre a própria identidade geral, inclusive a de gênero. Já na adolescência, por mais que as experimentações continuem, é provável que ela/e/u esteja em um momento mais voltado à autodeterminação de suas identidades de gênero e afetivo-sexual. Portanto, é necessário que você a/o/e acompanhe com cautela e conceda uma liberdade orientada para brincar e se experimentar, transmitindo com coerência os seus valores familiares sem transgredir os direitos da criança e adolescente (CHAN, 2006). Isso pode ser bastante desafiador, pois muitas vezes exige que sustente suas inseguranças diante da fluidez e de todas as possibilidades que se abrem a partir dela, sem a minimizar ou a desqualificar como sendo "apenas uma fase" na tentativa de evitar os seus próprios desconfortos. Sendo assim, sustentar tal desafio pode lhe proporcionar modos mais saudáveis para lidar com seus medos, suas perdas e seus desconhecimentos.

Nesse sentido, ao invés de ficar se perguntando se "é só uma fase", pode ser mais significativo para sua relação com sua filha/o/e e para o bem-estar dela/e/u redirecionar as suas preocupações. Diante disso, deixamos algumas perguntas que podem te auxiliar a entrar em contato com o que é realmente importante neste momento:

1. Que tipo de suporte minha criança/adolescente precisa neste momento? Que tipo de suporte eu preciso para, então, conseguir prestar este apoio?

2. Como eu gostaria que minha criança/adolescente se sentisse em relação a si mesma/o/e no futuro? O que eu posso fazer hoje para ajudar que ela/o/u se sinta assim?
3. Como eu gostaria que fosse a nossa relação no futuro? O que eu posso fazer hoje para desenvolver essa relação?

Com tudo o que vimos até aqui, podemos compreender que mais do que definir a identidade da sua filha/o/e por ela/e/u ou pressionar para que se autodetermine "de uma vez por todas", as crianças e adolescentes necessitam ser acolhidas, acompanhadas e orientadas nas suas queixas, curiosidades, demandas e reivindicações. Estas compreensões podem auxiliar no desenvolvimento de pessoas com maior autoconfiança e autoestima, capazes de viver mais de acordo com suas próprias convicções e de encontrar pertencimento em seu ambiente.

Para as informações sobre autorias, as referências e o material de apoio deste capítulo, acesse o QR-Code.

CAPÍTULO 19

Saúde mental de crianças e adolescentes LGBTQIAPN+: a importância do apoio familiar e do acolhimento em casa

Alexandre Serafim

Médico e Psiquiatra. Fez imersão em Sexualidade Humana e Comportamento Alimentar e aperfeiçoamento em sexualidade humana.

O acolhimento e o apoio familiar são fundamentais para o desenvolvimento saudável de qualquer criança ou adolescente. No caso de jovens LGBTQIAPN+, essa questão assume uma importância ainda maior devido aos desafios únicos que enfrentam em uma sociedade que nem sempre é acolhedora ou inclusiva. O impacto positivo que o acolhimento familiar pode ter na saúde mental, na autoestima e no desenvolvimento da autenticidade dessas/es jovens é profundo e duradouro.

Uma criança ou adolescente que se identifica como LGBTQIAPN+ frequentemente enfrenta preconceitos, discriminação e, em muitos casos, rejeição. Esses fatores podem contribuir para um aumento significativo de estresse, ansiedade e depressão. Por conta disso, jovens LGBTQIAPN+ são mais propensos a enfrentar problemas de saúde mental em comparação com seus pares heterossexuais e cisgêneros. No entanto, quando esses jovens encontram apoio e aceitação em casa, os riscos de desenvolver problemas de saúde mental diminuem de modo considerável.

O apoio familiar proporciona um ambiente seguro, em que a criança ou adolescente pode expressar suas emoções e preocupações sem medo de julgamento. Isso é crucial para o desenvolvimento de mecanismos de enfrentamento saudáveis e para a construção de resiliência. Uma família acolhedora oferece um porto seguro, permitindo que a/o/e jovem LGBTQIAPN+ desenvolva uma visão positiva de si mesmo e do mundo ao seu redor.

Autoestima e autenticidade

A autoestima[1] de uma criança ou adolescente é fortemente influenciada pela forma como ela é tratada e aceita por sua família.

Jovens LGBTQIAPN+ que são acolhidas/os/es e apoiadas/os/es em casa têm uma probabilidade muito maior de desenvolver uma autoestima saudável. Sentir-se amada/o/e e aceita/o/e por quem se é, independentemente da orientação sexual ou da identidade de gênero, é um poderoso reforço para a autoestima.

Quando uma família expressa compreensão, aceitação e apoio, ela deixa claro que essa criança ou adolescente é valiosa/o/e e digna/o/e de amor exatamente como é. Isso ajuda a combater os sentimentos de vergonha e inadequação que muitos jovens LGBTQIAPN+ podem experimentar.

A autoestima fortalecida, por sua vez, promove um maior senso de segurança e bem-estar emocional, permitindo que a/o/e jovem explore e abrace sua verdadeira identidade com confiança.

Desenvolvimento da autenticidade

A autenticidade é a capacidade de viver de acordo com os próprios valores, crenças e identidade. Para jovens LGBTQIAPN+, desenvolver a autenticidade pode ser um desafio em uma sociedade que muitas vezes impõe normas restritivas e expectativas heteronormativas. No entanto, o apoio familiar desempenha um papel crucial no encorajamento da autenticidade.

Quando uma família oferece um ambiente de aceitação e compreensão, ela permite que a/o/e jovem LGBTQIAPN+ explore sua identidade de for-

1 Sugerimos ver o capítulo sobre autoestima [N.O.].

ma livre e segura. Essa liberdade de expressão é essencial para o desenvolvimento de uma autêntica sensação de identidade.

Jovens que se sentem apoiadas/os/es em casa são mais propensas/os/es a serem honestas/os/es consigo mesmas/os/es e com outras pessoas sobre quem são, sem sentir a necessidade de esconder ou suprimir partes importantes de sua identidade.

Consequências do não acolhimento familiar

Em contrapartida, a falta de acolhimento familiar pode ter consequências devastadoras. Crianças e adolescentes que enfrentam rejeição familiar são mais vulneráveis a experiências de *bullying*, abuso e isolamento social.

Além disso, a rejeição pode levar a problemas de saúde mental graves, como depressão grave e aumento de risco de suicídio. A falta de aceitação em casa pode empurrar jovens LGBTQIAPN+ para situações de risco, incluindo a busca por aceitação em ambientes que podem não ser seguros (MARSHALL et al., 2011; HAAS et al., 2011).

O papel educativo da família

A família também desempenha um papel educativo importante. Quando uma família acolhe uma criança ou adolescente LGBTQIAPN+, ela ensina sobre aceitação, respeito e amor incondicional. Esse aprendizado não apenas beneficia a/o/e jovem LGBTQIAPN+, mas também ajuda a moldar uma sociedade mais inclusiva e compassiva. Famílias que demonstram apoio e aceitação contribuem para a quebra de ciclos de preconceito e discriminação, promovendo valores de igualdade e respeito que se estendem para além do lar.

O acolhimento familiar é essencial para o bem-estar e o desenvolvimento saudável de crianças e adolescentes LGBTQIAPN+. Ele oferece um alicerce de apoio emocional, fortalece a autoestima e promove a autenticidade.

As famílias que aceitam e apoiam filhas/os/es LGBTQIAPN+ contribuem significativamente para a construção de um futuro em que todas as pessoas possam viver com dignidade, respeito e amor, independentemente de sua orientação sexual, identidade de gênero ou qualquer outra característica de sua identidade sexual. Em um mundo ainda marcado por desafios e preconceitos, o amor e a aceitação familiar são, sem dúvida, poderosos agentes de transformação e esperança.

A vulnerabilidade emocional de crianças e adolescentes LGBTQIAPN+

Crianças e adolescentes LGBTQIAPN+ enfrentam desafios únicos que podem aumentar significativamente o risco de adoecimento emocional em comparação com seus pares cisgêneros e heterossexuais (MARSHALL et al., 2011; Haas et al., 2011).

A vulnerabilidade a doenças emocionais nesse grupo é resultado de uma combinação de fatores sociais, familiares e individuais que interagem de maneira complexa, exacerbando o risco de transtornos mentais (MARSHALL et al., 2011; HAAS et al., 2011).

O estigma social e a discriminação são fatores predominantes que colocam crianças e adolescentes LGBTQIAPN+ em maior risco de adoecimento emocional. A sociedade ainda é amplamente marcada por preconceitos contra pessoas LGBTQIAPN+. Crianças e adolescentes que se identificam como LGBTQIAPN+ muitas vezes enfrentam discriminação, *bullying* e ostracismo, tanto em ambientes escolares quanto em suas comunidades. Esse estigma social pode levar a sentimentos de isolamento, baixa autoestima e desesperança (MARSHALL et al., 2011; HAAS et al., 2011).

Como já discutido antes, a rejeição familiar é outro fator crucial que pode ser extremamente prejudicial. A rejeição familiar está bastante associada a um maior risco de depressão, ansiedade, uso de substâncias e suicídio. Além disso, a pressão para se conformar às normas de gênero e às expectativas heterossexuais pode criar um conflito interno significativo.

Crianças e adolescentes LGBTQIAPN+ muitas vezes sentem a necessidade de esconder sua verdadeira identidade, o que pode levar a um estresse constante e desgaste emocional. Além de grandes atos de discriminação, as microagressões cotidianas – comentários sutis, olhares de desaprovação ou piadas ofensivas – podem acumular-se e causar danos emocionais significativos ao longo do tempo. Entre os transtornos mentais mais comuns nesse grupo, a depressão se destaca.

Crianças e adolescentes LGBTQIAPN+ têm taxas significativamente mais altas de depressão em comparação com seus pares cisgêneros e heterossexuais. A depressão pode se manifestar como tristeza persistente, perda de interesse em atividades anteriormente prazerosas, alterações no apetite e no sono, e pensamentos de suicídio (MARSHAL et al., 2011).

A ansiedade é outra condição prevalente, frequentemente resultante do medo de rejeição e discriminação. Os sintomas incluem preocupação excessiva, inquietação, fadiga, dificuldade de concentração e ataques de pânico.

Experiências de *bullying*, abuso físico ou emocional, e outras formas de vitimização podem levar ao desenvolvimento de transtorno de estresse pós-traumático (TEPT), cujos sinais incluem flashbacks, evitação de situações que lembram o trauma, hipervigilância e reações emocionais intensas.

Transtornos alimentares também são comuns, com a pressão para se conformar a certos padrões de beleza ou a busca por controle em meio ao caos emocional, levando a anorexia, bulimia ou transtorno de compulsão alimentar. O uso de álcool e outras drogas pode ser uma forma de lidar com o sofrimento emocional, podendo evoluir para dependência e agravar ainda mais a saúde mental e física do jovem.

Famílias desempenham um papel crucial na detecção precoce de sinais de adoecimento emocional. Mudanças abruptas e intensas de humor, incluindo irritabilidade, tristeza extrema ou explosões de raiva, podem ser indicadores de problemas emocionais.

O isolamento social, com retraimento das atividades sociais e familiares e a evitação de amigas/os/ues e eventos pode sinalizar depressão ou ansiedade. Queda repentina no desempenho acadêmico, falta de interesse nos estudos ou ausência escolar frequente são sinais de que algo está errado. Problemas para dormir, pesadelos frequentes ou alterações significativas no apetite e no peso podem ser sintomas de transtornos mentais.

Qualquer indicação de autolesão, como cortes ou queimaduras, bem como o uso de álcool e outras drogas, são sinais graves que requerem atenção imediata. Comentários sobre sentir-se inútil, sem esperança ou considerar suicídio devem ser levados muito a sério e abordados com urgência.

A família pode ser um poderoso fator de proteção contra o adoecimento emocional. A aceitação, o amor incondicional e o apoio ativo são fundamentais. Manter um diálogo aberto e honesto, mostrando-se disponível para ouvir e apoiar sem julgamentos, é essencial. Educar-se sobre questões LGBTQIAPN+ em materiais como esse, por exemplo, para entender melhor os desafios que sua filha/o/e enfrenta, e promover um ambiente de aceitação é vital.

Incentivar e facilitar o acesso a serviços de saúde mental, como terapia e aconselhamento, especialmente com profissionais que têm experiência em questões LGBTQIAPN+, é crucial. Garantir que a casa seja um espaço seguro e acolhedor, onde a criança ou adolescente possa expressar sua identidade sem medo de repreensão ou rejeição, é necessário. Atuar como alguém que defende sua criança ou adolescente em situações externas, como na escola, e lutar contra qualquer forma de discriminação ou *bullying* também é importante.

Suicídio em crianças e adolescentes LGBTQIAPN+

O suicídio é uma questão de saúde pública alarmante, especialmente entre crianças e adolescentes LGBTQIAPN+. Estudos revelam que essas/es jovens estão em um risco significativamente maior de tentativas e mortes por suicídio em comparação com seus pares cisgêneros e heterossexuais. Esse aumento no risco é atribuído a uma complexa interação de fatores (MARSHAL et al., 2011).

Segundo Haas et al. (2011), no contexto mundial, jovens LGBTQIAPN+ têm uma probabilidade 2 a 4 vezes maior de considerar o suicídio e 3 a 5 vezes maior de tentar o suicídio do que seus pares heterossexuais e cisgêneros (HAAS et al., 2011). Uma metanálise global realizada por Russell e Fish (2016) concluiu que a prevalência de tentativas de suicídio entre adolescentes LGBTQIAPN+ é de 22%, em comparação com 8% entre adolescentes heterossexuais e cisgêneros.

No Brasil, o cenário é igualmente preocupante. De acordo com o relatório "Violência Contra LGBTI+ no Brasil", publicado pelo Grupo Gay da Bahia (GGB), em 2020, aproximadamente 33,3% das mortes de LGBTQIAPN+ foram classificadas como suicídios. Outra pesquisa realizada pela Associação Brasileira de Lésbicas, Gays, Bissexuais, Travestis, Transexuais e Intersexos (ABGLT) revelou que 28% das/os/es adolescentes LGBTQIAPN+ já consideraram seriamente o suicídio e 15% já tentaram.

Os fatores de risco para suicídio entre crianças e adolescentes LGBTQIAPN+ são variados e interligados, abrangendo desde questões individuais até fatores sociais e ambientais. O estigma social e a discriminação são os principais fatores de risco. Jovens LGBTQIAPN+ frequentemente enfrentam *bullying*, assédio e violência, tanto em ambientes escolares quanto em suas comunidades (KOSCIW et al., 2018). Esse estigma pode levar a sentimentos de isolamento, vergonha e desesperança. A rejeição por parte da família é um fator de risco crítico. Ryan et al. (2009) encontraram uma associação direta entre rejeição familiar e comportamento suicida, com jovens LGBTQIAPN+ rejeitados por suas famílias tendo uma probabilidade 8,4 vezes maior de tentar o suicídio do que aqueles que foram aceitos.

Condições de saúde mental, como depressão, ansiedade e transtornos de estresse pós-traumático, são mais prevalentes entre jovens LGBTQIAPN+ (MARSHAL et al., 2011). O uso de álcool e outras drogas pode ser uma forma de automedicação para lidar com o sofrimento emocional e o estresse, mas também aumenta o risco de comportamentos suicidas (MARSHAL et al., 2008).

A pobreza, a falta de moradia e o desemprego são mais comuns entre jovens LGBTQIAPN+, especialmente aquelas/es que foram expulsas/os/es de casa ou fugiram devido à rejeição familiar (DURSO; GATES, 2012). Essas condições precárias de vida contribuem para o risco aumentado de suicídio.

Enquanto os fatores de risco são preocupantes, existem também fatores de proteção que podem reduzir significativamente o risco de suicídio entre crianças e adolescentes LGBTQIAPN+.

A aceitação e o apoio familiar são os fatores de proteção mais importantes. Jovens LGBTQIAPN+ que são aceitas/os/es por suas famílias têm uma saúde mental significativamente melhor e um risco reduzido de suicídio (Ryan et al., 2010). Ambientes escolares que promovem a inclusão e a aceitação de todas/os/es estudantes, independentemente de sua orientação sexual ou identidade de gênero, podem servir como importantes fatores de proteção.

Terapias que validam e afirmam a identidade da/o/e jovem podem reduzir a prevalência de pensamentos suicidas e tentativas de suicídio (MUSTANSKI et al., 2016). A conexão com uma comunidade LGBTQIAPN+ e redes de apoio pode proporcionar um senso de pertencimento e aceitação, que são fundamentais para a saúde mental. Grupos de apoio e organizações LGBTQIAPN+ locais podem oferecer recursos e um espaço seguro para jovens (McCONNELL et al., 2015).

A implementação de políticas públicas que protejam os direitos LGBTQIAPN+ e combatam a discriminação pode criar um ambiente mais seguro e acolhedor para essas/es jovens. A legalização do casamento entre pessoas do mesmo sexo e a proibição de terapias de conversão são exemplos de medidas que podem ter um impacto positivo (RUSSELL et al., 2011).

Conclui-se que o suicídio entre crianças e adolescentes LGBTQIAPN+ é uma questão crítica de saúde pública, tanto em nível mundial quanto no Brasil.

Compreender os fatores de risco e proteção é essencial para desenvolver estratégias eficazes de prevenção. A aceitação familiar, a criação de ambientes escolares inclusivos, o acesso a serviços de saúde mental competentes e a implementação de políticas públicas de proteção são fundamentais para reduzir o risco de suicídio entre jovens LGBTQIAPN+.

Através do apoio e da aceitação (leia-se principalmente a aceitação familiar), é possível proporcionar a essas/es jovens um ambiente onde possam viver de forma saudável, autêntica e segura.

Para as informações sobre autoria, as referências e o material de apoio deste capítulo, acesse o QR-Code.

CAPÍTULO 20

Por que minha criança não me conta?

Breno Rosostolato

Psicólogo. Professor, escritor e pesquisador. É terapeuta e educador sexual e de casais. Hipnoterapeuta. Arteterapeuta.

Flávia Amoroso Boatto

Psicóloga. Terapeuta sexual e de grupos, psicodramatista, EMDR/Brainspotting.

Quando pensamos na temática da sexualidade, quase sempre levamos o pensamento a questões como o erotismo, a pornografia, o coito, o pecado, a proibição.

Historicamente, a ideia de sexo e sexualidade não foi constituída de maneira positiva se pensarmos nos valores morais impostos por algumas religiões, por sociedades machistas, patriarcais e conservadoras. Temas como iniciação sexual e masturbação muitas vezes são conhecidos na rua, com amigas/os/es ou com a exploração de conteúdos inapropriados.

Nos dias atuais, em que temos uma variedade de recursos, didaticamente positivos, diferentes formas de acesso à informação e escolas tecnicamente preparadas, por que será que ainda temos tamanha dificuldade de abordar a sexualidade com nossas filhas/os/es? Por que será que esse tema ainda é um tabu?

Enquanto especialistas em sexualidade, orientamos com tranquilidade e de diferentes formas pacientes adultos, que levem a informação a suas filhas/os/es de maneira mais apropriada.

O cenário muda quando filhas/os/es começam, por volta dos 4 anos de idade, a falar e a fazer todas as perguntas possíveis a respeito de diferentes temáticas, inclusive sexualidade. Mães, pais e responsáveis se veem numa situação bastante delicada; ora momentos de vergonha e constrangimento, ora desorientados e desamparados. Falar com nossas filhas/os/es esbarra nas nossas próprias questões, histórias de vida, em nossas vivências enquanto crianças e adolescentes. E ainda num relato pessoal, não importa nosso vasto repertório teórico e técnico como terapeutas sexuais, não é o bastante para essa responsabilidade de construir um diálogo com as filhas/os/es.

Enquanto mães, pais e responsáveis nos questionamos a todo momento: Qual é a dificuldade? Qual é o pudor? O que é certo dizer? O que é errado? Se eu contar isso ou aquilo, vou despertar algo fora de hora. E se eu não contar, ela/e/u vai buscar informação em algum lugar inapropriado. No lugar de responsáveis, nos exigimos não errar, mas compreendemos que necessitamos construir um repertório muito diferente do que construímos enquanto profissionais.

Foi a partir da primeira pergunta da nossa filha e do nosso filho que começamos a refletir por que nós mães, pais e responsáveis temos tanta dificuldade de falar sobre o assunto. Como dissemos anteriormente, ao falarmos com filhas/os/es esbarramos na temática da sexualidade em nossas vidas e resgatamos a forma com que o tema nos foi apresentado, isso se foi apresentado.

Responder a perguntas de maneira não sincera ou castrar e reprimir as perguntas faz com que elas/es/us tenham a sensação de fazerem parte de um ambiente não seguro. E quando a criança se percebe nesse contexto, ela pode passar a não perguntar e a não contar.

Eis aqui uma possível resposta ao título deste capítulo: "Por que minha criança não me conta?". Será que mães, pais ou pessoas de referência[1] que ocupam esse lugar proporcionam a essa criança um lugar seguro e acolhedor para demonstrar com tranquilidade suas dúvidas, medos, receios e anseios? Será que, com as nossas dificuldades, estamos favorecendo à criança um ambiente silencioso, fingindo que nada está acontecendo? Pensemos sobre isso.

---

1 Pessoas que servem como modelo ou fontes de inspiração para a criança e que conseguem exercer uma postura acolhedora e educativa, como professoras/es, parentes, mães e pais de colegas.

A presença do diálogo e do vínculo de acolhimento pode fazer com que filhas/os/es se sintam à vontade para expor suas dúvidas. Aqui na relação com nossa filha e nosso filho, já falamos sobre menstruação, sobre como nascem os bebês, anatomia e diferença do aparelho reprodutor masculino e feminino. Os questionamentos são recebidos de maneira responsável e tratados de forma leve. Recentemente, sem nenhum medo e vergonha, o menino nos perguntou por que algumas pessoas chamam o pênis de "pau". De uma maneira lúdica explicamos a ele que para pênis existem vários apelidos e que cada família usa uma forma específica de nomear, muito embora o nome correto seja pênis. A conversa terminou com ele listando e rindo de todos os apelidos que ele já ouviu falar do pênis.

É fundamental falar com a criança de acordo com sua capacidade de compreensão e o que está pronta para assimilar e, assim, responder àquilo que a criança perguntou. A questão é como sabemos o quão preparada a criança está para receber algumas informações? Inicie o diálogo com algumas perguntas: "O que você acha?", "Como você sabe disso?", "Onde você ouviu falar?". É necessário, antes de darmos uma resposta, entendermos de onde devemos partir e até onde podemos chegar. Procure entender os contextos da criança.

Retomando a pergunta norteadora deste capítulo, consideramos uma outra importante reflexão, tendo como base um dos pressupostos do psicólogo Jacob Levi Moreno (1992), em que nossas relações são estabelecidas com base em papéis que desempenhamos em diferentes contextos. Nas redes sociométricas em que estamos inseridos, estabelecemos relações configuradas de forma assimétrica e simétrica. Exemplo disso, a relação entre mãe e filha/o/e, professor/a e aluna/o/e, chefe e subordinada/o/e, médica/o/e e paciente caracterizam uma assimetria nas relações. Exemplo de simetria, irmão e irmão ou amiga e amiga. Sempre quando vestimos um papel – essa roupagem que usamos para nos relacionar – existe do outro lado um contrapapel. Na relação entre mãe e filho, por exemplo, há uma relação assimétrica que, de certa forma, tem uma hierarquia presente.

Na dinâmica das relações fazemos escolhas de pessoas específicas quando temos um projeto, um desejo ou um simples assunto para contar. Proponho que responda, mentalmente, às questões a seguir:

Quem EU escolho para contar um segredo?
Quem EU escolho para tomar um café?
Quem EU escolho para ser meu sócio num novo negócio?
Quem EU escolho para falar sobre política?
Quem EU escolho para sair para jantar?
Quem EU escolho para pedir indicação de um filme?
Quem EU escolho para me casar?
Quem EU escolho para dar o primeiro pedaço de bolo no dia do meu aniversário?

Geralmente estabelecemos critérios de escolha nas relações, mesmo que sem perceber. E nem sempre as mães, pais ou responsáveis são as pessoas escolhidas pelas filhas/os/es para tudo. Quantas vezes mães e pais falam para as filhas/os/es: "Filha/o/e, você pode me contar tudo, porque eu sou sua melhor amiga/o". Pois bem. Ainda que a criança veja nessa relação um lugar seguro e uma relação de confiança, mãe e pai são diferentes de amigas/os/ues. Às vezes, mães, pais e responsáveis podem sim criar um contexto de amizade, mas jamais deixarão de ser mães, pais e responsáveis para vestir o papel da amizade. E a relação mãe/pai e filha/o/e sempre será assimétrica, com uma certa hierarquia.

Muitas vezes, principalmente na puberdade, as filhas/os/es não escolhem mães, pais ou responsáveis para contar algumas situações. Eu digo sempre para adultos em consultório ficarem de olho e supervisionarem as filhas/os/es, mas não estranharem se em algum momento elas/es/us omitirem alguma informação. Por mais liberdade e segurança que ofereçamos, muito embora construamos uma relação de amizade com as filhas/os/es, somos mães e pais. Devemos ter consciência de que não somos o amigo do futebol, da escola, do condomínio, mas que estamos ali prontas/os/es para ouvir, proteger e respeitar.

Certa vez, em conversa com uma das nossas crianças, ela contou que um amiguinho estava apaixonado (detalhe que ambos estavam com 7 anos). Após ele terminar o relato, prontamente perguntei a ele se também estava apaixonado? Ele me respondeu envergonhado que não ia me falar. Imediatamente contive o meu impulso de dizer: "Você não precisa ter vergonha" ou "Não precisa se sentir assim". Diferentemente disso, validei seu sentimento e disse que ele podia ficar com vergonha e isso não é um problema, mas caso quisesse contar, poderia confiar em mim. Três dias depois, ele voltou no assunto, sorrindo, pedindo segredo, mas contando por quem ele estava apaixonado.

Esta passagem suscita algumas perguntas. Por que será que minha filha/o/e me conta? Por que algumas filhas/os/es não contam? E ainda, por que algumas filhas/os/es contam apenas algumas coisas?

Ao aceitarmos o convite para participar da construção deste capítulo, questionamos como escreveríamos sobre os motivos de a filha/o/e não falar sobre dúvidas ou questões a respeito de sexualidade. Para nos auxiliar nesta difícil elaboração resolvemos, então, utilizar como contextos norteadores para reflexões situações que construímos com nossa própria filha e nosso próprio filho, e assim convidar quem lê para caminharmos juntos nos meandros e nas nuances das construções da relação entre mães/pais e filhas/os/es. Construir uma relação de confiança para que as filhas/os/es se sintam acolhidas/os/es para falar e contar o que quiserem e puderem a mães, pais e responsáveis.

As crianças se sentem confiantes em falar sobre questões pessoais quando não se sentem reprimidas por mães, pais e cuidadores. À medida que se sente acolhida em cada dúvida que apresenta, se sente mais encorajada a dividir com mães e pais suas angústias. Aqui em casa, nossos compartilhamentos acontecem de forma leve, lúdica e divertida. Exemplo disso foi a brincadeira que fizemos quando buscamos apelidos para o genital masculino. E, após esse episódio, buscamos também os apelidos para a genitália feminina. Nesse dia, seguimos juntos na diversão, construindo esse repertório de palavras.

A criança compartilha porque é ouvida e atendida, porque constrói a resposta conjuntamente. Porque, além da sexualidade, é apresentada a diferentes assuntos de forma verdadeira e respeitando cada fase do desenvolvimento dela.

E ao conversar com as mães, pais e responsáveis sobre o diálogo e a relação construída com suas filhas/os/es, compreendem seus próprios tabus, pudores e dificuldades, esbarrando a todo momento na própria história de vida; portanto, confrontam as dificuldades de despir-se desse arsenal de crenças, pudores e limitações para falar livremente com nossas crianças. Mães, pais e responsáveis: entendam que muitas vezes a bagunça está na nossa cabeça e que nós adultos complicamos. Uma informação simples e clara, muitas vezes, basta.

Falamos de comunicação, diálogo, estabelecer uma relação de segurança e confiança, acolher de maneira afetiva e amorosa, mas é necessário traçarmos estratégias, bem como desenvolver recursos e combinados com as crianças para que esta comunicação possa acontecer. Vamos sugerir, portanto, alguns posicionamentos importantes para reforçar um contexto de amparo e cuidado. Caminhos que sugerimos a mães, pais e cuidadores para que possam adotar uma postura assertiva, responsável e acolhedora junto aos filhos.

Caminhos para um diálogo saudável e construtivo

1. **Tenha atenção aos sinais**

Esteja atenta/o/e a possíveis mudanças de comportamento, assim como curiosidades sobre o corpo da criança, questionamentos sobre como nasceu, perguntas sobre o corpo de mães e pais. Estes são indicativos de que ela/e/u está atenta/o/e, observando e se apropriando do próprio corpo e do ambiente em que vive. É importante que mães, pais e responsáveis consigam estabelecer um espaço seguro para que a criança se sinta à vontade em falar o que quiser e que também possam explicar sobre a dúvida que a criança traz, mas respeitando os limites dela/e/u.

2. **Construa o diálogo e oriente**

As crianças desenvolvem um pensamento mais construtivo e reflexivo quando são estimuladas a isso. O diálogo é importante para as crianças, possibilitando elaboração, produção de ideias, concepções, resolução de problemas e autonomia de escolhas. A orientação de quem cuida é importante para a criança ter acolhimento, respaldo e se sentir apoiada, ao mesmo tempo que contribui no preenchimento de vazios e lacunas emocionais.

3. "NÃO" precisa ser dito

É essencial que a criança compreenda que ela pode expressar o "não", que pode e deve negar-se a participar de alguma situação na qual ela não se sinta à vontade e esteja desconfortável. É essencial a criança compreender limites, os dela e de outras pessoas. Estimular o "não" é também fomentar na criança sua autonomia.

4. Nada de segredos

Um ambiente seguro e de confiança possibilita que a criança se sinta acolhida e compartilhe os conteúdos que fazem parte dos contextos dela. É importante desencorajar segredos, porque a criança precisa entender que ela pode e deve falar sobre o que quiser com mães, pais e responsáveis, tirar dúvidas, expor angústias e emoções. Falar, livremente, conecta os integrantes da família, do grupo e no qual os diálogos constroem relações de afeto e compreensão.

5. Conversem sobre os limites do corpo

Falar sobre o corpo da criança, além de contribuir para um processo de integração e reconhecimento deste corpo, estimula a criança ao diálogo sobre limites. O corpo deve ser respeitado. Não deve permitir toques em suas partes íntimas, assim como deve respeitar o corpo da outra/o/e e não tocar partes íntimas das pessoas. É importante que a criança se aproprie de seu corpo para que construa sua autonomia, consiga fazer distinções de contextos nos quais ela pode relaxar e quando deve ficar atenta aos perigos, assim como situações desconfortáveis e incômodas.

6. Precisamos falar sobre intimidade e respeito

Explicar sobre as partes do corpo é importante para a criança identificar e nomear as partes do corpo dela e aprender que elas devem ser preservadas. Mães, pais e responsáveis atentem para nomear adequadamente estas regiões, evitando apelidos engraçados e ressaltando que o corpo é privado e que só pode ser tocado por quem cuida em situações específicas, como no banho. O corpo deve ser respeitado, assim como devemos respeitar o corpo do outro, pois cada um possui o seu e que nenhum corpo é igual ao outro e que tudo bem sermos diferentes.

7. **Reforçar a relação de confiança**

A relação de confiança é imprescindível para a criança crescer forte e segura. Mães, pais e responsáveis precisam acolher as emoções das crianças, validando a expressão de seus sentimentos. É importante reforçar para a criança que ela pode expor suas emoções e que será apoiada. Esta é a base de um relacionamento e ambiente de confiança.

Introduzir os temas *sexo* e *sexualidade* não é um processo fácil e tampouco simples. Através de um diálogo honesto e transparente com as crianças, elas constroem suas percepções e desenvolvem a sensibilidade e internalizam informações importantes e necessárias para o amadurecimento emocional delas. Com o tempo e o avanço da idade, os pais devem abordar outros e novos temas mais complexos e importantes.

Para as informações sobre autorias, as referências e o material de apoio deste capítulo, acesse o QR-Code.

CAPÍTULO 21

Por que minha/meu/minhe adolescente não me conta?

Breno Rosostolato

Psicólogo. Professor, escritor e pesquisador. É terapeuta e educador sexual e de casais. Hipnoterapeuta. Arteterapeuta.

Carolina Freitas

Psicóloga. Professora. Mestre em Psicologia. Possui pós-graduações em Psicopedagogia, em Sexualidade Humana e em Educação Sexual. É terapeuta cognitiva sexual.

As dificuldades em falar sobre identidade de gênero e orientação afetivo-sexual com mães e pais

Quando se trata de discutir identidade de gênero e orientação afetivo-sexual com mãe, pais e responsáveis as dificuldades são inúmeras, especialmente durante a adolescência. Vamos primeiro considerar os aspectos cronológicos e de faixa etária.

O Estatuto da Criança e do Adolescente (ECA, 1990) define a adolescência como a faixa etária dos 12 aos 18 anos incompletos. Por outro lado, a Organização Mundial da Saúde (2017), em seu documento "Ação Global Acelerada para a Saúde de Adolescentes (AA-HA!): Guia de Orientação para apoiar a implementação pelos países", atualiza essa definição, abrangendo a adolescência dos 10 aos 19 anos. No entanto, é difícil estabelecer um conceito único e rígido para essa fase do ciclo de vida. Assim, entenderemos aqui a adolescência de forma mais ampla, explorando não apenas as questões biológicas, mas também o desenvolvimento emocional e psicossexual.

O que ocorre durante a adolescência?

A adolescência é um período repleto de mudanças e descobertas. No início dessa fase, o cérebro experimenta novas e complexas emoções e conexões. Essas emoções são vivenciadas de maneira mais intensa do que na infância e na vida adulta. Adolescentes frequentemente enfrentam ansiedades, como preocupações com problemas futuros, devido à sua capacidade aumentada de imaginação. Além disso, a emoção de vergonha se torna mais evidente, pois tendem a se preocupar mais com a percepção que outras pessoas têm delas/es/us.

Essas mudanças e esses sentimentos são características fundamentais do período da adolescência, moldando significativamente o desenvolvimento pessoal e social dos indivíduos nessa fase da vida. Isso permite o aprendizado e o amadurecimento, levando a uma pessoa adulta autônoma e saudável.

Entendendo sua filha / seu filho / sue filhe

Convidamos você a entender melhor sua filha/o/e e as emoções vivenciadas nesse período, que podem levar à rejeição por parte de todas as pessoas envolvidas, incluindo da/o/e adolescente, interferindo diretamente na comunicação e na coragem de contar sobre sua identidade. É na adolescência que começam a questionar sua identidade sexual. Falar com mães, pais e responsáveis sobre medo e confusão pode não ser fácil, pois há um temor pela rejeição. Reconhecer essas dificuldades e criar um ambiente acolhedor e de apoio pode fazer uma diferença enorme para o bem-estar emocional e psicológico de sua filha/o/e.

Como especialistas em sexualidade humana, é importante orientar pais, mães, pessoas que cuidam e responsáveis na educação em sexualidade, começando pela desconstrução dos mitos sobre orientação afetivo-sexual e identidade de gênero. É fundamental ajudar a superar a expectativa e idealização quanto a uma filha/o/e esperada/o/e e entender que pessoas LGBTQIAPN+ também podem ser bem-sucedidas, saudáveis e felizes. Esta abordagem permite que educadores e familiares guiem suas filhas/os/es com compreensão e amor, promovendo um desenvolvimento saudável até a vida adulta. E a orientação parental exige respeito à ciência, ao desenvolvimento psicossexual, aos valores de cada família, autonomia e a valorização de adolescentes como protagonistas de suas vidas e escolhas.

Homofobia internalizada

Em 1972, o psicólogo George Weinberg definiu como homofobia internalizada uma autoaversão a homens gays e mulheres lésbicas, cuja experiência é de sofrimento, perigo e punição em relação à sua própria orientação/identidade sexual.

Os contextos que corroboram para a homofobia internalizada vão desde aspectos históricos, normativas sociais, aspectos morais até concepções religiosas e culturais. Uma destas normativas é a **heterossexualidade compulsória**, termo cunhado por Adrienne Rich, em 1980. Esta imposição social nega as outras possibilidades e formas de viver o afeto, o desejo, as identidades e as pluralidades sexuais, estabelecendo um sistema de violências a todos que não mantêm as regras sociais, principalmente pessoas LGBTQIAPN+, ou seja, as pessoas não afirmam e legitimam suas identidades em decorrência da heterossexualidade compulsória.

A violência, a opressão e a hostilidade sofridas por pessoas LGBTQIAPN+ fazem com que elas apresentem mais dificuldades emocionais e sofrimento psicológico. Este é o **estresse de minorias**, ou seja, um adoecimento da saúde mental, especificamente, por causa da sociedade em relação à orientação sexual e à identidade de gênero, e cujo processo consiste na internalização do preconceito social e na exclusão LGBTQIAPNfóbica[1], fazendo com que algumas pessoas, com o intuito de se protegerem, acabam ocultando e reprimindo sua sexualidade e, consequentemente, adoecendo.

Esse sofrimento de exclusão pode causar transtornos ansiosos e transtornos de humor, como depressão ou episódios de pânico, por exemplo. Este

1 termo que descreve o preconceito, discriminação e hostilidade direcionados a pessoas ou grupos que fazem parte da população LGBTQIAPN+.

sofrimento também está relacionado a causas sociais, como restrições de ir e vir em espaços públicos por causa da violência, dificuldades e exclusão a serviços sociais como acesso à saúde, negligência e falta de cuidados, falta de políticas públicas a população LGBTQIAPN+, entre outros sofrimentos sociais específicos.

Modelo de Estresse de Minoria (MEYER, 1995)[2]

Este modelo de estresse de minoria propõe três eixos:

1. **Estigma imposto**: conceitualmente compreendido como um conjunto de experiências de perseguição, rejeição, agressão, violência ou discriminação motivadas pela orientação sexual.
2. **Homonegatividade internalizada**: processo individual de absorver atitudes sociais negativas (vergonha, evitação) e assimilá-las como parte da identidade pessoal.
3. **Encobrimento da identidade sexual**: refere-se às tentativas que o indivíduo realiza para esconder a sua sexualidade pelo receio de punição e rejeição.

Conhecimento é afeto e respeito, portanto, o diálogo, abertura e uma abordagem que seja acolhedora são os principais meios de promover um processo empático à angústia do adolescente, diante de qualquer situação conflitante para ele.

As questões que envolvem a afirmação da orientação sexual e identidade de gênero criam momentos delicados, intensos e muito importantes para a legitimação da identidade de pessoas que diferem da norma. Colocar-se numa posição de apoio e uma escuta amparadora corroboram e dão segurança para a/o/e adolescente se sentir confiante para falar sobre questões íntimas, dúvidas, frustrações, medos e anseios.

---

2 Sugerimos a leitura do capítulo sobre estresse de minorias. [N.O]

Com a compreensão de alguns conceitos, vamos agora pensar em como acolher e estabelecer diálogos que ajudem os adolescentes a serem mais autênticos. Isso envolve o manejo de sentimentos, pensamentos e desejos em diferentes áreas da sua vida, promovendo o desenvolvimento de uma identidade LGBTQIAPN+ positiva.

O que dizer se ela/ele/elu me contar que é LGBTQIAPN+?

Para qualquer adolescente que se descobre LGBTQIAPN+, um dos passos mais difíceis pode ser aceitar a própria sexualidade e, em seguida, contar para amigas/os/es e familiares. As mensagens de ódio e preconceito ouvidas ao redor podem trazer sofrimento e temor quanto à reação das pessoas com sua revelação. É importante prestar atenção a sinais de autodestruição, como automutilação, ideação suicida e riscos de suicídio. Quando não souber o que fazer, ofereça um abraço. Mas abrace com afeto.

E, no final das contas, o melhor é ouvir as/os/es próprias/os/es adolescentes. Como nos disse o educador Paulo Freire (2019), ninguém melhor que os oprimidos para entender o terrível significado de uma sociedade opressora. São elas/es/us quem sentem, de forma mais intensa, os efeitos da opressão e que, mais do que ninguém, vão compreendendo a necessidade da libertação.

É preciso dedicação, desprendimento, coragem e afeto de nós, especialistas e responsáveis, para conhecer os desafios enfrentados por adolescentes LGBTQIAPN+. Temos de aprender a lidar com mitos, tabus, violências e preconceitos. Para fazermos uma educação acolhedora, é preciso ter em mente a promoção de saúde, educação em sexualidade e cultura de paz. Somente assim adolescentes se tornarão pessoas adultas emancipadas e saudáveis, emocional e sexualmente.

A validação de questões identitárias

Uma forma de validar as questões identitárias é compreender que a LGBTQIAPNfobia e não a homossexualidade/diversidade sexual é a principal responsável por muitos dos conflitos vivenciados pela população LGBTQIAPN+.

Será que todo esse sofrimento é desencadeado apenas pela orientação afetivo-sexual desses adolescentes? Não! Os problemas e dificuldades são causados pelas crenças, mitos e preconceitos da sociedade em relação a ser uma pessoa LGBTQIAPN+. Estereótipos e estigmas podem levar ao ódio e à violência.

O mais importante para validar questões identitárias é considerar como sua filha/o/e está se sentindo emocionalmente e como isso está impactando a relação familiar. Do que adolescentes LGBTQIAPN+ precisam? Receber amor sem julgamentos, encorajamento e apoio nas dores que sentem e nas dúvidas que têm. Isso pode ser feito através de diálogo e acolhimento.

Para compreender a sexualidade e o sexo de maneira saudável, adolescentes precisam de uma pessoa de confiança com quem conversar a respeito, de informações sobre desenvolvimento psicossexual e de um ambiente emocional estável, no qual possam desenvolver sua sexualidade por si próprios. É um processo difícil, que pode trazer medos e dúvidas, pois envolve lidar com a própria sexualidade de mães, pais e responsáveis também. Oferecer esse apoio pode prevenir o envolvimento com drogas e álcool, a evasão escolar, o envolvimento em comportamentos sexuais de risco, depressão e até o suicídio.

Tratamentos que buscam inibir o desejo sexual, tentativas de restaurar a heterossexualidade, o uso de terapias de reversão e aversão, a busca por causas e curas ignoram a existência da população LGBTQIAPN+. Não há cura para o que não é doença. Todas essas tentativas pseudoterapêuticas não têm qualquer respaldo da psicologia clínica e da sexualidade, conforme a Resolução 001/99 do Conselho Federal de Psicologia (CFP), que afirma que não cabe a qualquer profissional de psicologia no Brasil atuar em qualquer tipo de terapia de reversão sexual, pois a diversidade sexual não é patologia. E a Resolução 001/2018, do Conselho Federal de Psicologia (CFP), que estabelece normas de atuação de psicólogos/as em relação às pessoas transexuais e travestis.

Assim, a validação das questões identitárias pode ser feita ao se olhar para os processos de desenvolvimento da sexualidade, para a diversidade sexual e cultural, para a formação de relações entre pessoas do mesmo gênero, para a autonomia sobre as escolhas e práticas sexuais e, principalmente, para o estabelecimento das identidades sexuais.

Conclusão

Ao considerarmos a adolescência um período sensível de desenvolvimento cognitivo, afetivo, comportamental, relacional e sexual, é importante salientar que a educação em sexualidade é um desafio para a família. A educação sexual é um processo contínuo, no qual adolescentes e familiares vão aprendendo sobre aspectos da sexualidade e da afetividade.

Ter uma filha/o/e LGBTQIAPN+ rompe com muitas crenças pessoais, sociais e familiares. Ignorar a situação não vai fazer com que ela desapareça, pois não é uma fase, como muitos pais e mães acreditam. Ainda que você sinta medo, é importante escutar para entender e conhecer. Fortaleça-se de coragem e enfrente o desafio de ser uma família da diversidade. Há a dificuldade em ouvir e a dificuldade em contar, e é nesse processo que você vai aprender a acolher.

Vamos adicionar um exemplo prático de diálogos que pode tornar a situação mais real e acessível para você que está lendo estas palavras. Essa estrutura ajuda a criar um espaço seguro e acolhedor para que a conversa ocorra de forma respeitosa e construtiva.

Sugestão de diálogo:

1. **Iniciar a conversa**
   Adolescentes muitas vezes enfrentam medo e ansiedade ao revelar sua orientação afetivo-sexual. Da mesma forma, mães, pais e responsáveis podem sentir-se despreparadas/os/es ou confusas/os/es. Um diálogo inicial pode ajudar a quebrar o gelo.
   Adolescente: “Pai, mãe, eu gostaria de conversar sobre algo importante para mim. É sobre quem eu sou e como me sinto. Espero que possamos ter uma conversa aberta e honesta.”

Mães, pais e responsáveis: "Claro, estamos aqui para te ouvir. O que você quer nos contar?"

2. **Expressar sentimentos**
   Ambos os lados devem ser incentivados a expressar seus sentimentos e preocupações de maneira aberta e honesta.
   Adolescente: "Eu me sinto diferente e percebi que sou gay. Sei que isso pode ser uma surpresa ou até difícil de entender. Queria que soubessem porque é uma parte importante de mim."
   Mães, pais e responsáveis: "Obrigado por compartilhar isso conosco. Sabemos que não deve ter sido fácil para você. Estamos aqui para te apoiar e aprender juntos."

3. **Acolhimento e apoio**
   Mães, pais e responsáveis devem mostrar acolhimento e apoio, mesmo que ainda estejam processando a informação.
   Mães, pais e responsáveis: "Queremos que você saiba que te amamos incondicionalmente. Não importa o que aconteça, você sempre terá nosso apoio."

4. **Busca por entendimento**
   É fundamental que as pessoas responsáveis busquem entender a experiência da/o/e adolescente, fazendo perguntas de maneira sensível e respeitosa.
   Mães, pais e responsáveis: "Como você tem se sentido com relação a isso? Existe algo que possamos fazer para te apoiar melhor?"

5. **Plano de ação**
   Juntas/os/es, mães, pais, responsáveis e adolescente podem pensar em maneiras de seguir em frente de forma positiva.
   Adolescente: "Acho que seria útil se pudéssemos conversar mais sobre isso e talvez procurar recursos ou grupos de apoio."

Mães, pais e responsáveis: "Isso parece uma ótima ideia. Vamos procurar informações e aprender mais sobre como podemos te apoiar melhor."

Por fim, compreende-se que discutir identidade de gênero e orientação afetivo-sexual com mães, pais e responsáveis pode ser desafiador, especialmente durante a adolescência. No entanto, com o conhecimento necessário, disponibilidade e responsabilidade afetiva, adolescentes podem receber orientações e acolhimento de modo que sintam segurança para serem honestas/os/es consigo e com outras pessoas sobre suas paixões e desejos, compreendendo melhor sobre o processo de amar e o que realmente querem.

Ao promover uma educação para a sexualidade baseada na autonomia e no afeto, contribuímos para a construção de uma cultura de paz e prazer, em que cada indivíduo pode expressar sua identidade livremente e com dignidade. Assumir uma prática de respeito e conscientização é o caminho mais construtivo para a relação familiar e na condução de angústias e conflitos. O diálogo é construído através da nomeação de emoções e na troca constante entre as pessoas. Filhas/os/es aprendem muito com mães, pais e responsáveis, mas estas/es precisam aprender com as filhas/os/es, sobretudo quando se trata de um cenário desconhecido e delicado, como é a afirmação da orientação sexual e/ou da identidade de gênero. Estejamos dispostos a dar as mãos e caminhar juntos.

Para as informações sobre autorias, as referências e o material de apoio deste capítulo, acesse o QR-Code.

CAPÍTULO 22

O que é sair do armário?

Luiza Sviesk Sprung

Médica ginecologista, obstetra e sexóloga. Professora. Mestre em Ciências e complementação. Possui pós-graduação em Uroginecologia.

Breno Rosostolato

Psicólogo. Professor, escritor e pesquisador. É terapeuta e educador sexual e de casais. Hipnoterapeuta. Arteterapeuta.

Carolina Freitas

Psicóloga. Professora. Mestre em Psicologia. Possui pós-graduações em Psicopedagogia, em Sexualidade Humana e em Educação Sexual. É terapeuta cognitiva sexual.

Você já deve ter ouvido a expressão "sair do armário", não é mesmo? Por mais que seja comumente usada, nem todas as pessoas sabem o seu real significado. Por isso, neste capítulo, vamos explicar não só as origens do termo, mas também seu significado, bem como de que maneira você poderá ajudar sua/eu/ue filha/o/e ou aluna/o/e nesse processo de descoberta e revelação de sua sexualidade.

Conhecendo a história

A expressão "sair do armário" é frequentemente usada para descrever o momento em que uma pessoa LGBTQIAPN+ revela sua orientação sexual e/ou identidade de gênero para alguém. Tal expressão surgiu entre os séculos 19 e 20 como um ritual de passagem da infância para a fase adulta, em que as jovens debutantes eram apresentadas à sociedade em bailes e com o intuito de arranjar um pretendente (LESSA, 2018).

Para entender o contexto dessa expressão, é útil conhecer outras duas metáforas estadunidentes: *skeletons in the closet* e *come out of the closet* – a tradução literal delas é "esqueletos no armário" e "sair do armário", respectivamente. A metáfora "esqueletos no armário" refere-se a segredos que possam ser considerados constrangedores, vergonhosos ou até imorais, enquanto "sair do armário" significa revelar esses segredos.

Atualmente, mais precisamente desde 1988, a saída do armário é celebrada pela comunidade LGBTQIAPN+ a partir do *The Coming Out Day* (cuja tradução para o português seria "O dia da saída do armário").

No Brasil, o dia é conhecido como **O Dia de Sair do Armário**, seu intuito não é de obrigar pessoas LGBTQIAPN+ a revelarem suas identidades, mas sim ser uma data para chamar a atenção para o debate, reflexões e conscientização ao respeito, ao processo de expressão, afirmação da orientação sexual e identidade de gênero das pessoas. Em resumo, o principal propósito desta data é sensibilizar e conscientizar a sociedade, fomentando um ambiente mais inclusivo e acolhedor.

Como usualmente acontece esse processo de sair do armário?

Hoje entende-se sair do armário como o processo psicológico e social de reconhecer, aceitar e divulgar a própria orientação sexual e/ou identidade de gênero para outras pessoas, incluindo família, amigas/os/ues colegas de trabalho e/ou comunidade.

Esse processo de afirmação de orientação sexual pode ser dividido em duas partes: a afirmação para si mesma/o/e (individual) e a afirmação identitária para os outros (social). Geralmente, isso ocorre durante a adolescência e o início da juventude.

O processo de sair do armário pode ser um momento de grande vulnerabilidade, pois viver fora dos padrões sociais tradicionais pode trazer riscos, como discriminação, assédio e violência. Por isso, escolher o momento e a maneira de compartilhar sua identidade sexual pode ser um desafio profundo, influenciado pelo medo de rejeição. Sentir-se segura/o/e e confiante para expor algo tão íntimo é igualmente difícil. Além disso, o medo da quebra da expectativa familiar, da violência, da discriminação e do preconceito podem ser fatores limitantes para quem está se questionando sobre o melhor momento para abandonar o armário. Portanto, o sentimento de insegurança e o receio para contar sobre sua identidade sexual para as pessoas são compreensíveis, dados os obstáculos que muitas/os/es enfrentam.

Não há dúvidas de que, para quem "sai do armário", existam benefícios como melhora da autoestima, do bem-estar geral e da saúde mental, física e sexual. A expectativa é de que, ao ter honestidade consigo mesma/o/e e com as outras pessoas, seja possível construir relações mais autênticas e afetivas. Essa é a verdadeira esperança de quem se abre para o mundo: ser acolhida/o/e e compreendida/o/e por aquelas/es/us que ama[1]. Todavia, e infelizmente, nem todas encontram aceitação imediata. A rejeição e a exclusão ainda são realidades para muitas pessoas LGBTQIAPN+ e isso pode levar a uma série de desafios adicionais, como comportamento de risco e situações negativas de saúde mental.

Para familiares e amigas/os/ues da pessoa pode haver um período de adaptação, muitas vezes repleto de incertezas e preocupações, principalmente devido ao preconceito social e suas consequências. É comum que aqueles próximos à pessoa não estejam preparadas/os/es para essa revelação, o que pode aumentar ainda mais a tensão e o desconforto; por isso, deixaremos algumas orientações que poderão te ajudar nesse processo de saída do armário de alguém que você conhece.

Recomendações para o manejo da saída do armário

- **Permita que a/o/e adolescente transite pela ideia até sua decisão em revelar:** é importante afirmar que a decisão de revelar a orientação afetivo-sexual ou identidade de gênero é dela/e/u, não sua. O momento e a forma de fazê-lo serão decididos por ela/e/u. Cabe a você oferecer apoio.

1 Sugerimos a leitura dos capítulos "Saúde mental de crianças e adolescentes LGBTQIAPN+: a importância do apoio familiar e acolhimento em casa" e "Importância da Rede de apoio".

- **Atente-se às vulnerabilidades sociais para dar suporte:** esteja ciente quanto aos riscos envolvidos nessa situação e ofereça o suporte necessário. É importante compreendermos que pessoas LGBTQIAPN+ sofrem maior preconceito, violências e discriminação, além de se sentirem constantemente ameaçados em decorrência da LGBTQIAPN+-fobia. Portanto, muitas vezes não se sentem seguras/os/es ou confiantes em revelar ou falar sobre sua orientação sexual.

Lembre-se de que o consentimento é fundamental como prática de acolhimento, segurança da integridade e respeito aos ritmos e o tempo de cada um.

- **Consentimento:** não falamos apenas em concordância, permissão ou anuência quando pensamos em consentimento. Ninguém deve se sentir compelido a se envolver em atividades ou a fazer algo que não queira. Embora tenhamos muitas obrigações na vida, ninguém deveria se engajar em algo sem antes saber ou se certificar de situações, contextos e ter informação suficiente sobre benefícios e riscos antes de tomar uma decisão ou fazer uma escolha.

Qualquer situação forçada e coercitiva é uma violência; além disso, o silêncio e as incertezas equivalem a um NÃO. Consentimento não diz respeito à ausência de negativa, mas a um SIM convicto e confiante.

É de suma importância que mães, pais, familiares, cuidadoras/es, amigas/os/ues e todas/os/es que convivem e se relacionam com pessoas LGBTQIAPN+ acolham e compreendam a construção para a afirmação da orientação sexual, sobretudo num momento de descobertas, reconstruções, ampliação de mentalidades e afirmação de autonomia como na adolescência.

Por fim...

Não existe um momento certo para a pessoa sair do armário – algumas só se sentem preparadas na vida adulta ou até mesmo na velhice, assim como a reação das outras pessoas também pode ser imprevisível. O mais importante é criar um ambiente seguro e de apoio para que a pessoa possa expressar sua verdadeira identidade; porém, antes de fazer isso, é essencial que ela se sinta confortável com quem é e que esteja preparada para enfrentar as reações que possa receber. Para muitas pessoas, a revelação para mães, pais e responsáveis pode ser especialmente estressante, pois pode variar de choque a rejeição, chegando até mesmo a violência. Para a família pode ser preciso lidar com o "luto da heterossexualidade e/ou cisgeneridade" e ter que compreender as questões da orientação sexual e identidade de gênero enquanto provê aceitação e validação para essas "novas" questões da vida. Para as pessoas trans o desafio pode ser ainda maior, pois a ameaça de violência pode exigir uma abordagem mais cuidadosa sobre quando e como revelar sua identidade.

Embora ainda haja necessidade de mais pesquisas sobre as experiências de quem sai do armário, é fundamental mantermos a esperança. Devemos trabalhar para um mundo em que a diversidade seja natural e não algo que precise ser escondido e/ou revelado. A esperança é para todas as pessoas envolvidas: para quem acaba de sair do armário e para as pessoas que estão ao seu lado – com o tempo, a compreensão e a aceitação isso acontecerá, trazendo uma nova perspectiva de amor, união e honestidade.

Para as informações sobre autorias, as referências e o material de apoio deste capítulo, acesse o QR-Code.

CAPÍTULO 23

Por que não fomos as primeiras pessoas a saber?

Maria Cristina Milanez

Psicóloga. Professora e pesquisadora em gênero/sexualidade Doutoranda em Estudos de Gênero. Mestre em psicologia clínica. É terapeuta familiar, EMDR/ Brainspotting.

> "Seja qual for a liberdade pela qual lutamos,
> deve ser a liberdade baseada na igualdade."
> Judith Butler

Introdução

Falar sobre sexualidade humana nas famílias sempre foi assunto delicado. Mesmo naqueles arranjos familiares mais libertários, o tema sempre suscita alguma dúvida em se definir o que já se pode falar para uma criança sobre o assunto e o que convém esperar; o que se deve aceitar no comportamento de uma pessoa adolescente e o que se deve limitar. Qual é a medida a ser usada para se aquilatar até onde a liberdade de conversas entre mães, pais e demais figuras responsáveis com sua prole deve avançar, sem se tornar invasiva e nem se tornar omissa? Esta é uma construção que começa na primeira infância (de zero a seis anos), se expande na segunda infância (de seis aos doze anos), se amplia na adolescência (de doze aos dezoito anos)[1] e

1 No Brasil, o ECA (Estatuto da Criança e do Adolescente) estabeleceu este marco de idade para a adolescência, mas esta delimitação varia, para mais ou para menos, de acordo com a legislação de cada país.

se consolida na vida adulta (dos dezoito anos em diante). Nesta construção diádica, em duas vias – das figuras responsáveis para as crianças, adolescentes e pessoas adultas, e das crianças, adolescentes e pessoas adultas para com suas mães, seus pais e/ou demais figuras responsáveis – é que se firmarão bases seguras ou inseguras para a livre expressão de sentimentos, pensamentos, ações e atitudes da prole. Se o caminho construído, desde a primeira infância, foi de acolhimento, boa escuta e compreensão, provavelmente as mães, os pais e/ou figuras responsáveis serão uma das primeiras pessoas a perceberem o desenvolvimento biopsicossocial e sexual de sua prole, e o que anda rondando a cabeça desses seres humanos em constante evolução. Caso contrário, estarão no fim da fila das confidências, revelações e afirmação sobre as posturas assumidas em relação às questões de gênero e de sexualidade. E, muitas vezes, nem nela descobrirão de maneira fortuita e indireta aquilo que deveriam saber em primeira mão. Portanto, a pergunta não deveria ser "por que nós não fomos as primeiras pessoas a saber?", mas sim "porque não fomos capazes de construir ambiência saudável e segura para a livre expressão da personalidade de nossa prole, com todas as suas características, inclusive as sexuais e de gênero?". Mas por que há situações em que, mesmo sendo o arranjo familiar acolhedor e seguro, a criança, a pessoa adolescente ou adulta não se sente à vontade para apresentar suas questões sexuais e de gênero? Serão estes questionamentos que este capítulo pretende analisar.

A construção do diálogo sobre gênero e sexualidade nas famílias, desde a primeira infância

Algumas considerações e princípios básicos deveriam nortear o diálogo sobre gênero e sexualidade nas famílias, entre as pessoas genitoras responsáveis e sua prole e/ou entre pessoas cuidadoras e crianças e adolescentes,

---

Por este motivo, a OMS (Organização Mundial da Saúde) trabalha com o marco da adolescência como sendo dos 10 aos 19 anos, para poder abarcar todos os países do globo. O Ministério da Saúde no Brasil segue a convenção da OMS e adota o termo "pessoas jovens" para pessoas entre 10 e 24 anos.

na coconstrução de uma estrada de livre circulação de pensamentos, inquietações e reflexões. O primeiro deles diz respeito aos agentes socializatórios por excelência[2] nesta interrelação: as figuras de mãe e de pai.

As figuras genitoras e as figuras progenitoras

Quando falamos em famílias devemos sempre lembrar que estamos falando de gerações que convivem entre si: a geração das figuras progenitoras (avós e avôs), a das figuras genitoras (mãe e pai; mãe e mãe; pai e pai) e a prole (filhas/os/es). A qualidade da interação entre genitoras/es e prole estará, em parte, definida pela interação que estas figuras genitoras tiveram com suas figuras progenitoras; e em outra parte, definida por todo o processo de mediação social[3] e de normatização da cultura[4] a que todas e todos nós estamos sujeitas/os, como aqueles que ocorrem:

- Com as demais figuras da família de origem, como irmãs e irmãos;
- Com as demais figuras da família extensa, como tias e tios, primas e primos, sobrinhas e sobrinhos, cunhadas e cunhados;
- Com as demais figuras da família alargada, pelas relações por casamento, como sogra e sogro, concunhadas e concunhados, noras e genros, madrastas e padrastos, enteadas e enteados;
- Com a rede de amigas/os/es, de colegas de trabalho, de lazer, de esporte, em templos religiosos, nos espaços de estudo, e demais lugares de interação social;
- Com os meios de comunicação social (televisão, rádio, jornais, revistas, livros);

2 Os agentes socializatórios são as pessoas que a sociedade e a cultura apregoam como sendo aquelas responsáveis pelos cuidados básicos, atenção primária, educação e socialização das crianças na família e na sociedade. Depois das genitoras/es vêm a família de origem, a extensa, a alargada e a escola.

3 *Mediação social* é o processo através do qual se desenvolvem as características humanas, que são formadas socialmente, na relação do ser humano com o mundo e com os outros seres humanos, através da linguagem.

4 *Normatização da cultura* representa um conjunto de regras e de dispositivos não verbalizados que ditam normas de conduta, isto é, determinam como os indivíduos devem agir e se comportar dentro de uma determinada sociedade ou numa cultura.

- Com a internet, com suas várias opções: rede sociais (WhatsApp, Facebook, Instagram, Telegram, TikTok, X); aplicativos de encontros (Tinder, Bumble, Grindr), além de podcasts, YouTube e plataformas como *Zoom*, *Meet* e *Teams*.

Assim, é necessário entender que estamos inseridos em uma conserva cultural[5], num caldeirão que mescla tanto o passado de nossa ancestralidade quanto as nossas demais relações como todos os atrativos e interações do presente. As figuras progenitoras e as figuras genitoras sofreram o processo civilizatório a que foram expostas e o compartilharão com sua prole através do processo de transmissão transgeracional, descrito pelo terapeuta familiar estadunidense Murray Bowen (1913-1990)[I] como sendo o processo emocional que as famílias passam ao longo do tempo, e no qual vão transmitindo às gerações seguintes padrões comunicacionais, que incluem visão de mundo, sentimentos, valores, crenças e afetos, especialmente nas relações entre progenitoras/es, genitoras/es e prole. Esta transmissão apresenta modelos de conduta, de comportamento, de sentimentos e de crenças que são percebidos nas relações deste grupo familiar, ao longo do seu convívio. Cada nova geração pode, ou não, seguir estes modelos, aceitando-os, questionando-os, modificando-os, rejeitando-os ou até rompendo totalmente com estes padrões relacionais preconizados pela família nuclear, de origem e extensa. Assim, se a família for capaz de construir uma ambiência de boa escuta, acolhimento, afeto e respeito à maneira de ser de cada um dos seus membros, o caminho para a revelação das descobertas sexuais e de afirmação de gênero ficará facilitado, tanto para crianças e adolescentes apresentarem suas dúvidas e certezas, inquietações e descobertas, confortos e desconfortos como para os membros desta família acolherem, com naturalidade e desenvoltura, quaisquer comportamentos que fujam da cis-

---

I Os números romanos deste capítulo estão relacionados às referências bibliográfica, que estão disponíveis via QR-Code.

5 *Conserva cultural* é um termo criado por Moreno (1889-1974), criador do psicodrama, para se referir aos comportamentos, costumes e tradições que se mantêm iguais e conservados em uma cultura determinada.

-heteronormatividade[6]. Porém, se a família se apresenta como um ambiente hostil para a afirmação de uma orientação sexual ou identidade de gênero que fuja desta cis-heteronormatividade, a comunicação e a revelação de quaisquer aspectos da sexualidade ou do gênero da prole ficarão abafadas pela falta de empatia, rigidez e fundamentalismo[7] do sistema familiar onde esta prole está inserida. Assim, parte do processo conhecido como "sair do armário" estará relacionada ao grau de segurança e de empatia que genitoras e genitores transmitem para sua prole.

A fratria ou irmandade

Tão importante quanto a relação com as figuras ascendentes (genitoras/es e progenitoras/es) é aquela com as figuras colaterais: as irmãs e os irmãos. Apesar de vivermos, atualmente, em nosso país, momento de declínio da prole[II], de acordo com o último censo do IBGE[8], em muitas famílias, sejam heteroafetivas, homoafetivas ou transgênero, é possível encontrar prole com mais de uma pessoa, seja do casal original, seja advinda de recasamentos, seja de técnicas de reprodução assistida, seja de processos de adoção, por parte de um/a ou mais genitoras/es. A convivência com outra pessoa na mesma linha de hierarquia familiar facilita a troca de informações, de confidências e de descobertas, uma vez que irmãs e irmãos geralmente conhecem amigas/os/es uns dos outros; estudam no mesmo colégio, frequentam a mesma academia, a mesma igreja, o mesmo condomínio, além de serem praticantes da mesma linguagem, utilizando significantes (palavras) com novos significados[9]; e gírias[10] recém-saídas do

---

6 *Cis-heteronormatividade* se refere à normatização e à naturalização de uma maneira de estar no mundo e das pessoas se relacionarem afetiva e sexualmente, ditando normas e regras de como deveriam se comportar, defendendo a ideia de que "o certo" é que todas as pessoas sejam cisgêneros e heterossexuais.

7 Fundamentalismo indica rigidez e inflexibilidade de opinião, indicando incapacidade de travar diálogos.

8 Pelo quarto ano consecutivo, a taxa de nascimento registrou queda no Brasil, segundo dados divulgados pelo IBGE (Instituto Brasileiro de Geografia e Estatística) em 24/02/2024. Em 2022, o país teve 2.542.298 nascimentos, queda de 3,5% na comparação com 2021, que somou 2.635.854 bebês.

9 Como exemplo podemos citar o significante "irado", que nos dicionários tem o significado de "cheio de ira, raivoso", que adquiriu outro significado entendido agora também como "legal, maneiro, interessante".

10 Como exemplo, "flopou", que significa: "algo deu errado ou deu ruim".

forno da pós-modernidade urbana e suburbana. Esta proximidade, quando gerada na camaradagem, facilita a fratria a falar com mais naturalidade das experiências sexuais e das vivências de gênero, seja sobre orientação sexual, identidade de gênero ou expressão de gênero, sem medo de censura ou de críticas. Em alguns casos, se calhar, até a irmandade mais velha já passou pelas mesmas situações, o que facilita o caminho da revelação de uma orientação homoafetiva ou de uma transição de gênero. Portanto, muitas vezes as irmãs/os/es mais velhas/os/es ficarão sabendo primeiro que mães e pais, pelo grau menor de complexidade na relação entre elas/es, na hora da revelação ou confirmação de uma determinada orientação sexual, identidade de gênero e expressão de gênero, que é a aparência de cada pessoa, isto é, a forma como ela assume seu vestuário, com uso ou não de acessórios; e também sua forma de falar e de gesticular, seu estilo de maquiagem, cabelo e unhas, enfim, como se apresenta socialmente.

Demais parentes da família extensa

Quando se ouve relatos de pessoas LGBTQIAPN+, sobre sua infância e adolescência, é comum encontrar parentes como avós, avôs, tias/os, ou primas/os que tiveram papel fundamental na escuta, acolhimento, respeito e proteção sobre a trajetória destas pessoas, muitas vezes até atuando de forma muito mais importante e significativa do que as próprias genitoras/es ou a fratria. O fato de serem da família, mas não habitarem a mesma casa faz com que esta pequena distância favoreça a compreensão das peculiaridades do desenvolvimento biopsicossocial, sexual e de gênero do familiar, percebendo aspectos que familiares mais próximos, por questões religiosas ou de moral mais rígida e/ou conservadora, não suportem admitir nas próprias filhas/os/es, lançando mão de mecanismos de defesa do ego[11] [Freud (1856-1939)], e, dentre estes, em especial o da negação[12], situação a que es-

11 *Mecanismos de defesa do ego* foi um termo criado pelo médico austríaco Freud, fundador da Psicanálise, para descrever as manifestações e atitudes de que as pessoas lançam mão para se proteger diante de ameaças físicas ou psíquicas, podendo ser conscientes ou inconscientes, com o objetivo evitar o desprazer psíquico.

12 A negação é um destes mecanismos de defesa do ego, que tem como missão negar a realidade circulante, negar o que está acontecendo, para que o indivíduo não sofra. É como se, negando o fato, ele não existisse. Existem outros mecanismos de defesa do ego, como racionalização, minimização, projeção, dentre outros.

tes parentes da família extensa não têm urgência nem necessidade de utilizar. Assim, com a percepção das atitudes do membro familiar LGBTQIAPN+, que a distância física e emocional proporciona notar, conseguem ser pontes de mediação entre o parente (neta/o, sobrinha/o ou prima/o) e suas genitoras/es e/ou figuras responsáveis. Porém, quando alguns destes parentes fazem parte, também, da comunidade LGBTQIAPN+, podem surgir acusações infundadas, da parte das genitoras/es, quando afirmam que esta/e parente "influenciou" ou foi a/o responsável por sua filha/o "ter escolhido este caminho". Esta situação cria mais tensão familiar, pois se abre um campo de batalha a mais na luta pela aceitação democrática e pacífica das escolhas de vida de todo e qualquer membro da família. Em alguns casos, velhos preconceitos "enterrados" ou disfarçados ganham força e voltam a vicejar nas conversas familiares, criando embaraços já tidos como "coisas passadas". É importante entender que orientação sexual e identidade de gênero é uma construção complexa, multicausal, individual e fluida, seja ela heteroafetiva, homoafetiva ou assexual; seja ela cisgênero, transgênero ou não binária[13]. Podemos dizer, no máximo, que conviver com qualquer pessoa nos apresenta possibilidades de como se pode estar no mundo, mas jamais nos determina o que ser ou como agir. É ingênuo e pretensioso imaginar que pessoas possam ter o poder de determinar a orientação sexual ou a identidade de gênero de alguém. Este pensamento tira o protagonismo do indivíduo, reduzindo-o a um mero imitador de comportamento. A expressão da sexualidade é construção diária e constante.

Pessoas de convivência nos relacionamentos amorosos, sociais, religiosos, de estudo, de trabalho, de lazer, de esportes e da vizinhança

Todos os relacionamentos que a criança, adolescente ou jovem irá travar em sua jornada acarretarão influências mútuas, serão sempre uma via de duas mãos. Dependendo do seu local de moradia, da escola que frequenta, da

13 Sugerimos a leitura do capítulo "E essa sigla? Para que tantas letras?! Entendendo o que é LGBTQIAPN+" [N.O.].

religião que professa, do esporte eleito, do lazer escolhido, do trabalho aprendiz ou estágio que exerce, ou da amizade construída na vizinhança, amigas/os/ues, colegas e demais conhecidas/os/es também influenciarão a liberalidade com que a criança e adolescente lidarão com suas próprias escolhas, decisões, sentimentos e descobertas. Ter um ambiente que não seja homotransfóbico[14], que não cometa atrocidades psicológicas, como *bullying* e *cyberbullying*, que não seja preconceituoso nem fundamentalista facilita enormemente o desenvolvimento físico e emocional destas crianças e adolescentes, bem como a revelação de sua orientação sexual e identidade de gênero. Observando este fenômeno, Weston[III] (1991) descreveu o conceito de *família de escolha*, termo que a própria comunidade homoafetiva definiu para designar a rede de apoio que os abraça, composta por outras pessoas da comunidade LGBTQIAPN+ e pelas demais pessoas ditas "simpatizantes" da causa, que podem, inclusive, ser heteroafetivas e cisgêneras. Entretanto, muitas vezes é justamente o grupo de iguais, cronologicamente falando, aquele que é os mais cruel com estas crianças e adolescentes, praticando todo tipo de agressões. Assim, diferentemente do que ocorre na interação com a família, em que pode haver momentos ora de tensão, ora de acolhimento, em locais onde o *bullying* homotransfóbico se instala cria-se um padrão relacional social que é sempre o mesmo, o que ocasiona muito mal-estar em crianças e adolescentes da diversidade sexual e de gênero. Não é à toa que a evasão escolar é tão alta nesta população nas escolas, como mostram muitas pesquisas[15 IV].

E se eu ou a minha família ficarmos mal falados na rua, no condomínio, no bairro, na escola, no trabalho, na igreja, na comunidade ou na cidade?

Apesar de nem todas as genitoras/es terem esta preocupação, e nem sua prole, esta pergunta é bastante frequente e faz parte das indagações que mui-

14 *Homotransfobia* refere-se a toda rejeição ou aversão a pessoas homoafetivas (gays, lésbicas, bissexuais), a pessoas transgênero (binárias e não binárias), e a tudo que diz respeito ao universo da diversidade sexual.

15 Pesquisa ABGLT (2016) mostrou que 60% das pessoas homoafetivas se sentem inseguras na escola *(4)*.

tas mães e pais se fazem e, às vezes, até a própria pessoa LGBTQIAPN+. Então, como esta dúvida, que pode causar ansiedade em algumas pessoas e/ou em famílias, pode ser impeditiva para que determinadas pessoas, da diversidade sexual e de gênero, admitam, para si mesmas e para as outras pessoas da família, por quem sentem atração sexual ou como se veem e se sentem, relativamente ao gênero, e compartilhem esta descoberta com sua família nuclear, extensa e alargada? Para responder a esta pergunta, devemos pensar em duas possibilidades: ou o medo de se admitir LGBTQIAPN+ é o de ficar "mal falada/o/e" na família e na sociedade onde a pessoa está inserida, e ter que lidar com todas as consequências nefastas que a homotransfobia acarreta; ou o medo e a dificuldade está na própria pessoa LGBTQIAPN+, como se "falasse mal de si mesma" e tivesse que enfrentar desafios internos de autoaceitação. Vamos analisar estas duas hipóteses.

A dificuldade e o medo de ser "mal falada/o/e" reside na sociedade patriarcal, machista, misógina e homotransfóbica que produz famílias com igual perfil restritivo, limitador, agressivo e injusto

É sabido que ainda vivemos em uma sociedade patriarcal, que é um "sistema social em que homens adultos mantêm o poder primário e predominam em funções de liderança política, autoridade moral, privilégio social, controle de propriedades e da família, mantendo seu poder sobre todos nela" (WERNER, 2019, p. 15)[V]. Assim, o patriarcalismo incentiva o machismo, que é um "conceito usado para designar conjunto de ideias e atitudes que pregam a primazia dos homens sobre as mulheres", e a misoginia, que "é o ódio, desprezo ou preconceito contra mulheres ou meninas, manifestado de diversas formas" (id, ibid.). Dentro deste panorama macrossocial, as famílias reproduzem, num universo microssocial, aquilo a que estão expostas cotidianamente. Assim, atitudes homotransfóbicas são também consequência desta mesma estrutura, que "autoriza", sem autorização legal ou jurídica, que pessoas agridam e matem pessoas homoafetivas, e mais ainda pessoas transgênero. De acordo com a ANTRA (Associação Nacional de Travestis e Transexuais) (2023), o Brasil é o campeão mundial de crimes contra a população transgênero, pelo 14º. ano consecutivo[VI]. Desta forma, é de se esperar que pessoas LGBTQIAPN+ não se sintam seguras em se expor e em apresentar seus pensamentos, sentimentos, escolhas, relações amorosas, trejeitos, performances, estilos de cabelo, indumentária, adereços, dentre outros, em ambientes familiares, comunitários, escolares ou de trabalho. Muitas vezes o que está em jogo não é somente prevenir o *bullying* na escola, ou o *mobbing*[16] no trabalho, mas evitar sofrer assédio moral e sexual nas ruas, nos transportes públicos, no trabalho ou em lugares de lazer. Além disso, o medo de assumir a diversidade sexual e de gênero passa também pelo medo de sofrer o que se chama *estupro corretivo*, ato criminoso tipificado no Código Penal Brasileiro como agravamento do crime de estupro (artigo 213), com aumento da pena de um a dois terços do tempo (artigo 226, inciso IV, alínea b), no qual uma ou até mais pessoas, geralmente homens que se consideram heterossexuais, estupram uma pessoa, com a intenção de modificar sua orientação sexual ou sua identidade de gênero, com a pretensa finalidade de controlar o comportamento sexual ou social da vítima. Muitas vezes o estupro corretivo em mulheres lésbicas é tão violento que pode conduzi-las à morte, pelo grau de virulência com que é praticado, conhecido como lesbocídio (assassinato de mulheres lésbicas), crime ainda não tipificado, mas que se enquadra como crime de feminicídio[17], que é o homicídio de mulheres cometido em razão do gênero (pelo fato de a vítima ser mulher). As travestis e as drag queens são, igualmente, alvos de estupro corretivo ou de outros tipos de agressões truculentas nos espaços públicos, sofrendo muitas situações traumáticas, que ocasionam mortes ou sequelas físicas e emocionais pelo resto da vida. Diante deste grave quadro de violação de direitos, é de se compreender a apreensão e o medo que tanto a população LGBTQIAPN+ como seus familiares sentem de ficarem "mal falados" nos espaços públicos por onde circulam, pois sabem que podem se tornar alvos dos chamados "*empreendedores morais*", termo

16 *Mobbing* é uma forma de *bullying* ou de assédio moral, cometido entre adultos, em ambiente de trabalho. Pode ser descendente (de chefe para subordinada/o); ascendente (de subordinada/o para chefe) ou colateral (entre pessoas de mesmo nível hierárquico). Em situação entre vizinhos chama-se *mobbing* imobiliário.

17 A Lei 13.104/2015 tornou o feminicídio um homicídio qualificado, considerado um crime hediondo, inicialmente com penas de 12 a 30 anos de prisão, e recentemente ampliadas para até 40 anos, a maior pena prevista no Código Penal Brasileiro (Projeto de lei 4.266, sancionado em 9 de outubro de 2024).

criado por Howard Becker (1928-2023)[VII] para designar tanto os impositores como os criadores de regras morais na sociedade, pessoas que se acham acima do bem e do mal, e com "competência para legislarem sobre a vida alheia", acreditando saber, como ninguém, o que é o certo e o errado nos costumes e nos comportamentos de uma sociedade.

A dificuldade e o medo de se ver "mal falada/o/e" reside na homofobia internalizada e na transfobia internalizada

O título deste capítulo é "Por que não fomos as primeiras pessoas a saber?" Pensando na resposta, temos de admitir e ponderar que, antes de qualquer pessoa que deva ou mereça saber acerca da vida sexual e da jornada de gênero de alguém, quem deve sabê-lo e admiti-lo, em primeiro lugar, é a própria pessoa. Assim, mães, pais e avós nunca serão os primeiros a saber, pois esta primazia do conhecimento cabe sempre à própria pessoa. A partir da possibilidade de assunção, por parte de pessoa LGBTQIAPN+, de sua orientação sexual ou de sua identidade de gênero, diversa da maioria preconizada pela *cis-heteronormatividade,* ela escolherá com quem irá dividir este fato, com quem terá segurança para "sair do armário", como popularmente se fala quando alguém se assume homoafetiva/o ou transgênero. A questão é que, em alguns casos, a pessoa não consegue se assumir por conta do que se chama *homofobia* e *transfobia internalizada. Homofobia internalizada* é a negação da própria orientação sexual. É considerada um fenômeno homofóbico, só que voltado para si mesmo, e se apresenta como o medo, o ódio e a repulsa que pessoas homoafetivas sentem em relação à sua própria orientação sexual. Como afirmou Antunes (2017)[VIII], no processo de socialização, a homofobia é internalizada em todas as pessoas, independentemente da orientação sexual, mas os danos psíquicos são maiores nas pessoas homoafetivas. Este sentimento pode ser tão forte que se torna um grande impeditivo para que a pessoa consiga se assumir e viver plenamente sua sexualidade. Este sofrimento causa bloqueios, desconfortos e inseguranças que se refletem na vida sexual, amorosa e social da pessoa, impedindo que goste de si mesma/o/e e de outras pessoas LGBTQIANP+, e podendo até levar a quadros depressivos ou ansiosos. Já a *transfobia internalizada,* também conhecida como *transnegatividade internalizada,*[IX] é um tipo de transfobia que acontece quando uma pessoa transgênero não admite sua própria identidade de gênero e assim projeta sentimentos ruins e negativos sobre si mesma. Este comportamento gera sofrimento e pode levar a pessoa a se isolar da sociedade e de grupos, por vergonha de sua identidade de gênero, excluindo-se de situações de estudo ou de trabalho, o que gera perda de conhecimento, de renda e até de acesso a serviços médicos. Assim, quando estes fenômenos de homotransfobia internalizadas ocorrem, dificilmente a pessoa LGBTQIANP+ assumirá para si mesma sua orientação sexual ou sua identidade de gênero. Talvez mais difícil do que ver-se "mal falada/o/e" nas ruas seja ver-se "mal falada/o/e" internamente; a autocrítica e a autopunição impedem a autoaceitação, fator gerador de sofrimento psíquico.

O decálogo das crenças positivas na diversidade sexual e de gênero

Para tentar combater tanto mal-estar, ora causado pela sociedade homotransfóbica, ora causado pela homotransfobia internalizadas, precisamos de crenças positivas acerca da diversidade sexual e de gênero. Por quase uma década tive a oportunidade de participar da Comissão de Valorização da Primeira Infância e Cultura de Paz, do Senado Federal, em Brasília, que além de organizar bons eventos sobre esta temática, organizou e publicou uma trilogia sobre os cuidados com a primeira infância, ocasião em que tive o privilégio de ser convidada a participar com um capítulo, em que sempre busquei dialogar e coconstruir saberes e afetos pró-equidade sexual e de gênero, desde o início da vida. No primeiro livro (WERNER, 2012),[X] abordei o tema da "Parentalidade pós-moderna na primeira infância", quando mencionei a parentalidade socioafetiva e homoparentalidade. Na segunda publicação (WERNER, 2016)[XI] escrevi sobre "Educação sexual na Primeira Infância como instrumento protetivo no desenvolvimento integral da criança e na prevenção da violência de gênero nas escolas e na família", quando mencionei como acredito que deva ser a educação sobre a sexualidade na infância. E no terceiro e último livro (WERNER, 2017)[XII] escrevi o capítulo "Superando preconceitos: desafios emocionais para as famílias homoafetivas na criação e desenvolvimento de suas crianças", em que construí sugestões para as famílias lidarem com os estereótipos de gênero – que é um produto cultural – e com seus próprios preconceitos – que é uma reação da esfera individual. Na ocasião, chamei estas sugestões/orientações de "O Decálogo das Crenças Positivas na Diversidade Sexual", que serão agora apresentadas, acrescidas de pequenas modificações e atualizações, passando a chamar-se "Decálogo das Crenças Positivas na Diversidade Sexual e de Gênero":

1. Famílias deveriam ser sempre formadas por pessoas que se amam e se queiram bem, independentemente de linhagem, consanguinidade, laços de parentesco, orientação sexual, identidade de gênero ou expressão de gênero.
2. Crianças deveriam ser sempre criadas por pessoas significativas e compromissadas com seu bem-estar, capazes de perceber suas idiossincrasias nesta etapa de vida; capazes de suprir suas necessidades físicas, emocionais, sociais e espirituais, com desprendimento de tempo, para acompanhar seu desenvolvimento em todas as etapas de sua vida, inclusive em suas escolhas e decisões, independentemente de sua cor de pele, classe social, orientação sexual ou identidade de gênero.
3. Existem diversidades afetivas e sexuais que deveriam ser sempre respeitadas por todas as pessoas; ser ético nas relações sociais é o que deveria nortear o comportamento, não a orientação sexual ou identidade de gênero das pessoas.
4. Adultos felizes e saudáveis serão capazes de criar crianças felizes e saudáveis, independentemente de seu sexo biológico, orientação sexual e identidade de gênero.
5. Mães e pais deverão sempre acompanhar suas filhas e filhos, independentemente de quaisquer circunstâncias; o amor na relação entre genitoras/es e prole é o vínculo maior, e não sua orientação sexual ou identidade de gênero.
6. O "Processo de Habilitação para Adoção" deverá ser o instrumento balizador e competente para análise das pretensões à adoção por todo

e qualquer postulante, independentemente do sexo biológico, orientação sexual ou identidade de gênero.

7. As pessoas deveriam aceitar que sexualidade e suas expressões fazem parte da vida e promovem o bem-estar físico, emocional e espiritual; a prática sexual é capaz de promover o encontro entre pessoas, independentemente de sexo biológico, orientação sexual ou identidade de gênero.
8. Famílias se constroem no dia a dia, partilhando saberes e afetos, fortalecendo-se a cada nova descoberta de seus membros, independentemente de sexo biológico, orientação sexual ou identidade de gênero.
9. Cada pessoa sempre traz, em si, algo de bom para compartilhar. Se não conseguimos ver, sentir e observar isso, a dificuldade e o defeito pode estar em nós, e não na outra pessoa.
10. Todas as religiões deveriam pregar o amor, pois amar é acolher a pessoa como ela é, não como nós gostaríamos que ela fosse; ter fé e conseguir amar plenamente as pessoas como elas são é um privilégio do qual ninguém deveria abrir mão.

Conclusão

Khalil Gibran (1883-1931),[XI] ensaísta libanês, em muitos de seus poemas, descreveu a ideia de que mães e pais são o arco do qual a prole são flechas vivas, arremessadas para o mundo, bem dentro da ideia de que devemos criar nossas filhas/os/es para o mundo. Talvez esteja na hora de invertemos esta lógica e pensarmos em criar um mundo melhor para nossas filhas/os/es; talvez assim a convivência humana se torne, de fato, mais democrática, harmônica, construtiva e facilitadora para todas as pessoas habitantes deste planeta. O mundo é um só: plural, heterogêneo e diverso, por isso tão rico, fascinante e interessante. Esta ideia encontra eco na famosa frase "toda unanimidade é burra", atribuída ao grande dramaturgo brasileiro Nelson Rodrigues (1912-1980). Assim, viva a diferença, é ela que enriquece a jornada humana no planeta. Já passou da hora de pessoas

LGBTQIAPN+ desfrutarem deste mesmo mundo em igualdade de condições, de serem flechas vivas e não mortas; de viverem a equidade sexual e de gênero com toda a amplitude que esta palavra carrega.

Para as informações sobre autoria, as referências e o material de apoio deste capítulo, acesse o QR-Code.

CAPÍTULO 24

Atritos na conjugalidade

Fabiane da Silva

Psicóloga. Possui pós-graduações em Gestalt terapia e em terapia sexual. Formações nas áreas de casal e família, gênero e sexualidades.

> *"[...] meu filho me disse que o nome que eu tatuei é seu nome morto, mas como pode ser morto o nome que escolhi, a história que vivi até então como sua mãe? Queria tanto encontrar abrigo em meu marido, mas ele não consegue falar sobre o assunto."* (relato de uma mãe de um garoto transexual que atendi em psicoterapia).

Viver a conjugalidade é, na minha construção teórica e experiência, decidir enfrentar em par as travessias que a vida impõe. Escrever isso é bonito, mas viver é um dos aspectos mais desafiadores dentro de um relacionamento, especialmente quando envolve filhas/filhos/filhes. Quando estes se identificam como LGBTQIAPN+, novos desafios e atritos podem surgir na conjugalidade, tanto pela necessidade de adaptação e aceitação da identidade da filha/o/e quanto pela pressão externa da sociedade.

Este capítulo tem como objetivo discutir os atritos conjugais que podem surgir em casais que têm filhas/os/es LGBTQIAPN+, explorando as causas desses conflitos e propondo formas para enfrentá-los.

A revelação e seus efeitos na conjugalidade

A revelação/descoberta da orientação sexual ou identidade de gênero de uma pessoa LGBTQIAPN+ pode desencadear uma série de emoções em mães, pais ou responsáveis, variando desde aceitação imediata até rejeição, passando por sentimentos de culpa, medo, raiva e incerteza. Cada pessoa viverá com maior ou menor intensidade o luto pela perda da filha/o/e que foi idealizada/o/e para no seu tempo encontrar com a filha/o/e real, com sua identidade de gênero e/ou orientação sexual. Para muitos casais, essa revelação se torna um ponto de ruptura, especialmente se entre si tiverem diferentes níveis de aceitação ou reações opostas ao receber a notícia. Vale lembrar que cada pessoa do casal traz na sua bagagem suas percepções e formas de lidar com as questões de gênero e sexualidade. É comum que, em alguns casais, um dos cônjuges seja mais rápido em aceitar a identidade da filha/o/e, enquanto o outro possa demorar mais tempo ou até mesmo resistir à ideia. Essa diferença pode criar um atrito significativo, com discussões e ressentimentos surgindo de ambos os lados. Por exemplo, uma mãe ou um pai que aceita e apoia pode sentir frustração e raiva em relação à parceria que demonstra rejeição ou negação, enquanto o cônjuge que resiste pode sentir-se isolada/o/e ou incompreendida/o/e.

A revelação de uma pessoa LGBTQIAPN+ na família pode afetar a comunicação entre cônjuges, sobretudo se um deles não se sentir à vontade para expressar seus medos e dúvidas. A falta de comunicação aberta pode levar a um distanciamento emocional, exacerbando conflitos existentes e criando novos. É importante salientar que precisa ficar muito claro que apoiar a filha/o/e não significa se opor ao par como uma afronta e sim apoiar alguém que, neste momento, não precisa nada muito além do que se sentir apoiada/o/e por pelo menos alguém de seu núcleo familiar. Então, ao mesmo tempo que é importante respeitar o tempo de cada pessoa, é fundamental apoiar quem está num momento de exposição de algo muito íntimo e que necessita se sentir acolhida/o/e.

Falando em revelação, é importante também mencionar o peso que os segredos trazem para as relações. Manter segredos sobre a identidade de gênero ou orientação sexual muitas vezes apenas subentende o que já está aparente, mas ninguém tem coragem de falar abertamente. O melhor caminho se esta revelação chega em formato de confidência é fortalecer a pessoa que revela para que, ao invés de segredo, esta informação se torne algo da qual a pessoa não se envergonhe ou se intimide e possa compartilhar com as demais pessoas da família.

Pressões externas e seu papel nos conflitos conjugais

As pressões sociais e culturais desempenham um papel importante nos atritos conjugais em casais com filhas/os/es LGBTQIAPN+. A sociedade ainda carrega muitos preconceitos e estigmas em relação às pessoas LGBTQIAPN+, o que pode influenciar negativamente a maneira como os pais lidam com a situação. *"Eu confesso que para mim não muda o amor que sinto pela minha filha, mas enfrentar isso diante da família e demais pessoas da nossa convivência é assustador para mim, não consigo" (relato da mãe de uma adolescente transexual que esteve comigo em acompanhamento de terapia familiar, com os dados alterados para resguardar a privacidade).*

O papel das famílias de origem

As famílias de origem[1] dos cônjuges podem exercer uma pressão significativa, especialmente em culturas em que a homofobia e a transfobia são prevalentes. Cônjuges que sofrem pressão de seus próprios pais para "corrigir" ou rejeitar a filha/o/e LGBTQIAPN+ podem sentir-se divididos entre suas obrigações familiares e seu papel como pai ou mãe, o que pode gerar conflitos conjugais. Aqui preciso dizer que, primeiramente, é importante que vocês como família se organizem para acolher sua filha/o/e para que juntos, já fortalecidos, possam comunicar a outras pessoas importantes das relações familiares e sociais.

1 Família de origem: grupo familiar no qual a pessoa nasce e é criada, geralmente composto por pais e irmãos. Refere-se ao contexto primário de socialização e formação da identidade individual.

Expectativas religiosas e culturais

Crenças religiosas e culturais podem agravar os atritos na conjugalidade, principalmente se os cônjuges tiverem visões diferentes sobre a aceitação de uma filha/o/e LGBTQIAPN+. Por exemplo, em famílias profundamente religiosas, pode haver uma expectativa de que os pais rejeitem ou tentem "mudar"[2] a orientação sexual ou identidade de gênero da filha/o/e, o que pode ser uma fonte significativa de conflito se um dos cônjuges não compartilhar dessas crenças.

Impacto dos atritos na dinâmica familiar

Os atritos conjugais não afetam apenas o relacionamento entre cônjuges, mas também têm consequências para toda a dinâmica familiar. Filhas/os/es LGBTQIAPN+ podem sentir-se culpadas/os/es ou responsáveis pelos conflitos entre os pais, o que pode prejudicar seu bem-estar emocional e sua relação com ambos.

Quando mães e/ou pais entram em conflito devido à identidade de gênero ou orientação sexual da filha/o/e, esta/e/u pode internalizar a culpa, sentindo-se responsável por causar sofrimento ou discórdia na família. Essa situação pode levar ao desenvolvimento de problemas emocionais e de saúde mental, como ansiedade e depressão.

Irmãs/irmãos de pessoas LGBTQIAPN+ também podem ser afetadas/os/es pelos atritos conjugais. Podem sentir-se pressionadas/os/es a escolher lados ou até mesmo internalizar os preconceitos dos pais, o que pode gerar tensão entre os irmãos e comprometer a unidade familiar.

2 Sugerimos a leitura do capítulo "'Cura gay': a necessidade de combater a desinformação" [N.O.].

E então, como é possível lidar com a diversidade na relação conjugal e na família?

Apesar dos desafios, há várias estratégias que os casais podem adotar para gerir e superar os atritos conjugais decorrentes da revelação de uma filha/o/e LGBTQIAPN+.

1. Conversem, conversem, conversem. Conversem para compreender e acolher o par e não para julgar. A comunicação é fundamental para lidar com os atritos conjugais que podem surgir; é preciso profunda sensibilidade e delicadeza para compreender as dificuldades oriundas de crenças que se tornam barreiras. Lembrem-se de que não se trata de um embate de convencimento, mas de uma abertura para acolher a diversidade de uma pessoa da família que precisa se sentir incluída e aceita para poder se colocar no mundo, acreditando em suas potências. Quando o casal sozinho não consegue conversar e encontrar juntos um caminho, a terapia de casal pode ser uma ferramenta valiosa para facilitar essa comunicação.
2. Buscar apoio externo, seja através de grupos de apoio para mães/pais/responsáveis de filhas/os/es LGBTQIAPN+ ou de terapia familiar, pode ajudar a aliviar a tensão e fornecer as ferramentas necessárias para lidar com suas emoções de maneira saudável.
3. Educar-se sobre as questões LGBTQIAPN+ pode ajudar mães/pais/responsáveis a entender melhor as experiências de suas filhas/os/es reduzindo o medo e a incerteza que muitas vezes contribuem para os atritos conjugais. Ler livros, assistir a documentários e participar de *workshops* são maneiras eficazes de adquirir conhecimento.
4. Atritos na conjugalidade são comuns em casais com filhas/os/es LGBTQIAPN+, mas não precisam ser um ponto de ruptura. Com comunicação, apoio e educação, os casais podem superar esses desafios e fortalecer suas relações. Proporcionar um ambiente seguro e acolhedor para as filhas/os/es deve ser sempre uma prioridade, e mães/pais/responsáveis têm um papel crucial na construção dessa segurança.

No QR-Code seguem algumas indicações que podem ajudar vocês como casal e como mães/pais para uma construção saudável da conjugalidade diante da diversidade que chega desafiadora, mas que pode ser uma grande oportunidade para novos ajustamentos no casal e na família.

Você encontrará também, as informações sobre autoria e as referências deste capítulo.

CAPÍTULO 25

Religiosidade

Adriane Mussi

Psicóloga. Mestre em Psicologia. Possui pós-graduação em Sexualidade Humana e bacharelado em Direito.

Luiza Ferrario Genez

Psicóloga. Possui pós-graduação em Sexologia e Saúde.

Todos nós em algum momento da vida já nos deparamos com perguntas sobre quem somos, de onde viemos, para onde vamos. As *questões existenciais* perpassam a nossa vida e muitas vezes encontramos as respostas que buscamos nas religiões. A religião nos ensina sobre valores, crenças e nos dá parâmetros sobre como viver a nossa vida de acordo com a nossa fé (GAARDER *et al.*, 2005).

Estudos demonstram que a religião, a religiosidade e a sexualidade estão interligadas desde os primórdios da sociedade e seus preceitos variam conforme a cultura e o tempo histórico em que estão inseridos (MULLER, 2013; MONTEIRO, 2015; NOLETO, 2016; LINS, 2017). Essa interligação, em contrapartida, nem sempre é vivenciada com leveza e pode estar sendo um conflito para vocês, cuidadoras/es, que chegam a essa altura do livro, não é mesmo?

Deparando-nos com este possível conflito, queremos trazer algumas considerações. A primeira delas é que é inegável que religiosidade e sexualidade possuem mais pontos em comum do que parece em um primeiro olhar. Estes dois campos aparecem como esferas na identidade de um indivíduo. São, ao mesmo tempo, pilares que ajudam a construir e sustentar a forma como a gente se entende por gente. Ambos possuem influências que alcançam, cada qual a seu modo, questões como as relações interpessoais, as intimidades, a relação com o próprio corpo, o âmbito sociocultural e o intrapsíquico do sujeito (HENNING-GERONASSO; MORÉ, 2015).

Posto isso, também vale considerar o caráter mutável dessa interligação e de como ela é influenciada pelo tempo e contexto. É notório que muitos preceitos veiculados pelas religiões debatem a sexualidade e instruem sobre comportamentos sexuais e/ou as formas (in)adequadas de sentir e de ser. Para algumas religiões, temas como gênero e diversidade sexual são delicados e têm sido abordados de diferentes formas ao longo da história. Pois é, nem sempre a visão das religiões sobre corpo e sexualidade foi a mesma.

Vamos trazer, neste momento, alguns exemplos a partir da ótica católica, apenas para ilustrar nossos argumentos: durante a Idade Média, qualquer coisa que tornasse um corpo mais atraente era vista como pecado, inclusive tomar banho. Então, a sujeira era uma virtude e os piolhos eram chamados de "pérolas de Deus", pois eram uma marca de santidade (LINS, 2017). Hoje isso parece impensável e até perigoso para a saúde, não é?

Um outro exemplo interessante desta época é o casamento continente, tido neste período histórico como o "sonho cristão", nas palavras de Santo Agostinho. Nesta modalidade de casamento, os cônjuges se abstinham de relações sexuais e esta postura tornava esse casamento a forma mais elevada de união entre um homem e uma mulher. Mesmo que esse casamento não fosse o mais comum, era o intelectualmente mais desejado, uma vez que o sentimento do amor deveria ser voltado somente a Deus, e duas pessoas que se amassem reciprocamente eram transgressoras. Inclusive, até então, o amor entre homens e mulheres era considerado vulgar e um pecado (LINS, 2017).

Num olhar mais contemporâneo, vemos discussões sobre pessoas divorciadas que se casam novamente poderem comungar ou não, em que o Papa Francisco, de maneira resumida, afirmou que desde que considerados alguns critérios basilares, pode-se reconsiderar a proibição acerca do ato de comungar (ZACHARIAS, 2021) ou outras discussões sobre a presença e/ou os comportamentos de pessoas homossexuais na religião católica (AQUINO, 2014).

Vemos, nestes exemplos, que a postura de uma religião diante de uma temática pode mudar no decorrer do tempo. Salzman e Lawler (2012), professores de teologia, ensinam que é preciso pensar a religião, como a católica, através de uma perspectiva sócio-histórica. Isso quer dizer que não é possível considerar o que pensadores como Santo Agostinho disseram, séculos atrás, sem que haja uma interpretação contemporânea, pois o conhecimento que detinham à época sobre corpo, prazer ou sexualidade não pode ser a única fonte para um juízo moral no presente.

Convidamos vocês, neste momento, a refletirem sobre os preceitos da religião que seguem. Eles sempre foram os mesmos? O que você pensa e como se sente sobre eles?

Estes exemplos históricos indicam para nós que a relação entre diversidade sexual e religiosidade é permeada de altos e baixos ao longo da história e também tem um caráter flexível. Os posicionamentos que as religiões adotaram em relação ao ser humano, ao prazer, ao certo ou errado e aspectos como orientação sexual ou identidade de gênero nem sempre foram os mesmos e demonstram que tais posições ou crenças também podem ser mutáveis e atualizadas com o tempo, ainda que isso não seja fácil ou totalmente aceito por quem as segue. Como estamos falando de uma flexibilidade que muitas vezes demora séculos para ocorrer, é claro que pensar em ter essa flexibilidade dentro de nós nem sempre é fácil, de fato.

Mas como, então, conciliar a minha fé com a minha sexualidade ou com a sexualidade das pessoas que eu amo? O que fazer quando a nossa religião entra em desacordo com o que está acontecendo dentro de casa? Existem caminhos possíveis entre a religião e a diversidade sexual?

Para começar a (tentar) responder algumas dessas perguntas, é importante lembrarmos que filhas/os/es, muitas vezes, também estão vivendo esse conflito ou essas perguntas do lado de lá. Quando somos adultos, temos a escolha em seguir aquele preceito religioso ou não segui-lo, de acordo com a decisão que parecer mais acertada individualmente. Porém, quando somos adolescentes, há uma série de conflitos, indefinições e confusões, tudo acontecendo ao mesmo tempo – o que pode gerar sofrimento, especialmente para a população LGBTQIAPN+.

Pessoas que expressam sua sexualidade de um modo considerado inadequado ou mesmo proibido por sua crença religiosa podem se deparar com um desacordo entre a expressão da intimidade e as normas difundidas ou recomendadas pelas religiões das quais são praticantes (REESE; STEFFENS; JONAS, 2014), bem como a partir dos discursos reproduzidos por seus seguidores. Isso pode ser bastante desorganizador para quem experiencia essa confusão e precisa ser considerado por todos ao redor. Afinal, a saúde mental e o amor por aquelas/es/us que são importantes para nós devem vir em primeiro lugar.

Esse sofrimento é intensificado especialmente pelos que desejam viver sua orientação sexual ou seu gênero sem abandonar essa crença religiosa ou sua relação pessoal com a fé. Sem abrir mão de uma das esferas que os constituem, como falamos anteriormente, lembram? Nesse aspecto, entendemos que talvez não seja possível, ou ao menos saudável, que um destes pilares que constroem a identidade dessa nossa criança ou adolescente seja abdicado em detrimento do outro. Nessa perspectiva, parece viável que existam maneiras particulares e individuais, não só de expressar sua sexualidade, mas também de viver os ensinamentos religiosos e se manter em conexão com a fé. Essa lógica nos encaminha para a consideração de um outro fator crucial na relação entre sexualidade, religião e filhas/os/es, que pode auxiliar em alguns esclarecimentos: a autonomia.

Dar autonomia, nestes casos, não é permitir que jovens expressem sua sexualidade da forma que bem entenderem, mas é compreender que elas/es/us têm sua individualidade e são capazes de, aos poucos, irem fazendo suas escolhas e filtros, tanto no que diz respeito à sexualidade como à religião, sem anular algumas delas. Acreditamos que existe um meio do caminho e que ele pode estar também na possibilidade de jovens LGBTQIAPN+ transformarem, reinterpretarem e questionarem as crenças que geram neles sentimento de culpa ou baixa autoestima, permitindo criar e desenvolver religiosidades ou leituras dessas, de modo autônomo, através de um exercício de liberdade de crença, a fim de preservar sua saúde mental. Pensar nisso é entender que filhas/os/es acabarão tendo as suas próprias experiências e seguirão, tanto sexualidade como religiosidade, à sua própria maneira. E desejamos, daqui, que seja uma maneira leve e saudável, não é?

Vamos fazer uma metáfora: eu não consigo aprender a nadar por outra pessoa, consigo? Cada pessoa precisa entrar na água e, a partir de alguns ensinamentos teóricos, sentir na própria experiência, única e intransferível, como boiar na água, como dar as braçadas, como respirar... ou até mesmo qual modalidade de natação se sente mais confortável para praticar. E mais! Somente ela poderá dizer se é realmente a natação ou se é outro esporte que pretende ser seguido. Afinal, não tem um esporte melhor ou pior, não é? Tem o que faz mais sentido para cada pessoa.

Vale lembrar que a adolescência é uma fase de muitas mudanças e transformações, que podem trazer ansiedade, surpresas, medos, alegrias e tantos outros sentimentos que podem tornar mais desafiador encontrar o que faz sentido pessoalmente. Resta a mães, pais e responsáveis a possibilidade de muni-las/os/es de informação e acolhimento, para que essa liberdade e experiência particular seja facilitada e aconteça da melhor maneira possível, entendendo que é a pessoa adulta que deve oferecer um espaço seguro para que a pessoa jovem possa se abrir em relação a essas questões que geralmente vêm acompanhadas de uma série de dúvidas e dificuldades.

Vimos até aqui que a sexualidade é um conceito amplo, interligado com a religião, e que a posição de vocês, mães, pais e responsáveis, diante da vivência de suas crianças e adolescentes é significativamente atravessada por suas próprias crenças e percepções pessoais, o que pode ser bastante confuso para vocês e para elas/es/us.

Reconhecemos também o quanto essas crenças têm sido adaptadas com o passar do tempo pelas religiões e que todo o panorama apresentado no capítulo ainda não fornece todas as respostas desejadas para essas confusas e inquietantes questões que podem surgir ao pensar nos temas de religião e sexualidade. Diríamos que obtê-las integralmente seria um caminho árduo, de fato, quase impossível, mas que confiamos que vocês podem caminhar em conjunto com filhas/os/es nesse processo e encontrar respostas juntos. Lembrando que, no fim das contas, cabe à/ao própria/o/e jovem entender seus sentimentos e o caminho que irá seguir, mas pode receber ajuda e acompanhamento em meio a tudo isso.

Ademais, não temos como afirmar qual religião é a "mais certa" ou "mais verdadeira", tampouco se os ensinamentos de cada religião são "certos ou errados". Nem nos caberia tais conclusões. Cada pessoa vai se sentir mais próxima de uma religião e há aquelas pessoas que não escolhem religião alguma, inclusive (MULLER, 2013).

O que desejamos que fique de mensagem neste capítulo, diante de todo o exposto, é o respeito. O respeito às religiões e o respeito às identidades, às sexualidades, às orientações sexuais, às necessidades, aos sentimentos e às nossas escolhas e de quem amamos. É possível encontrar vias afetuosas com quem ou o que é diferente de nós.

É preciso, portanto, compreendermos que existe uma pluralidade de religiões e de formas de viver a sexualidade, que convivermos respeitosamente diante dessa pluralidade, caminhando para um núcleo familiar mais acolhedor e ameno, possa ser o caminho mais ideal.

Para as informações sobre autorias e as referências deste capítulo, acesse o QR-Code.

CAPÍTULO 26

"Cura gay": a necessidade de combater a desinformação

Fernanda Cabral Bonato

Psicóloga. Professora e pesquisadora em gênero/sexualidade. Doutora e Mestre em Psicologia. Possui pós- graduações em Terapia Cognitivo-Comportamental e em Sexualidade Humana.

Robson Girardello

Psicólogo. Possui pós- graduações em Psicologia Analítica, em Sexualidade Humana e em Transtorno do Espectro Autista. Formação em Sexologia Clínica.

Rodrigo Gouvêa

Psicólogo. Professor. Possui pós- graduações em Psicologia Junguiana, em Terapia de Casal e Família, em Sexologia. Formação em Arteterapia.

> Não é justo que um beijo inicie uma guerra
> Que ser diferente torne a vida severa
> *Renato Enoch* (cantor e compositor)

Durante a produção deste capítulo, chega a notícia da morte de Letícia, uma mulher trans, suicidada[1] (entendemos que a jovem de 22 anos tira sua vida por pressão social e religiosa) após a "destransição" e por se apaixonar por um colega. Foi forçada a jejuar, manter performance dita masculina e em um dos seus últimos vídeos Letícia falava sobre estar lutando contra a carne e o espírito. Após seu falecimento, seu pastor (que se diz "ex-traves-

---

1 O termo "suicidada" pode ser usado para se referir a pessoas que morreram por suicídio devido à violência psicológica, discriminação, preconceito ou exclusão social que enfrentaram por causa de sua identidade de gênero ou orientação sexual. Ele ressalta como essas condições sociais e estruturais contribuíram para o ato, sublinhando a responsabilidade coletiva em criar ambientes mais inclusivos e seguros. O termo também é utilizado para chamar atenção ao impacto negativo da transfobia e da homofobia em vidas vulneráveis.

ti") foi a público usando o nome morto[2] dela (que não reproduziremos aqui) dizendo que ela perdeu a luta para as drogas e que tem centenas de pessoas buscando sua ajuda, e que ele lutará contra LGBTs, pois entende que seria pecado, doença e abominação.

Relatos como esse são comuns e é preocupante o número de casos envolvendo a tal "cura gay", apelido dado para práticas que tentam fazer com que uma pessoa LGBTQIAPN+ se torne uma pessoa cis-heterossexual. É necessário enfatizar que, embora existam práticas que afirmem fazer essa readequação de pessoas LGBTQIAPN+ a um sistema heterocisnomativo, seu resultado é uma falácia que oprime e marca a vida das pessoas. São práticas com raízes no controle dos corpos, vidas, comportamentos, ditando uma forma única e restrita, tida por eles como a correta, de ser e se relacionar.

Neste capítulo, veremos dois tipos comuns de cura gay, as terapias de conversão feitas por alguns profissionais da psicologia (lamentavelmente) e a ideia de cura em esferas religiosas, em especial cristãs.

O que está por trás da cura gay

Como já citado inúmeras vezes nesse livro, vivemos em uma sociedade heterocisnormativa e, com isso, tudo o que foge a essa tal norma deve ser corrigido e acertado. Para Ueti (2023, s/p):

> A modernidade e "pós-modernidade" trouxeram à tona (fizeram mais visível) este desafio da convivência humana, tão antiga quanto o próprio mundo. Como conviver com o que é diferente de mim ou do que minha sociedade determinou como "norma" (normal)? Obviamente quando essa pergunta surge como problema, entendemos que falta informação óbvia de que normas mudam com o tempo, elas se adaptam. Como "harmonizar" com a criação de Deus? As estatísticas demonstram que ser diferente da "maioria" tem sido motivo de imputação de atos violentos, incluindo assassinato. A educação assediadora e violenta para a normalidade (seja normal,

2 *Nome morto* é o nome dado no nascimento e não mais usado por se identificar com outro gênero e nome.

> seja como as outras pessoas) tem se demonstrado nociva e adoentadora das pessoas como indivíduos e das sociedades. O diferente e o divergente (características espirituais fundamentais da espiritualidade cristã) se tornaram intoleráveis, hereges, impossíveis de conviver, precisam ser apagados da existência. Isso é perverso e está tomando conta dos discursos religiosos entre nossas comunidades cristãs.

O termo *LGBTQIAPN+fobia* refere-se às diversas formas de violência dirigidas à comunidade LGBTQIAPN+ e é mais amplo do que o termo *homofobia*, que foi, por muito tempo, utilizado para descrever essas formas de agressões (ANTRA; ABGLT, 2020).

Essas violências podem manifestar-se por meio de atitudes e sentimentos hostis motivados pela orientação sexual ou identidade de gênero das pessoas. Frequentemente, tais ações têm raízes em fatores como desconhecimento, valores morais sustentados por argumentos simplistas, preconceitos alimentados por visões religiosas, invisibilidade social, ignorância ou estigmatização de indivíduos dessa comunidade (ANTRA; ABGLT, 2020).

Segundo Coelho, Delsidério e Rocha (2023), a LGBTfobia pode ser compreendida como um mecanismo intencional e historicamente construído nas sociedades, com objetivos específicos e uma função ideológica. Essa ideologia promove a recusa e a ausência de uma análise crítica da história, dificultando qualquer tentativa de questionar ou deslegitimar esse sistema opressor. O termo abrange um conjunto de práticas e mecanismos sociais destinados a discriminar, violentar ou marginalizar pessoas cuja orientação sexual ou identidade de gênero não se enquadram nos padrões legitimados pela sociedade.

Em contexto religioso, diversos textos bíblicos, por tempos, foram e são usados para deslegitimar a vivência e expressão de pessoas LGBTQIAPN+, com interpretações erradas e tendenciosas como a ideia da história de Sodoma e Gomorra ser sobre homossexualismo (escrito com o sufixo "ismo" de maneira proposital, pois é o que muitas vezes é propagado ao interpretar esse texto), a ideia reprodutiva da criação de Adão e Eva, entre outras. Vale ressaltar que a LGBTQIAPN+fobia pode acontecer em diversas religiões, mas algumas vertentes do cristianismo são mais comumente utilizadas para este fim.

Todavia, nas últimas décadas, inúmeras pessoas, organizações, sociedades e países começaram não só a questionar essas crenças, principalmente de que somente relações afetivas sexuais fariam parte do comportamento sexual humano, assim como apontar para inúmeras violações de direitos humanos diante das incontáveis agressões sofridas pela população LGBTQIAPN+, simplesmente por elas/es/us serem quem são e amarem que amam.

Foi somente em 2011 que a Organização das Nações Unidas (ONU) reconheceu oficialmente que os direitos LGBT integram os direitos humanos universais. Essa decisão foi consolidada pela Resolução nº A/HRC/RES/17/19, aprovada pelo Conselho de Direitos Humanos das Nações Unidas (CDHNU) em 17 de junho de 2011, na qual a CDHNU manifestou séria preocupação em relação aos atos de violência e discriminação cometidos globalmente contra pessoas devido à sua orientação sexual ou identidade de gênero (Conselho de Direitos Humanos das Nações Unidas, 2011).

Essa Resolução foi fundamental para diversos países começarem a criar iniciativas governamentais a fim de combater as violências sofridas pela população LGBTQIAPN+, incluindo o Brasil, que anteriormente já havia desenvolvido o programa "Brasil sem homofobia" (Brasil, 2004), mas posteriormente promulgou outros documentos visando garantir os direitos da população LGBTQIAPN+, como a Lei nº 12.852, de 5 de agosto de 2013, chamada de "Estatuto da Juventude", que estabelece medidas de proteção à juventude, incluindo aspectos relacionados à orientação sexual e identidade de gênero e a decisão nº 1.062 do Supremo Tribunal Federal (STF), que em 13 de junho de 2019 equiparou a LGBTfobia ao crime de racismo, garantindo maior proteção jurídica para vítimas de homofobia e transfobia.

No que tange especificamente a profissionais da Psicologia, um grande avanço do Conselho Federal de Psicologia foram as promulgações das Resoluções 01/1999, que estabelece normas de atuação para os psicólogos em relação à questão da Orientação Sexual; 01/2018, que estabelece normas de atuação para as psicólogas e os psicólogos em relação às pessoas transexuais e travestis; 08/2022, que estabelece normas de atuação para profissionais da psicologia em relação às bissexualidades e demais orientações não monossexuais; e da Resolução 16/2024, que estabelece normas de atuação para a categoria profissional em relação às pessoas intersexo. Todavia, apesar de todas essas resoluções serem um avanço na tentativa de garantir direitos à população LGBTQIAPN+, é importante pontuar que todas elas sofreram diversas tentativas de repúdio. A 01/1999, por exemplo, foi alvo de Ação Popular por um grupo de psicólogas/os que defendem as terapias de conversão, no ano de 2017; e a 01/2018 teve uma Ação Civil Pública com vistas a suspender o documento após poucos dias de lançada. Bicalho (2022, p. 6) reforça: "Vale ressaltar que os ataques que as Resoluções nº 01/1999 e nº 01/2018 sofreram (e sofrem) foram e são marcados fortemente por motivação religiosa de sujeitos fundamentalistas".

A Psicologia desempenha um papel crucial quando alinhada aos princípios dos Direitos Humanos. No entanto, é evidente como os discursos religiosos, em alguns contextos, tentam influenciar essa atuação. Isso pode ser observado em episódios envolvendo psicólogas/os que defendem a retomada da chamada "cura gay" e buscam invalidar ou revogar a resolução do Conselho Federal de Psicologia (CFP). Por isso, essas resoluções são tão importantes, porque elas não apenas reafirmam que a homossexualidade, por exemplo, não é considerada doença mental, distúrbio ou perversão, mas estabelecem, como princípio ético, o compromisso com a não discriminação. Assim, combater o preconceito e a estigmatização de práticas ou comportamentos homoafetivos faz parte do campo da Psicologia (MOUNTIAN, 2016).

O que é a tal "cura gay"?

Ao longo da história, as ciências médicas e psicológicas trataram a heterossexualidade como o único padrão considerado normal e saudável para a sexualidade humana. Com isso, orientações não heterossexuais foram estigmatizadas, vistas como desvios, sinais de loucura ou até mesmo alvo de desprezo. Essa visão foi amplamente adotada pela psicologia e pela psiquiatria durante grande parte do século XX, mas no decurso do tempo essas mesmas ciências passaram a reconhecer que orientações sexuais distintas da heterossexualidade não se constituíam como uma patologia, mas sim uma identidade e orientação sexual que não poderiam ser curadas por meio de tratamentos de reversão sexual por fazerem parte de uma variação do comportamento afetivo/sexual humano (SOARES et al., 2022).

Todavia, apesar de as orientações afetivo-sexuais diversas terem sido amparadas pela ciência como sendo variações normais do comportamento humano, bem como asseguradas por dispositivos legais, observam-se, ainda nos dias atuais, práticas ilegais que tentam forçar tratamentos de reversão sexual, popularmente conhecidos como "cura gay". Essas práticas são conduzidas, muitas vezes, sob o respaldo de discursos religiosos ou ideológicos que desconsideram os avanços científicos e os direitos humanos (NOVAES, 2021).

A ideia de "cura" da homossexualidade tem ganhado força no Brasil com o avanço do conservadorismo. Esse debate atravessa os campos religioso, político e científico, sendo este último frequentemente utilizado para dar aparente validade à reversão sexual em apoio às agendas religiosas e políticas. Nesse contexto, surge uma vertente pseudocientífica que busca legitimar posições conservadoras, fortemente influenciadas pela religiosidade e que se infiltra no campo político com o objetivo de legalizar terapias de reversão sexual (NOVAES, 2021).

Em diversos países, ainda é possível encontrar profissionais da saúde que utilizam suas convicções religiosas para justificar posicionamentos controversos em relação à homossexualidade. No Brasil, destaca-se o caso de "psicólogas/os cristãos" ligados a correntes evangélicas, que defendem abertamente o direito de oferecer intervenções terapêuticas com o objetivo de reverter a orientação sexual. Esses tratamentos, conhecidos popularmente como "cura gay", desafiam tanto o consenso científico estabelecido pela Psiquiatria e pela Psicologia – que nas últimas décadas do século XX deixaram de classificar a homossexualidade como patologia – quanto os princípios jurídicos do Estado, que garantem o reconhecimento igualitário da diversidade sexual (SOUZA, MAGALHÃES; REIS, 2018).

Ao insistir em tratar a diversidade sexual como algo a ser corrigido, tais ações reforçam preconceitos e perpetuam a marginalização da população LGBTQIAPN+. Além disso, essas intervenções ilegais violam diretrizes estabelecidas por organismos como o Conselho Federal de Psicologia (CFP) e a Organização Mundial de Saúde (OMS), que condenam qualquer forma de tentativa de "cura" para orientações não heterossexuais, reafirmando que essas são expressões naturais da sexualidade humana.

Especificamente em relação ao conceito de "cura gay", Ícaro (2021) nos explica que a expressão refere-se ao debate público que ocorre em diversos espaços, envolvendo a ideia de reverter a homo/bissexualidade para a heterossexualidade por meio de intervenções psicológicas, psiquiátricas e, eventualmente, práticas religiosas. Inicialmente, a expressão surgiu de maneira pejorativa, sobretudo para descrever a posição defendida por algumas/alguns profissionais da psicologia que apoiam a realização dessas práticas.

Segundo o *Relatório do Especialista Independente sobre orientação sexual e identidade de gênero sobre terapias de conversão*, solicitado pela ONU em 2020 (MADRIGAL-BORLOZ, 2020), a "terapia de conversão" é um termo abrangente utilizado para descrever intervenções de diferentes naturezas, todas baseadas na crença de que a orientação sexual ou identidade de gênero de uma pessoa pode e deve ser alterada. Segundo o mesmo relatório, essas práticas têm como objetivo mudar pessoas gays, lésbicas ou bissexuais para heterossexuais e de pessoas trans ou de gênero diverso para pessoas cisgêneras.

O Outright Action International (2024, p. 5) nos informa que as terapias de conversão, usualmente chamadas no Brasil como terapias de "cura gay", são "práticas destinadas a suprimir ou mudar a orientação sexual de uma pessoa, identidade de gênero ou expressão de gênero com base na doutrinação cisgênero e heteronormativa e na suposição incorreta de que a orientação, a identidade ou a expressão de tal pessoa não é normal".

Mas afinal, no que se constituem essas práticas?

Dependendo do contexto, o termo é empregado para uma variedade de práticas e métodos, alguns dos quais são clandestinos e, por isso, mal documentados.

Os/As autores/as das práticas de "terapia de conversão" costumam ser pessoas prestadoras de serviços de saúde mental públicos e privados, organizações religiosas, curandeiros tradicionais e agentes do Estado, assim como membros da família e da comunidade, autoridades políticas e outros agentes que se utilizam de técnicas pseudocientíficas, como aconselhamento, hipnose ou tentativas de associar sentimentos homoafetivos a estímulos negativos visando tentar mudar a orientação sexual. Práticas como exorcismos, orações intensivas, jejuns e "retiros espirituais" são frequentemente usadas em contextos religiosos para tentar "expulsar demônios" ou "curar" a homossexualidade (OUTRIGHT ACTION INTERNATIONAL, 2024; MADRIGAL-BORLOZ, 2020).

O aconselhamento familiar coercitivo também é uma prática utilizada e que se enquadra naquilo que se chama "cura gay", caracterizando-se como intervenções por parte de familiares, muitas vezes apoiados por líderes religiosos ou profissionais inadequada/os, que têm o intuito de "reeducar" a pessoa para seguir padrões heteronormativos (OUTRIGHT ACTION INTERNATIONAL, 2024; MADRIGAL-BORLOZ, 2020).

Nesse mesmo sentido, grupos de apoio ou "reabilitação" também são realizados por essas terapias de conversão, sendo promovidos por organizações ou comunidades que promovem palestras e workshops voltados para "abandonar" a homossexualidade, frequentemente utilizando técnicas de culpa e controle emocional (OUTRIGHT ACTION INTERNATIONAL, 2024; MADRIGAL-BORLOZ, 2020).

O que leva uma pessoa a procurar cura?

É comum que a pessoa que busca esse tipo de "ajuda" mencione os conflitos e o desespero. Uma certa confusão e sentimento de culpa levam a pessoa a condenar sua identidade de gênero ou orientação afetivo-sexual como desviante de uma ideia de normalidade. Essa pessoa, com a interiorização das pressões sociais, entende que precisa fazer algo para mudar, sentindo-se perdida, e assim buscar suporte externo para o alívio. Dessa forma, a busca por terapias de conversão, ou "cura gay", é frequentemente motivada por uma combinação de fatores sociais, culturais, psicológicos e religiosos (DROMER et al., 2022).

A pressão social e familiar é uma das principais causas, pois muitas pessoas se sentem obrigadas a mudar sua orientação sexual ou identidade de gênero para atender às expectativas de suas famílias, amigos ou comunidades. A conformidade com os padrões heteronormativos ou cisnormativos é frequentemente vista como uma condição necessária para evitar a rejeição e a discriminação, o que leva essas pessoas a procurarem formas de alterar suas identidades para se encaixarem nessas normas (OUTRIGHT ACTION INTERNATIONAL, 2024).

Outro fator relevante são as crenças religiosas, especialmente em contextos nos quais a homossexualidade ou a identidade de gênero diversa são consideradas pecaminosas ou aberrantes. Indivíduos que seguem essas doutrinas podem sentir-se pressionados a buscar terapias de conversão, acreditando que mudar sua orientação sexual ou identidade de gênero é um requisito para sua salvação ou aceitação divina. Essas crenças podem ser tão profundas que a pessoa vê a "cura" como uma necessidade vital para atingir a aceitação espiritual, o que reforça a ideia de que sua identidade é algo a ser corrigido (OUTRIGHT ACTION INTERNATIONAL, 2024).

Além disso, a falta de compreensão e apoio social, junto com a falta de educação sobre diversidade sexual e de gênero, pode aumentar a vulnerabilidade de algumas pessoas a essas práticas. O estigma e a exclusão que muitas/os/es enfrentam em relação à sua identidade sexual ou de gênero podem fazer com que busquem desesperadamente por soluções em terapias de conversão. A influência de grupos conservadores e ideologias que defendem a "cura" também desempenha um papel importante, ao convencer essas pessoas de que a mudança é possível e desejável. Isso pode ser particularmente prevalente entre aquelas pessoas que enfrentam desespero e vulnerabilidade emocional devido a experiências de rejeição ou abuso, levando-as a acreditar que a "cura" é a única saída para seu sofrimento (DROMMER et al. 2022).

Relato de uma "cura gay" por um dos autores

Diferentemente de várias pessoas que passaram pela "cura gay", não nasci em um lar dito cristão. Uma tia de consideração fez o convite para a igreja evangélica após me ver ir para a igreja católica para um evento com minha mãe. Logo de início, amei a Escola Bíblica Dominical e seus estudos me ganharam, tinha 6 anos. Sempre fui uma criança "mais viada", com expressões ditas femininas, com trejeitos, que meus pais, em especial minha mãe, tentaram controlar. Ela não me abraçava muito, pois isso era coisa de menina, me incentivava a não brincar de ser professor pelo mesmo motivo e tinha controle velado da minha forma de andar, vestir e falar.

Com 9 a 11 anos comecei a ter desejos por meninos, além do desejo das meninas. Sonhava que beijava um amiguinho lindo da sala e ficava constrangido quando estava perto dele. Ter aqueles sentimentos eram agradáveis, mas ao mesmo tempo dolorosos, pois apontava para algo que eu não "queria" ser, ou melhor, não podia ser.

Anos se passaram e descobri as fitas de pornô gay e as G magazines do meu irmão gay, assim como as Playboys do meu irmão hétero. Era uma confusão de desejo, eu era homo ou hétero (bissexualidade não se passava na minha cabeça). No final, pensava que era mais fácil ter desejo por mulheres e que assim teria minha salvação.

Quando minha mãe achou que eu estava ficando com um amigo (e bem que eu queria), fez questão de falar que não teria preocupação por ela, mas que eu deveria esconder do meu pai, irmãos e com isso da sociedade. Apesar de uma certa aprovação por ela, a fala evidenciava uma sexualidade errada.

Me apaixonei, me culpei, desejei a morte e um dia encontrei, pela internet, um grupo religioso que poderia me salvar. Esse grupo estava finalizando no Brasil, e logo me indicaram outro, do qual fiz parte por quatro anos. Na descrição do grupo havia a descrição do objetivo: "aconselhar pessoas que vivem com conflitos homossexuais e também prestar apoio a seus familiares e cônjuges. É um grupo que possui uma liderança polidenominacional de voluntários dentro da esfera cristã evangélica".

Consistia em atendimento individuais e em grupos, e todo ano havia um retiro e seminários para se trabalhar questões da infância e adolescência. Tudo era obrigatório; e se algo fosse feito diferente, havia punição com exposição pública. Eram quatro grupos regulares, em que havia um sistema de hierarquia e nível, à medida que você fosse ficando "melhor", ou seja, livre das tentações e dos atos ditos pecaminosos. Embora afeminado, pouco falavam do meu andar ou gesticular, mas vi grandes amigues recebendo punição pelo modo de andar, sofrendo correção pública.

Havia um grupo apenas para mães, pais e responsáveis e fui obrigado a contar para o meu pai, já que minha mãe já havia falecido. Esse grupo era formado por mães, pais e responsáveis de pessoas que estavam no processo de "cura gay", além de pessoas que não estavam em processo, mas seus familiares se encontravam em busca do que acreditavam ser uma cura para essas pessoas. No retiro e seminário, havia pouco lazer; o foco era a exposição da vida, com palestras, atividades e aconselhamento.

O contato com lugares ou pessoas "perigosas", ou seja, do "mundo LGBTQIAPN+" deveria ser deixado de lado. E o contato com amigues era limitado, pois a programação acontecia uma vez por semana de forma individual, e duas vezes por mês em grupo aos finais de semana. Como havia baixa tolerância a faltas, havia o estímulo para faltar em programações que não fossem aquelas realizadas pelo grupo, incluindo festas de casamentos e aniversários, o que era reforçado com a fala: "você precisa decidir sobre o seu processo de libertação". Contatos entre os participantes do processo eram proibidos em todo esse cenário; por isso, o isolamento era presente.

Nunca presenciei agressão física no grupo e havia sugestão para atividades físicas, desde que fosse algo coletivo para se trabalhar a socialização, e algo que não estimulasse o desejo sexual. Terapia era sugerido, desde que por profissionais apoiadoras/es da "cura gay" e de preferência religiosos.

Havia um sistema de moradia, em que pessoas do processo eram incentivadas a morar. A ideia era a reconstrução do afeto familiar, uma vez que acreditavam que a homossexualidade era fruto de uma família desestruturada, pai ausente, identificação com a mãe e violências sexuais. Entendiam que por trás da homossexualidade existia um tripé: orgulho, autossuficiência e egoísmo, sendo, portanto, a necessidade de submissão. Nesta casa, a identificação com algo "saudável" era na verdade um sistema de controle e, para alguns, algo parecido com um cárcere privado.

A busca por padrões vinculados socialmente com a masculinidade era constante, com controle do comportamento, roupas, falas e atitudes. Tudo o que parecesse do outro gênero deveria ser evitado, até brincadeiras na piscina, pois poderiam representar nado artístico, que para o grupo era algo feminino. Não existiam profissionais da psicologia no processo, mas alguns davam palestra, além de serem referência teórica. Vários livros eram indicados para reforçar a teoria. Quando tive alta prolactina, sem causa definida, talvez por genética ou estresse, fiz uso de um remédio que aumentava o efeito da testosterona, o que poderia elevar a libido e fui aconselhado a parar o uso, o que não fiz. Este fato evidencia o quanto o objetivo do grupo, para alguns, ia além de aspectos de saúde física e mental.

Alguns perguntariam o motivo de estar dentro deste lugar e acredito que há diversas respostas, mas resumo na palavra DESESPERO. E entender que sua sexualidade e fé não podem caminhar juntos, que isso pode te levar para o inferno (embora algo menor para mim) e, principalmente, que sua sexualidade pode entristecer Deus era avassalador.

Compreendo que, por ter estado nesse "processo de cura gay", tive diversos prejuízos, como não ter vivenciado relações e oportunidades que muitas pessoas vivem na adolescência, não poder declarar minha paixão a um amigo, me sentir culpado o tempo todo, achar que ia ser punido por Deus ao desejar um homem, ficar vigilante em vários lugares, achar que eu era responsável quando pessoas demonstraram atração por mim, tentar engrossar a voz, tentar controlar traços "afeminados", não acreditar que poderia ter um bom futuro ao lado de um homem, além de baixa autoestima, sentimento de inferioridade, acreditar que a felicidade não poderia fazer parte da minha vida, sentimentos depressivos e acreditar que a morte seria o melhor caminho. Perdi amigues de ambos os lados, por acreditar na "cura gay", perdi oportunidades de maiores vínculos de amizade e amorosos com várias pessoas, chegando a ser preconceituoso em muitas ocasiões. Também perdi pseudoamigos por não aceitarem minha orientação sexual e relacionamento, a ponto de ouvir que deveria ficar longe de algumas crianças de uma antiga igreja de que fiz parte para não influenciá-las.

Bom, para fechar esse relato de maneira melhor, hoje tenho integração entre minha fé e minha sexualidade de forma muito tranquila, sem precisar anular nenhuma das duas esferas, amando e sendo amado, com uma ótima rede de amigues, lutando pelos direitos de pessoas LGBTQIAPN+ e na esperança de que qualquer processo de "cura gay" seja aniquilado. Não me sinto culpado e tenho bastante orgulho da pessoa que sou, das minhas relações, do futuro que idealizo e tudo o que tenho certeza que conquistarei. Amo ser bissexual e carregarei essa bandeira por onde for.

Quais são as consequências das terapias de reversão sexual?

De acordo com o *Relatório do Especialista Independente sobre orientação sexual e identidade de gênero sobre terapias de conversão*, os métodos frequentemente empregados nas chamadas "terapias de conversão" resultam em dor e sofrimento, tanto psicológico quanto físico. O impacto profundo dessas práticas sobre as pessoas pode se manifestar por meio de perda significativa de autoestima, aumento da ansiedade, sintomas depressivos, isolamento social, dificuldades em estabelecer relações íntimas, autodepreciação, vergonha, culpa, disfunções sexuais, ideação suicida, tentativas de suicídio e transtorno de estresse pós-traumático (MADRIGAL-BORLOZ, 2020).

Essas práticas são, por sua natureza, discriminatórias; interferem na integridade e autonomia das pessoas, pois se baseiam na crença de que pessoas de orientação sexual ou identidade de gênero diversas são de alguma forma inferiores em aspectos morais, espirituais ou físicos aos indivíduos heterossexuais e cisgêneros, e, por isso, precisam mudar sua identidade para corrigir essa suposta inferioridade. Tais abordagens são degradantes por definição, pois tratam as pessoas LGBTQIAPIN+ como seres humanos de segunda classe, o que, dependendo da intensidade da dor física e psicológica imposta, pode ser considerado tortura. Além disso, essas práticas violam o direito à saúde, incluindo o princípio de que ninguém deve ser submetido a tratamentos médicos e psicológicos não consensuais (MADRIGAL-BORLOZ, 2020).

Além das consequências psicológicas e emocionais já mencionadas, é importante destacar que as práticas de "cura gay" podem, em casos extremos, levar ao suicídio. A pressão para mudar a orientação sexual ou identidade de gênero, aliada ao sofrimento constante causado por terapias coercitivas, pode intensificar sentimentos de desesperança e autoaversão. A pessoa submetida a essas práticas, ao sentir-se incapaz de atender às expectativas de conformidade com padrões cis-heteronormativos, pode entrar em um estado de crise emocional, sendo a ideação suicida e as tentativas de suicídio algumas das manifestações mais trágicas desse processo. Esse risco é amplificado pela falta de apoio emocional e pela exclusão social, elementos que agravam o sofrimento de indivíduos que já enfrentam discriminação e estigma (OUTRIGHT ACTION INTERNATIONAL, 2024; GREEN et al.,2020).

Quem protege as crianças e adolescentes?

O grande movimento de cura é entender que ser LGBTQIAPN+ é algo normal, não doentio ou inferior a nenhuma outra identidade de gênero ou orientação afetivo-sexual e, portanto, que qualquer crença familiar, política e religiosa que vá na contramão disso deve ser banida. A reversão e a anulação de qualquer diversidade sexual é uma prática de tortura e vai contra os direitos humanos.

Como disse o sábio Hermes Fernandes, pastor e psicólogo (@hermescfernandes), em seu Instagram, "o espinho na carne do LGBTQIAPN+ é o outro, que acha que tem o poderio de opinar, dominar e julgar". Com isso, cabe a nós, como sociedade, a proteção de crianças e adolescentes LGBTQIAPN+, contra os discursos e práticas infundadas. Precisamos de políticas públicas que punam, esclareçam e criem espaços para a reflexão.

Considerações finais

A solução para esse problema vai muito além do campo da psicologia e de outras ciências da saúde. Ainda assim, é essencial que essas áreas continuem desempenhando um papel ativo, oferecendo escuta acolhedora, livre de preconceitos e julgamentos. Além disso, é fundamental que promovam debates críticos, produzam estudos relevantes e criem espaços para discutir o tema de maneira reflexiva e política. Somente assim será possível questionar e desconstruir cada vez mais o regime heteronormativo (DE CASTRO

BARBARA, 2022). Por isso, deixamos algumas orientações a quem possa estar envolvida/o/e com a escuta e/ou atendimento de crianças e adolescentes LGBTQIAPN+.

- A mães, pais e responsáveis: ouçam suas crianças e adolescentes, e jamais ofereçam programas de "cura gay". Busquem profissionais afirmativos[3], que compreendam as nuances LGBTQIAPN+ e que tenham respeito e ética para acompanhamento dessas crianças e adolescentes.
- A líderes religiosos: sua métrica e crenças não devem ser usadas para ferir pessoas.
- A profissionais da Psicologia: repense sua prática. Um comportamento ético é seu dever.
- A profissionais da saúde: estudem práticas afirmativas e manejo ético, com respeito com pessoas LGBTQIAPN+.
- A pessoas na política: a luta contra a "cura gay" também é de pessoas envolvidas com política. São necessárias leis de punição e responsabilização, como no caso de Letícia, citada no início do capítulo.

Para as informações sobre autorias, as referências e o material de apoio deste capítulo, acesse o QR-Code.

3 É uma prática terapêutica que reconhece a diversidade e busca a promoção de um ambiente onde a pessoa se sinta compreendida, respeitada e apoiada, sem julgamentos ou estigmas.

CAPÍTULO 27

Existe criança trans?

Thamirys Nunes
Mãe. Autora. Fundadora da ONG Minha Criança Trans.

As mães, pais, responsáveis legais, com carinho:

Falar de comportamentos de gênero é muito delicado, pois não envolve apenas a livre demonstração da criança[1] em se expressar dentro daquilo que se sente mais confortável, atraída, mas também refere-se às nossas expectativas, a padrões socialmente validados e a tudo que pode acontecer quando deixamos de ter uma criança que corresponda a essa nossa projeção. São tantas coisas, mas se você tem uma criança que neste momento apresenta questionamentos de gênero, diz se sentir menina/menino em desacordo com o sexo atribuído ao nascimento, ou claramente tem um comportamento que não é padrão, CALMA, vamos conversar?!

É importante entender que as crianças são seres brincantes e que podem – e devem – explorar todas as brincadeiras, cores e esportes pelas quais se sentirem atraídas e interessadas. E isso não tem necessariamente uma ligação com a sua identidade de gênero e/ou sexualidade. Portanto, um menino que gosta de brincar de boneca não é necessariamente uma menina trans: ele pode apenas ter a preferência por esse brinquedo; afinal, brinquedos são só brin-

1 Aqui, seguiremos utilizando o termo "criança" para nos referir a todas as pessoas menores de 18 anos, sendo crianças ou adolescentes; em acordo com o marco normativo do Comitê dos Direitos da Criança da ONU.

quedos! E por mais angustiante que seja ver uma criança quebrar padrões de gênero que para nós adultos são, na maioria das vezes, tão rígidos, a recomendação é que a família não proíba a boneca, mas permita que a criança brinque com a mesma naturalidade com que brinca com outros brinquedos.

Assim como uma menina que gosta de jogar futebol, andar de skate e não tem tanto interesse em coisas cor de rosa, brilhos e fru-fru não é necessariamente lésbica ou um menino trans. Pode ser apenas uma menina que gosta do esporte – e esporte é bom para todas as pessoas!

Mas sim, há crianças que podem dar sinais sobre a sua identidade de gênero desde muito pequenas. Então, nesses casos, o que devemos observar?

Se você está vivenciando isso, considero importante observar três pontos: a consistência, insistência e persistência que os gostos e preferências se manifestam em mais de um aspecto da criança, para além do brincar/brinquedo.

É importante que a gente, enquanto família, preste atenção aos sinais que a criança dá de maneira constante. Sabe aquela frase que diz que "a criança sempre sabe o que quer"?, isso também pode ser aplicado aqui. Quando ela fala repetidamente sobre se sentir desconfortável com o gênero que foi atribuído a ela no nascimento, ou insiste em usar roupas, brincar com brinquedos ou assumir comportamentos que não correspondem ao que se espera do seu sexo, vale a pena escutar com carinho.

Um menino, por exemplo, que gosta de brincar de boneca, mas que também gostaria de se vestir com roupas tipicamente femininas e/ou que tem interesse pelas maquiagens, sapatos e roupas da figura feminina mais próxima, ou, ainda, nas brincadeiras de faz de conta prefere ser a personagem feminina, que traz uma lamentar em não ter nascido menina, e/ou que fala que quando crescer vai ser menina, traz a sua preferência pelo feminino em mais de um aspecto para além do brincar, como também o vestir, projeção de futuro, o que pode ser um sinal de que há uma questão em relação a identidade de gênero, neste caso é recomendado que a família observe atentamente e caso haja uma persistência, procure uma rede especializada em atendimento de crianças com questões relacionadas a gênero.

Mas atenção, não há uma lista de situações que devem ser cumpridas pela criança para validar que existe uma questão de gênero. Os itens apresentados acima são para exemplificar e uma criança não precisa apresentar todos eles. Temos sempre que observar a persistência, consistência e insistência em mais de um aspecto além do brinquedo/brincar.

Agora, é importante entender que se esse menino, conforme o exemplo dado acima, for duramente penalizado, silenciado, corrigido pelos seus gostos e preferências, claramente deixará de se apresentar de forma livre e espontânea e provavelmente buscará apenas algum ambiente onde se sinta mais seguro para se expressar, sendo a casa de algum parente, ou a escola, ou apenas para um dos genitores, ou manterá seus gostos e preferências sufocados, como um grande "segredo", o que pode ser extremamente prejudicial a seu desenvolvimento e sua saúde mental.

Nesse momento você pode estar se perguntando como saber se esses sinais que a sua criança está dando são realmente sobre a identidade de gênero dela e não apenas uma fase ou algo passageiro. Essa é uma dúvida muito comum, e é importante reforçar que, como mãe, pai ou responsável, seu papel não é dar um rótulo imediato para a criança, mas sim estar presente e acolher o que ela está trazendo.

É complicado exigir uma definição única sobre questões tão sensíveis e profundas; afinal, nós adultos vivemos tomando decisões que impactam na nossa vida, na vida de pessoas que convivem conosco e que amamos, mas que, se em algum momento não fizerem sentido, podemos mudar e buscar novos caminhos. Portanto, vamos permitir que nossas filhas, filhos e filhes vivam o seu processo sem a obrigação de que sejam eternos e permanentes. Se a criança demonstra desejos sobre as suas preferências e a forma com que gostaria de ser tratada dentro de pronomes, nome e identidade, com consistência, persistência e insistência, o ideal é respeitar e acolher. E assim vamos garantir uma vivência no presente, saudável e respeitosa, na qual a criança se desenvolverá livre e sabendo que possui uma família acolhedora e que valida seus sentimentos e a forma com que se sente. E não é isso que importa?

Mas, para aqueles que precisam de dados, farei uma breve referência ao Projeto *TransYouth* (OSLON et al., 2016), que é um estudo longitudinal em grande escala, com o objetivo de acompanhar cerca de 300 crianças transgêneras entre 3 e 12 anos em transição, em 45 estados dos Estados Unidos e províncias canadenses, por 20 anos. O projeto publicou um relatório científico na *Pediatrics*, relatando que quase a totalidade das crianças do grupo pesquisado ainda se identificava com seu novo gênero após cinco anos. Muitos, inclusive, iniciaram tratamento de bloqueio hormonal na adolescência em busca de mudanças biológicas para melhor adequação à nova identidade de gênero. De todas as pessoas que faziam parte do estudo, apenas 2,5% voltaram a se identificar com o sexo biológico. Os resultados do estudo sugerem que a destransições são infrequentes, sendo que "os jovens transgêneros que fizeram a transição social em idades precoces continuaram a se identificar dessa maneira".

Algo muito importante de destacar é que o processo de descobrir quem somos pode começar muito cedo. Crianças e adolescentes estão em um momento de constante experimentação e descoberta. E sim, é possível que a sua criança já saiba quem ela é, mas o fundamental é dar espaço para que essa descoberta aconteça de forma natural e sem pressões.

Você pode estar se perguntando: "E se minha criança for trans, o que eu faço agora?". Em primeiro lugar, respire fundo. Entenda que não há uma resposta imediata ou definitiva. Cada criança é única, e as experiências variam de família para família. O que é comum entre todas elas, no entanto, é a importância do respeito, do amor e do acolhimento.

O apoio familiar é fundamental e faz toda a diferença. Não existe nada mais poderoso do que uma criança trans saber que é amada e aceita dentro de casa, pelo que ela é. Isso cria uma base sólida de autoestima e segurança que ajuda a enfrentar qualquer desafio externo. Por isso, em vez de tentar "corrigir" comportamentos ou controlar cada detalhe, a recomendação é sempre escutar, respeitar e acolher. Esteja presente e disponível para conversar, sem julgamentos. Uma criança trans amada, acolhida, protegida e respeitada tem condições de se desenvolver como qualquer outra criança.

Mas é claro que essa escuta e esse acolhimento não acontecem de um dia para o outro. A gente entende que, como mães, pais e responsáveis, também estamos passando por um processo. Nem sempre é fácil lidar com o novo, e muitas vezes somos bombardeados por expectativas da sociedade, da nossa família estendida e até das nossas próprias crenças e valores. E está tudo bem sentir medo ou até mesmo um pouco de resistência no começo. O importante é que, com o tempo, esse sentimento de estranhamento se transforme em compreensão e aceitação.

Buscar uma rede de apoio pode ser uma excelente alternativa para te fortalecer, informar e apoiar durante esse processo de desconstrução e descobertas[2]. É essencial que as famílias conversem com outras famílias que estão passando pela mesma situação. Às vezes, a gente se sente tão sozinha/o/e nesse processo, mas, na verdade, existem muitas pessoas que também estão buscando respostas, acolhendo suas filhas, filhos e filhes e tentando construir um mundo mais inclusivo e amoroso para todas as pessoas. Trocar experiências é enriquecedor, e encontrar esse espaço de escuta é transformador.

E se você está lendo isso e se sentindo perdida/o, tudo bem. Lembre-se de que você não precisa ter todas as respostas agora. O mais importante é caminhar ao lado da sua criança, de mãos dadas, com paciência, amor e a certeza de que, com o tempo, as respostas virão. Não há pressa em rotular, mas há urgência em acolher.

Seguindo esse caminho, o mais importante é manter-se informada/o/e e buscar orientação de pessoas que têm vivências parecidas e de profissionais que tenham se especializado e/ou tenham formação técnica qualificada para acolher e ajudar nas questões do desenvolvimento e saúde mental de crianças trans. Em alguns estados, há dentro da rede SUS ambulatórios especializados no atendimento de crianças e adolescentes trans e suas famílias. Ao final de tudo, o que mais importa é o bem-estar da sua criança, que ela se sinta amada, segura e, acima de tudo, respeitada na sua identidade.

Outro ponto importante a ser abordado aqui é a questão das expectativas que nós, enquanto mães, pais ou responsáveis, temos para nossas crianças. Muitas vezes, criamos um cenário mental de quem imaginamos que nossas filhas, filhos e filhes serão. Desde antes do nascimento, já estamos idealizando a criança: como ela será fisicamente, quais *hobbies* vai ter, como vai se comportar na escola, entre tantas outras coisas. E quando essas expectativas não se alinham com a realidade, é normal que isso gere confusão e até frustração.

Contudo, é importante ter em mente que, na maioria das vezes, essas expectativas são fruto de uma sociedade que impõe padrões rígidos de comportamento para meninos e meninas. Vivemos em um mundo que insiste

2 Para mais informações, oriento a leitura do capítulo intitulado "Quais são as associações e os locais de apoio a pais e responsáveis".

em dividir tudo em azul ou rosa, futebol ou balé, carros ou bonecas. Mas, na verdade, esses padrões não precisam definir quem nossas crianças são. Quando a gente entende isso, fica mais fácil dar espaço para que as crianças sejam quem realmente são. É um processo de desconstrução para nós também, de abrir mão das expectativas para abraçar o que é real: o ser humano incrível e único que está crescendo diante dos nossos olhos.

Ao acolher a sua criança trans, você está oferecendo a ela um presente precioso: o de ela poder ser quem é. Esse presente vai muito além de roupas, brinquedos ou pronomes. Trata-se de uma aceitação profunda que permite que essa criança se desenvolva sem medo, sem repressão, e com a certeza de que o mundo tem espaço para ela. E, muitas vezes, esse processo começa em casa.

No entanto, é claro que esse caminho não é isento de desafios. Sabemos que o mundo lá fora pode ser um lugar difícil para crianças e adolescentes trans, e criar um filho, filha ou filhe trans em uma sociedade tão transfóbica e preconceituosa quanto a nossa pode ser angustiante e desafiador. Por isso, é essencial que o lar seja um lugar seguro, onde sua criança possa relaxar, ser ela mesma e sentir o amor e o apoio incondicional da família. Também é importante que os assuntos que tangem à identidade de gênero da sua criança não sejam um tabu dentro da rotina familiar e que se possa falar abertamente sobre a identidade de gênero e suas descobertas. Pode ser que, num primeiro momento, o assunto seja desconfortável ou até mesmo confuso, mas criar um ambiente em que sua criança possa conversar sobre como se sente é um passo fundamental. Muitas vezes, a criança nem tem todas as palavras para expressar o que está sentindo, mas o simples fato de saber que você está ali, disponível para escutá-la sem julgamentos, já faz toda a diferença.

Seja paciente consigo e com sua criança. Esse é um processo que vai se desenrolando aos poucos. E não tenha medo de buscar ajuda, seja de outras famílias, de grupos de apoio ou até mesmo de profissionais que possam ajudar nessa caminhada. Cerque-se de pessoas que te compreendam e te apoiem, e isso é algo que pode fazer toda a diferença na jornada de aceitação.

Outro ponto a ser considerado são as mudanças práticas no dia a dia. À medida que sua criança vai se entendendo melhor e se afirmando na sua identidade de gênero, pode ser que ela comece a expressar desejos e necessidades que, para você, inicialmente, possam parecer novos. Isso pode incluir mudanças no nome, na forma de se vestir ou até mesmo no uso de pronomes. Esses são aspectos muito importantes para que a criança sinta que está sendo respeitada e reconhecida na sua identidade.

Lidar com essas questões práticas pode parecer um grande desafio, principalmente se você estiver navegando neste mundo pela primeira vez. Mas lembre-se: cada pequena mudança que você faz no sentido de reconhecer e validar a identidade de sua criança tem um impacto enorme na forma como ela se vê no mundo. Quando você usa o nome ou o pronome que ela escolheu, está dizendo: "Eu te vejo. Eu te respeito. Eu te amo do jeito que você é." E isso é algo muito poderoso.

Sei que a jornada pode ser desafiadora, e você pode estar se perguntando como será o futuro, como sua criança será tratada pela sociedade ou o que mais está por vir. E não tem problema sentir essa apreensão. Mas o mais importante é viver um dia de cada vez, celebrando as pequenas conquistas e se preparando, juntas/os/es, para os desafios que possam surgir.

Ao longo dessa caminhada, o mais importante é que sua criança saiba que tem em você um porto seguro. Que, independentemente do que o mundo lá fora diga ou faça, dentro de casa ela sempre será amada e respeitada. Isso não quer dizer que não haverá momentos difíceis ou de dúvida, mas a certeza do amor incondicional é o que fará toda a diferença para que sua criança se desenvolva com saúde mental e emocional.

Para encerrar, repito: acolher é amar. E o amor é, sem dúvida, o melhor guia para essa jornada.

Para as informações sobre autoria, as referências e o material de apoio deste capítulo, acesse o QR-Code.

CAPÍTULO 28

Transexualidade na infância e na adolescência: informações gerais para a família

Nicolle Amboni Schio

Médica pediatra com atuação em parto, puericultura e hebiatria. Possiu pós-graduação em Psicologia Rechiana. Pessoa não binária.

Transgênero é um termo amplo para definir aqueles indivíduos cuja identidade de gênero é diferente do sexo atribuído ao nascer. Se for considerado como um espectro não binário, é possível estimar uma frequência de 0,6 a 2,7% da população que faz parte do grupo compreendido como pessoas transgênero e não binárias (ENGEL, 2023; RAFFERTY, 2018).

Pode soar confuso inicialmente pensar que crianças também possam sentir essa necessidade de encontrar uma forma de ser que seja diferente de como a sociedade denomina uma criança ao nascer, a partir dos seus cromossomos e da anatomia do aparelho genital, mas elas absorvem informações sobre gênero desde o início da vida. Os bebês são capazes de discriminar rostos diferentes aos 6 meses de idade. Aos 12 meses são capazes de associar vozes a rostos com base no gênero, ou seja, com 1 ano de vida bebês conseguem entender que pai e mãe (se assim for a conformação dessa família) têm características diferentes (voz diferente, formato de rosto, tamanhos etc.). Por volta dos 2 anos, adquirem a capacidade de estereotipar o gênero, o que significa que podem classificar atividades e aparências por gênero. Isso pode variar muito de família para família, mas sabemos que, na maior parte dos núcleos parentais do Brasil, existem comportamentos ligados ao ser homem e ser mulher, e a manutenção desses comportamentos no dia a dia pode gerar formas genéricas de apresentar o masculino e o feminino. Quando a criança começa a formar ideias sobre a que grupo de gênero se vê pertencendo, ela já tem por volta de 3 anos de idade; e, a partir dessa fase, se incentivada, começa a ter preferências de brincar e de se portar e vestir de acordo com padrões de gênero. Entre as idades de 3 e 5 anos, as crianças frequentemente reforçam esses padrões de gênero, deixando-os mais rígidos; isso nos casos de essa criança não ter preferências diferentes da maioria das outras. Esse período de rigidez diminui por volta dos 6 anos; no entanto, pode haver mais pressão para se encaixar ou se conformar às expectativas de gênero da sociedade ao entrarem na escola (WARNER, 2021; REILLY, 2019). Dito tudo isso, fica um pouco mais fácil de compreender como os seres humanos incorporam a noção de gênero e de sexo biológico e isso também ajuda a perceber que existirão crianças que não seguirão a linha habitual de desenvolvimento de gênero com base nos padrões de comportamento que temos na sociedade, sem qualquer questão que seja patológica, mas sim apenas variações de comportamento que existem.

O esforço para despatologizar as identidades trans tem sido reivindicado por movimentos de luta política de pessoas transgêneras, sendo reconhecido por instituições que estudam gênero e sexualidade por todo o mundo, como a Organização Mundial da Saúde (OMS, 2018). Essa reivindicação parte da premissa de que a transgeneridade não se configura como uma doença, mas como outra possibilidade de expressão e experiência de vida de pessoas não cisgêneras. Pesquisas mostram que, quando mães, pais ou responsáveis permitem que crianças de 3 a 12 anos expressem externamente seu senso interno de gênero por meio de nome, pronomes, comportamentos, brinquedos e roupas, como iniciativas de afirmação de suas identidades e incentivo a socialização, seus resultados de saúde mental são semelhantes aos de crianças cisgêneras (RAE, 2019; NASCIMENTO, 2020; WARNER, 2021). Na mesma linha de raciocínio, é possível predizer a partir desses comportamentos uma possibilidade maior de essas crianças serem da comunidade LGBTQIANPQ+, não necessariamente dentro do grupo de transgeneridade, mas dentro do espectro da sigla, justamente porque elas costumam se comportar de modo diferenciado se comparado a outras crianças que não têm demandas mais intensas relacionadas aos padrões de gênero.

É importante entender que, quanto mais as famílias oferecem a possibilidade de a criança se expressar e não ficam reforçando comportamentos do gênero oposto ao que se identifica, mais facilmente ela se sentirá confortável e pertencente ao ambiente em que convive, e isso gera resultados importantes em saúde, tanto mental quanto física (ABREU, 2019; NASCIMENTO, 2020; RAFFERTY, 2018).

Em qualquer ambiente, seja num encontro entre famílias ou na sala de aula, é provável que se encontrem muitas crianças que descartam algumas normas de gênero, como meninos que gostam de brincar com bonecas e meninas que se envolvem em brincadeiras mais agressivas. Menos comuns são as crianças que mostram consistentemente uma preferência pelo gênero oposto ao sexo atribuído ao nascimento no passar da vida. A pesquisa de Rae (2019) mostrou que a maioria das crianças que não se conformam com o gênero igual ao de seu genital na infância acabam por não se identificar como transgêneros na vida adulta (ou seja, crianças que não têm comportamento padrão de gênero não serão trans automaticamente), ainda que possuam comportamentos, modo de se vestir, jeito de usar cabelo etc. que não estão em conformidade com a padronização de gênero a qual estamos habituados a ver no dia a dia. Existem alguns sinais que nos ajudam a perceber essas diferenças, mas eles não são comprovação absoluta de que nenhuma criança vai vir a ser da sigla LGBTQIANPQ+, assim como nenhum comportamento pode predizer de forma cabal que alguma criança será cis-hétero. Porém sabemos que a tendência para se tornar cis-hétero é muito maior pela influência social externa. Gênero é uma construção que acontece durante o desenvolvimento.

Gulgoz et al. (2021) apontaram em um estudo com crianças cisgêneras e transgêneras que existe uma crença sobre a ideia de que sexo e gênero são características essenciais advindas do nascimento. Fazendo perguntas relacionadas a concepções de gênero e sexo atribuído ao nascer para essas crianças, percebeu-se que em ambos os grupos, sejam de crianças cisgêneras ou transgêneras, existe uma noção de que ser menino ou menina acontece desde que nascemos. Mas crianças transgênero ou crianças que convivem com outras crianças transgênero tiveram uma tendência maior do que crianças cisgêneras de entender que gênero é algo mutável com o passar do tempo.

Isso ajuda a corroborar a ideia de que ambientes de convivência de crianças precisam ser mais os diversos possíveis e mais acolhedores com as diferenças, pois essas percepções sobre identidade de gênero, expressão de gênero e genitais podem ser muito mais amplas do que a nossa sociedade coloca a partir de seus padrões. Devido a essa dificuldade da sociedade em aceitar essas crianças diferentes, surgem os sintomas de disforia, causados pela incongruência de identidade com o sexo atribuído ao nascimento, gerando uma perda de qualidade de vida importante em crianças e adolescentes trans que não são apoiados por sua rede familiar e relacional. Além disso, as situações ligadas a *bullying* e discriminação do ambiente escolar também colaboram ainda mais para essa perda de qualidade de vida, quando comparada a crianças cisgêneras da mesma faixa etária, sejam mais novas ou já na faixa etária adolescente (ENGEL, 2023; RAFFERTY, 2018).

O respeito, a aceitação e a compreensão que vêm de amigas/os/ues e familiares são extremamente importantes para essas crianças e adolescentes, pois protegem a saúde mental e proporcionam o bem-estar físico e social, inclusive fazem cair as taxas de suicídio – por exemplo, de 60% em adolescentes trans que não têm apoio de sua rede de suporte para 4% para aquelas/es/us que possuem uma rede de suporte com ótima aceitação de sua transição (RAFFERTY, 2018). Para essas pessoas trans, o reconhecimento social de sua identidade leva a influências positivas na qualidade de vida, proporciona maior conforto psicológico no processo de sua construção da identidade, assim como protege em relação aos assédios psicológicos e *bullying* que provavelmente sofrerão no ambiente escolar e em outros ambientes.

Geralmente as pessoas da família nuclear que mais são suportivas com crianças e adolescentes trans são suas mães, depois são irmãs e irmãos e por último os pais. Esse dado é importante de ser salientado porque mostra quais figuras fraternas são mais propensas a amparar e quais figuras são mais propensas a estigmatizar e reprimir. Muitas dessas famílias que não conseguem oferecer um acolhimento adequado geralmente não o fazem por falta de conhecimento ou por crenças infundadas sobre a transgeneridade. Por isso é crucial que essas famílias sejam assistidas por equipes de saúde e grupos de apoio que possuam conhecimento adequado para o cuidado com crianças e adolescentes trans, para que a cadeia de violências seja quebrada e possamos oferecer genuinamente mais saúde e amor para nossa garotada (NASCIMENTO, 2020; ABREU, 2019).

Percebe-se que muitas crianças e adolescentes se compreendem diferentes dentro do espectro de gênero e, portanto, se faz necessário um processo de educação continuada e aprofundamento das equipes de saúde que fazem cuidados na puericultura (cuidados rotineiros de saúde da criança e adolescente) para que possam entender essas complexidades de forma adequada a oferecer um atendimento completo e acolhedor para essa parcela de pacientes. Profissionais da área médica e de enfermagem relataram uma grande melhora na compreensão das necessidades desse público após processos de educação continuada que explicam as subjetividades e experiências que crianças e adolescentes trans vivenciam (VANCE, 2018). Estudar e saber ouvir essas pessoas, orientar de forma adequada tanto paciente quanto a família, faz uma gigantesca diferença em se tratando de promover saúde para população trans.

As demandas de socialização são diferentes em cada faixa etária. Quando crianças, com menos de 10 a 12 anos, dependem mais do núcleo familiar para interagir. Mas na adolescência já existe uma necessidade de se sentirem aceitas para além da família. Os núcleos de amizades e do ambiente escolar são muito presentes na vida adolescente, mas infelizmente, em se tratando de adolescentes LGBTQIAPN+, o ambiente escolar pode ser um terror. Mais de 50% referem sofrer violência verbal no decorrer de sua vida escolar, cerca de 10 a 24% sofrem violência física e até 13% sofrem violência sexual. Aproximadamente 15% dessas crianças e adolescentes abandonam a escola devido ao estigma e *bullying* (RAFFERTY, 2018). O ambiente escolar é tão significativo para reforçar os sintomas de disforia e de exclusão social quanto o ambiente doméstico. É outro local onde se faz imperativa a mudança de olhar e atualização sobre como lidar com essas crianças e adolescentes especificamente. Nossa pedagogia escolar ainda está atrasada para isso, perpetuando violências e piorando os desfechos de saúde dessas pessoas. Um local seguro para essas famílias pode ser dentro de grupos de apoio e compartilhamento de experiências.

Famílias que possuem crianças e adolescentes trans e que buscam por rede de apoio e suporte nessas situações sentem menos insegurança, estresse, rompantes de raiva, episódios depressivos e sensação de desestruturação familiar em comparação a famílias que não procuram por apoio (WARNER, 2021). Inicialmente é esperado que mães, pais e responsáveis sintam-se confusas/os, perdidas/os e insegurosas/os, assim como podem buscar culpar-se ou culpar o outro cuidador/a pela identidade de gênero de sua criança, levantando hipóteses de que foi algo na criação que fez com que a criança "virassse" trans. Essa situação, relacionada ao medo, ao luto e a inseguranças ao lidar com o processo de transição de uma criança ou adolescente, leva muitas vezes mães, pais e responsáveis a não saberem como agir perante esse cenário, piorando a situação de desamparo e abandono sentida por suas filhas/os/es, pela sensação de impotência que lhes acomete (ABREU, 2019; HAFFORD, 2019). Também existe uma preocupação muito grande dessas mães, pais e responsáveis em relação a *bullying*, situações de violência fora do domicilio (ambiente escolar e locais públicos em geral) e exclusão social que toda família pode passar devido à discriminação. Com a chegada da adolescência, vêm as preocupações relacionadas à puberdade e às necessidades que possam existir em fazer uma transição social, comportamental e corporal, associadas ao medo de arrependimento se procedimentos como bloqueio hormonal e hormonização forem iniciados. Muitas mães, pais e responsáveis colocam limites e reprimem o comportamento de suas crianças e adolescentes (crendo estar bem intencionadas/os a depender do local e das pessoas que estejam próximas, com o intuito de diminuir a chance de sofrer *bullying* e discriminação, porém muitas vezes essas reprimendas acabam reforçando ainda mais as violências sentidas por essas crianças e adolescentes.

Existem teorias robustas que mostram que pessoas transgêneras vivem uma gama de fatores que aumentam níveis de estresse e pioram a qualidade global de vida, devido ao preconceito e ao estigma cis-heteronormativo. Esses fatores geram prejuízo à saúde psíquica, física, laboral e educacional. Há aumento nos índices de abuso psicológico e assédio sexual, maior exclusão social, maiores taxas de ansiedade, depressão, tentativa de suicídio, automutilação e dificuldades relacionais em geral (MURCHISON, 2024; ENGEL, 2023; HAFFORD, 2019; RUSSEL, 2022; RAFFERTY, 2018). Em relação a transtorno opositor-desafiador, déficit de atenção e hiperatividade e questões de aprendizado, não há uma diferença tão significativa entre crianças transgêneras e cisgêneras, desmistificando que crianças com essas demandas vão ter maiores prejuízos na escola, ainda que isso possa acontecer pela exclusão social que vivem, mas não por um transtorno cognitivo (RUSSEL, 2022). Acredita-se também que crianças com neurodivergências, como autismo e perfil de altas habilidades, têm maiores chances de se identificarem como LGBTQIAPN+ e apresentarem disforia, provavelmente decorrente da forma como seus cérebros e sentimentos funcionam, diferentemente das pessoas neurotípicas (REILLY, 2019).

Crianças e adolescentes trans se beneficiam muito da transição social, que é o apoio às suas identidades, sem necessariamente haver mudanças biológicas ou físicas envolvidas. É possível realizar bloqueio puberal e hormonização cruzada a partir do momento que entram na puberdade, para diminuir sintomas de disforia e dos problemas de saúde mental que aparecem a partir da mudança corporal que a puberdade traz naturalmente. Conforme legislação vigente no Brasil, o bloqueio puberal pode ser iniciado por volta dos 12 a 14 anos e hormonização cruzada por volta dos 16 a 18 anos. Mas isso deve ser analisado caso a caso. Procedimentos cirúrgicos só são possíveis de serem realizados a partir da vida adulta, após estabilização do processo de puberdade, sendo entre idades de 18 a 25 anos (ENGEL, 2023).

Um estudo transnacional realizado no Canadá e na Holanda com crianças com disforia de gênero mostrou que boas relações com colegas foram mais importantes do que coeficiente intelectual (QI), status social, estado civil dos pais e etnia como preditores de resultados emocionais positivos em crianças, salientando novamente como a aceitação de sua rede impacta no estado de saúde da criança trans (SKORDIS, 2020). Ressalta-se que crianças pequenas podem ou não se identificar como transgêneras na adolescência e na idade adulta. Nem todas que têm questões com gênero na infância primordialmente manterão essas questões. De fato, a incongruência de gênero cessará no início da adolescência para a maioria delas, mas a porcentagem de "persistentes" fica entre 10 e 39% (SKORDIS, 2020). O período crítico de piora da disforia é entre as idades de 10 e 13 anos; portanto, é importante estar alerta nesse momento.

Nos últimos dez anos, o número de pessoas que buscam redesignação de gênero (seja ela social, hormonal ou corporal) aumentou consideravelmente (DIAZ, 2023; WIEPJES, 2018, SKORDIS, 2020). Entende-se que isso ocorre por haver mais reconhecimento dessas pessoas na sociedade e maior apresentação nos círculos sociais, mas também devido ao aumento de sintomas de disforia entre crianças e adolescentes, o que faz com que essa transição aconteça mais cedo do que acontecia no passado, pois os sintomas de sofrimento são percebidos antes (DIAZ, 2023). Famílias que vivenciaram isso com suas crianças são testemunhas importantes do sofrido processo de disforia e de o quanto ele gera prejuízo à saúde, trazendo à tona essas informações que antes ficavam escondidas e por vezes iam para o túmulo junto com as pessoas que viviam vidas duplas por toda a sua existência (REILLY, 2019). Pesquisadoras/es começaram a buscar se existem sinais fisiopatológicos ou de neuroanatomia que influenciam no grau da disforia, e ao que parece há uma correlação com algumas diversidades de formação cerebral que podem piorar a disforia, mas até o presente momento o fator principal para perpetuar a disforia é a não aceitação da identidade de cada uma dessas pessoas (SKORDIS, 2020). Finalizo esse texto com um grande apelo: acolham suas crianças, tentem ao menos compreender o que elas sentem e não se deixem levar pelos seus próprios sentimentos. Procurem ajuda para lidar com essa situação, pois é extremamente desafiadora e complexa, mas com apoio a tendência de ser menos dolorido é maior. Ainda assim será, mas somente por um tempo.

A seguir, deixo uma série de proposições para nos ajudar a pensar sobre esse assunto, enquanto mães, pais, responsáveis e pessoas aliadas de crianças e adolescentes com essas particularidades:

- Lembre-se de que sexualidade e gênero não são conceitos equivalentes. Procurem estudar para entender as diferenças. Informem-se com materiais e pessoas que são adequados a essa realidade.
- Reconheça que falar sobre identidade de gênero e puberdade pode ser estranho inicialmente. Tente criar uma atmosfera confortável dentro do possível; se for necessário, converse com a equipe de saúde,

educacional ou grupo de apoio antes, pois podem ajudar a introduzir essas conversas com suas filhas, filhos e filhes.

- Reconheça que alguns indivíduos se identificam como não binários e, portanto, escolherão pronomes alternativos. Isso também é uma forma de ser não cisgênero. Abrace essa diferença também.
- Nomes, pronomes e marcadores de gênero são importantes. Tente ao máximo respeitá-los, ainda que cometa gafes eventuais.
- Não pergunte sobre genitália, a menos que seja necessário por questões de saúde.
- Situações que evidenciem genitais podem ser particularmente desconfortáveis para indivíduos transgêneros ou não conformes com o gênero em uma consulta médica ou em situações que fiquem mais em evidência (provadores de roupa, ambientes de academia, ambientes de praia e piscina etc.).
- Bloqueadores de puberdade e hormônios sexuais podem salvar vidas que seriam perdidas para o suicídio.
- Lembre-se de que a saúde mental pode ser significativamente impactada pelas reações das outras pessoas. Aprenda a lidar com naturalidade com a identidade de quem quer que seja.

Deixe sempre sua criança e a equipe que te dá suporte saber que você está do lado delas. Ainda que de início você não saiba como dar suporte, somente essa intenção de se colocar disponível já abre muitas portas.

Para as informações sobre autoria, as referências e o material de apoio deste capítulo, acesse o QR-Code.

CAPÍTULO 29

Agressões veladas contra a população LGBTQIAPN+

Fabiane da Silva

Psicóloga. Possui pós- graduações em Gestalt terapia e em terapia sexual. Formações nas áreas de casal e família, gênero e sexualidades.

Mariana Franco Fuckner

Assistente social e mestranda em Serviço Social.

Considerações iniciais

Todos os anos o Brasil apresenta dados alarmantes para os casos de violência contra a população LGBTQIAPN+. A cada 38 horas uma pessoa lésbica, gay, bissexual, travesti ou transexual, pessoas não binárias, entre outras pessoas da sigla, sofre uma morte violenta no país (GRUPO GAY DA BAHIA, 2023).

Você sabia que a população LGBTQIAPN+ não faz parte do censo nacional? Sabe aquela pessoa que vai na sua casa perguntando dados sobre você e sua família? Aquele formulário não tem a pergunta sobre a orientação sexual ou identidade de gênero; então, o governo não sabe quantas pessoas dessa população existem no país. Existe uma dificuldade muito grande para o levantamento dessas informações, pois elas não são reconhecidas pelo governo brasileiro. Não se tem como falar dos processos de violências sem falarmos da necessidade de inclusão da população LGBTQIAPN+ nos dados do Instituto Brasileiro de Geografia e Estatísticas (IBGE).

Na escola você aprendeu algo sobre a população LGBTQIAPN+ no Brasil?

Se a sua resposta for não, é porque a população LGBTQIAPN+ brasileira tem sua história apagada, como se não fizesse parte do Brasil. Na verdade, a história dessa população no Brasil é inexistente, pois suas vidas foram marcadas pela exclusão e por inúmeras violências na sociedade; e o período mais difícil ocorreu durante a Ditadura Militar.

Vivemos em um país em que a "família tradicional", a religião e a moral ainda dizem o que é "certo" e o que é "errado", criando ambientes e espaços que não são favoráveis para a população LGBTQIAPN+.

Apesar de o governo brasileiro não coletar essas informações, sabia que existe no país uma entidade de extrema importância na luta dos direitos e que realiza ações para conter as violências? Trata-se da Agência Nacional de Travestis e Transexuais (ANTRA), que coleta informações e, entre outros trabalhos, apresenta dados sobre as violências contra as pessoas trans e travestis no Brasil.

A ANTRA anualmente realiza a publicação de um relatório que apresenta alguns dados sobre a violência no Brasil contra a população trans e travesti. Conforme o relatório publicado em 2023, nosso país pode ser considerado o mais violento e mais difícil para pessoas trans viverem, pois ocorreram 145 assassinatos de pessoas trans e travestis (ANTRA, 2023).

Uma parte desses dados pode ser entendida pelas dificuldades em falar sobre a população trans e travesti, pelo aumento de notícias falsas (*fakenews*) e pela dificuldade em estabelecer leis que protejam essa população. Em toda a história brasileira, apenas em 2022 o Brasil elegeu as primeiras deputadas federais transexuais.

Processos de violência contra as pessoas LGBTQIAPN+ acontecem principalmente quando ainda são crianças ou adolescentes, e são as violências como o *bullying* que deixam marcas mais profundas. A escola continua a ser um espaço em que ocorrem muitas violências, principalmente as escolas que não realizam ações para o seu enfrentamento.

É necessário que as pessoas não achem que essas violências sejam aceitáveis, que denunciem e que realizem uma educação com o pensamento de igualdade, de amor e que todas as pessoas têm o direito de ser feliz. Para isso, é importante também que histórias, tanto reais quanto ficcionais sobre pessoas LGBTQIAPN+ sejam contadas em todos os tipos de mídia, para que assim mais pessoas possam ser inspiradas e se reconheçam a partir da representatividade.

Para quem sofre violência é fundamental saber que existe um telefone para a realização de denúncias, ligando para o Disque 100 de qualquer telefone, e esse serviço funciona todos os dias.

Agora vamos explicar o que são essas violências e como elas acontecem.

O que são agressões veladas?

Agressões veladas são formas de discriminação que não são tão óbvias quanto a violência física ou insultos diretos. Elas podem incluir microagressões, exclusão social, comentários sutis mascarados como piadas, e até mesmo atitudes aparentemente inofensivas que, na verdade, perpetuam estereótipos negativos ou inferiorizam pessoas LGBTQIAPN+.

Microagressões

Microagressões são comentários ou comportamentos que, embora possam parecer inofensivos para alguns, carregam preconceito implícito. Como psicoterapeuta, lembro-me de uma garota que atendi e que dizia que era muito ruim ouvir das pessoas "você nem parece trans", pois sentia como se não parecer trans a afastasse de algo muito ruim para sua vida; este é um bom exemplo de microagressões. Esses comentários insinuam que há algo de errado ou inesperado em ser LGBTQIAPN+, reforçando estigmas.

Exclusão social

A exclusão social pode ser uma forma sutil, mas dolorosa de agressão. Isso pode ocorrer quando uma pessoa LGBTQIAPN+ é sistematicamente ignorada, não convidada para eventos sociais ou excluída de conversas importantes. Essa forma de agressão pode fazer com que a pessoa se sinta isolada e desvalorizada. Durante minha jornada como psicóloga realizando ações de educação em sexualidade, ouvi relatos de vários adolescentes e jovens mencionando que não eram convidadas/os/es para festas de suas escolas e faculdades e com isso se sentiam extremamente excluídas/os/es e não pertencentes ao seu grupo acadêmico, justamente em um momento, em que este pertencimento é tão importante.

Comentários ofensivos mascarados como piadas

Piadas sobre a sexualidade ou identidade de gênero, mesmo que ditas com a intenção de ser engraçadas, não trazem graça, conforto ou visibilidade para pessoas LGBTQIAPN+. Comentários como "Isso é tão gay" ou piadas sobre transexualidade perpetuam estereótipos e reforçam a ideia de que ser LGBTQIAPN+ é algo errado ou risível. Através dos relatos destas pessoas, fica claro que, muitas vezes, a família "permite" pequenas agressões como se fosse o preço a ser pago pela identidade e/ou orientação sexual. Algo como "por isso fui tão contra. Sabia que você ia passar por algo assim, não queria que você sofresse", além de reforçar o preconceito, faz a pessoa se sentir sem nenhum suporte familiar.

Seguimos com mais alguns exemplos de agressões veladas em vários cenários diferentes:

1. **No ambiente escolar:** quando devido a desculpas como sistemas e documentos as pessoas são identificadas com nomes e pronomes que não utilizam, gerando um constante desconforto e discriminação.
2. **Na família:** um parente pode fazer comentários sutis como "Eu aceito, mas não entendo" ou "Só não precisa ficar falando disso toda hora", o que sugere que a orientação sexual ou identidade de gênero da pessoa deve ser tratada como algo embaraçoso ou menos importante.
3. **No trabalho:** um/a colega de trabalho pode "se esquecer" de mencionar ou incluir um/a/e profissional LGBTQIAPN+ em um proje-

to importante, justificando isso com desculpas superficiais, mas, na verdade, sendo influenciado/a por preconceitos inconscientes.

4. **No acesso à saúde:** acolher em psicoterapia famílias de adolescentes trans nos coloca diretamente em contato com as dores cotidianas enfrentadas. Aqui me ocorre o relato de uma mãe que sempre que levava o filho à unidade de saúde para qualquer cuidado como vacinas ou consultas fazia questão de acompanhá-lo, pois já sabia que seria chamado pelo nome feminino dos documentos que o identificavam antes da transição. Ela se levantava, ia novamente explicar a profissionais que se tratava de seu filho e, na sequência, a correção era feita. E se essa mãe, por algum motivo, não pudesse estar presente? Estas são situações inadmissíveis e que geram extremo sofrimento.

Como você pode ajudar?

Mães, pais e responsáveis desempenham um papel crucial no apoio e proteção de filhas/filhos/filhes LGBTQIAPN+. Aqui estão algumas possibilidades para ajudar a reconhecer e combater agressões veladas:

1. **Conheça:** procure informações sobre as experiências de pessoas LGBTQIAPN+ e as formas de discriminação que elas enfrentam. Isso pode ajudar a entender melhor o que sua filha/filho/filhe pode estar passando.
2. **Converse abertamente:** crie um ambiente em que sua filhas/filhos/filhes se sinta segura/o/e para falar sobre suas experiências e preocupações. Entenda que aquilo que é vivido como ofensa, agressão e/ou violência precisa ser validado, já que é um fenômeno subjetivo. Pergunte como você pode dar-lhe apoio e tenha disposição a ouvir sem julgamento.
3. **Denuncie e combata:** se você perceber que sua filha/filho/filhe está sendo alvo de agressões veladas, seja na escola, no trabalho ou em

outros ambientes, não hesite em agir. Denuncie o comportamento para as autoridades competentes e mostre que você está ao lado.

4. **Seja um exemplo:** mostre para sua filha/filho/filhe que você valoriza e respeita todas as pessoas, independentemente de sua orientação sexual ou identidade de gênero. Combata comentários preconceituosos e estereótipos, tanto dentro quanto fora de casa.

Agressões veladas podem ser difíceis de identificar, mas são extremamente prejudiciais para o bem-estar emocional e psicológico de pessoas LGBTQIAPN+. Como mães, pais e responsáveis é essencial ter atenção a essas formas de discriminação e tomar medidas para proteger e apoiar suas filhas/filhos/filhes. Um ambiente familiar acolhedor e seguro pode fazer toda a diferença.

Para as informações sobre autorias, as referências e o material de apoio deste capítulo, acesse o QR-Code.

CAPÍTULO 30

As pessoas LGBTQIAPN+ negras, negros e negres

Andrey Roosewelt Chagas Lemos
Historiador sanitarista. Pesquisador. Doutorando em Saúde Pública. Fundador da UNALGBT e Unegro/SE.

Demétrio de Lacerda Caetano dos Santos
Psicólogo e sanitarista. Mestre em Políticas Pública. Especialista em Educação em Saúde.

Milton Santos Silva
Historiador. Pesquisador. Pós-Graduando em Gestão. Membro fundador da Rede Nacional de Negras e Negros LGBT.

> "Não nasci para ser normal, nasci para ser feliz."
> *Jorge Laffond*

Este texto propõe uma reflexão sobre o direito à saúde da população de lésbicas, gays, bissexuais, travestis, transexuais, pessoas queer, intersexus, agêneres, assexuais, pansexuais, não bináries e outras dissidências da normatividade social de gênero e de sexualidade (LGBTQIAPN+), considerando as relações étnico-raciais. O desenvolvimento da análise parte da compreensão de que o alcance da igualdade de gênero, necessariamente, demanda práticas orientadas para a redução das desigualdades, que dependem de políticas e iniciativas efetivas. Os autores assumem a concepção de que o racismo e a LGBTQIAPN+fobia são determinantes sociais em saúde.

O texto contextualiza o princípio da equidade e seus desdobramentos no Sistema Único de Saúde (SUS), lançando luz sobre a questão étnico-racial e outras interseccionalidades que incidem no processo de saúde e doença e no modo como esses fatores reverberam no acesso e no cuidado em saúde para essas populações. Além disso, discorre sobre as principais demandas nos serviços, as barreiras encontradas para a efetivação do cuidado e os desafios para a implementação da política nacional. Conclui discorrendo sobre os avanços alcançados até o momento, trazendo recomendações, a partir das evidências levantadas. O texto não pretende esgotar a discussão, e sim indicar pistas de por onde caminhar, contribuindo com as reflexões na área das políticas públicas de saúde.

A partir de dados coletados em bases governamentais, bases de dados de literatura científica e revisão teórica foram analisadas as medidas adotadas no Brasil em relação a saúde da população LGBTQIAPN+ e negra, considerando não apenas o planejamento de políticas e ações, mas também seus resultados e gargalos, levando em conta as intersecções de raça/cor, renda, origem e outras questões específicas dessa população. As ferramentas metodológicas definidas consistiram em uma revisão bibliográfica e análise de dados produzidos por movimentos sociais implicados com a pauta.

A preocupação com a saúde de populações LGBTQIAPN+ emergiu a partir dos movimentos políticos e sociais em torno da diversidade sexual e de gênero, a partir da segunda metade do século XX, afirmando que essas populações deveriam ser tratadas com igualdade de direitos e de oportunidades. Houve intensificação da pressão dos movimentos sociais sobre as autoridades governamentais para o cuidado em saúde a essa população, sobretudo com a chegada da epidemia de HIV/Aids no Brasil, a partir dos anos de 1980. Tais movimentos tiveram sucesso em sua empreitada, tendo papel decisivo para a implantação de Programas de Prevenção e Cuidado ao HIV/Aids no país. Com o surgimento do Sistema Único de Saúde (SUS), a cooperação entre setores da sociedade civil e o sistema foi determinante para o aprimoramento desse cuidado em saúde, desembocando na aprovação, inclusive de uma Política Nacional – que previu atenção integral à população LGBTQIAPN+.

Tratar da saúde da população LGBTQIAPN+ envolve pensar nas diversas necessidades que apresentam cada um dos públicos, com suas demandas e suas especificidades. Apesar disso, há questões convergentes que os atravessam na condição de seres humanos em busca de resolução de seus problemas de saúde. Parece óbvio, mas é importante frisar que no processo de cuidado, respeito, privacidade, sigilo, apoio, sensibilidade, atenção, humanização e escuta são fundamentais para que o acesso à saúde ocorra de modo acolhedor. Compreender a singularidade de cada sujeito, assim como sua história, sua condição e inserção social e como tais elementos reverberam nos sintomas e no sofrimento físico e mental é primordial para a oferta de cuidado por profissionais de saúde. A partir da escuta e das necessidades que se materializam na relação é que o cuidado deve ser ofertado, guiando a/o/e profissional em um fazer ético, político e comprometido.

Pensar no cuidado das populações em situação de vulnerabilidade traz à tona a dimensão da equidade – que se refere ao conceito de justiça e imparcialidade na distribuição de recursos e oportunidades. Ela é expressamente colocada como um princípio do SUS e, ao contrário da igualdade, que trata todas as pessoas da mesma maneira, a equidade leva em consideração as diferenças individuais e contextuais para garantir que cada pessoa ou grupo social tenham acesso às condições necessárias para alcançar um resultado justo e um nível de participação e de benefício semelhantes. A equidade em saúde visa dirimir injustiças, reconhecendo as situações nas quais algumas populações se encontram, com a premissa do respeito à diversidade cultural, ao modo de vida das populações e a sua situação de vulnerabilidade social. É um princípio fundamental para que gestoras/es de políticas públicas e profissionais de saúde reconheçam as competências culturais, as dinâmicas de discriminação presentes, o racismo individual, institucional e estrutural e os demais fatores que atravessam essas populações na sociedade e que reverberam no acesso aos serviços de saúde, nos sintomas apresentados e nas formas de adoecimento.

Infelizmente, o Brasil vivencia um cenário marcado pela insuficiência de dados oficiais atualizados sobre a população LGBTQIAPN+ – impactando na dificuldade de desagregação das informações a partir de critérios como raça e etnia, orientação sexual e identidade de gênero, idade, região e escolaridade. Essa constatação faz com que a maior parte das estimativas e dados numéricos coletados seja produzida por organizações da sociedade civil. Essa insuficiência histórica de dados tem sido apenas recentemente revertida, e ainda de modo tímido. Os dados não governamentais têm cumprido um papel importante ao permitirem formas de mensuração sobre necessidades de cada identidade, uma vez que sem essas informações seria ainda mais desafiador acessar de modo quantitativo o status do acesso a direitos de saúde para a população LGBTQIAPN+. No entanto, os esforços empreendidos por diferentes organizações, grupos e coletivos ainda partem de um cenário de limitações para garantir a abrangência necessária para a coleta de informações quantitativas em âmbito nacional (FUNDO DE POPULAÇÃO DAS NAÇÕES UNIDAS, 2024).

A população LGBTQIAPN+ passa cotidianamente por uma série de violações de direitos e preconceitos os mais variados que afetam a sua saúde e o acesso a assistência. Agrava-se ainda mais essa situação quando é uma pessoa "LGBTQIAPN+ negra, negro ou negre", visto que a vulnerabilidade, nesse caso, é ampliada (cor/raça/etnia + gênero ou identidade de gênero + sexualidade), emergindo o que chamamos de interseccionalidade. No Brasil, as instituições de pesquisa e estudos estatísticos, como IPEA (Instituto de Pesquisa Econômica Aplicada), IBGE (Instituto Brasileiro de Geografia e Estatística) e outras, utilizam o termo *negro* como somatório de preto + pardo, ou seja, a população negra é o conjunto de pessoas pretas e pardas somadas, e como queremos aqui não incorrer no equívoco de deixar alguém para trás, consideraremos essa regra com a perspectiva de incluir as pessoas agêneras e não bináries também; portanto, escreveremos sobre pessoas LGBTQIAPN+ negras, negros e negres.

É preciso lembrar que a história do Brasil foi atravessada pelo patriarcado, pela colonização europeia, pelo uso intensivo de trabalho escravo de povos africanos, possuindo esses marcadores sociais entrelaçados, desde o século XVI, e que influenciaram no modo de organização da sociedade brasileira até os dias de hoje e refletem na diferenciação das condições de vida e de acesso aos serviços de cidadãs e cidadãos. Algumas pessoas, a depender da cor, da renda, da orientação sexual e identidade de gênero terão maiores oportunidades de acesso a emprego, a escolarização, a saúde, a postos de poder e a posições de liderança. Essa diferenciação demonstra que a sociedade brasileira está fundada sobre o racismo estrutural. A população negra está mais exposta a violências, a encarceramento em massa, ao racismo ambiental, possui menor expectativa de vida e renda que a população branca, além de estar mais exposta a trabalho precário/informal e mal remunerado. Os séculos de escravização tiveram influência negativa na inserção dessa população na sociedade brasileira e estas características se refletem, inclusive no quadro epidemiológico, na expectativa de vida e evidenciam iniquidades e vulnerabilidades às condições promotoras de saúde.

O racismo foi por bastante tempo naturalizado na sociedade, e muitas vezes o debate sobre esse tema causa constrangimento ou irritação, porque provoca nas pessoas a necessidade de refletir sobre suas ações. Atualmente, é perceptível a necessidade de enfrentar o racismo, e diversos setores da sociedade brasileira já adquiriram práticas que vão contra essa ideologia. "O racismo estrutural é uma forma de estabelecer barreiras para os grupos que sofrem o preconceito. Então, ele torna a sociedade mais desigual e dificulta o acesso a oportunidades, não apenas econômicas e de educação, mas o próprio tratamento perante a lei. Nós percebemos que os grupos que sofrem racismo na sociedade brasileira o sofrem de uma maneira constante, e isso dificulta a maneira como as pessoas buscam oportunidades, então, de fato, o racismo prejudica o desenvolvimento da sociedade", explica o professor (SANTOS, 2021, s/p).

A III Conferência Mundial Contra o Racismo, Discriminação Racial, Xenofobia e Intolerâncias Correlatas, realizada em 2001, em Durban, na África do Sul, contou com mais de 16 mil participantes de 173 países. Observaram com profunda preocupação o fato de que, em muitos países, as pessoas afetadas ou infectadas por HIV/Aids, assim como aquelas que estão presumivelmente infectadas, pertencem a grupos vulneráveis a racismo, discriminação racial, xenofobia e intolerância correlata, o que tem um impacto negativo, impedindo seus acessos aos serviços de saúde e à medicação (DURBAN, 2001).

Dados de estudos desenvolvidos na área da saúde mostram que pessoas negras relatam piores índices de saúde quando comparadas às brancas (GOES; RAMOS; FERREIRA, 2020). De todas as pessoas brasileiras, 76% das que dependiam exclusivamente dos serviços do SUS para prevenção, tratamento e reabilitação eram negras (ROLNIK, REMÉDIOS; VIEIRA; MACHADO, 2021). A saúde mental de pessoas negras apresenta indicadores piorados em relação a outras etnias – em 2016, o risco de suicídio foi 45% maior em adolescentes e jovens negras/os/es comparado a brancas/os/es; no mesmo ano, a cada 10 suicídios em adolescentes e jovens, 6 eram jovens negras/os/es (BRASIL, 2018).

Os dados do Sistema de Informações sobre Mortalidade (SIM) mostram que, do total de 1.256 mortes maternas em 2022, 67,1% eram de mulheres negras e 29,3% de mulheres brancas. Gestantes negras têm maior risco de pré-natal inadequado, falta de vinculação à maternidade, ausência de acompanhante e peregrinação para o parto. Mulheres negras também obtêm menos orientações sobre o parto e possíveis complicações. A elas também é ministrada menos anestesia local em casos de partos normais (LEAL; GAMA; PEREIRA et al., 2017). Evidencia-se que a saúde e o adoecimento estão relacionados a uma série de fatores socioeconômicos e culturais que afetam a integridade física e psicológica, individual e coletiva, constituindo-se o racismo como um importante determinante social da saúde, porque expõe mulheres negras e homens negros a situações mais vulneráveis de adoecimento e de morte e também se manifesta na atenção à saúde de diversas formas (GOES; RAMOS; FERREIRA, 2021).

O racismo não é apenas o interpessoal que se expressa em preconceito e discriminação, condutas intencionais ou não entre pessoas. É também o racismo institucional, possivelmente sua dimensão mais negligenciada, porque desloca-se da dimensão individual e instaura a dimensão estrutural, correspondendo a formas organizativas, políticas, práticas e normas que resultam em tratamentos e resultados desiguais. É também denominado *racismo sistêmico* e garante a exclusão seletiva dos grupos racialmente subordinados, atuando como alavanca importante da exclusão diferenciada de diferentes sujeitos nesses grupos. Desse ponto de vista, ele atua de forma a induzir, manter e condicionar a organização e a ação do Estado, suas instituições e políticas públicas – atuando também nas instituições privadas –, produzindo e reproduzindo a hierarquia racial.

De acordo com dados do Fórum Brasileiro de Segurança Pública, quando analisada a dimensão racial das vítimas de violência LGBT+fóbicas trans e travestis, os números são elevados: dentre as mulheres trans que foram vítimas de violência LGBT+fóbica em 2021, 58% eram negras. Dentre os homens trans, esse número foi de 56%. Já dentre as travestis vítimas de LGBT+fobia, 65% eram negras. Em termos de idade, as maiores notificações de violência contra pessoas LGBTQIA+ concentraram-se nas faixas entre 10 e 29 anos, tanto para gays, lésbicas e bissexuais como para travestis, homens e mulheres trans (FBSP, 2023).

Na área da saúde, para fazer o enfrentamento a questões de racismo e LGBTQIAPN+ foram publicadas, no âmbito do SUS, a Política Nacional de Saúde Integral da População Negra (PNSIPN), em 2006, e a Política Nacional de Saúde Integral de Lésbicas, Gays, Bissexuais, Travestis e Transexuais, em 2011; elas buscam garantir o acesso integral, humanizado e de qualidade em todos os níveis da rede de atenção à saúde para a população negra e LGBTQIAPN+, além de outras demandas fundamentais. Esse passo foi possível graças à atuação de movimentos sociais como o negro e o LGBTQIAPN+, que buscam, em sua luta cotidiana, a transformação da sociedade, com protagonismo e influenciando na construção das políticas públicas.

A PNSIPN é um marco no desenvolvimento das políticas de saúde para essa população no Brasil, considerando a orientação sexual e a identidade de gênero como determinantes sociais da saúde. Ela traz como fato fundamental o atendimento integral à saúde, descolando o atendimento apenas das questões vinculadas a IST, como ainda ocorre. Apresenta como objetivo principal o reconhecimento das LGBTfobias, homofobias, lesbofobias, transfobias, bifobias, e outras discriminações contra gênero, identidade de gênero e/ou sexualidades dissidentes do padrão heterocisnormativo, como determinantes sociais de violências, exclusão, rejeição, que impactam na saúde e no adoecimento dessas pessoas, e que o preconceito e discriminação diminuem a busca pelos serviços e profissionais de saúde, dificultam o acesso às unidades de saúde e geram piora na qualidade de vida e no autocuidado. Entre as ações promovidas, destaca-se a inclusão dos campos "nome social", "orientação sexual" e "identidade de gênero" na Ficha de Notificação de Violência no Sistema de Informação de Agravos de Notificação (SINAN/DataSUS/MS), a inserção do campo para preenchimento da violência motivada por homofobia, lesbofobia e transfobia, informação imprescindível para dar visibilidade à violência sofrida pela população e orientar os indicadores de saúde.

Apesar disso, a PNSIPN até hoje foi implementada por apenas 193 municípios brasileiros, o que representa 3% do total (ROLNIK; REMÉDIOS;

VIEIRA; MACHADO, 2021). A não priorização e/ou desconhecimento da política pelos gestores e áreas técnicas da saúde é um grande desafio para a pauta, assim como sua efetivação como política transversal, que depende do envolvimento das diversas áreas e esferas de gestão da saúde e do respectivo financiamento das ações.

Outra questão fundamental quando se pensa em populações negra e LGBTQIAPN+ é a violência que atravessa esses corpos. Quando voltamos o olhar para a juventude negra, que vem sofrendo uma vitimização alarmante a ponto de o Estado brasileiro assumir o genocídio dela nesses termos (WAISELFISZ, 2014), os números não são menos assustadores. Enquanto o número de vítimas jovens brancas caiu 32,3%, o número de vítimas jovens negras aumentou em 32,4%, conforme o *Mapa da Violência: Os jovens do Brasil*, de Julio Jacobo Waiselfisz (WAISELFISZ, 2014).

O Brasil é o país onde mais LGBTQIAPN+ são assassinados no mundo: uma morte a cada 34 horas. 256 LGBTQIAPN+ foram as vítimas de morte violenta no Brasil em 2022, computando 242 homicídios (94,5%) e 14 suicídios (5,4%). Em termos absolutos, predominaram as mortes de 134 gays (52,34%), seguidos de 110 travestis e transexuais (42,96%), 5 bissexuais (1,95%), 4 lésbicas (1,56%) e 1 homem trans (0,39%). Em termos relativos, as pessoas trans representam a categoria sexológica mais vulnerável a mortes violentas (SCHMITZ, 2022).

Em decorrência do preconceito e da discriminação, a população LGBTQIAPN+ possui maior incidência de depressão e suicídio, é mais vulnerável a violência física, psicológica e sexual e possui referências/elos familiares fragilizados. A maioria dessas pessoas sente-se desconfortável em procurar serviços de saúde, em decorrência do medo de sofrer violência devido às práticas discriminatórias envolvendo tanto estudantes como profissionais de saúde em todos os níveis de atenção, resultando no afastamento desta população dos serviços de saúde (BORGES et al, 2020).

Comparada com pessoas heterossexuais e cisgêneras, a população LGBTQIAPN+ enfrenta um cenário de discriminação em atendimentos de saúde, que se apresenta em condutas inadequadas dos profissionais, conotações preconceituosas e estigmatizadas, atendimentos não humanizados, ausência de acolhimento, negligência de ações e omissão de cuidado. Além disso, há um desconhecimento por profissionais sobre as demandas de saúde dessa população; estigma e preconceito; uma premissa generalista de que todas as pessoas são iguais, apesar das diferenças históricas, sociais, econômicas, políticas e culturais – e posturas moralistas que não reconhecem a diversidade, os direitos sexuais e direitos reprodutivos; não respeito à importância e ao uso do nome social e comportamentos homo/lesbo/bi/transfóbicos nos serviços de saúde (BORGES et al., 2020).

Para fazer frente a estas dificuldades, destaca-se a necessidade de acolhimento e atendimento humanizado em saúde, livres de discriminação, julgamento e preconceito por profissionais e estudante; o uso do nome social no cartão SUS, nas fichas cadastrais, nos prontuários de saúde, nos exames laboratoriais e nos sistemas de informação em saúde; o respeito ao nome social nos serviços de saúde; adequação dos sistemas de saúde para que os procedimentos não sejam negados devido à incongruência entre o sexo biológico e a identidade de gênero da pessoa que utiliza o serviço; a adequação dos sistemas de informação para incluir os quesitos "nome social", "orientação sexual" e "identidade de gênero; a inclusão de temáticas sobre diversidade sexual e de gênero nos cursos de saúde, em processos de educação permanente para trabalhadores e em formações voltadas ao controle e participação social; o fomento à inclusão de pessoas trans no controle e participação social e elaboração de estudos sobre as demandas de saúde LGBTQIAPN+, afastando a ideia de que o conhecimento sobre essa população é apenas ligado a IST, o que reforça a estigmatização do público; conhecer os agravos mais prevalentes entre essas populações e profissionais que compreendam a influência dos diferentes tipos de práticas sexuais e culturais que impactam na saúde da população negra e LGBTQIAPN+ .

Dados da Rede Feminista mostram que 40% das mulheres não se sentem à vontade para revelar a sua orientação sexual e que 17% já deixou de solicitar exames importantes por não se sentirem acolhidas no serviço (REDE FEMINISTA; 2006); mulheres também apresentam maior risco de automutilação e suicídio em decorrência da transfobia na população de mulheres transexuais (ARAN; LIONÇO, 2008).

As demandas da população LGBTQIAPN+ nos serviços de saúde são variadas e relacionam-se com a atenção à saúde mental, principalmente a processos de exclusão social, violências, discriminação e preconceito, uso abusivo de álcool, outras drogas; a prevenção da automedicação e abuso de hormônios; a prevenção de uso do silicone industrial e cuidados em saúde em relação a problemas causados pelo uso do silicone; a prevenção às IST, HIV/Aids e hepatites virais, e tratamento adequado, livre de discriminação e preconceito; avaliar e manejar as situações clínicas mais comuns nessas populações, sem estigma. As travestis têm historicamente a sua saúde associada a sorologia positiva e prostituição, assim como o isolamento social marcado pela exclusão do mercado de trabalho e a vida noturna trazem consequências como crises de ansiedade e sensações de pânico para essa população, o que exige o desenvolvimento de técnicas para o atendimento das demandas da saúde integral desse público. Outro dado preocupante é a morte de travestis em consequência do uso de silicone industrial, o que demanda o desenvolvimento de protocolos clínicos específicos (PNSILGBT, 2013).

Outros estudos são necessários para embasar a atuação diante das variadas demandas da população LGTBQIAPN+ que já vêm sendo apontadas pelo movimento social. A saúde deve ser considerada para além do ponto de vista da epidemiologia e pelo viés do HIV/IST, principalmente diante da ausência de dados e pesquisas sobre essa população, pois têm sido relacionados somente à representação da heterossexualidade, reprodução e maternidade. É preciso pensar a respeito da concepção hegemônica que se tem da masculinidade como um dos fatores de maior peso nos agravos de saúde dos homens, seja pela natureza dos agravos, seja pela grande influência que exerce para afastar os homens gays dos serviços de atenção básica.

É importante destacar alguns desafios que dizem respeito à população trans, como reconhecer e incluir as identidades trans em políticas, programas e ações de saúde com intersecção de gênero, geração e raça/cor – saúde da mulher, saúde do homem, saúde de adolescentes e jovens, saúde da pessoa idosa, saúde da população negra, saúde da população em situação de rua, saúde indígena; a produção de pesquisas em saúde com foco na população – hormonioterapia, cirurgias de redesignação sexual, saúde mental, violências, IST e HIV/Aids; a garantia dos direitos sexuais e reprodutivos e da integralidade do cuidado em toda a rede SUS; a ampliação do processo transexualizador no SUS, com atendimento em todos os estados; o acesso aos procedimentos ambulatoriais, com garantia de dispensação dos hormônios na rede SUS; o acesso aos procedimentos cirúrgicos, com regulação da fila de espera; a ampliação das cirurgias: neofaloplastia, metoidioplastia, próteses de silicone para travestis, a revisão da obrigatoriedade de 2 anos de acompanhamento pré-cirúrgico; a revisão das idades mínimas para hormonioterapia e cirurgias; o acompanhamento psicológico para crianças e pré-adolescentes com incongruência de gênero; a dificuldade de acesso para pessoas transexuais. (NAÇÕES UNIDAS, 2016).

Outros desafios são a garantia de acompanhamento e contrarreferência na atenção básica, romper preconceitos, estigmas e quebrar tabus; reconhecer os racismos, machismos e LGBTQIAPN+fobias como fatores culturais que incidem na determinação social em saúde; identificar os marcadores sociais no momento do acolhimento; articular as ações em educação em saúde para além dos serviços de saúde; trabalhar o conceito de integralidade do cuidado; implementação da política nos estados; a invisibilidade da população LGBTQIAPN+ nos serviços de saúde; a carência de políticas inclusivas de respeito aos LGBTQIAPN+ (NAÇÕES UNIDAS, 2016); problemas de saúde mental – depressão e asuicídio (GHORAYEB, 2016; PNS LGBT+, 2013); a invisibilidade das necessidades específicas; o estigma da sorologia positiva; a subnotificação dos quesitos orientação sexual e identidade de gênero nas instrumentais de trabalho (PNSILGBT+, 2017).

Importante também é analisar as dificuldades e limitações de acesso a métodos contraceptivos para homens trans e pessoas transmasculinas, mesmo com a implementação de ambulatórios especializados e serviços de referência. De acordo com pesquisa conduzida pelo Instituto Brasileiro de Transmasculinidades, 78,13% dos homens trans e pessoas transmasculinas não haviam planejado sua gravidez. Além disso, 28,12% das pessoas acessadas tiveram sua identidade de gênero desrespeitada durante a gestação. Em relação à garantia de acesso a métodos contraceptivos por homens trans e pessoas transmasculinas, há dissonância entre o que deve ser garantido pelo serviço de saúde e o que é oferecido de fato, especialmente no que tange ao treinamento adequado de profissionais para o acolhimento e orientação sobre planejamento reprodutivo dessa população (IBRAT, 2023).

Ainda há desafios a serem enfrentados, como a incorporação efetiva do tema da diversidade em todas as etapas da formulação de políticas públicas. É fundamental continuar pressionando o Estado e trabalhando em parceria com os movimentos sociais para garantir uma sociedade mais inclusiva e igualitária para todos. Mais investimento em pesquisa e formação é essencial para proporcionar serviços de qualidade. Quebrar tabus e preconceitos para discutir abertamente questões relacionadas à saúde dessas comunidades. Conhecer cada pessoa individualmente, respeitando sua identidade, orientação sexual e práticas sexuais. A falta de dados consistentes e recursos financeiros adequados são obstáculos para avanços na área, assim como a falta de assistência para crianças e adolescentes trans.

Apesar dos desafios colocados, nesses últimos anos ocorreram avanços na pauta, como a pactuação da atualização do processo transexualizador no SUS, com ampliação da rede de ambulatórios e serviços hospitalares, o que possibilita, por exemplo, homens trans contarem com um atendimento ginecológico especializado que não existe no serviço público convencional; a inclusão do nome social das pessoas travestis e transexuais no Cartão SUS e na Caderneta da Pessoa Idosa, implementada em 2018, a inclusão da orientação sexual e da identidade de gênero nos cadastros da atenção básica e na ficha de notificação de violência do Sistema de Informação de Agravos de Notificação (SINAN); a institucionalização, no âmbito do Ministério da Saúde, da Coordenação de Acesso à Equidade do Departamento de Promoção da Saúde, a instituição do Grupo de Trabalho para discutir o processo transexualizador no âmbito da Secretaria de Atenção Especializada no Ministério da Saúde; a Secretaria LGBT no Ministério dos Direitos Humanos.

Outro avanço importante ocorreu em 2019, quando, pela primeira vez, a Pesquisa Nacional de Saúde incluiu uma pergunta sobre a orientação sexual das pessoas entrevistadas, apesar de os dados estarem subnotificados devido ao estigma e ao preconceito da sociedade, que podem levar a desconforto e insegurança em declarar a orientação sexual. Na Pesquisa Nacional de Saúde: orientação sexual autoidentificada da população adulta, 2,9 milhões de pessoas de 18 anos ou mais se declararam como lésbicas, gays ou bissexuais. Também foi realizado o Censo Trans, que contou com 1.161

questionários aplicados em dez capitais brasileiras a partir de 2017, identificou 41,4% mulheres transexuais, 29,9% travestis, 7,9% mulheres travestis e 20,3% transexuais. Cerca de 69,7% das pessoas trans eram jovens com até 29 anos e apenas 0,3% das pessoas trans conseguem chegar à terceira idade (57 a 60 anos). Do total das respondentes do Censo Trans, 58,7% eram pretas ou pardas (SOUZA, 2022).

Ainda a possibilidade de doação de sangue por essa população, com mudanças nos protocolos e normativas do Ministério da Saúde, que levaram à transformação do cenário. Homens gays, bissexuais, que fazem sexo com homens e também pessoas trans passaram a ser considerados/as potenciais doadores/as, em uma necessária mudança de posicionamento, tendo em vista que a proibição de doação de sangue por algumas das identidades LGBTQIAPN+ reforçava o preconceito e o estigma. Outro avanço a ser destacado é a prevenção combinada para HIV/Aids, com oferta de métodos preventivos como profilaxia pré-exposição (PrEP) e profilaxia pós-exposição (PEP) pelo SUS, que tem representado um potencial importante para a prevenção e redução nos indicadores relacionados a novos casos de infecção.

A reeducação das relações étnico-raciais situa-se no princípio das políticas de ações afirmativas, associadas às políticas universais, compreendendo que é preciso resgatar dívidas históricas que a sociedade contemporânea possui com determinados grupos que, em dado momento, foram alvo de perseguições e discriminações infundadas. Entendemos que os mecanismos de operação do racismo são múltiplos e, por essa razão, as formas de enfrentamento também devem ser. Nesta perspectiva, é necessária a apresentação de propostas de educação com o objetivo de ser uma ferramenta pedagógica de enfrentamento e combate ao racismo.

Diante da reflexão empreendida, é importante trazer algumas recomendações para avançar na pauta da saúde LGBTQIAPN+, como: estabelecimento de uma **linha de cuidado** (continuum assistencial composto por ações de promoção, prevenção, tratamento e reabilitação, constituindo-se como o itinerário que o usuário faz por dentro de uma rede organizada de saúde) para pessoas transexuais; inclusão das pautas dos movimentos sociais nas práticas de cuidado dessa população; articulação de um plano intersetorial de combate à violência de pessoas trans, em todos os níveis (da atenção à saúde especializada até serviços de educação); criação de um plano de cuidado em saúde de pessoas LGBTQIAPN+ que extrapole as questões relacionadas ao HIV/Aids, com foco para o cuidado em saúde mental, que se configura como uma das principais demandas em saúde dessa população; educação permanente sobre saúde da população LGBTQIAPN+ para as equipes de saúde com foco em saúde mental, não discriminação no acesso à saúde, cuidado de pessoas transexuais e HIV/Aids; formação continuada em Direitos Humanos para profissionais da Atenção Primária à Saúde; descentralização da hormonioterapia para a Atenção Primária à Saúde; implementação de ambulatório do processo transexualizador nos estados e municípios; levantamento de dados de uso de silicone industrial e acesso ao tratamento hormonal; acesso gratuito à medicação para a hormonioterapia; divulgação e ampliação do acesso de PrEP e PEP para a população de travestis e transexuais; construção de uma campanha contra o suicídio de pessoas trans e construção de políticas para o cuidado da saúde mental de travestis e transexuais; campanhas de redução de danos de uso de álcool e de outras drogas, assim como do silicone industrial (IEPS; UMANE; INSTITUTO VEREDAS, 2023).

Para finalizar, trazemos mais recomendações para o contexto brasileiro, trazidas no estudo População LGBTQIA+: diversidade, direitos e acesso a serviços de saúde no Brasil, com vistas a fortalecer políticas e propiciar um ambiente favorável a resultados transformadores, quais sejam: aprimorar o ciclo de políticas públicas voltadas à saúde da população LGBTQIAPN+ e negra, desde a formulação e planejamento até a implementação e o seu monitoramento, de forma a qualificar aquelas já existentes e facilitar o processo de elaboração de outras a fim de torná-las efetivas e plenamente acessíveis para a população à qual se destina; ampliar e aprimorar os serviços de atendimento à saúde mental que atendam essas pessoas; estimular a participação social de coletivos e organizações em espaços de consulta e deliberação, como conselhos e conferências, visando identificar as lacunas programáticas, políticas e/ou legais, bem como as barreiras vivenciadas, contemplando lésbicas, trans, bissexuais, travestis, pessoas intersexo e todas as demais orientações sexuais e identidades de gênero; produzir dados quantitativos e qualitativos a respeito das necessidades, oportunidades e barreiras vivenciadas pela população para o acesso à saúde integral, incluindo o mapeamento de questões sobre saúde sexual, dignidade menstrual, planejamento reprodutivo e contracepção, reprodução assistida, gestação e parto, procedimentos cirúrgicos, terapias hormonais, saúde mental e outros; considerar a expertise, conhecimento técnico e produção de conhecimento científico realizado por instâncias da sociedade civil e acadêmicas para o desenvolvimento de políticas públicas de saúde para a população; observar a interseção de diferentes condições de vulnerabilidade na população LGBTQIAPN+, como as desigualdades de renda, raça e etnia, região, etárias, relacionadas a deficiências, dentre outras, na elaboração de diretrizes, protocolos e fluxos em atenção à saúde integral e especializada – com isso, visando reduzir estigmas e promover equidade e justiça no acesso a serviços; promover estratégias de atenção à saúde integral qualificada, inclusiva e não discriminatória para mulheres lésbicas e bissexuais, cis e trans, bem como para todas as demais orientações sexuais e identidades de gênero; aprimorar a atenção em saúde às pessoas intersexo; investir em ações descentralizadas em atenção à saúde LGBTQIAPN+, tendo em vista a concentração atualmente presente de serviços nas capitais e cidades de médio e grande porte, o que dificulta o acesso de usuários de áreas rurais ou interiorizadas; investir em políticas específicas e atendimentos integral e especializado de saúde para idosos LGBTQIAPN+, contemplando as particularidades do processo de envelhecimento dessa população; considerar questões de insegurança alimentar nas políticas públicas de saúde, especialmente aquelas voltadas aos grupos vulnerabilizados, como pessoas trans; considerar transversalidades nas políticas de saúde integral à população LGBTQIAPN+, como o acesso a empregos, acesso à educação em todos os níveis, situações de ruptura de vínculos familiares, envolvendo outras áreas, como assistência social, dimensionando o impacto das condições de vulnerabilidade sobre o acesso à saúde e sobre a continuidade de tratamentos e vinculação aos serviços; investir na produção de materiais para educação, informação e promoção de direitos de pessoas LGBTQIAPN+, realizando campanhas com esses objetivos, tanto em serviços de saúde (em todas as instâncias e complexidades) quanto em equipamentos de assistência social e saúde mental (como CRAS/CREAS e CAPS); assegurar o cumprimento integral das normativas e portarias do Ministério da Saúde no que tange à atenção integral à saúde de pessoas LGBTQIAPN+, por parte das equipes e dos serviços de atendimento; assegurar a oferta de atendimentos, serviços e procedimentos a partir de uma abordagem empática e inclusiva, livre de constrangimento ou discriminação; ampliar as formações continuadas para profissionais nos serviços de saúde, contemplando direitos humanos e direitos voltados às pessoas LGBTQIAPN+; considerar a necessidade de atenção à saúde mental de pessoas LGBTQIAPN+, agravada por fatores como o estresse de minoria; aprimorar a oferta e a acessibilidade dos serviços de saúde para pessoas LGBTQIAPN+, como horários de atendimento que levem em consideração diferentes necessidades e a adaptação de espaços físicos e equipamentos para pessoas com deficiência; implementar programas de educação em saúde e sexualidade, na escola e fora da escola, e vincular unidades de saúde à comunidade escolar, incluindo educação para a diversidade, cuidados em saúde para meninas, mulheres e pessoas com útero desde a pré-adolescência, contemplando também as identidades masculinas nas ações educativas e educação para a corresponsabilidade masculina e para a promoção de masculinidades positivas e não violentas; ampliar e aprimorar as articulações entre as redes, políticas e serviços de saúde e assistência social, com foco no atendimento especializado a pessoas LGBTQIAPN+ extremamente vulnerabilizadas, como as que estão em situação de rua; assegurar nos ambulatórios de atenção a pessoas trans a presença de equipes multiprofissionais, incluindo profissionais especializadas/os/es, como endocrinologistas, visando atender às necessidades de atenção em saúde em todas as etapas; ampliar e aprimorar os fluxos de atendimento para prevenção, diagnóstico e tratamento de IST e HIV/Aids para homens gays, bissexuais e que fazem sexo com homens, bem como mulheres lésbicas e bissexuais e homens trans, pessoas transmasculinas, travestis e mulheres trans; investir na criação de projetos, pesquisas e diagnósticos, em parceria com a sociedade civil, que levem em consideração as diversidades regionais do país, aprimorando as atuações articuladas no campo da atenção à saúde LGBTQIA+ (FUNDO DE POPULAÇÃO DAS NAÇÕES UNIDAS, 2024).

Para as informações sobre autorias, as referências e o material de apoio deste capítulo, acesse o QR-Code.

CAPÍTULO 31

Reflexões sobre pessoas LGBTQIAPN+ com deficiência: problematizações para a produção de cuidados, promoção de direitos e combate ao capacitismo

Maycon da Silva Pereira

Psicólogo. Mestrando em Políticas Públicas. Possui pós-graduação em inclusão de pessoas com deficiência.

Introdução

A pessoa com deficiência, enquanto um ser social, sujeito de direitos, objeto de leis e de políticas públicas de Estado, é diversa. A sua diversidade engloba muitos aspectos importantes e que nem sempre são apropriados pela sociedade em geral, que em muitas vezes exclui e infantiliza sua existência, dificultando o que conhecemos de projeto de sociedade inclusiva, o qual insistentemente ainda tentamos expandir.

Dentro deste panorama, a inclusão das pessoas com deficiência na sociedade brasileira contemporânea vem convidando mães, pais, responsáveis e cuidadoras/es para um debate importante e emergente, que vem sendo centralizado na perspectiva de ampliar o leque pelo qual, durante anos e séculos, as pessoas submetiam o saber sobre a diversidade presente no humano. Este leque, sobre o qual este capítulo se convoca a refletir, tem relação com o que chamamos por marcadores sociais das diferenças e coloca na roda dos debates os contornos, impactos e vivências das pessoas com deficiência com suas respectivas experiências envolvendo a sexualidade.

Durante muito tempo, a sexualidade da pessoa com deficiência sequer foi pensada. Nesta linha, pode-se avaliar que existem históricos que apontam para a negação – por parte das pessoas sem deficiência, principalmente – desta questão, justificando tal manobra com base em teorias, fundamentos e questões que, pautadas em saberes fabricados, conceitualmente excluíram e, em muitos casos, ainda excluem as pessoas com deficiência de um direito fundamental e legalmente previsto para todas as pessoas, que é a sexualidade.

Nesta mesma linha, a sexualidade de crianças e adolescentes LGBTQIAPN+ com deficiência também surge como uma barreira impensável na sociedade cis-heteronormativa. Se de um lado temos uma parcela da população conservadora e negacionista diante dos processos afetivos e sexuais da infância e adolescência LGBTQIAPN+, na contramão desta estrada também verifica-se a incidência de uma cultura capacitista associada ao posicionamento LGBTQIAPN+fóbico, que para além de negar qualquer possibilidade e veracidade da sexualidade infantojuvenil pautada em uma orientação não normativa, concebe esta realidade com um verdadeiro descrédito, incluindo as vivências destas crianças e adolescentes LGBTQIAPN+ em uma lógica que precisa ser manipulada, tratada, domesticada e até mesmo curada.

De modo objetivo, precisamos questionar qual é a dificuldade de a sociedade pensar no corpo com deficiência vivenciando e saboreando sua plena sexualidade. E, mais profundamente, precisamos refletir sobre todos os demais contornos que englobam todo o preconceito que ronda quando provocamos a aproximação da pessoa LGBTQIAPN+ com a questão do corpo com deficiência.

De fato, a questão apresentada demanda um debruçamento complexo e necessário, que precisa romper práticas capacitistas culturalmente organizadas e institucionalizadas na sociedade, as quais vêm se refletindo em normas, sistemas e direcionamentos que excluem e violam os direitos da pessoa LGBTQIAPN+ com deficiência.

Diante deste panorama, serão exploradas nos tópicos seguintes algumas indagações iniciais e propostas reflexivas sobre a questão social da pessoa LGBTQIAPN+ com deficiência, o que pretende ser um direcionamento para maior compreensão sobre a temática e servir como material orientativo para mães, pais, responsáveis e cuidadoras/es.

Pessoas com deficiência: breves considerações

A Lei Brasileira de Inclusão confere à pessoa com deficiência o aspecto de cidadania, o que significa que tais indivíduos são sujeitos de direitos e devem ser objetos de políticas públicas e intervenções do Estado.

Ainda, a referida legislação, que tem abrangência nacional e efeitos vinculativos tanto na esfera pública quanto na esfera privada, define a "pessoa com deficiência" como sendo aquela que apresenta uma ou mais condições de natureza permanente, podendo ser de origem diversa (motora, intelectual, visual, auditiva e/ou psicossocial), a qual, contextualizada dentro de uma ou mais barreiras, oferta prejuízos para este indivíduo diante dos demais sujeitos, provocando desigualdade na efetivação dos direitos disponíveis (BRASIL, 2015).

As barreiras também têm natureza diversificada, podendo ser de ordem atitudinal, arquitetônica, comunicacional, dentre outras, estando espelhadas pela sociedade de uma forma geral nos diversos contextos e espaços públicos e privados, o que implica a responsabilidade de todas as pessoas pelos processos de inclusão das pessoas com deficiência em qualquer segmento que se faça necessário.

Dentro deste aspecto, Diniz (2007) defende o modelo social, que enquanto contraponto ao modelo médico da deficiência, aponta para uma espécie de responsabilidade compartilhada pela sociedade em relação às demandas de inclusão e acessibilidade para as pessoas com deficiência, implicando que a deficiência não é culpa da pessoa e que, por isso, a sociedade em geral precisa se organizar em processos, sistemas e instituições que acolham tais diferenças.

Em termos gerais, o modelo social apresenta que não é a pessoa com deficiência que deve se ajustar à sociedade, é a sociedade que precisa criar mecanismos para se adequar à pessoa com deficiência e suas respectivas demandas específicas, o que muitas vezes não acontece.

De acordo com este modelo social defendido e que ainda está em processo de institucionalização no país, não somente a responsabilidade pela inclusão deve ser compartilhada por toda a sociedade, mas a própria forma de pensar a pessoa, sua subjetividade, singularidade e individualidade deve ser realizada de modo a contemplar a diversidade que implica o corpo com deficiência, respeitando suas características e despatologizando suas questões, principalmente aquelas situadas no campo da sexualidade.

Pessoas LGBTQIAPN+ com deficiência: sobre qual diversidade falamos?

Embora a sociedade venha evoluindo em inúmeros assuntos, em relação às temáticas relacionadas às pessoas com deficiência e pessoas LGBTQIAPN+, ainda pode-se encontrar resistências e tentativas de aniquilamentos velados por atos autoritários e antidemocráticos.

Segundo os ensinamentos de Morales e Batista (2010), pode-se refletir o quanto a compreensão sobre a sexualidade da pessoa com deficiência, por parte da sociedade em geral, é distorcida por uma lógica que exclui destes indivíduos este direito individual, remetendo ao desejo sexual do homem gay com deficiência, por exemplo, um sentido ilegítimo, negativo, um pensamento incoerente ou outra interpretação que desqualifique toda a sua experiência concreta.

Sob tal perspectiva, a da pessoa LGBTQIAPN+ com deficiência é estimulada a não viver suas aspirações sexuais, retraindo suas projeções e sublimando seus desejos de experiências afetivas, sendo reduzido a mero objeto e sua essência considerada um problema que precisa ser escondido, avaliado e até mesmo acompanhado com o mesmo rigor das doenças.

Neste contexto, a realidade brasileira se mantém incipiente diante de estratégias que possam identificar, orientar, encaminhar e erradicar as práticas discriminatórias às quais são submetidos os homens gays com deficiência, de acordo com os pressupostos teóricos defendidos (DIAS et al., 2024).

Tais carências podem ser indicadas pela ausência de propostas, sistemas e até formas de acolhimentos inclusivos pautados no combate ao preconceito sofrido pelo homem gay com deficiência, englobando os aspectos de acessibilidade e práticas anti-LGBTIfóbicas.

Com base nas contribuições de Souza et al. (2024), é possível avaliar a necessidade de novas pesquisas e estudos sobre o campo da sexualidade da pessoa com deficiência, e principalmente discussões pautadas no campo científico que possam dialogar e refletir sobre formas de combate à exclusão e preservação de direitos reprodutivos e sexuais.

Nesta esteira, vislumbra-se a importância do acolhimento social diante das questões relacionadas à inclusão da pessoa LGBTQIAPN+ com deficiência. Reafirma-se, neste caso, o quanto que os processos de aceitação quanto às diferenças e às diversidades, se implementados desde a idade tenra, podem colaborar para a produção de qualidade de vida e sentimento de pertença das pessoas nos respectivos grupos de referência (FERRARI; MARQUES, 2010).

Diante da complexidade e dos desafios que envolvem o seu acolhimento social, a pessoa LGBTQIAPN+ com deficiência vivencia exclusões e consequentemente é alvo de inúmeras violências simbólicas e estruturais realizadas tanto pela comunidade LGBTQIAPN+ – que a/o/e discrimina por não representar um modelo de corporalidade ideal e normativa – quanto pela comunidade de pessoas com deficiência – que a/o/e segrega pelo fato de conceber as orientações distintas da heteronormatividade como uma categoria desviante (SOUSA; MOLEIRO, 2015).

Trata-se, diante do exposto, de um necessário esforço coletivo que deve ser consolidado através de políticas públicas inclusivas para estes sujeitos, as quais devem ser voltadas para a erradicação do sofrimento refletido pela pessoa LGBTQIAPN+ com deficiência e para a eliminação das práticas instituintes e instituídas que contrariam os pressupostos legais firmados na Carta Magna, nas Convenções Internacionais e demais instrumentos jurídicos.

Silva et al. (2020) defendem a importância das políticas públicas voltadas para a população LGBTQIAPN+. Segundo as autoras e o autor, as atividades governamentais refletidas em programas, ações e demais instrumentos são importantes recursos para o combate a questões como a LGBTQIAPNfobia, por exemplo.

Diante dos fatos, torna-se imperioso o aprofundamento das questões relacionadas aos marcadores sociais das diferenças, no que tange ao processo de inclusão da pessoa LGBTQIAPN+ com deficiência na sociedade, para que tenhamos efetivamente uma sociedade livre, justa e combatente diante de quaisquer preconceitos. Com isso, importa orientar a mães, pais e/ou responsáveis das pessoas LGBTQIAPN+ com deficiência que o acolhimento é a melhor estratégia de cuidados e o principal aliado para a garantia do bem-estar destas pessoas diversas. A exclusão, o aprisionamento, a desqualificação ou quaisquer práticas similares violadoras de direitos só colaboram para a manutenção de uma cultura e sociedade preconceituosa e discriminatória.

Além desta questão, é importante orientar a cuidadoras/es que a abertura e o fortalecimento de espaços de convivências familiares (incluindo as trocas intergeracionais baseadas no respeito e no direito singularizado da pessoa LGBTQIAPN+ com deficiência) é uma alternativa possível e necessária diante de medos, fantasmas, lendas e fantasias que acabam silenciando as vivências destas pessoas em face da diversidade humana e, em muitos casos, situam alguns grupos familiares como verdadeiros responsáveis pelo adoecimento de seus membros.

Conclusão

Este breve capítulo visou refletir sobre os processos da pessoa LGBTQIAPN+ com deficiência na sociedade brasileira contemporânea, levando em consideração os diversos atravessamentos que implicam em seu acolhimento.

A temática ainda demanda articulações, estudos e debruçamentos teóricos, dada a complexidade das próprias discussões que envolvem os marcadores sociais das diferenças, incluindo pessoas LGBTQIAPN+ e pessoas com deficiência.

Avalia-se a importância das políticas públicas na conscientização da questão junto a pessoas, famílias e coletividades, e no enfrentamento de preconceitos e estigmas relacionados com a discussão.

Para as informações sobre autoria, as referências e o material de apoio deste capítulo, acesse o QR-Code.

CAPÍTULO 32

Sexualidade autista

Jonas Marssaro
Psicólogo. Pós-graduando em Psicologia Histórico-Cultural.

Histórico da deficiência: o anjo azul e a sua relação com a deficiência

A figura do anjo como sinônimo da deficiência é algo que remete à Idade Média, pela própria compreensão de angeologia[1] de Tomás de Aquino, em que o anjo é um ser inclinado para o bem e segue a vontade de Deus. Neiva (2023, p. 42) afirma ainda que "no seu tratado sobre 'A bem-aventurança', reconhece que toda a criatura tem seu ser por participação, tanto os anjos como o ser humano, e, portanto, a contemplação de Deus", de modo que a figura angélica segue uma natureza de serviço a Deus. Ainda é importante considerar que o Cristianismo enquanto movimento religioso e político rompe com concepções greco-romanas, sobretudo espartanas (ainda que reproduz outras), desligando-se da ideia do "homem vitruviano[2]", que aborda que o humano é a forma perfeita e, portanto, perfeição é igual a saúde. Nessa transição da antiguidade para a medievalidade a pessoa com

1 Teologia que estuda os anjos.

2 Homem vitruviano: é um conceito da filosofia clássica que se dissemina a partir dos estudos do arquiteto Vitrúvio, no qual o ser humano tem a forma perfeita e, portanto, o que não está na forma comum do homem greco-romano está em algum estado de imperfeição, visto que é esse modelo de homem (não necessariamente de mulher) que é a imagem dos deuses do Olimpo. Logo, o que é humanamente perfeito é saudável.

deficiência sai da figura de "coisa" e passa para o estado de "pessoa", ainda que uma "pessoa imperfeita" (STRELHOW, 2016).

A transição de "coisa" para "pessoa" no conceito de deficiência medieval levou ao que posso chamar de "Quasímodo" (sim, a referência é o Corcunda de Notre Dame de Vitor Hugo), período em que se considera que o sujeito é dotado de alma, mas uma alma que não tem capacidade de escolha, nem personalidade humana e tampouco condições de escolher entre o bem e o mal (STRELHOW, 2016).

O pensamento religioso medieval passou por um processo de cisão com a Reforma Protestante, no qual Martinho Lutero apontava a deficiência como a ação de bruxas e demônios (parecida com a concepção greco-romana). Esse pensamento encontrava-se no medievo; por isso, a Igreja Católica acolhia pessoas com deficiência e as alimentava, passando a construir instituições totais de acolhimento de crianças com deficiência, combatendo o infanticídio na época. As instituições totais são espaços, principalmente de cunho terapêutico, em que há uma população consideravelmente grande que vive integralmente no local, gerenciado por uma equipe que também atende essa população internada durante as 24 horas do dia (BENELLI, 2004). O pensamento moderno trouxe consigo uma nova visão de mundo, a Revolução Científica, no século XVII (FRANÇA, 2014; FERNANDES; SCHLESENER; MOSQUERA, 2011).

O pensamento moderno buscou compreender a partir de explicações lógicas a origem de tudo e, com isso, a deficiência passou a ser estudada pela Medicina e Biologia, trazendo uma visão de imperfeição do corpo. As instituições totais, manicômios, casas de repouso, sanatórios e hospitais passaram a ser moradia de pessoas com deficiência, além de ser depósito de pessoas que eram abandonadas por familiares ou pela justiça (FRANÇA, 2014; FERNANDES; SCHLESENER; MOSQUERA, 2011).

A Revolução Industrial agravou outro problema da modernidade; as condições de trabalho precárias levavam pessoas a ter diversos acidentes de trabalho no século XVIII e XIX, o que agravava ainda mais o quadro de desigualdade, visto que as pessoas que adquiriam deficiência por mutilação dos membros, perda de visão, audição ou até mesmo tendo condições neurológicas adversas por conta das condições de trabalho, eram demitidas e passavam a integrar os diversos "mendigos" e "pedintes" nas ruas das cidades, às vezes recebendo doações das igrejas e às vezes sendo abandonadas pela família. Em suma, o cenário para pessoas com deficiência à "luz da modernidade" era de desolação e total ausência do Estado e da sociedade (FRANÇA, 2014; FERNANDES; SCHLESENER; MOSQUERA, 2011).

Com o fim da Primeira Guerra Mundial, a Inglaterra se tornou o primeiro país a propor soluções de reabilitação dos soldados e trabalhadores com deficiência adquiridas; a ideia de uma "educação especial" ou "reabilitação para o trabalho" aconteceu quando uma crise do capitalismo assolou inicialmente a economia inglesa, que estava com falta de trabalhadores e que iria se agravar por toda a Europa e Estados Unidos. Nesse período, as mulheres também passam a ter direitos trabalhistas assegurados e as crianças passam a ter direito à escolarização e à educação formal (FRANÇA, 2014; FERNANDES; SCHLESENER; MOSQUERA, 2011).

Os manicômios passaram a existir (e em alguns lugares ainda existem) até meados do século XX, quando a Psicologia passou a discutir a loucura e a deficiência como possibilidades da existência humana. Estudiosos como Vigotski, que discutiam a neuroplasticidade e a capacidade dialética do desenvolvimento, contribuíram para romper com a compreensão biomédica de que a pessoa com deficiência era "doente" ou "imperfeita", mas sim uma pessoa que tinha capacidade de desenvolvimento próprio (COSTA, 2006).

Apesar de o modelo marxista de Vigotski sobre o desenvolvimento humano e a Psicologia Histórico-Cultural já ter discutido sobre a deficiência como um processo ativo no desenvolvimento, foi na década de 1970, na Inglaterra, que surgiu o modelo social de deficiência. Essa compreensão que vinha acontecendo em correntes marxistas e pós-estruturalistas compreendia a deficiência como um marcador social e apontava que havia uma intersecção de gênero na deficiência, o que alimentou teóricos antirracistas a discutirem a racialidade na vivência da deficiência, construindo visões mais interseccionais e contribuindo para que o movimento social das pessoas com deficiência estivesse nas mais diversas lutas por direitos civis e criando suas relações na luta por direitos (GESSER; NUERNBERG; TONELI, 2012).

O conceito de neurodiversidade tem ganhado cada vez mais espaço e superado a ideia religiosa e biomédica da deficiência, estando mais avessa à iconografia e à ideia do "anjo azul", uma vez que a neurodiversidade aponta que pessoas com deficiência são seres de direito e têm capacidade de autonomia política, gozando de direitos e deveres e podendo participar da vida social, econômica e política da sociedade; portanto, a iconografia e a ideia do "anjo azul" não tem representado tanto as pessoas autistas (BRILHANTE et al., 2021).

Sexualidade e autismo

É preciso compreender que pessoas autistas não são eternas crianças e, portanto, assim como segue o desenvolvimento humano, elas desenvolverão a sua sexualidade, comportamentos e desejos sexuais, e poderão constituir sua própria identidade, perpassando por questões de gênero e questionamento do gênero que lhe foi atribuído na infância. É importante deixar que o desenvolvimento da adolescência aconteça, conforme já é discutido por diversas/os/es profissionais da Psicologia e da Medicina que atuam com pessoas autistas (BRILHANTE et al., 2021). Nesse sentido é relevante considerar alguns aspectos:

- **Desenvolvimento da puberdade**: a puberdade chega para todas as pessoas e pessoas autistas a vivenciarão, com todas as transformações necessárias no corpo – é importante que se converse com adolescentes de maneira séria, adulta e acolhedora sobre as mudanças que ocorrerão e qual é o tempo em que elas usualmente ocorrem, pois a previsibilidade nos ajuda muito a entender "qual é o prazo" das coisas e como elas funcionam.
- **Hora e lugar**: comportamento masturbatório, curiosidade sexual e interesse sexual é algo que pode acontecer com qualquer criança[3] e

3 É importante compreendermos que a criança também possui sexualidade, porém a sexualidade infantil não é a mesma e nem tem a mesma função da adolescência, da adultez ou da velhice. A sexualidade infantil perpassa pela curiosidade, pela compreensão do corpo, pelo identificar-se com determinados padrões de gênero ou afinar-se com seus pares a partir de gostos em comum, o que também é confundido com a afinidade que as crianças têm consigo mesmas e com as outras pessoas. Desse modo, o com-

adolescente. Em pessoas autistas é importante considerar que as regras sociais nem sempre são óbvias; portanto, falar sobre hora e local para comportamentos como masturbação, exercício da sexualidade e rotinas de intimidade pode ser essencial. Sobre "hora e lugar" é importante considerar que nem todas as pessoas autistas precisarão de todos os detalhes; portanto, é necessário observar como cada pessoa responde às regras sociais e como internaliza esse processo para poder orientar conforme a necessidade daquela pessoa.

- **Use a comunicação a seu favor**: se a pessoa que convive com você é uma pessoa autista verbal[4], converse sobre sexualidade e sexo, sem rodeios ou floreios; use os termos corretos como "pênis", "vagina", "camisinha peniana", "lubrificante", "seios"; não é vergonhoso usar esses termos, pois existem e fazem parte do corpo de todas as pessoas; se a pessoa com quem você convive é uma pessoa não verbal, usar pictogramas, imagens, fotografias e adaptar à Comunicação Alternativa e Aumentativa[5] (CAA) é importante. Apelidos, indiretas, figuras de linguagem e outros elementos de comunicação não direta muitas vezes atrapalham até as pessoas neurotípicas; imagina então pessoas autistas, pois clinicamente é constatado que há dificuldade em entender tais figuras de linguagem e comunicação indireta!
- **Higiene íntima**: não são apenas pessoas neurotípicas que precisam ter higiene íntima, pessoas autistas também precisam; por isso, ensinar é muito importante, inclusive sobre zelo, paciência, ludicidade e recursos sensoriais adequados. Autistas podem ter dificuldade psicomotora, então às vezes é preciso adaptar alguns movimentos, ensinar

---

portamento masturbatório infantil é um processo de descoberta do corpo e não necessariamente da aliciação do prazer sexual a partir da atração e do desejo sexual por outras pessoas.

4 O termo "autista verbal" e "autista não verbal" refere-se às condições de autistas em usar a fala verbalizada como recurso de linguagem. A pessoa autista aprende a falar como uma criança típica, porém pode acontecer de algumas pessoas autistas não usarem a fala como um recurso de linguagem. A CID-11 caracteriza o autismo a partir da capacidade de fala e deficiência intelectual, havendo 6 códigos para transtorno do espectro autista.

5 Comunicação Alternativa e Aumentativa (CAA) é um recurso de acessibilidade, em que podem ser usadas palavras ou figuras para pessoas não verbais, como pessoas autistas, com deficiência intelectual ou outras deficiências e/ou neurodivergências. O CAA é um recurso muito utilizado em vários casos e tem alguns estudos relacionados com o de Pereira et al. (2020).

a ter uma rotina de higiene íntima de uma modo que a pessoa consiga fazer sozinha. Além disso, é importante conversar sobre manusear o próprio corpo, até para a prevenção de determinados diagnósticos como o câncer de mama e de próstata. Às vezes não sabemos dessas informações, por isso pode-se contactar profissionais de Psicologia, Sexologia, Terapia Ocupacional, Ginecologia ou Urologia, que podem orientar sobre o uso de ferramentas e maneiras adequadas de manuseio e higiene pessoal.

- **Alteração sensorial é uma "faca de dois gumes"**: as alterações na percepção sensorial não afetam apenas a inserção de autistas nos ambientes públicos, na escola, na prática dos exercícios físicos ou na alimentação; a sexualidade é exercida por um corpo que sente, e sentir significa tatear, cheirar, ver, ouvir, degustar... Estímulos sexuais podem ser altamente satisfatórios ou extremamente dolorosos para pessoas autistas, então é preciso considerar essas questões diante do desejo sexual de parceiras/os/es autistas e na maneira como pessoas autistas vivenciam a própria sexualidade e o comportamento sexual.
- **Habilidades sociais**: o exercício da sexualidade em humanos é biopsicossocial; desse modo, as habilidades sociais estão presentes em todos os aspectos; o processo de maturação sexual envolve também a aprendizagem de habilidades sociais, que vão desde a percepção da investida sexual de outra pessoa sobre si, à adequação e compreensão de regras socialmente aceitas para a investida sexual, a própria relação sexual, a combinação de limites e performances aceitas entre as pessoas envolvidas na relação sexual, a combinação sobre uso de métodos contraceptivos, as preferências sexuais das pessoas envolvidas no ato sexual, o conhecimento sobre a intimidade de si e da outra pessoa, a maneira como as pessoas experienciam sensorial e culturalmente a prática sexual. Essas questões nem sempre são automáticas, faladas e escritas, por isso é necessário que cada pessoa vá compreendendo a si, mas também possa ter apoio (às vezes profissional) quanto ao reconhecimento do próprio corpo e do corpo das outras pessoas.
- **Prevenção de violência e assédio**: é importante que a discussão sobre assédio, limites e violência aconteça, mesmo com crianças e

adolescentes autistas. Nós, pessoas autistas, podemos ter dificuldade de interpretar sinais não verbais, intenções e subtextos, isso significa dificuldade em compreender momentos em que as pessoas nos colocam limites nas relações ou momentos em que sofremos assédio; pessoas autistas podem ser responsabilizadas criminalmente por seus atos, assim como também podem denunciar quando são vítimas de violência. A pesquisa de Portela (2021) aponta que a dificuldade na comunicação, interação, interpretação de papéis, intenções sociais e a privação do acesso à educação sexual leva pessoas autistas, principalmente meninas e mulheres autistas, a serem mais suscetíveis à violência sexual. Em uma das palestras que dei sobre autismo, uma adolescente relatou que na sua escola um colega que era autista tinha brincadeiras (muitas vezes incentivadas por colegas meninos) de apertar seus seios e o de outras meninas. Nessas situações, elas ficavam sem saber o que fazer, pois achavam que não poderiam intervir e esse ciclo de violência era mantido, visto que elas eram assediadas e o colega em questão não tinha compreensão da complexidade das relações e dos limites, além de ser incentivado pelos colegas (os mesmos que provavelmente praticavam *bullying* contra ele) a ter essa atitude. Ponderei que era obrigação da escola e da família ensinar sobre limites e fazer ações efetivas contra situações de assédio, pois o fato de ser um adolescente autista não dava a ele o direito de assediar as mulheres; por isso, a necessidade de educação em sexualidade nas escolas e instituições de ensino.

Solidão, suicídio e vivências dissidentes da deficiência e da sexualidade

As recentes pesquisas envolvendo autismo adulto têm cada vez mais apontado sobre risco de suicídio, transtornos do humor depressivo e ansiedade em pessoas autistas. Paralelamente, o suicídio na população LGBTQIAPN+[6] tam-

6 Sugerimos a leitura do capítulo: "Saúde mental de crianças e adolescentes LGBTQIAPN+: a importância do apoio familiar e do acolhimento em casa" [N.O.]

bém é algo que preocupa profissionais da saúde mental e a própria comunidade, o que nos leva a pensar e questionar sobre as relações afetivas e sociais que se relacionam entre o suicídio entre as duas populações. O processo de exclusão que se constitui nas duas comunidades acentua o risco de suicídio.

Para Schwartzman, Smitts e Bettis (2021) o risco de suicídio entre autistas adultos é cerca de 9 vezes maior do que pessoas não autistas. Essa pesquisa, realizada na Universidade Vanderbilt, dialoga diretamente com a pesquisa desenvolvida por Oliveira e Maia (2024), que apontaram que o índice de suicídio entre autistas é 66,6% maior do que de pessoas não autistas.

A pesquisa desenvolvida por Paley (2022), vinculado ao Projeto Trevor, coletou dados com mais de mais de 34 mil jovens LGBTQ+ estadunidenses e apontou que o suicídio entre jovens dessa população é cerca 9 vezes maior do que de pessoas hétero-cis.

Numa realidade brasileira, a dificuldade de haver pesquisas aponta diversas hipóteses para o fenômeno do suicídio LGBTQIAPN+, porém muito na perspectiva que concorda com a pesquisa estadunidense sobre as vivências perpassadas por *bullying* e pela própria LGBTQIAPNfobia que é estruturada na sociedade de classes (ORTIZ; BOGO; NAVASCONI, 2020).

É importante considerar que, nos movimentos e pesquisas em torno da população LGBTQIAPN+, atualmente se utiliza com frequência o conceito de interseccionalidade, uma ferramenta de análise nas ciências humanas que considera aspectos como raça, classe, gênero, orientação sexual, nacionalidade, deficiência, etnia e faixa etária, que estão conectados e se influenciam mutuamente. Ela ajuda a entender a complexidade do mundo, das pessoas e das experiências humanas, explicando como esses fatores se combinam para moldar diversos fenômenos e problemas sociais (COLLINS; BILGE, 2021; FONSECA, 2024). Desse modo, relacionar deficiência, orientação sexual e identidade de gênero é plausível, quando se observa que os motivadores para o suicídio chegam a denominadores comuns, além de trazer uma discussão mais acertada sobre vulnerabilidades e privilégios que permeiam as vivências humanas em sociedade e a própria estrutura social que é internalizada na constituição de sujeitos humanos (PEREIRA; TEIXEIRA, 2020).

Por isso, quando se observa sobre vivências de pessoas LGBTQIAPN+ e de pessoas autistas, e seus riscos quanto ao suicídio, aparece em evidência a sensação de solidão, de não encaixe em nenhum grupo social, do esforço em conseguir organizar a vida financeira e afetiva de modo que haja uma funcionalidade nas suas relações, ainda que essas não perpassem por vivências de exploração e abusos. Essa percepção de não encaixe e de uma rede de apoio reduzida ou inexistente leva a um aumento excessivo dos riscos de suicídio, para além de uma percepção de não estar se encaixando em nenhum local e também de não se sentir pertencente; por isso, os movimentos de pessoas autistas e de pessoas LGBTQIAPN+ têm construído cada vez mais espaços próprios de convivência e relacionamento, buscando um movimento de "aquilombar-se", ou seja, construir espaços seguros de convivência e relacionamentos entre essas populações (CARVALHO, 2024).

Relação, amor, afetividade e autismo

Ser uma pessoa autista não priva o sujeito de experienciar a sexualidade; na verdade, a privação da sexualidade, como já visto anteriormente, agrava problemas de saúde mental entre pessoas autistas, principalmente se essa pessoa autista for também LGBTQIAPN+. É importante entender que nem toda pessoa autista é LGBTQIAPN+ e nem toda pessoa LGBTQIAPN+ é autista, mas podem haver intersecções, como já foi explicado. Por isso, com base nas minhas pesquisas, minhas experiências pessoais e profissionais, pensei em algumas "dicas" que podem ser interessantes considerar sobre autismo e afetividade.

- **Amor é afeto**: diferentemente do que a cultura pop e o senso comum tratam, o amor não é um sentimento ou emoção, tampouco é uma sensação ou comportamento; o amor é um afeto; e diversas pesquisas em várias áreas da psicologia já apontam isso. No livro de Suy (2022), a autora discute que o amor é uma relação solitária, trazendo à tona o conceito de *solidão*. Solidão aqui podemos entender por individualidade, ou seja, o ato de amar alguém é primeiro aprender amar a si e conhecer os sentidos que você constrói sobre o amor. E o que isso tem a ver com o autismo? Como nós autistas nos constituímos a partir do autismo, o processo de amarmos perpassa por compreender o autismo em todas as dimensões de nossa vida e não o tornar um limitante, mas um dimensionador de quem somos.

- **Afeto é sobre relações**: todo afeto é dado a partir das relações que tecemos com outras pessoas, inclusive afetos ruins; portanto, só poderá amar uma pessoa autista permitindo se relacionar com ela e, com essa relação, construir algo sólido e dinâmico aos interesses de ambas as pessoas.
- **Um ponto importante para se conectar com autistas é o hiperfoco**: interessar-se pelo hiperfoco de uma pessoa autista pode fazer a diferença, sobretudo porque esse hiperfoco pode construir uma profunda relação com a pessoa (mas lembre-se: às vezes a pessoa pode monopolizar a conversa, aí você pode falar para ela que ela está fazendo isso, da maneira mais transparente e direta possível – sem rodeios).
- **Todo relacionamento tem regras**: e falar essas regras logo no início é importante. Perguntar quais regras a pessoa autista quer no relacionamento, como é o parâmetro em que ela quer se encaixar e como ela se sente sobre essas regras, bem como explicitar as suas próprias regras e expectativas. Isso pode ser interessante para dar segurança para a pessoa e para construir o relacionamento. Pessoas autistas costumam ter dificuldades com mudanças de regras e não compreender regras não faladas ou implícitas; por isso, se houver necessidade de mudança, fale sobre essa necessidade e converse com a pessoa autista, não espere a pessoa interpretar sozinha.
- **Pessoas autistas têm dificuldade em iniciar ou manter relações**: isso não significa que não querem se relacionar, então às vezes é importante que você não apenas estimule, mas também inicie o contato. Essa iniciativa pode ser que dure algum tempo, pois ter uma primeira conversa não significa que a pessoa autista irá dar continuidade a essa conversa.
- **Deixe explícitas suas intenções**: nós autistas podemos ter dificuldade em perceber o que as pessoas esperam da gente, é comum nos relacionamentos ficarmos sem entender algumas pistas, indiretas, flertes e comunicação não verbal; por isso falar o que espera daquela

relação e o que busca de uma modo claro e objetivo irá ajudar a construir um relacionamento de maneira saudável.

- **Respeite nossos limites**: nós podemos ter crises, inclusive sensoriais, por desregulação emocional. Lidar com términos abruptos, inconveniências ou estar expostas/os/es a estímulos sensoriais pode ser extremamente desafiador e gera um afastamento que pode resultar no rompimento da relação.
- **Não existe uma única possibilidade**: é importante que alguns caminhos sejam definidos para que possamos entender o modelo de relacionamento que está sendo construído e que *feedbacks* sejam cultivados, pois eles podem nos ajudar a perceber nossas próprias emoções. Todo mundo tem um modelo de relacionamento, o melhor é que isso seja definido e, se houver mudanças, pensar em mudanças graduais.

Enfim, não existe uma "receita de bolo", mas existem algumas referências como *Amor no Espectro*, que nos mostram que pessoas autistas podem construir relações afetivas e/ou sexuais, mas que essas, assim como muitas outras, passarão por desafios. Acredito que o principal deste capítulo foi abordar que existem diversas possibilidades quanto à sexualidade e à identidade de pessoas autistas e que pessoas autistas podem ter relacionamentos, desde que seus desejos e vontades sejam respeitados e que consigamos entender como funciona a mecânica dos relacionamentos em que estamos participando.

Para as informações sobre autoria, as referências e o material de apoio deste capítulo, acesse o QR-Code.

CAPÍTULO 33

Novas configurações familiares

Camila Marina Nery Pellizzer

Psicóloga. Possui pós-graduação em Sexualidade. Formações em Terapia Cognitivo Sexual para adultos, Terapia de Casal, Terapia de Aceitação e Compromisso e em Experiência Somática.

Robson Girardello

Psicólogo. Possui pós- graduações em Psicologia Analítica, em Sexualidade Humana e em Transtorno do Espectro Autista. Formação em Sexologia Clínica.

Qual é a primeira imagem que vem à sua cabeça quando você pensa em família? E a segunda? É bastante comum que essas imagens sejam da sua família e uma outra, idealizada, tipo aquelas "família margarina"[1] dos comerciais das décadas pré-*streamings*, mas muito vívidas na mente da maioria de nós que nascemos até o início dos anos 2000. Essa família era sempre formada por um homem e uma mulher (esta sempre mais baixa que ele, nunca mais alta), um filho, preferencialmente mais velho (primogênito), e uma filha (perceptivelmente pouco mais nova que o irmão, entre dois e três anos de diferença), todos felizes e sorridentes numa bela mesa de café da manhã. E todas pessoas brancas e sem deficiências. Agora me conta, essa é a família que você idealiza? E olhando à sua volta, esse é o "modelo" de família que você percebe e reconhece como o mais comum?

Esse modelo imposto socialmente como o ideal vem diretamente atrelado a um discurso de que a felicidade da mulher só é completada pelo casamento com um homem e pela geração de filhos, já a completude do

1 Esse termo foi utilizado por algumas décadas para definir esse estereótipo de família feliz. Apesar de estar presente em muitos tipos de comerciais, de diversos produtos, ele era o padrão utilizado por praticamente todas as marcas de margarinas.

homem se dá com uma mulher que seja perfeita nesse casamento, de acordo com um ideal de beleza e comportamento, o qual é colocado como o jeito certo de ser mulher para este homem (ZANELLO, 2018). Não há espaço nesse ideal para outras formas de relacionamento, nem mesmo para a forma como famílias que se aproximam muito deste modelo já vivem; como quando existe um novo casamento após viuvez, ou com os divórcios e recasamentos, ou com as uniões estáveis, sejam elas formalizadas ou não, de famílias em que a junção dos filhos de uma e outra pessoa do casal pode criar uma reconfiguração de família ampliada. Apesar de isso já acontecer com frequência e ainda estar na possibilidade de ser visto como "família tradicional", no imaginário permanece aquele padrão de casamento ideal e único para a vida toda, atrelado a um jeito "certo" de cada pessoa ser no mundo para alcançar a felicidade prometida por este ideal.

Mas como então é a verdadeira família brasileira? É difícil dar uma resposta exata, mas vamos tentar criar um caminho para entender que existem muitas formas de famílias no nosso país. Segundo o Censo IBGE de 2010, 37,3% dos lares brasileiros já eram chefiados por mulheres; em 2022, segundo boletim Dieese lançado em 2023, esse número aumentou para 50,8%, sendo 39% destas mães-solo. Uma pesquisa da Fundação Getúlio Vargas (FGV) do mesmo ano indicou que mais de 11 milhões de mulheres no Brasil criam suas filhas/os/es sozinhas, sendo que das famílias monoparentais com filhas/os/es, as chefiadas por mulheres representaram cerca de 14,7% e por homens apenas 2,3%. Essas mulheres com suas filhas/os/es, muitas vezes vítimas de abandono por parte dos pais, não são então famílias? E esses homens que criam filhas/os/es sem mulheres ao seu lado, não são famílias? E como ficam essas crianças sem a complementaridade da figura materna e paterna na casa? Para responder isso, a socióloga Constance Ahrons, de Wisconsin, Estados Unidos, acompanhou por 20 anos 173 filhos de divorciados. Ao atingir a vida adulta, o índice de problemas emocionais entre esse grupo era equivalente ao de filhas/os/es de pais casados, sem distinção (LINS, 2020). Entretanto, não pretendemos desconsiderar o impacto do abandono parental na saúde psicoemocional das pessoas nem o impacto da responsabilidade de criar uma criança muitas vezes sem apoio. Com esses dados, apenas podemos observar que a rigidez no modelo familiar não é garantia de bem-estar para as crianças em detrimento de outros modelos, mais adiante falaremos mais sobre isso.

A mesma pesquisa do Dieese (2023) mostrou que temos um número cada vez maior de pessoas que moram sozinhas, mais de 10 milhões de pessoas, sendo 9,1% de homens e 7,4% de mulheres que não vivem nem com parceria, nem com filhas/os/es no Brasil. Esses lares unipessoais também são considerados famílias e, desde 2009, qualquer pessoa, mesmo que more sozinha, pode entrar na fila de adoção, desde que seja maior de 18 anos e passe por todo o processo de avaliação.

Ao direcionarmos o olhar para as particularidades experienciadas nas relações familiares de acordo com o gênero, observamos que, por vivermos a imposição de um modelo único de relacionamento, pautado numa ideia de que um casal só pode ser formado por um homem e uma mulher, inserido em uma sociedade que pouco valoriza as mulheres, a não ser como esposas e mães, subservientes e cuidadoras do lar (funções pouco reconhecidas socialmente), "muitas das mulheres adiam ou cancelam seus próprios sonhos, planos de estudo e outros projetos, enquanto seus companheiros [homens] acabam observando uma aceleração/facilitação igualmente proporcional ao 'atraso' de suas companheiras" (NÚÑEZ, 2023, p. 70) e aquelas que se mantêm dedicadas aos seus projetos pessoais são frequentemente criticadas e/ou submetidas a uma dupla jornada (NÚÑEZ, 2023; ZANELLO, 2018).

O lugar ocupado pela mulher na família, nesse ideal, traz consigo uma concepção de que tudo o que ela faz é "por amor" ou "por dom", como se "não custasse nada", sendo da "natureza da mulher"; estão inclusos nisso os trabalhos de limpeza, de cuidado das crianças, de preparo dos alimentos; toda uma gama de trabalhos não remunerados e que em apenas poucos lares os parceiros homens dividem esses trabalhos (NÚÑEZ, 2023; ZANELLO, 2018). Mesmo nos lares em que os homens dividem as tarefas, eles em geral gastam 11 horas por semana nessas funções, enquanto as mulheres gastam cerca de 21,6 horas semanais para as atividades domésticas e/ou cuidados de outras pessoas. Isso é uma diferença de 10,6 horas a mais por semana (IBGE, 2024).

Além disso, o processo de desvalorização financeira dos trabalhos de cuidados, relegados às mulheres, é especialmente direcionado às não brancas, prioritariamente negras, que, em geral, além de fazerem esses trabalhos de forma não remunerada em suas casas, também os realizam de maneira muito mal remunerada em outros lares. A falta de percepção dos homens sobre a necessidade de sua participação nos trabalhos do lar, com sobrecarga das mulheres em casa, é uma parte grande dos problemas que fazem com que o casamento heterossexual se reverta numa melhoria da saúde mental para os homens e numa piora considerável na saúde mental para as mulheres (ZANELLO, 2018).

As disparidades de gênero observadas neste modelo também se configuram em forma de violência, ao passo que 90% das vítimas de feminicídio foram assassinadas por companheiros ou ex-companheiros, que veem nessas parceiras alguém sem o direito de existir se não for da maneira deles, inclusive, uma das falas mais frequentes dos autores de violência contra a mulher é "não aceitarem o término da relação" (NÚÑEZ, 2023).

Falar sobre os problemas existentes no relacionamento e casamento entre casais de homem e mulher não é uma crítica ao fato de que eles existem, mas um pedido para se refletir que essa união, tida como perfeita e ideal, pode estar perpassada por disfunções e violências, não sendo em si a garantia de uma família que cumpre sua função de bem-estar para todas as pessoas envolvidas. Em outras palavras, o fato de ser um casamento heterossexual não traz em si nada que garanta segurança e felicidade, nem do casal, nem de sua prole. Vemos ser necessário mais do que isso.

Mas e se for outra formatação de casal? Como se dá, por exemplo, a constituição familiar entre casais homoafetivos? A primeira coisa que precisamos considerar é que a adoção legal por casais homoafetivos no Brasil só foi possível após o reconhecimento da união estável entre esses casais, em 2011, pelo Supremo Tribunal Federal. Mas isso não quer dizer que antes não havia mães e pais LGBTQIAPN+. Há uma piada que existe há décadas entre pessoas LGBTQIAPN+ que diz que "amamos diferente, mas não somos estéreis". Por exemplo, durante décadas, pessoas homossexuais e bissexuais mantiveram casamentos heterossexuais, com e sem filhas/os/es, por diversas questões sociais, inclusive pelo desejo ou pressão de construir uma família padrão. Além disso, há histórias pelo Brasil e pelo mundo de pessoas que faziam combinados para terem filhas/os/es juntas, mesmo que não fossem casadas, e sobre quem faria o cuidado cotidiano dessa criança. Por exemplo, uma mulher lésbica que combinava engravidar de um amigo ou iria num banco de esperma para se tornar mãe com uma parceira; um casal de homens procurava uma barriga de aluguel (em países em que isso é permitido) ou uma barriga solidária para gerar uma criança com material genético de um deles e uma doadora de óvulo.

Um dos desafios encontrados por estas pessoas até 2011 é que como não poderiam se casar, a parceira ou parceiro de mesmo sexo também não poderia ser inserida na certidão de nascimento como mãe ou pai dessa criança, mesmo que fosse cumprir esse papel diariamente. Como desde 2009, no Brasil, era possível uma pessoa adulta adotar sozinha, sem obrigação de estar numa relação e, como até 2011, a única relação reconhecida era heterossexual, uma das pessoas da parceria poderia entrar com um pedido de adoção, mas não ambas como casal, como se faz atualmente.

De acordo com uma notícia do jornal *Correio* (BRITO, 2024), 50.838 crianças foram adotadas no Brasil entre os anos de 2021 e 2023. O número geral de adoções aumentou 113% nos últimos 4 anos, de acordo com a Associação Nacional dos Registradores de Pessoas Naturais. Segundo dados do Instituto Brasileiro de Direito da Família – IBDFAM (2024), o número de adoção por famílias homoafetivas só aumenta, o que potencializa o andamento da fila de adoção. Maria Berenice Dias, jurista brasileira, conta que há menos exigências de perfil das crianças para adoção por famílias homoafetivas, "especialmente crianças não brancas ou com algum tipo de deficiência", o que faz com que a adoção por essas famílias seja essencial para que mais crianças sejam adotadas.

E como fica o bem-estar dessas crianças? Como a adoção por casais homoafetivos é recente no Brasil, as informações que temos de pesquisas sobre bem-estar das crianças são majoritariamente de países do Oeste europeu e América do Norte, em que casamento e adoção homoafetivos existem há mais tempo. Uma revisão de pesquisas, feita em 2023 (ZHANG, 2023), considerou bem-estar e desenvolvimento analisando três categorias principais e 11 subcategorias sendo: 1) das crianças, considerando ajustamento psicológico, saúde física, comportamento do papel de gênero, identidade de gênero/orientação sexual e resultados educacionais; 2) de mães e pais, ajustamento psicológico, saúde mental parental, estresse parental; e 3) resultados de relação pais-filhos, considerando satisfação na relação do casal, funcionamento familiar e apoio social. A conclusão foi de que não há diferença no bem-estar de crianças que crescem criadas por casais do mesmo gênero se comparadas com casais heterossexuais. As questões que trazem bem-estar ou mal-estar para as crianças num casal heterossexual ou homossexual são as mesmas, e estão relacionadas com o funcionamento da família e do casal, sem relação direta com qualquer questão da identidade de gênero ou orientação sexual de responsáveis.

Para além das parcerias homoafetivas, precisamos também olhar para as vivências de pessoas transgênero com a parentalidade. Pessoas trans, em parceria ou não, com outras pessoas trans ou cis, podem também entrar com pedidos de adoção. Além disso, homens trans, pessoas transmasculinas ou não binárias com vulva/vagina podem gestar crianças se assim quiserem, e precisam ter o direito ao acompanhamento médico de pré-natal adequado, como qualquer mulher cis que gesta já têm – vale lembrar que direito igualitário a todos não retira o direito de quem já tem. O primeiro homem trans grávido que ganhou visibilidade mundial foi Thomas Beatie, em 2008, nos Estados Unidos. Desde então, cada vez mais pessoas trans têm compreendido que gestar também é uma possibilidade para eles/elus.

Um levantamento realizado pelo Instituto Brasileiro de Transmasculinidades (IBRAT), em 2023, com 900 indivíduos transmasculinos identificou que 811 (90,1%) nunca haviam gestado, 32 (3,6%) já passaram por uma ou mais gestações e 57 (6,3%) não responderam. Com este levantamento podemos observar que, por mais que as vivências de gestação por pessoas trans sejam apagadas da história, elas sempre aconteceram e vêm acontecendo cada vez mais. Visando ampliar o atendimento a este público, desde 2021, a maternidade Climério de Oliveira da Bahia, por meio do Programa Transgesta, iniciou a realização de pré-natal para pessoas trans e até maio de 2024 acompanhou 8 homens trans (FOLHA DE PERNAMBUCO, 2024).

Respeitar a paternidade de homens trans que engravidam ou adotam e a maternidade de mulheres trans, seja de filiações naturais ou por adoção, e toda forma de cuidado e responsabilidade parental realizada por pessoas de qualquer identidade de gênero é essencial. Para isso precisamos lutar por políticas públicas que abarquem os direitos de todas as pessoas, inclusive das famílias de pessoas não cis, em especial as que sofrem mais preconceito.

Existem outros modelos de família para além destes no Brasil? Nossa sociedade é composta por uma multiplicidade cultural; portanto, outras tradições trazem outras formas de pensar o que é família e os cuidados das crianças. Quando falamos dos povos indígenas, encontramos uma diversidade de formas de pensar o que poderia ser isso que chamamos de família; entretanto, em todas as suas histórias pode ser identificada a ligação essencial como território, com a terra. Nestas narrativas a história das pessoas e a do território que habitam se misturam, porque para elas não há separação entre quem são e a terra em que vivem. A Terra representa o próprio corpo e o espírito, é compreendida como a mãe a ser cuidada, respeitada e valorizada. Como explicitado no Manifesto das Primeiras Brasileiras – As Originárias da Terra: a mãe do Brasil é a Terra (2019), "A Terra é irmã, é filha, é tia, é mãe, é avó, é útero, é alimento, é a cura do mundo". Nesta perspectiva, o território também compõe o que se considera como família.

A parentalidade, em diversas culturas indígenas, é construída para além da consanguinidade do casal, a criança cresce sendo parente de todos os membros de uma comunidade, uma vinculação que se dá pelo reconhecimento desta pessoa como parte desse coletivo e pela transmissão dos saberes e valores daquele povo. Os cuidados das crianças são mais coletivizados, não sendo responsabilidade apenas de uma pessoa ou de um casal, mas de toda aquela comunidade ou alguns membros específicos delas para além do casal. Ao mesmo tempo, como resultado das invasões europeias, que trouxeram consigo um olhar particular sobre o gênero e a unidade familiar, que exclui a diversidade e o coletivo, muitas transformações vêm ocorrendo desde a colonização nos modos indígenas de vivenciar a família. O olhar de colonizadores e de pessoas brancas sobre pessoas indígenas muitas vezes as colocou na história como destituídas de uma forma própria de conceber e vivenciar a sexualidade e as relações, muito pautada na ideia de que as nações europeias eram/são superiores e vinham trazer progresso. Quando os missionários chegaram aqui ficaram obcecados em erradicar os modos indígenas de se relacionar com seus próprios corpos, com os demais seres humanos e não humanos, o que fazia parte de todo um projeto civilizatório (NÚÑEZ, 2023; SANTOS, 2023).

É quase unânime entre pessoas que pesquisam questões de sexualidade em povos indígenas a perspectiva de que a ideia de apenas dois gêneros (masculino e feminino), das definições do modo certo de ser homem e ser mulher, bem como de apenas uma verdadeira orientação sexual (heterossexual) foi trazida pelos invasores e forçada nas culturas de povos através do conceito de pecado (FERNANDES, 2016). Além disso, os contatos afetivos e toques de corpos entre pessoas de mesmo gênero, sejam estes sexualizados ou não, não eram proibidos nem vistos como algo inadequado antes da implementação colonial (TREVISAN, 2007). No texto *Sexual Modernity in Amazonia* (Modernidade Sexual na Amazônia, em tradução livre), Manuela Lavinas Picq e Josi Tikuna (2015) apontam, por exemplo, como as regras Tikuna respeitam casais do mesmo gênero, sendo o casamento algo necessariamente entre pessoas de diferentes clãs, não importando se são, ou não, de gêneros diferentes. Geni Nuñes, por sua vez, demonstra em seus textos e pesquisas que atualmente não existe uma única forma de viver relacionamentos entre os povos indígenas; alguns vivem diversas formas de relações que poderiam ser lidas como "não monogâmicas" ou como "poligâmicas", outros rejeitam estes modelos de relações, afeiçoando-se partes à monogamia ou partes à exclusividade sexual. Além disso, devido em grande medida a esse processo colonizatório, indígenas LGBTQIAPN+ têm sofrido preconceitos dentro e fora de suas comunidades, também estando em constante luta por seus direitos (GUALITO, 2023; MANIFESTO DE LGBTIA+ INDÍGENAS, 2024).

Ao abordarmos a multiplicidade cultural no Brasil, também é preciso olhar para as comunidades afrodiaspóricas[2]. Sabemos que diversos povos foram arrancados a força de suas terras, em África, e ao serem trazidos ao Brasil foram submetidos a processos violentos de aculturação, dentre outras violências, e tudo isso trouxe marcas profundas que perpassam problemas sociais até hoje no Brasil. Apesar disso, grande parte de suas culturas

2 *Diáspora africana* é um termo usado para designar a imigração forçada pelo tráfico de pessoas africanas escravizadas.

sobreviveu, mesmo que misturada parcialmente com as outras culturas que aqui estavam, tanto dos colonizadores quanto dos povos originários.

Historicamente a família nuclear, com papéis sociais especificados com base no sexo-gênero, não é reconhecida em diversas culturas africanas. A família iorubá tradicional, por exemplo, de acordo com Oyeronké Oyěwùmí (2004, p. 4 e 6), "pode ser descrita como uma família não generificada [...] porque os papéis de parentesco não são diferenciados por gênero" , e sim pelo princípio etário, ou seja, "o princípio organizador fundamental no seio da família é antiguidade baseada na idade", as categorias de parentesco se dão pela antiguidade independente de gênero. Para ilustrar isso podemos observar que, as palavras *egbon* e *aburo* referem-se à(ao) irmã(o) mais velha(o) e para mais nova(o), respectivamente, independentemente do gênero dessas pessoas. Da mesma forma, *oko* e *iyawo* são usadas para falar de cônjuges, mas que distinguem entre quem é membro de nascimento da família (*oko*) e quem entrou pelo casamento (*iyawo*), independentemente do sexo/gênero dessas pessoas. Ali, se havia um papel-identidade que se baseava em diferenças anatômicas e fisiológicas, as quais são associadas no ocidente ao gênero, era a posição de mãe; entretanto, de uma forma muito distinta da que conhecemos. "Dentro da casa, os membros eram agrupados em torno de diferentes unidades mãe-filhas(os/es), descritos como *omoya*; literalmente, irmãos-filhos de uma mesma mãe-ventre [...] a mãe é o eixo em torno do qual as relações familiares são delineadas e organizadas" (OYĚWÙMÍ, p. 7). Tendo a mãe um lugar de amplo reconhecimento e valorização, diferentemente do que vemos no padrão idealizado de família ocidental. "*Omoya* também transcende a casa, porque primos matrilaterais são considerados irmãos de ventre, e são percebidos como mais próximos uns dos outros do que irmãos que compartilham o mesmo pai, o que ressalta a importância da maternidade como instituição e como experiência naquela cultura" (OYĚWÙMÍ, p. 7).

Atualmente há diversos relatos de como nos quilombos foram utilizados os conhecimentos trazidos de África, com adaptações para o local, com apoio de povos indígenas. Antônio Bispo dos Santos (2023) fala sobre como nos quilombos, que foram símbolo de sobrevivência, resistência e luta da população escravizada contra o sistema imposto, existe um olhar de que a comunidade se faz com a diversidade, com pessoas diversas, para uma sociedade igualitária. Também menciona a relação de pertencimento das pessoas quilombolas (sejam nascidas ali ou que ali se estabeleceram) com o quilombo, com o ambiente, os animais, as plantas e com as outras pessoas. Ali se faz uma comunidade de grandes famílias, em que o trabalho é conjunto, o auxílio é mútuo, em que as pessoas ajudam umas às outras de maneira recíproca, entendendo que o bem de cada pessoa depende do bem coletivo. Outro exemplo da continuidade de tradições africanas no Brasil é trazida por Zanello (2020), ao mencionar as mulheres no Candomblé, que veem em outras mulheres que fazem parte da mesma religião e comunidade uma rede de apoio, mas também amigas e uma família.

Com tudo isso vamos percebendo que a família tradicional, tida como ideal, aquela do comercial de margarina, não é universal, mas é apenas uma das formas, especificamente a forma euro-americana. Ou seja, a chamada família tradicional não é nem tão tradicional assim, a não ser que consideremos culturas específicas em um tempo específico – no caso, a cultura europeia no período das colonizações –, desconsiderando com isso todas as outras culturas do planeta, das quais ressaltamos as de povos indígenas brasileiros e afrodiaspóricos, por serem os que fazem parte da nossa sociedade. A ideia de que existe um único modelo correto e perfeito de família, além de não corresponder à vida real, pode gerar sofrimentos por induzir nas pessoas a tentativa incessante de atender a este ideal, assim como produz julgamentos e críticas a todas as pessoas que vivem suas vidas fora deste modelo.

Atualmente, muitas pessoas já não veem no amor e em um casamento a solução para todos os problemas. Acredita-se cada vez menos que a união de duas pessoas deva exigir sacrifícios imensos e observa-se uma tendência a não se querer mais pagar qualquer preço para ter alguém ao lado. O casamento vem perdendo a importância que sempre teve, e ter ou não ter filhos passa a ser uma opção individual. Essas mudanças marcaram o século XX e, embora incompletas, abriram caminho para uma libertação mais ampla e saudável nas primeiras décadas do século XXI. A rejeição aos modelos tradicionais permite que as pessoas percebam com mais clareza os próprios desejos. Têm-se filhas(os/es) cada vez mais tarde e se exige das parcerias uma divisão igualitária nos trabalhos domésticos e na educação das crianças (LINS, 2020).

No Brasil, alguns movimentos, principalmente associados à Não Monogamia Política[3], apostam na construção e no cultivo de uma rede de apoio em detrimento da família nuclear centralizada unicamente na figura do casal. Vemos aí uma tentativa de retomada de valores de coletividade e comunidade, permeada pela recuperação de cosmovisões indígenas e afrodescendentes, e também pela herança das estratégias de sobrevivências historicamente utilizadas por pessoas LGBTQIAPN+, as quais se uniram em configurações familiares muito próprias para se oferecerem apoio mútuo ao serem rejeitadas em suas famílias biológicas. Na tentativa de sair de um único modelo instituído, muitas pessoas têm testado e encontrado outras formas de se relacionar que podem ir desde a centralização de uma relação principal entre duas pessoas, mas que não mantém exclusividade sexual-afetiva (relacionamento aberto), até relações múltiplas que perpassam simultânea e/ou sincronicamente por mais de duas pessoas em um relacionamento afetivo-amoroso (poliamor), ou a pessoas que buscam construir a vida cotidiana em rede, vivendo relações múltiplas e simultâneas (permeadas ou não por vínculo sexual), em que a autonomia de cada uma sobre seu corpo, escolhas e ações é respeitada e os acordos são de convivência, mas não de exclusividade afetivo-sexual (não monogamias)[4].

Mais uma vez, mas e as crianças, como ficam nestes novos modelos? O discurso político-social de quem é contra qualquer outro modelo de família que não a tradicional-idealizada, em geral, fala sobre um risco para as crianças e traz consigo uma ideia de que ocorrerá a destruição total da família tradicional. Os efeitos observados desse discurso, que não tem nenhuma base na realidade concreta, são unicamente o pânico moral. Sobre as crianças, como vimos, não há diferença real entre a criação feita por um casal heterossexual, um casal homoafetivo ou qualquer outra configuração familiar, como ter apenas a mãe, apenas o pai ou outras pessoas, como tias(os)

---

3 Nome dado ao movimento que vê as vivências não monogâmicas como um ato político de rompimento com um sistema, pois percebe a monogamia imposta, obrigatória a todas as pessoas como norma, como um problema sistêmico e opressor.

4 Decidimos não nos estender neste capítulo e neste livro sobre as definições sobre o que é e as diferenças entre relacionamento aberto, poliamor e não monogamia, pois o foco aqui é explicitar que existem, mas não há espaço para esse aprofundamento. Existem diversos livros, artigos, sites e podcasts que falam sobre o tema e que ficarão como sugestões de material.

e avós(ôs) participando efetivamente na sua criação. O fundamental para a criança é se sentir amada, respeitada e valorizada; crianças precisam de apoio, carinho, cuidado e suporte de qualquer pessoa de confiança que possa dar esse amparo, sem necessidade de um homem e uma mulher especificamente para que isso ocorra. A função do cuidado pode e deveria ser exercida coletivamente, independentemente da parentalidade (LINS, 2020; NÚÑEZ, 2023). A presença de mais de uma pessoa, seja qual for o gênero ou o parentesco entre cuidadoras/es, dedicando-se ao cuidando de uma criança, se torna essencial quando voltamos o olhar para a saúde mental de quem cuida, mas essa presença independe de consanguinidade, matrimônio, gênero, raça ou orientação sexual; o mais importante para a saúde e bem-estar tanto das pessoas que cuidam quanto de crianças e adolescentes é a qualidade dos vínculos.

A verdade é que aceitar novos modelos de relacionamentos e de famílias não vai de maneira alguma impedir que a “família tradicional” continue a existir. Entretanto, ela passará a ser compreendida como uma das diversas possibilidades de família.

Para as informações sobre autorias, as referências e o material de apoio deste capítulo, acesse o QR-Code.

Parte III

Vivendo (e sofrendo) em sociedade: apoio e orientações

CAPÍTULO 34

Violências nas escolas

Bruna Gabrielle Lopes

Psicóloga. Professora. Mestra em Educação. Possui pós-graduação em Psicanálise. Pós-graduanda em Sexualidade Humana e Gênero.

Dayana Brunetto

Pedagoga. Professora e pesquisadora em gênero/sexualidade. Doutora com pós-doutorado em Educação.

Pensar na escola é pensar em um espaço público de formação e socialização que reproduz desigualdades e classifica as pessoas, de acordo com as suas características, contribuindo para reafirmar a norma social predominante. Esta norma diz respeito ao considerado "normal" e adequado, e serve como base para a exclusão e marginalização daquelas pessoas que não se encaixam nos padrões sociais vigentes, como as pessoas lésbicas, gays, bissexuais, travestis e transexuais – LGBT[1] (Márcia FERREIRA; SANTOS, 2014)[2].

Procedimentos de ensino, materiais didáticos, currículos e os demais espaços, tempos e processos que ocorrem no contexto escolar atuam como importantes marcadores nas diferenças de gênero, sexualidade, raça/cor, etnia, classe social e deficiência, por exemplo, promovendo a hierarquia entre as pessoas que se constituem dentro das normas e as que não as aten-

1 A sigla LGBT está relacionada à discussão realizada nas conferências nacionais sobre políticas públicas para este público prioritário. Em 2008, na primeira conferência, a letra L passa à frente na sigla a partir de uma demanda dos movimentos lésbicas feministas que denunciam o machismo e a misoginia a que lésbicas estão expostas em seu cotidiano, sendo alvo de discriminação por serem mulheres e por serem lésbicas. Para mais sobre isso, consultar: https://www.gov.br/mdh/pt-br/acesso-a-informacao/participacao-social/old/cncd-lgbt/conferencias/anais-1a-conferencia-nacional-lgbt-2/view.

2 Optamos por grafar o prenome das autoras na primeira vez em que estes aparecem no texto para visibilizar as autorias das mulheres, considerando que estas foram historicamente apagadas dos processos de produção do conhecimento e que quando colocamos unicamente o sobrenome há a tendência de uma interpretação de que a autoria seja de um homem.

dem. Isso torna indispensável o questionamento e a reflexão sobre o que é ensinado nas escolas e de que forma, pois podem produzir, reproduzir e naturalizar as violências e exclusões (Guacira LOURO, 1997). Essas questões podem ser feitas pelas famílias e/ou responsáveis legais por aquelas/es que estão nesse espaço escolar. A família pode ser um suporte importante para as pessoas LGBTQIAPN+[3], contribuindo para que todas as pessoas envolvidas nos procedimentos e espaços escolares compreendam e enfrentem as violências que podem se apresentar em todas as formas, principalmente nas mais sutis.

É necessário que haja o reconhecimento de que a escola, além de transmitir, debater e produzir conhecimentos, contribui também para a formação das identidades de sujeitas e sujeitos com diferentes pertencimentos raciais, étnicas, de gênero, de sexualidade, de deficiência e de classe social, sobre si e sobre as outras pessoas. Este processo se dá por meio de relações desiguais de poder que, quase sempre, estão comprometidas com a manutenção de uma sociedade dividida entre "normais" e "anormais", na qual as/os "normais" e mais valorizadas/os socialmente são pessoas não-LGBTQIAPN+ e as/os/es anormais, desvalorizadas/os/es socialmente, são todas as pessoas que não se encaixam nas normas; neste caso, na norma heterossexual e cisgênera[4]. Estas pessoas fora das normas são alvos de violências todos os dias em muitos espaços, inclusive nas escolas; entretanto, a prática escolar é também uma prática política passível de transformação (LOURO, 1997). Assim, é fundamental que a educação possa ser encarada como espaço simbólico e institucional que tenha um posicionamento evidente em relação à

---

3 A sigla LGBTQIAPN+ está relacionada a uma constituição mais recente da mobilização por direitos das pessoas que compõem este grupo social. Muito utilizada nas redes sociais, apresenta uma ligação com a sigla utilizada em outros países e é mais usada pelas juventudes. Representa lésbicas, gays, bissexuais, travestis, transexuais, transgêneras, queer, intersexo, assexuais, pansexuais, não bináries e o símbolo + se refere às demais orientações sexuais e identidades de gênero. Para mais sobre isso, acessar: RAMOS FILHO, Augusto Ferreira. "**Privilégio heteronormativo:** uma reflexão a partir de vidas LGBTQIAPN+." *Diversitas Journal* 8.3 (2023): 2510-2525. ou o capítulo deste livro, intitulado: "E essa sigla? Para que tantas letras?! Entendendo o que é LGBTQIAPN+".

4 *Norma heterossexual* aqui diz respeito a uma obrigatoriedade de se construir relacionamentos heterossexuais ao longo da vida. *Cisgênera* se refere à obrigatoriedade de crescer com o gênero atribuído no nascimento, a partir de um olhar médico para as genitálias. Pessoas LGBTQIAPN+ se distanciam desses ideais sociais normativos. Para mais sobre isso, ler: BUTLER, Judith. *Corpos que pesam: sobre os limites discursivos do "sexo". O corpo educado: pedagogias da sexualidade*. Belo Horizonte: Autêntica, 2000.

redução de todos os tipos de violências presentes nas instituições de ensino (Bruna LOPES, 2023).

As famílias podem fazer parte das reflexões sobre o ensino e colaborar com os entendimentos sobre como a escola atua em relação a essas questões e também em relação às maneiras como a escola está modelando estudantes e, consequentemente, produzindo desigualdades importantes na vida dessas pessoas, fora e dentro do âmbito escolar.

Desde a infância existe a ideia de que o mundo é dividido em dois polos, o feminino e o masculino (Beatriz LINS; Bernardo MACHADO; Michele ESCOURA, 2016). Diversas atividades reafirmam cotidianamente essa ideia, e a colocam em prática quando supõem as diferenças conforme o gênero, como na aula de educação física, em que as atividades são divididas em esportes para meninos e esportes para meninas (LINS; MACHADO; ESCOURA, 2016). As instituições organizadas por essa lógica de gênero binária, que reafirma (feminino vs. masculino), na qual o masculino é visto como superior, estão amplamente espalhadas na sociedade[5]. Essas práticas, entretanto, têm grande peso durante toda a vida cotidiana das pessoas, criando expectativas sobre como deve-se agir, pensar e do que se deve gostar, generalizando os comportamentos dos indivíduos conforme a separação entre mulheres ou homens (LINS; MACHADO; ESCOURA, 2016). As autoras e o autor ainda argumentam que:

> Quando generalizações como essas são repetidas em casa, na igreja, na televisão, na escola ou nas diversas situações do dia a dia, reafirmam-se normas de gênero. Toda vez que uma pessoa diz "isso é coisa de menina", "mulher é assim" ou "homem não faz isso", não está apenas justificando comportamentos a partir da diferença entre os sexos, mas também está ensinando como ela e toda a sociedade esperam que homens, mulheres, meninas e meninos se comportem e limitando suas possibilidades de existir no mundo (LINS; MACHADO; ESCOURA, 2016, p. 16).

5 Para mais informações sugerimos a leitura dos capítulos "Feminino e masculino na história da humanidade" e "Para além das feminilidades e masculinidades: as diferentes formas de ser em nossa sociedade".

No Brasil, a educação é um direito básico garantido constitucionalmente, o que ressalta a relevância da escola como um espaço que enfrente e combata a discriminação e os preconceitos (JUNQUEIRA, 2009). No ambiente escolar, as violências contra pessoas LGBTQIAPN+ são comuns, o que demonstra as dificuldades de se desenvolver práticas baseadas no respeito, no reconhecimento, na valorização das diferenças e na igualdade de direitos, podendo se apresentar de diversas formas, como nos livros didáticos, nas queixas escolares, nas piadas "inofensivas", nas "brincadeiras" e até mesmo nas paredes da escola (LOURO, 2000). É importante compreender a distinção entre piadas e brincadeiras de violências. Piadas e brincadeiras só são piadas e brincadeiras quando todas as pessoas estão se divertindo. Se há alguém que se sente ofendida/o/e, trata-se de violência. A função social da escola é trabalhar essas questões, coibindo os processos violentos e produzindo um espaço seguro para todas as pessoas.

Uma autora chamada Monique Wittig (1977) levanta um importante debate sobre como a obrigatoriedade da heterossexualidade precisa ser pensada como um dispositivo de poder que produz as práticas sexuais, os corpos e os discursos objetivando constituir pessoas heterossexuais. Ou seja, somente as relações heterossexuais seriam entendidas como legítimas, possíveis e "normais". Assim, faz-se urgente um ambiente escolar seguro, que considere a diversidade em suas possibilidades e potencialidades. Com isso, a escola precisa trabalhar no sentido de coibir as violências que podem acontecer nesse espaço, uma vez que podem resultar na "expulsão" das diferentes pessoas que não se enquadram nas normas. Pessoas vítimas de preconceito, discriminação, violências e violação de direitos nas escolas não evadem, por mais que as instituições insistam em falar em evasão escolar. Essas pessoas, ao não encontrar suporte e acolhimento nas escolas, são expulsas do ambiente escolar, pois não aguentam os processos violentos do dia a dia (Dayana BRUNETTO, 2010). Afinal, quem de nós aguentaria?

Para que a escola se constitua como um ambiente de aprendizagem capaz de atender a todas as pessoas com segurança, é necessário que a equipe de profissionais da educação assuma um papel ativo e reconheça a temática de gênero e sexualidade nas escolas como relevante para o fazer pedagógico crítico e transformador (MORAES, 2017). Assim como é importante que as famílias dialoguem com suas filhas/os/es e entendam por quais processos estão passando dentro dos ambientes escolares e como é possível contribuir para que as violências não cheguem a acontecer ou, quando aconteçam, que haja acolhimento das vítimas, responsabilização de agressores e reflexão coletiva para evitar novas ocorrências. É crucial não expor as vítimas perante toda a escola. É importante compreender que a escola precisa se posicionar institucionalmente como um espaço livre de violação de direitos e violências. Para tanto, é fundamental realizar formações com toda a comunidade escolar, para o entendimento de que a questão ou o "problema" não são as vítimas, mas as atitudes violentas.

Refletir sobre o que é encarado como desejável dentro do ambiente escolar é imprescindível para se pensar nas diferentes práticas pedagógicas, principalmente aquelas que consideram que a relação entre sexo, gênero e desejo é uma linha reta, partindo do pressuposto universal da heterossexualidade (Deborah BRITZMAN, 1996). É necessário que se pense o currículo escolar como um instrumento que pode ser utilizado para a produção de práticas de liberdade ou para produzir e fazer funcionar sistemas de opressão, de acordo com os caminhos que a escola escolhe tomar, compreendendo a educação como um ato político que deve passar por questões e reflexões fundamentais sobre a sociedade que se deseja ter e sobre as sujeitas e os sujeitos que se deseja produzir nas escolas (MORAES, 2017).

Os campos críticos de conhecimentos não podem ser pautados exclusivamente nos livros didáticos e nos currículos que se apresentam como ideais, visto que a escola se constrói diariamente entre as relações estabelecidas por pessoas que dela fazem parte (MORAES, 2017). Para que seja possível uma prática institucional que rompa com as violências e violações de direitos das pessoas LGBTQIAPN+ é preciso um exercício diário sobre a linguagem utilizada no campo escolar, sobre a divisão dos espaços, a democratização dos assuntos nos planos pedagógicos e a desnaturalização dos dados que salientam a "evasão" escolar, sem naturalizar e culpabilizar a pessoa por aquilo que deveria ser considerado em uma análise social mais ampla (MORAES, 2017). Ao escolher como atuar na escola, todas/os/es as/os/es profissionais consequentemente escolhem para quem irão trabalhar, levando em consideração que todos os seus atos como uma/um/ume profissional da educação implicarão nas mais diferentes pessoas e das mais diversas formas (GALLO, 2007).

Os discursos presentes no ambiente escolar difundem e ditam as definições do que se tem como "norma" e ideal que regula a sociedade, sendo fundamentais para condicionar as pessoas às normas regulatórias. É preciso ter uma leitura crítica sobre o ambiente escolar que inclua as questões curriculares, os usos dos espaços, as relações de poder e quais são pessoas marginalizadas/os/es quando se pensa em uma educação como direito humano, visto que sem essa reflexão-ação a escola se submete às normas sociais vigentes e colabora com a exclusão de diferentes grupos (MORAES, 2017). A escola como instituição fundamental dos processos de socialização de pessoas demanda profissionais com preparo para lidar com as mais diferentes questões, incluindo as de gênero e sexualidade. Essa concepção pode tornar possível ações, por parte das pessoas envolvidas/os/es na educação, que gerem reflexões sobre as discriminações produzidas e reproduzidas no contexto escolar.

O que posso fazer como família de estudante LGBTQIAPN+?

Em primeiro lugar, as pessoas LGBTQIAPN+ não deixam de ser filhas/os/es por se identificarem como LGBTQIAPN+. Assim, apesar de todas as dificuldades, é importante que a família exercite o acolhimento, o afeto e o amor incondicional que havia antes das pessoas se afirmarem como LGBTQIAPN+. São suas filhas/os/es, independentemente disso. Vale ressaltar que esse apoio é de extrema importância para as pessoas LGBTQIAPN+ e pode inclusive significar a diferença entre vida e morte, em alguns casos. Contribui também para o vínculo de confiança e para um espaço seguro, com o qual as pessoas podem contar.

Além disso, a família precisa prestar atenção nos sinais específicos de alteração de comportamentos para acolher, aproximar-se, ouvir, compreender e apoiar quando as pessoas LGBTQIAPN+ estiverem passando por violências nas escolas.

A função da família nessas situações é proteger as pessoas LGBTQIAPN+ das violências e violações de direitos, em todos os espaços, inclusive nas escolas. E quando a escola não trabalha para produzir um ambiente escolar seguro para todas as pessoas, as famílias precisam provocar esse debate e, por meio do diálogo, incentivar que a escola mude a abordagem das questões relacionadas às diferenças de gênero, sexualidade, raça/cor, etnia, classe social e deficiências, por exemplo. A escola não resolverá todos os problemas do mundo, mas certamente pode contribuir, e muito, para essa transformação social.

As famílias também têm suporte nos movimentos sociais de famílias de pessoas LGBTQIAPN+, como os coletivos Mães pela Diversidade[6] e Mães pela Resistência[7]. É interessante notar também que são as mulheres, na grande maioria, a se organizarem para a luta pelos direitos de suas filhas/os/es LGBTQIAPN+. Entretanto, apesar dos pais apresentarem, muitas vezes, maiores dificuldades para compreender suas filhas/os/es LGBTQIAPN+ e seguir acolhendo, amando, respeitando e valorizando essas filhas, filhos e filhes, eles também têm uma função social fundamental no enfrentamento das violências e violações de direitos das pessoas LGBTQIAPN+ como um todo. A coragem está em permanecer e contribuir com a educação de suas filhas, filhos e filhes, não em abandonar ou se utilizar das punições, violências e violações de direitos.

Esperamos que um dia não precisemos ressaltar tópicos como as violências nas escolas, mas enquanto não chegamos nesse lugar como sociedade, que as famílias sejam ponto de apoio, referência e compreensão no enfrentamento das diferentes violências e na acolhida tão necessária para aquelas/es/us que já são subjugadas/os/es e excluídas/os/es em outros espaços que não o familiar. Que nenhuma pessoa LGBTQIAPN+ se sinta sozinha e que, caso isso aconteça, sua filha/o/e tenha sempre um local seguro para onde voltar.

---

6 Para saber mais, acessar: https://maespeladiversidade.org.br/.

7 Para saber mais, acessar: https://www.brasildefatoce.com.br/2023/05/12/maes-da-resistencia-a-luta-de-quem-busca-amor-e-respeito-como-direitos-basicos-dos-filhos.

Por fim, para as informações sobre autorias, as referências e o material de apoio deste capítulo, acesse o QR-Code.

CAPÍTULO 35

Estresse de minorias

Diana Soledade do Lago Camera

Psicóloga. Professora. Mestra em Psicologia. Possui pós- graduações em Terapia Cognitivo-Comportamental, Terapia do Esquema, terapeuta cognitiva sexual e terapeuta afirmativa.

Aline Chagas dos Santos

Doutoranda em Artes Visuais. Mestre em Artes. Graduanda em Psicologia.

Introdução

Quando se fala de diversidade sexual e de gênero, é comum que pessoas que não fazem parte desse grupo não conheçam situações que somente lésbicas, gays, bissexuais, transgêneros, travestis, queers, pessoas intersexo, assexuais, pansexuais, pessoas não binárias e demais (LGBTQIAPN+) vivem. Quando se trata de famílias que têm crianças e adolescentes LGBTQIAPN+, esse desconhecimento pode gerar muito sofrimento, porque são fases importantes do desenvolvimento de um ser humano e envolvem laços profundos de afeto (RAMOS, 2023). Nesse sentido, mães, pais e responsáveis podem passar por grandes medos, frustrações, expectativas e dúvidas, na tentativa de entender o que exatamente é diversidade sexual e de gênero. A falta de informação e o sofrimento podem acontecer dentro da família ou na interação da família com escola, amigos, família ampliada, redes sociais, acesso à saúde, sociedade, política, entre outros.

Urie Bronfenbrenner (1986) é um psicólogo que criou um modelo[1] para explicar o que influencia no desenvolvimento de crianças. Esse modelo se

1 Esse modelo é chamado de teoria bioecológica do desenvolvimento humano. O que é mencionado no texto como "camadas" é originalmente chamado de *sistemas* (BRONFENBRENNER, 1986).

divide em quatro camadas: 1) microssistema – contato direto com a criança, como família, amigos, rotina e relacionamento com mães e pais (p. ex., como estes lidam com as emoções de filhas/os/es); 2) mesossistema – inclui a interação do que está no microssistema (comunicação entre a família e a escola); 3) exossistema – coisas e pessoas que influenciam a criança, mas de um jeito indireto (como é o trabalho de mães e pais); 4) macrossistema – cultura, sociedade, valores, crenças, política, economia, entre outros (BRONFENBRENNER, 1986). De acordo com esse psicólogo, todas essas camadas do ambiente em que vivem influenciam as crianças, assim como as crianças afetam o ambiente em que vivem. Isso quer dizer que a família não é a única influência, mas pode ser muito importante enquanto mediadora, fazendo o intermédio entre as crianças e as camadas do ambiente.

As contribuições de Bronfenbrenner também podem ser usadas para a infância e adolescência em alguns contextos específicos, como é o caso de jovens LGBTQIAPN+. Lintott et al. (2022) utilizam o modelo para explicar coisas que só pessoas LGBTQIAPN+ vivenciam e como isso afeta a vida de desde a infância até o envelhecimento. Essas autoras/es adicionam duas camadas a mais no modelo original: 1) cronossistema – momentos importantes no mundo e na vida da pessoa (p. ex., conquista do direito de usar o nome social[2] em escolas e universidades); e 2) individual – orientação sexual, identidade de gênero, raça, idade, entre outras características. Em outras palavras, crianças e adolescentes vivem diversas situações, em diferentes contextos, que contribuem para seu desenvolvimento. As crianças e adolescentes LGBTQIAPN+, especificamente, vivem experiências adicionais que se chamam *estresse de minorias*, ou seja, experiências específicas que podem impactar negativamente todo o seu desenvolvimento. Levando em consideração que a família frequentemente é o elo entre jovens e as camadas mencionadas, pode-se dizer que pais, mães e cuidadores podem tanto diminuir quanto aumentar o efeito do estresse de minorias, podendo facilitar ou atrapalhar o bom desenvolvimento de suas filhas/os/es LGBTQIAPN+ (OWENS-REID; RUSSO, 2014).

2 Refere-se ao direito de usar o nome que deseja, independentemente do nome que consta no documento. É o nome pelo qual uma pessoa trans de fato se identifica (CIASCA; HERCOWITZ; JUNIOR, 2021).

Considerando essas informações, este capítulo tem o objetivo principal de descrever o que é estresse de minorias, para que se possa compreender como isso afeta o desenvolvimento de crianças e jovens LGBTQIAPN+ e como a família pode ajudar a transformar esses estressores em suporte e proteção. Com isso, espera-se orientar mães, pais e ccuidadoras/es para dar o apoio que crianças e adolescentes LGBTQIAPN+ precisam, proporcionando um ambiente familiar de proteção e acolhimento, em benefício de seu desenvolvimento.

O que é estresse de minorias?

O conhecimento e atitude das pessoas em relação aos LGBTQIAPN+ varia de acordo com a época, ciência, política, sociedade, cultura e aspectos individuais. Considerando isso, durante muito tempo a diversidade sexual e de gênero foi vista como imoralidade, crime e/ou doença mental. Ainda hoje, há quem pense assim, muitas vezes tendo como argumento o fato de que crianças, jovens, adultos e idosos LGBTQIAPN+ costumam ter pior saúde física e mental (CIASCA; HERCOWITZ; JUNIOR, 2021).

O que de fato se sabe é que nenhum estudo científico ético e com métodos adequados constatou que ser LGBTQIAPN+ traz problemas "de fábrica". Ou seja, ser LGBTQIAPN+ não é um problema em si. O que explica então terem pior saúde mental e física? A resposta é: vivenciar preconceito, violência, discriminação e dificuldade de acessar direitos básicos é o que torna pessoas LGBTQIAPN+ mais vulneráveis (RAMOS, 2023). O chamado modelo do estresse de minorias representa um grande marco na normalização da diversidade sexual e de gênero, pois é o que explica como esse fenômeno ocorre.

O modelo do estresse de minorias foi desenvolvido pela pesquisadora e assistente social Winn Kelly Brooks[3] (1981) e se tornou mais conhecido com as publicações do epidemiologista psiquiátrico Ilan Meyer (2003). Esses autores explicam que, apesar de a violência, o preconceito e a discriminação serem muito frequentes, não são os únicos estressores extras que jovens LGBTQIAPN+ podem viver. Vejamos o Quadro 1.

3 Anteriormente conhecida como Virginia Rae Brooks.

Quadro 1 Definição e exemplos de estressores de minorias LGBTQIAPN+

Tipo de estressor	Definição	Exemplo
Vitimização	Termo que inclui preconceito, discriminação e qualquer tipo de violência motivada por LGBTQIAPN+fobia	Sofrer *bullying* LGBTQIAPN+fóbico na escola ou na faculdade
Expectativa de rejeição	Acreditar que será rejeitada/o/e em diferentes situações da vida. Essa expectativa surge a partir de passar ou presenciar rejeições reais por LGBTQIAPN+fobia	Evitar fazer novas amizades com medo de não ser gostado por ser LGBTQIAPN+
Ocultação	"Estar no armário", que embora possa evitar a vitimização em algum nível, costuma prejudicar muito o senso de identidade, a interação com as pessoas e demais experiências de vida	Evitar contato ou intimidade com membros da família, com medo de descobrirem que é LGBTQIAPN+
LGBTQIAPN + fobia internalizada	Desprezo, vergonha, hostilidade ou distanciamento consigo e/ou com outras pessoas por também serem LGBTQIAPN+	Evitar estar com outras/os/es jovens LGBTQIAPN+ por entender que não são bons exemplos
Estresse intraminoria	Outros estressores sociais[4] que acontecem de forma diferente ou mais intensa na relação entre as próprias pessoas LGBTQIAP+	Desprezar pessoas que sejam visivelmente LGBTQIAP+, entendendo que o ideal é ter a aparência de uma pessoa heterossexual e cisgênero
Microagressões	Falas ou atitudes que parecem ser sutis, mas na verdade carregam ideias preconceituosas	Ouvir de alguém: "respeito sua opção", como se a identidade de gênero e a orientação sexual fossem escolhas e não uma descoberta de quem se é
Disforia de gênero	Mais presente em pessoas trans, trata-se do desconforto associado a partes do corpo, também podendo ocorrer a partir de situações sociais	Apresentar-se para pessoas novas com nome e pronomes femininos e tais pessoas errarem chamando de "ele"

Fonte: Brooks (1981), Meyer (2003), Pachankis et al. (2020), Abreu (2023) e Ciasca, Hercowitz e Junior (2021).

4 São situações que afetam as pessoas negativamente, independentemente de o quanto são vulneráveis ou resilientes. Em geral, também envolvem preconceito e discriminação, como racismo, gordofobia, capacitismo (preconceito com pessoas que tem deficiência), machismo e outros (CATELAN; SARDINHA, 2024).

Para entender como tudo isso acontece no cotidiano, considere a seguinte metáfora: imagine que todas as pessoas que você conhece estejam percorrendo uma estrada, cada um com a sua mochila. Todos carregam na mochila o item violência urbana, mas algumas meninas e mulheres carregam também o item lesbofobia (estressor de minoria). Em consequência disso, meninas e mulheres lésbicas que estiverem na estrada vão carregar mais peso: o da violência urbana e o da lesbofobia, caminhando com medo de assalto e sequestro, além do medo de sofrerem estupro corretivo[5] ou outras violências que acontecem com mulheres que se relacionam com outras mulheres. Não quer dizer que quem está andando com menos peso fará uma caminhada feliz e tranquila, pode ser que passem por muitos obstáculos, mas por estarem com mochilas mais leves, a chance de terem caminhadas bem-sucedidas será bem maior. Por outro lado, quanto mais peso alguém estiver levando, maiores serão as chances de o caminho ser difícil.

A partir disso, é possível entender que pessoas LGBTQIAPN+ são minorias sociais. Entende-se como *minoria* pessoas e grupos que ao longo do tempo foram privados ou dificultados de acessarem direitos básicos de cidadania, por conta de sua origem, orientação sexual, etnia, raça, gênero e/ou classe. Não se trata de uma questão numérica, mas de grupos vulneráveis a estressores específicos. Os estressores de minoria são específicos, pois cada uma das letras está vulnerável à privação de direitos e a riscos diferentes. Também são crônicos porque a orientação sexual e a identidade de gênero tendem a se manter iguais ao longo do tempo (CIASCA; HERCOWITZ; JUNIOR, 2021; CATELAN; SARDINHA, 2024).

Como a família pode proteger dos estressores de minorias?

Ainda com a metáfora de carregar uma mochila ao longo de uma estrada, é fato que crianças e adolescentes LGBTQIAPN+ poderão carregar um

5 Violência sexual que parte da ideia preconceituosa de que se uma garota ou mulher for forçada a receber penetração com pênis, ela passará a ser heterossexual.

peso muito maior do que outros jovens. Por conta disso, é necessário que tenham bons recursos, algo como usar tênis com amortecedores e mochilas mais confortáveis. Chamamos isso de fatores de proteção, ou seja, aquilo que diminui ou neutraliza o impacto negativo dos estressores de minorias. O suporte familiar é um dos grandes fatores de proteção. Porém, muitas vezes, a família é a primeira fonte de LGBTQIAPN+fobia, seja por ideias preconceituosas, por desconhecimento, medo de filhas/os/es serem hostilizadas/os/es, medo do julgamento de pessoas conhecidas, luto pelas expectativas frustradas, entre outras coisas (RAMOS, 2023).

Um dos primeiros desafios é a "saída do armário"[6]. Algumas/uns jovens contam sobre sua orientação sexual e/ou identidade de gênero, outras/os/es são descobertas/os/es pela família, sem que tenham a escolha de contar ou não. As crianças e adolescentes que optam por não contar sobre serem LGBTQIAPN+, em geral, fazem isso por diversos medos: de serem rejeitadas/os/es, de a notícia abalar o amor dos pais, mães e cuidadoras/es, de sofrer alguma violência, de serem expulsas/os de casa etc. Já o desejo de contar está associado à vontade de viver livre, sem mentiras e de manter uma relação próxima e verdadeira com a família, sem precisar esconder quem são e com quem se relacionam (GRAFSKY, 2018).

Famílias que aceitam suas filhas/os/es diminuem as chances de essas crianças e adolescentes passarem por diversas situações difíceis, como: violência sexual, viver na rua, maus-tratos, comportamentos sexuais perigosos, uso de substâncias ilícitas, LGBTQIAPN+fobia internalizada, além de diminuir o risco de depressão e de tentativas de suicídio (RYAN et al., 2020). Também se observa que os ambientes familiares acolhedores aumentam as chances de filhas/os/es perceberem a família como um apoio, terem boas amizades, criarem boas estratégias para lidar com o preconceito e discriminação, maior autoestima e melhor saúde física e mental (CIASCA; HERCOWITZ; JUNIOR, 2021). No entanto, vale dizer que a partir do momento que familiares/tutoras/tutores tomam conhecimento da identidade de gênero e orientação sexual de filhas/os/es, outros desafios surgem. Nesse sentido, a família pode agir de diversas formas e nas diferentes camadas

6 Sugerimos a leitura do capítulo "O que é sair do armário?".

que contribuem para o bom desenvolvimento das crianças e adolescentes LGBTQIAPN+. Abaixo estão algumas orientações para que mães, pais e responsáveis possam se tornar fator de proteção e amortecer o estresse de minorias.

- **Sistema individual:** mudanças no jeito que a criança percebe seu próprio gênero são esperadas e normais na infância, independentemente de serem cis ou trans. Também é normal que o entendimento da própria orientação sexual mude no início da adolescência, com as primeiras experiências românticas e sexuais. Ao mesmo tempo, tanto a identidade de gênero quanto a orientação sexual são autodeclaradas, ou seja, somente a própria pessoa pode saber e determinar o que é. Espera-se que mãe, pais e responsáveis demonstrem respeito e acolhimento quando filhas/os/es afirmarem ser LGBTQIAP+ ou chegarem a conclusões diferentes. Inicialmente é comum surgirem dificuldades de compreender, aceitar e se adaptar, e tais dificuldades podem ser comunicadas (de maneira condizente com a idade), desde que haja o compromisso de respeitar e acolher (RAMOS, 2023).
- **Microssistema:** para manter um vínculo amoroso e protetivo com filhas/os/es LGBTQIAPN+ é interessante que mães, pais e cuidadoras/es não fiquem presas/os ao que supostamente é certo ou errado e se foquem no que os aproxima ou os distancia de filhas/os/es. É útil prestar atenção para entender se o jeito que se comportam e comunicam colabora para as/os/es jovens se sentirem amadas/os/es e seguras/os/es. Indica-se que mães, pais e responsáveis estejam realmente abertos a ouvir, busquem informação qualificada, demonstrem carinho e empatia com os desafios de falar a respeito da própria orientação sexual e identidade de gênero, afirmem que estão dispostos a defendê-las/os/es, incentivem o contato com outras/os/es jovens LGBTQIAPN+ e mostrem exemplos de LGBTQIAPN+ adultas bem-sucedidas, que estejam seguras e felizes (CIASCA; HERCOWITZ; JUNIOR, 2021).
- **Mesossistema:** crianças e adolescentes precisam de suporte para lidar com suas emoções e resolver problemas; as LGBTQIAPN+ adi-

cionalmente precisam de suporte no enfrentamento da LGBTQIAPN+fobia. Assim, mães, pais e responsáveis e família precisam estar na linha de frente para reivindicar respeito e proteção diretamente com amizades, redes sociais[7], outros familiares, escola, médicas/os/es etc. É preciso considerar que infelizmente a LGBTQIAPN+fobia existe, mas quem comete esse crime é quem deve ser penalizado. Não parece justo que as crianças e adolescentes LGBTQIAPN+ sejam tolhidas de viver plenamente. É útil ajudar jovens a prever desconfortos e riscos e planejarem como evitar, pedir ajuda e/ou sair dessas situações (CATELAN; SARDINHA, 2024).

- **Exossistema:** pessoas e instituições que não têm contato direto com crianças e adolescentes LGBTQIAPN+, mas fazem parte do entorno da família, podem demandar ações específicas na vida das próprias mães, pais e cuidadoras/es. Pode ocorrer de outros familiares, amigas/os/ues e colegas demonstrarem não aceitação, tendo atitudes LGBTQIAPN+fóbicas. Cabe a mães, pais e cuidadoras/es avaliarem se são pessoas relevantes e, portanto, valeria a pena conversar para não haver necessidade de distanciamento, mas ao mesmo tempo garantir que as atitudes LGBTQIAPN+fóbicas parem imediatamente (RAMOS, 2023).

  Plataformas gratuitas como YouTube e redes sociais costumam ser bons meios de se conectar com outras famílias que vivenciam os mesmos conflitos. Isso colabora para a sensação de "não estou sozinha/o/e nesse barco", tende a sanar dúvidas, além de trazer apoio para enfrentar dificuldades e sofrimentos.
- **Macrossistema:** é importante que a família conheça e esteja conectada com seus costumes e valores, para que possam refletir sobre como adaptá-los, de maneira que a qualidade do vínculo com filhas/os/es se

7 Em relação a jovens usarem as redes sociais, algum nível de monitoramento é recomendável, pois em função de regras e leis ainda deficitárias, crimes de LGBTQIAPN+fobia e outros tipos de crime podem ocorrer no ambiente virtual. Quando esse tipo de crime ocorre com crianças e adolescentes, muitas vezes elas se encontram sem recursos para avisar responsáveis do que está acontecendo, ou mesmo podem não compreender que alguma situação que parece neutra na verdade é um crime ou violência. Assim, recomenda-se que mães, pais e responsáveis tenham formas de saber quais plataformas on-line filhas/os/es frequentam e com quem interagem nesses ambientes virtuais (SCHWARTZ; PACHECO, 2021).

mantenha. No que se refere à religiosidade, existem grupos de diferentes religiões que são acolhedores com pessoas LGBTQIAPN+ e suas famílias, evitando distanciamento ou abandono de crenças e práticas importantes em suas vidas. Ainda assim, mães, pais e cuidadoras/es podem permanecer resistentes e não aceitarem a orientação sexual e identidade de gênero de filhas/os/es. Quando é o caso, pode ser útil "concordar em discordar" e focar em outras características da criança ou adolescente, buscando aproximação a partir de outros assuntos e gostos em comum.

- **Cronossistema**: algumas mães, pais e cuidadoras/es, ao terem certeza da orientação sexual e identidade de gênero de suas filhas/os/es, têm a sensação de já saberem há muito tempo. Para outras famílias, a sensação pode ser de confusão e estranhamento, muitas vezes acompanhadas de frases do tipo: "mas ele nunca demonstrou ser afeminado, sempre brincou de futebol...". É necessário compreender que existem muitas formas de ser LGBTQIAPN+. O jeito e os gostos de uma pessoa não determinam quem ela é ou por quem se atrai. Além disso, faz parte do desenvolvimento normal de crianças e adolescentes experimentarem, descobrirem gostos e jeitos de serem diferentes do que tinham antes. O papel da família é permitir e validar essas descobertas. Como citado no início do capítulo, conhecer aspectos da diversidade sexual e de gênero facilita muito a compreensão e aceitação. Para tal, pode ser útil acompanhar pessoas LGBTQIAPN+ que compartilham suas vivências na internet. Também existem livros, artigos, documentários, filmes e séries que abordam marcos históricos da diversidade sexual e de gênero.

Conclusão

A infância e a adolescência são fases importantes do desenvolvimento de um ser humano, de forma que indivíduos nessa faixa etária precisam do suporte de mães, pais, cuidadoras/es e família. Tal suporte é ainda mais importante quando se trata de crianças e adolescentes LGBTQIAPN+, em razão de sua vulnerabilidade social. No entanto, muitas dessas/es/us jovens jovens acabam tendo com a família as primeiras experiências de preconceito e/ou violência.

Ao contrário do que se pensava há algumas décadas, pessoas LGBTQIAPN+ não têm sua saúde física e mental mais vulneráveis por conta de sua orientação sexual e/ou identidade de gênero. Essa vulnerabilidade existe por sofrerem preconceito, discriminação, violência e privação ou dificuldade de acessar direitos básicos. É o que pressupõe o chamado modelo do estresse de minorias, teoria que explica como a LGBTQIAPN+fobia pode afetar de maneiras muito mais complexas quem faz parte desses grupos.

Para amortecer as consequências negativas do estresse de minorias, é necessário ter fatores de proteção. Pode-se resumir esses fatores em: estratégias para lidar com preconceito, discriminação e violência; saber comunicar incômodos; informação para buscar e exigir direitos; boa autoestima e orgulho; conexão com outras pessoas LGBTQIAPN+; e referências positivas e esperança para o futuro. No caso de crianças e adolescentes LGBTQIAPN+, mães, pais, cuidadoras/es e família deverão criar e facilitar esses fatores de proteção internamente, em todas as camadas da sociedade e da cultura presentes no desenvolvimento desses jovens.

Para as informações sobre autorias, as referências e o material de apoio deste capítulo, acesse o QR-Code.

CAPÍTULO 36

Orientação para a prevenção à violência sexual

Carolina Freitas

Psicóloga. Professora. Mestre em Psicologia. Possui pós- graduações em Psicopedagogia, em Sexualidade Humana e em Educação Sexual. É terapeuta cognitiva sexual.

Jéssica Siqueira

Psicóloga clínica. Professora. Possui pós-graduação em Sexualidade.

Maria Eduarda Lopes

Psicóloga. Professora. Possui pós-graduação em Sexualidade. É terapeuta cognitiva sexual.

Desde que o mundo é mundo, existem diversas formas de violência. Negar a existência delas não faz com que desapareçam ou diminuam; a única forma eficaz de combate é por meio do conhecimento e da psicoeducação. Quando se trata de crianças e adolescentes LGBTQIAPN+, sabemos que as violências atingem outras camadas sociais e subjetivas. É fundamental considerar a interseccionalidade da vida e da sexualidade humana ao abordar o fenômeno da violência.

Neste capítulo, vamos focar especificamente na violência sexual. Ela é definida como o ato de violar, desrespeitar e cometer crimes contra os direitos sexuais e humanos. Pode ocorrer sob a forma de abuso ou ofensa sexual, exploração sexual e assédio ou importunação sexual (MPDFT, 2015).

Convidamos você a conhecer e refletir sobre alguns conceitos que comprometem o desenvolvimento psicossexual saudável de crianças e adolescentes.

Crianças e adolescentes

Conforme exposto em capítulo anterior, o Estatuto da Criança e do Adolescente (ECA, 1990) considera criança toda pessoa até 11 anos de idade e adolescente aquela entre 12 e 18 anos incompletos. O ECA reconhece os direitos das crianças e adolescentes, definindo o direito à vida, à saúde, à liberdade, ao respeito e à dignidade como essenciais para seu desenvolvimento.

O desenvolvimento de crianças e adolescentes pode ser dividido em várias áreas: desenvolvimento motor, afetivo, cognitivo e psicossexual. Vamos focar no desenvolvimento psicossexual, que é crucial para a compreensão e prevenção de violências sexuais.

Desenvolvimento psicossexual

A sexualidade é uma parte natural e inerente do desenvolvimento humano, presente desde o nascimento e evoluindo ao longo da vida. Em crianças e adolescentes, a sexualidade se manifesta e amadurece conforme crescem. É importante entender que esse desenvolvimento ocorre independentemente de qualquer intervenção ou explicação por parte de pessoas adultas. No entanto, mães, pais e responsáveis podem desempenhar um papel fundamental em facilitar e orientar esse amadurecimento de maneira saudável e segura.

Por que precisamos falar em educação em sexualidade na infância?

Nos primeiros anos de vida, são estabelecidas as bases do comportamento afetivo e erótico que perduram na vida adulta. É nessa fase que começa a formação de uma sexualidade saudável (HARDEN, 2014). A educação em sexualidade na infância ajuda a construir essas bases de forma positiva e segura, promovendo uma compreensão adequada do corpo, dos sentimentos e das relações interpessoais. Optamos por usar o termo *educação em sexualidade*, pois o foco aqui não está no falar sobre sexo, mas sim sobre a abordagem integral da sexualidade, conforme está sendo discutido neste texto.

Autoproteção

A educação em sexualidade desempenha um papel crucial na autoproteção das crianças. Ao aprenderem sobre seus corpos, limites pessoais e a diferença entre toques apropriados e inapropriados, as crianças ficam mais preparadas para identificar e reagir a situações de abuso. Elas se tornam mais conscientes de seus direitos e da importância de comunicar qualquer situação desconfortável a um adulto de confiança.

Não podemos estar presentes o tempo todo com nossas crianças e adolescentes. Portanto, é essencial ensinar-lhes a se protegerem. A responsabilidade pela violência nunca é da vítima, mas elas podem ter recursos para se protegerem.

As questões da sexualidade não começam na puberdade das crianças. Desde a gestação e a primeira infância, muitos aspectos da vida familiar envolvem a sexualidade, como a nudez, o respeito e a higiene.

Nosso objetivo é examinar os aspectos da vida familiar que envolvem o desenvolvimento psicossexual de crianças e adolescentes. Existem decisões diárias que você deve tomar, e aqui pretendemos apresentar, de forma científica, os efeitos de várias escolhas sobre sua filha/o/e.

Compreensão do desenvolvimento psicossexual e prevenção do abuso sexual

Ao compreender o desenvolvimento psicossexual das crianças, mães, pais e responsáveis podem adotar medidas eficazes para a prevenção do abuso sexual. Isso inclui:

Educação apropriada à idade:

- Ensinar às crianças sobre os nomes corretos das partes do corpo desde cedo.
- Explicar o conceito de privacidade, consentimento e a importância de limites pessoais.

Comunicação aberta e honesta:

- Manter um diálogo aberto sobre sexualidade, respondendo às perguntas das crianças de maneira honesta e apropriada para a idade.
- Estabelecer um ambiente onde a criança se sinta segura para expressar suas dúvidas e preocupações.

Reconhecimento de comportamentos inapropriados:

- Ensinar às crianças a identificar comportamentos inapropriados e a importância de relatar qualquer situação desconfortável a um adulto de confiança.
- Explicar a diferença entre toques apropriados e inapropriados.

Fomentar a autonomia e o respeito:

- Incentivar a autonomia das crianças em relação ao seu corpo e suas escolhas.
- Ensinar o respeito pelo corpo dos outros e a importância do consentimento.

Prevenção do abuso/ofensa sexual

Mães, pais e responsáveis têm um papel crucial na prevenção do abuso sexual, e isso começa com a educação e a criação de um ambiente seguro e acolhedor para as crianças. Algumas estratégias incluem:

Informação e educação:

- Fornecer informações claras e adequadas sobre o que constitui abuso sexual.
- Educar sobre os sinais de abuso sexual e a importância de relatar qualquer suspeita imediatamente.

Monitoramento e supervisão:

- Manter uma supervisão adequada das atividades e interações das crianças.
- Prestar atenção a mudanças no comportamento ou no humor da criança, que podem ser sinais de abuso.

Estabelecimento de confiança:

- Criar uma relação de confiança em que a criança se sinta à vontade para compartilhar suas experiências e seus sentimentos.
- Reforçar que a criança nunca será culpada pelo abuso e que ela sempre deve buscar ajuda.

No final da infância, por volta dos 10 anos de idade, as crianças começam a vivenciar suas primeiras atrações afetivo-sexuais, um fenômeno que costuma ser denominado como *enamoramento*. Esse processo é uma parte natural e esperada do desenvolvimento emocional e sexual, que ocorre independentemente da "escolha" da pessoa ou de pressões externas, como familiares, escola ou sociedade. O enamoramento é considerado um componente intrínseco da personalidade, ligado ao amadurecimento emocional e psicológico. Pesquisas na área do desenvolvimento infantil indicam que a atração afetivo-sexual faz parte do processo natural de formação da identidade sexual e afetiva, sendo uma manifestação espontânea do desenvolvimento psicoemocional (HARDEN, 2014; SANTROCK, 2018).

Embora a atração sexual se inicie por volta dos 10 anos, falar em orientação sexual na infância é complexo. Muitas crianças LGBTQIAPN+ e seus familiares percebem sinais de sua orientação através da maneira como elas se manifestam no mundo, mesmo que as próprias crianças ainda não tenham consciência plena de sua orientação sexual. Infelizmente, essa falta de compreensão pode levar a situações de violência e *bullying* nas escolas, afetando o bem-estar e o desenvolvimento emocional das crianças.

Assim, o desenvolvimento psicossexual é uma parte essencial do crescimento de crianças e adolescentes. Ao fornecer orientação adequada, educação e apoio, mães, pais e responsáveis podem ajudar a promover um desenvolvimento saudável e prevenir situações de violências sexuais. É crucial que estejam bem informadas/os/es e preparadas/os/es para abordar esses temas de maneira sensível e apropriada, garantindo que suas filhas/os/es cresçam em um ambiente seguro e protegido. A educação em sexualidade na infância não apenas estabelece bases sólidas para comportamentos futuros, mas também capacita as crianças a se protegerem e a entenderem a importância do respeito e dos limites em suas relações.

Para orientar sobre a prevenção do abuso sexual e apoiar filhas/os/es LGBTQIAPN+, é importante definir as diferentes formas de violência sexual. Abordaremos três situações específicas que necessitam ser compreendidas e refletidas para promover a saúde mental e sexual de crianças e adolescentes LGBTQIAPN+: violência digital, estupro corretivo e terapia de conversão.

Compreendendo as violências sexuais

O abuso sexual é uma forma de violação física, sexual, moral e psicológica, sobretudo em crianças e adolescentes. O abuso pode envolver toques físicos em todo o corpo, principalmente nos genitais, e pode incluir penetração vaginal e/ou anal, seja por pênis, dedos ou qualquer outro objeto. No entanto, é importante destacar que o abuso não se limita à penetração. Muitos abusadores, principalmente homens, evitam a penetração para reduzir o risco de serem "descobertos", cometendo atos como "esfregar-se" ou "passar a mão". Reforçamos que é considerado abuso qualquer ato em que o abusador/a viola a criança ou adolescente, ou exige que a vítima forneça estímulos para satisfazê-lo sexualmente (RIBEIRO, 2009).

Em escritos atuais, o termo "abuso sexual" está sendo substituído por "ofensa sexual". Nós, autoras, concordamos com a proposta de Werner

(2010), que sugere essa mudança porque a palavra "abuso" remete ao excesso, podendo dar a entender que algo foi ou é permitido. No entanto, quando falamos de violência sexual contra crianças e adolescentes, nada é consentido ou permitido. A palavra "ofensa" é mais adequada, pois remete à dor e ao sofrimento causados pela violência, indicando claramente que um limite foi ultrapassado (WERNER, 2010).

A exploração sexual, além de envolver essas formas de violências citadas, vai envolver alguma negociação comercial que geralmente acompanha algum ganho material (dinheiro, alimentação, moradia etc.). Para essa negociação acontecer pessoas adultas envolvidas fazem "uso" do corpo de alguma criança ou adolescente em forma de sexo forçado, fotografias e vídeos, toques e estimulações. Aqui pode envolver questões de tráfico humano, mas nem sempre a exploração vai acontecer somente por terceiros, ela pode acontecer, por exemplo, por pessoas próximas a essa criança que a obrigam a fazer sexo em troca de alimentação para a família em situação de vulnerabilidade social (CAMPOS, URNAU, 2021).

A Lei. n. 13.718/2018, em seu artigo 2015-A, define importunação sexual como: "Praticar contra alguém e sem a sua anuência ato libidinoso com o objetivo de satisfazer a própria lascívia ou a de terceiro: pena de reclusão, de um a cinco anos, se o ato não constitui crime mais grave".

Violência digital

O termo *violência digital* surge de forma emergente com o avanço da internet e da tecnologia em nossa sociedade. Não basta proteger nossas crianças e adolescentes fisicamente; é urgente protegê-los também virtualmente. Violência digital inclui toda e qualquer forma de violência (ofensa sexual, exploração sexual, importunação sexual etc.) ocorrida por meio da internet, através de redes sociais, jogos on-line, aplicativos de mensagens, fotos e vídeos, sites, entre outros.

O fato de não causar "dano físico" atrai cada vez mais violentadores(as) para o universo virtual, que utilizam perfis falsos (*fakes*) para se aproximar de crianças e adolescentes com a intenção de cometer qualquer tipo de violência. Queremos chamar a atenção para o cuidado com a exposição voluntária de fotos e vídeos de crianças ou adolescentes. Esses(as) mesmos(as) violentadores(as) podem distorcer essas imagens para fins sexuais (GUIA OPERACIONAL DE ENFRENTAMENTO À VIOLÊNCIA SEXUAL CONTRA CRIANÇAS E ADOLESCENTES, 2020).

Estupro corretivo

O estupro corretivo é uma violência sexual direcionada, muitas vezes, a meninas e mulheres que se identificam como lésbicas, com o objetivo de forçar a crença de que o sexo com homens seria superior ou "curaria" a orientação sexual da vítima. Em muitos casos, essa violência ocorre dentro do próprio lar, perpetrada por familiares. O estupro corretivo não é apenas um crime, mas também uma grave violação dos direitos humanos e sexuais. Além disso, pode afetar meninos trans, motivado pelas mesmas dinâmicas de controle e poder, visando impor uma identidade de gênero ou sexualidade forçada.

Apesar de citarmos meninas cis lésbicas e meninos trans passando por essa violência, não podemos deixar de citar que o estupro corretivo também pode acontecer com meninos cis gays; muitos são levados a casas de prostituição por pessoas adultas, geralmente pais que desconfiam da orientação afetivo-sexual de seus filhos, ou mesmo sabendo dizem não aceitar. Esses mesmos pais, exercendo sua autoridade perante seus filhos, os expõem a nudez, interação sexual e até mesmo relação sexual com as mulheres, numa tentativa violenta e extremamente falha de "conversão" ou "cura".

De acordo com o artigo 226, inciso IV, do Código Penal, o estupro corretivo se caracteriza pela motivação do agressor, que pratica a violação sexual com a intenção de "mudança" de comportamento, o que pode acontecer com qualquer pessoa LGBTQIAPN+. A necessidade de incluir o estupro corretivo no ordenamento jurídico brasileiro surgiu com a Lei nº 13.718, de 2018, devido ao crescente número de casos de violação sexual contra a comunidade LGBTQIAPN+ com o intuito de "corrigir" sua sexualidade. Em uma sociedade predominantemente machista, as pessoas que não se comportam da maneira esperada são penalizadas e corrigidas para se encaixarem no padrão social da cis-heteronormatividade.

Os agressores acreditam que sua violência é a "cura" para a suposta doença da vítima. Por isso, é comum que as vítimas relatem que pais, irmãos, tios, primos, amigos e autoridades religiosas tenham participado do ato, solicitado ou concordado com sua prática. Isso torna o envolvimento de parentes ou pessoas próximas um elemento característico do crime (PEREIRA; NORMATON, 2018).

A conduta do ato sexual de forma forçada e "corretiva" evidencia que esse tipo de estupro é um crime de ódio, enraizado no preconceito não apenas do agressor individual, mas também da sociedade como um todo (PEREIRA; NORMATON, 2018).

Terapia de conversão[1]

A terapia de conversão, popularmente conhecida como "cura gay", é um termo guarda-chuva utilizado para descrever tentativas de converter pessoas de diversas identidades sexuais e de gênero para uma identidade exclusivamente heterossexual (JONES et al., 2018). Considerada uma forma de tortura, ela causa diversos danos à saúde mental e emocional, incluindo o aumento do risco de suicídio. Sem qualquer respaldo científico, essa prática é proibida pela Resolução do Conselho Federal de Psicologia (CFP) desde 1999. De acordo com a Resolução 01/99, profissionais de Psicologia no Brasil não devem oferecer qualquer tipo de terapia de reversão sexual, uma vez que a homossexualidade e outras orientações afetivo-sexuais não são consideradas patologias pela Organização Mundial da Saúde (OMS).

Jovens submetidas/os/es à terapia de conversão sofrem diversos abusos por parte de comunidades científicas e religiosas. Ela/es/us são convencida/os/es de que sua atração pelo mesmo sexo e sua diversidade de gênero são desvios de saúde ou da lei de Deus. Os impactos da terapia de conversão no bem-estar de crianças e jovens LGBTQIAPN+ são potencialmente devastadores, incluindo ódio por si mesmos, vergonha, solidão, pensamentos suicidas, problemas em ser tocado ou amado, disfunção sexual, autolesões,

1 Sugerimos a leitura do capítulo "'Cura gay': a necessidade de combater a desinformação" [N.O].

perda de fé, perda de comunidade, depressão, transtornos mentais contínuos e problemas de saúde (JONES et al., 2018).

Em um relatório desenvolvido pela entidade The Trevor Project (2019), constatou-se que dois em cada três jovens LGBTQIAPN+ relataram que alguém tentou convencê-los a mudar sua orientação sexual ou identidade de gênero. Além disso, jovens que passaram por terapia de conversão têm duas vezes mais chances de tentar o suicídio do que aqueles que não passaram por essa experiência. Em uma pesquisa posterior da mesma entidade (THE TREVOR PROJECT, 2021), descobriu-se que 13% das/os/es jovens LGBTQIAPN+ relataram ter sido submetidos à terapia de conversão, com 83% destes relatando que isso ocorreu quando tinham menos de 18 anos.

Conclusão

Esperamos que até aqui tenha ficado claro por que é importante conversar sobre sexualidade e diversidade com sua filha/o/e. Crianças e adolescentes LGBTQIAPN+ que se isolam e não conversam com ninguém são mais vulneráveis a violências e têm um risco elevado de automutilação e suicídio. Aqueles que mantêm boas relações com seus pais, mães e responsáveis tendem a ter uma saúde mental melhor e práticas sexuais mais seguras. Por isso, a comunicação é essencial.

Vamos adicionar algumas sugestões para ajudar você a criar um espaço acolhedor para uma conversa saudável e esclarecedora sobre o desenvolvimento psicossexual. Agora que você compreendeu alguns termos importantes, pode estar se perguntando: "Como posso orientar e proteger minha filha/o/e de possíveis violências sexuais?"

A primeira e mais eficaz forma é conversando, como falamos anteriormente, porém tenha cuidado quanto a como falar, o que falar e quando falar. Nada adianta falar sobre sexo com as melhores informações se para isso você criou uma atmosfera traumática.

De 0 a 5 anos, você pode através de momentos lúdicos (p. ex., banho, troca de fraldas), começar a ensinar a criança o que é parte íntima, quem pode dar banho, trocar fraldas e examinar, como a própria criança pode começar a se higienizar, quais são os limites corporais dela e de outras crianças e adultos, que assim como as partes íntimas delas não podem ser vistas e tocadas por qualquer pessoa ela também não pode ver ou tocar de outra pessoa, que você é uma pessoa de confiança e que qualquer coisa que aconteça de ruim ela pode contar para você.

Nessa fase podem vir algumas perguntas curiosas, do tipo "o que é pipi?", "por que sua pepeka tem cabelo e a minha não?", "de onde vêm os bebês?". Não se desespere, responda com tranquilidade, se tiver "livros" pode responder através de histórias adequadas para a idade e pergunta. Vamos deixar algumas sugestões no final do capítulo para te ajudar nessa missão.

De 5 a 10 anos você pode continuar reforçando a importância dos limites corporais, explicar para a criança o que é segredo (muitos/as abusadores/as usam segredos para controlar e silenciar as crianças) que caso alguém faça algo a ela independe do que seja e falar que não pode contar para você (mãe, pai, cuidador/a) significa que é um segredo ruim, e que aí que ela precisa contar mesmo, falar sobre consentimento (dizer sim ou não) que ninguém pode forçar um abraço, beijo ou qualquer toque sem que ela/e/u queira e que também ela/e/u precisa respeitar o não das outras crianças e adolescentes. Aqui pode acontecer a menstruação e caso aconteça você pode aproveitar para explicar sobre o uso de absorventes e o funcionamento do ciclo menstrual.

Nessa fase podem vir algumas perguntas curiosas sobre namoro, beijo de língua ou selinho, relacionamentos heterossexuais e homossexuais, sobre paixão. Para essas perguntas você pode sempre entender de onde veio a informação, para depois responder. Sempre responda com clareza e tranquilidade.

De 10 a 15 anos haverá muitas mudanças corporais. Você pode começar falando sobre isso, o que vai acontecer com o corpo, explicando que essas mudanças são naturais e passageiras, reforçar a importância do consentimento nas relações, pois muitas/os/es já vão querer "perder o famoso BV (boca virgem)". Alguns já vão estar mais curiosos quanto ao sexo e você pode começar a explicar o que é sexo, importância do uso de preservativos para prevenir IST[2] e gravidez indesejada.

2 Sugerimos a leitura do capítulo "IST e prevenções – realidades atuais (orientação para uma vida sexual saudável)" [N.O].

Por fim, sabemos que conversar sobre sexualidade com crianças e adolescentes não é fácil nem simples. É fundamental estabelecer uma relação honesta, baseada no acolhimento e no respeito. Assim, crianças e adolescentes podem construir um entendimento saudável sobre si mesmos, seus corpos e suas emoções. Crianças e adolescentes bem informados estão mais protegidas!

Para as informações sobre autorias, as referências e o material de apoio deste capítulo, acesse o QR-Code.

CAPÍTULO 37

Importância da rede de apoio

Marcelo Praxedes Monteiro Filho
Médico ginecologista e obstetra. Doutor em Urologia.

Olá, bem-vinda/o/e e parabéns por ter chegado até aqui na sua leitura. Espero que esteja gostando do livro. Optei por escrever este capítulo em primeira pessoa para que você se sinta num bate-papo comigo. Assim, irei dividir um pouco da minha experiência como pessoa LGBTQIAPN+ e enquanto profissional que trabalha diretamente com essa população. Para quem não sabe, sou um homem gay cisgênero e médico ginecologista especialista em cirurgia de redesignação sexual. Durante nossa conversa, trarei também o ponto de vista de alguns estudiosos no assunto e o que as pesquisas nesse campo revelam.

O desenvolvimento da sexualidade inicia-se logo na infância. Por volta dos 3 anos de idade as crianças começam a se identificar como do gênero masculino ou feminino (RYAN et al., 2010; McCLINTOCK; HERDT, 1996; WHITTIER; HERDT; BOXER, 1994; D'AUGELLI; HERSHBERGER, 1993). Aos 10 anos a percepção de atração sexual começa a aflorar e, assim, a orientação homossexual, heterossexual ou bissexual (RYAN et al., 2010; McCLINTOCK; HERDT, 1996; WHITTIER; HERDT; BOXER, 1994; D'AUGELLI; HERSHBERGER, 1993). Entretanto, antes de compreendermos a complexidade das nossas identidades de gênero e orientações sexuais, muitas vezes somos informados sobre aspectos da nossa sexualidade através de terceiros. Na infância, somos questionadas/os/es e identificadas/os/es como fora da "norma". Um/a coleguinha na escola que chama de "viadinho", "sapatão" ou outros adjetivos inaugura em nós um sentimento de vergonha por sermos diferentes.

Apesar de a comunidade LGBTQIAPN+ ser bastante diversa, todas as pessoas têm em comum o sofrimento, em algum grau, pelo preconceito. Preconceito este que, além de ter intensidade variável, será sentido de uma forma muito singular por cada indivíduo. E é aqui que entra, de modo extremamente importante, a rede de apoio.

Rede de apoio é um conjunto de pessoas com as quais temos relações íntimas e de confiança que podem nos ajudar em momentos difíceis. Essas pessoas podem ser familiares, amigas/os/ues, professoras/es, líderes religiosos, profissionais da saúde, grupos sociais etc. De acordo com Brito e Koller, rede de apoio pode ser descrita como um "conjunto de sistemas e de pessoas significativas que compõem os elos de relacionamento recebidos e percebidos do indivíduo" (BRITO; KOLLER, 1999).

O suporte social é o papel que familiares, amigas/os/ues e outras pessoas importantes desempenham para ajudar alguém a enfrentar o estresse ou, por outro lado, a expor essa pessoa a mais situações estressantes. O suporte social pode se manifestar de diversas maneiras: suporte emocional (como amor, cuidado, empatia etc.), suporte estrutural (como dinheiro, moradia, serviços de saúde etc.) ou uma combinação desses tipos de suporte (BROWN; SHEID, 2010).

Poderia resumir "rede de apoio" em uma palavra: "tudo" ou, talvez, de uma forma mais moderada, "alicerce". Quando olho para a minha vida como um homem gay, vejo, sem dúvidas, a importância das pessoas que estiveram ao meu lado. Mesmo não sendo "perfeitas", nem mesmo totalmente livres de preconceitos, as pessoas que me apoiaram e forjaram um escudo protetor para que eu pudesse resistir à grande maioria das dificuldades. Conforme Juliano e Yunes, uma rede de apoio social e afetiva eficaz modificará a forma como as adversidades são percebidas e moldará mecanismos de defesa (resiliência) (JULIANO; YUNES, 2014).

Mamíferos são animais sociais por natureza. Em especial, nós, humanos, somos seres que dependemos uns dos outros para sobreviver. Ao contrário dos recém-nascidos de outras espécies que nascem e já saem andando, o bebê humano precisa de cuidados para se alimentar, ser aquecido e protegido. Ao longo dos anos, o filhote de humano vai se tornando mais independente, mas sempre precisaremos de outra pessoa, principalmente para o nosso bem-estar emocional. Segundo Taylor (2002), os seres humanos são biologicamente "programados" para serem sociais e manterem relações de grupos, as quais também são influenciadas por seus aspectos biológicos.

Cuidadores iniciais, em geral mães e pais, são os primeiros membros da nossa rede de apoio. É o amor dessas cuidadoras/es que vai fortalecer contra os primeiros traumas. Bowlby et al. (2006) destacam a importância do vínculo inicial entre a criança e sua mãe (ou cuidador/a principal), afirmando que crianças com apego seguro percebem as atitudes da mãe ou cuidador/a como um reflexo de sua própria identidade.

Podemos observar em crianças exemplos claros da importância da rede de apoio. Ao vermos uma criança que levou uma queda, geralmente, antes de chorar ela procura pela cuidadora ou cuidador como forma de saber se ela está segura para expressar seus sentimentos. Nos braços de quem cuida, esta criança poderá chorar como pedido de acolhimento à perda de sua estabilidade psíquica.

É comum observarmos pessoas que tomam conta de crianças pequenas falarem: "Passou o dia todo sem chorar, mas foi só ver a mãe que começou a chorar". Este acolhimento, ou sensação de proteção, é a principal função da rede de apoio. Mostra-nos, assim, que, apesar da "queda", nós temos com quem contar para nos "reerguer".

Eu tive a sorte de nascer em uma família que sempre me deu muito amor e carinho. Uma família que sempre me deu suporte para me "levantar". Lembro-me de alguns momentos da minha adolescência, quando estava assumindo minha homossexualidade para os meus amigos e me peguei pensando "preciso contar logo para minha mãe para que ela possa me defender". Imaginava que necessitava contar para ela antes que ela soubesse por outras pessoas, pois caso alguém dissesse algo depreciativo de mim ela poderia me defender.

Sabia que poderia contar com minha mãe e familiares para me defenderem, mesmo enxergando que eles e elas também tinham algum tipo de preconceito – quase todos temos em algum nível. É compreensível que as cuidadoras/os/es ajam com mais aceitação em alguns momentos e menos em outros, mesmo sem perceberem isso.

Pesquisadoras/es que estudam as reações familiares à identidade LGBTQIAPN+ de suas filhas/filhos/filhes indicam que aceitação e rejeição parental são conceitos diferentes (PERRIN et al., 2010); portanto, comportamentos de aceitação e rejeição podem coexistir enquanto as famílias se ajustam ao descobrir a identidade LGBT+ de sua filha/o/e (RYAN et al., 2010).

Em alguns momentos da minha infância e adolescência, ouvi frases como "pare de gesticular tanto com as mãos", "cuidado com os trejeitos", "essa cor não é para você" ou, ainda, "tudo bem ser gay, mas precisa ser um excelente profissional". Tais frases tentavam me ajustar em uma posição heteronormativa, provavelmente pensando que o sofrimento seria menor. Entretanto, na minha cabeça entendia como: "seja menos gay" ou "tudo bem ser gay, mas não pode aparentar" e que o fato de ser um excelente profissional compensaria o "defeito" de ser gay.

O conceito de heteronormatividade deriva da divisão binária de gênero, referindo-se a comportamentos que são associados ao feminino ou masculino (BRAGA, 2017). As pessoas que se afastam dessa norma geralmente enfrentam dificuldades para serem aceitas pela sociedade, podendo sofrer agressões físicas, verbais e sexuais, *bullying*, estigmatização social, discriminação no trabalho e em serviços públicos, além de desigualdade no acesso a bens como educação e saúde (BORILLO, 2009).

Muitas/os/es cuidadoras/es tentam mudar ou esconder a orientação sexual e/ou identidade de gênero de suas filhas/os/es LGBTQIAPN+ para fazê-los "encaixar", acreditando estarem fazendo o melhor para elas/es/us. No entanto, crianças e adolescentes veem essas ações como rejeição, o que muitas vezes leva a conflitos familiares, aumento do sofrimento e sensação de desesperança (RYAN et al., 2010).

Mães e pais, em geral, querem o melhor para suas filhas/os/es, mesmo sem saber o que é exatamente o melhor para elas/es/us. Há uma projeção de ideal que é produzida quando a criança ainda está na barriga da mãe/pai. Ao segurar seus pequenos bebês nos braços, cuidadoras/es, muitas vezes, imaginam um futuro para pequenas/os/es que vai além dos primeiros anos, das festas de 15 anos, e passa pelo momento em que se casam e têm filhos/as – com parcerias heterossexuais. Então, lhes convido a escutarem suas filhas/os/es, netas/os/es, sobrinhas/os/es etc. Tive colegas cujos mães/pais levaram para se consultar com psiquiatras, padres, pastores, centros espíritas etc. por não saberem como lidar. Muitas vezes responsáveis acreditam que cometeram algum erro na educação, que é uma fase, que a "culpa" é das amizades, ou mesmo que a/o/e adolescente está possuída/o/e por algum tipo de espírito obsessor.

Se você está lendo este livro imagino que compreenda que as diversidades sexuais e de gênero não são algo errado e fazem parte dos seres humanos nas suas mais variadas formas. Mesmo sem compreender totalmente essas características é fundamental que mães, pais e familiares acolham suas filhas/os/es e fortaleçam o vínculo afetivo.

Se você está em conflito sobre ter uma criança LGBTQIAPN+, demonstre respeito e seja honesto com sua filha/o/e sobre seus sentimentos e preocupações, e não se esqueça de dizer a sua filha/o/e que você lhe ama. Certifique-se de que sua filha/o/e sabe que você lhe ama. Isso lhe tranquilizará, mostrando que você não lhe rejeitará, mesmo que você se sinta desapontada/o/e ou chateada/o/e. Além de criar um espaço para conversas abertas sobre assuntos difíceis ou embaraçosos, o diálogo fortalecerá os laços entre vocês e permitirá que todos na família cresçam juntos e permaneçam unidos (RYAN, 2009).

Comportamentos e atitudes familiares que ajudam a promover o bem-estar e reduzem o risco de problemas de saúde física e mental em crianças e adolescentes LGBTQIAPN+, segundo Ryan (2009):

- Apoiar e conversar com sua filha/o/e sobre sua identidade de gênero e/ou orientação sexual.
- Expresse amor e aceitação incondicional, independentemente da orientação sexual ou identidade de gênero de sua filha/o/e.
- Respeitar a identidade LGBTQIAPN+ da filha/o/e, mesmo quando você se sentir desconfortável.
- Defender sua filha/o/e quando ela/ele/elu sofre algum tipo de maltrato por sua identidade de gênero ou orientação sexual.

- Exigir que os demais membros da família respeitem sua identidade de gênero ou orientação sexual.
- Levar sua filha/o/e para eventos e organizações LGBTQIAPN+.
- Apresentar sua filha/o/e para adultos LGBTQIAPN+ para que possa ter referências de pessoas adultas felizes e saudáveis.
- Trabalhar para que sua comunidade religiosa apoie membros LGBTQIAPN+ ou encontrar uma comunidade religiosa que apoie sua família e sua filha/o/e.
- Receber amigas/os/ues e parcerias LGBTQIAPN+ de sua filha/o/e em sua casa e em eventos familiares.
- Acreditar que sua filha/o/e pode ter um futuro feliz como adulto LGBTQIAPN+.
- Procurar ajuda profissional caso não se sinta capaz de lidar sozinha/o/e com a situação ou não souber como agir.
- Educar-se sobre questões LGBTQIAPN+.

Muitas pessoas LGBTQIAPN+ já ouviram a frase "tenho medo de que você sofra". A rede de apoio não nos protege do preconceito, mas nos fortalece para que saibamos lidar com ele, enfrentá-lo de frente e, assim, diminuir o sofrimento (BRAGA, 2017). O amor e o carinho da nossa rede de apoio nos dão ainda uma sensação de liberdade para que não precisemos da validação dos nossos pares e nos dão um senso de responsabilidade com o afeto que nos é concedido. Esses aspectos são fundamentais quando pensamos no uso de drogas ou cometimento de atos ilícitos. A possibilidade de dizer não às "modinhas" de amigos/as/ues só é possível para quem tem boa autoestima[1] e se sente forte o suficiente para perder aquelas "amizades". A literatura aponta que o fortalecimento das redes de apoio promove a resiliência necessária para o empoderamento de indivíduos e grupos sociais (JULIANO; YUNES, 2014). Em muitos momentos da minha vida me peguei pensando: "minha mãe ou meu pai não iria gostar disso".

Uma pesquisa realizada por Ryan et al. (2009) apontou que jovens adultos LGBTQIAPN+ que enfrentaram maior rejeição familiar na infância/

1 Para mais informações, sugerimos a leitura do capítulo "Autoestima". [N.O.]

adolescência tiveram maior chance de desenvolver doenças físicas e mentais em comparação com aquelas/es/us cujas famílias demonstraram pouca ou nenhuma rejeição. O referido estudo mostrou:

- Probabilidade 8,4 vezes maior de relatar tentativas de suicídio.
- Chance 5,9 vezes maior de apresentar altos níveis de depressão.
- Risco 3,4 vezes maior de usar drogas ilegais.
- Probabilidade 3,4 vezes maior de ter relações sexuais desprotegidas, ficando sujeitos a IST, como o HIV.

Alguns comportamentos familiares que aumentam o risco de problemas de saúde e saúde mental em crianças e adolescentes LGBTQIAPN+ a se evitar, segundo Ryan (2009):

- Bater, dar tapas ou ferir fisicamente sua filha/o/e por causa de sua identidade LGBTQIAPN+.
- Assediar verbalmente sua filha/o/e devido à identidade LGBTQIAPN+.
- Excluir jovens LGBTQIAPN+ da família e de atividades familiares.
- Bloquear o acesso a amigas/os/ues, eventos e recursos LGBTQIAPN+.
- Culpar sua filha/o/e quando sofrer discriminação por causa de sua identidade LGBTQIAPN+.
- Pressionar sua filha/o/e para ser mais (ou menos) masculino ou feminino.
- Dizer a sua filha/o/e que Deus o punirá por ser LGBTQIAPN+.
- Falar para sua filha/o/e que você tem vergonha dela(e)(u) ou que sua aparência ou comportamento envergonhará a família.
- Fazer sua filha/o/e manter sua identidade LGBTQIAPN+ em segredo na família e não permitir que fale sobre isso.

Além de familiares, os grupos de amigas/os/ues desempenham papel importante dentro da rede de apoio do indivíduo LGBTQIAPN+ (GUTERRES, 2023). Para mim, a transição da infância para a adolescência foi um período de bastante dificuldade. Lembro-me de que estudava em um colégio onde frequentemente sofria *bullying* por ser gay. Mesmo que naquela época nunca tivesse me envolvido emocionalmente com alguém do mesmo sexo ou gênero, minhas atitudes, forma de falar, gesticular, o fato de não gostar das mesmas coisas que os meninos gostavam me tornava diferente da "norma". Nesse período, pedi à minha mãe e a meu pai para mudar de colégio a fim de "começar de novo".

No novo colégio conheci pessoas "diferentes", assim como eu. Fiz amizade com uma garota bissexual que me apresentou seus amigos, que logo se tornaram meus amigos. Foi extremamente importante conhecer pessoas LGBTQIAPN+. Pela primeira vez me senti parte de um grupo. Com isso, minha autoestima melhorou e com as novas amizades tinha com quem dividir coisas que não poderia compartilhar com minha mãe e meu pai. O sentimento de pertencimento ao grupo me fortaleceu. Não estava mais sozinho no colégio. Percebi que o *bullying* diminuiu, ou pelo menos não me afetava mais individualmente; existia a sensação de grupo.

Uma rede de apoio social e emocional eficaz está ligada à prevenção da violência e ao fortalecimento de habilidades, além de promover um senso de pertencimento e melhora na qualidade dos relacionamentos (BRAGA, 2017; JULIANO; YUNES, 2014; BOWLBY et al., 2006). Quanto maior a densidade, diversidade, vínculo, proximidade e conexão dos sujeitos desta rede, mais eficiente ela será (BRAGA, 2017).

A participação de jovens e adolescentes em eventos e grupos LGBTQIAPN+ é importante para que se produza uma sensação de pertencimento, criação de vínculos e conexões com recursos que possam ajudar-lhes (RYAN, 2009). Na ausência desta rede, pode-se verificar o aumento da vulnerabilidade das pessoas LGBTQIAPN+ diante de situações de risco (BRAGA, 2017).

As famílias e amigas/os/ues são as principais fontes de suporte social e rede de apoio (LOZANO-VERDUZCO, 2023), mas como dito anteriormente podem existir outros membros dentro desta rede. Ela deve ser formada por diferentes grupos sociais, amizades do colégio, clube, locais religiosos etc., para garantir uma maior disponibilidade de pessoas que possam oferecer apoio em diferentes momentos. Além da rede de apoio informal, formada pelos vínculos individuais mais íntimos, como amigas/os/ues, familiares e colegas, a rede de apoio formal inclui serviços de saúde, assistência social, educação, dentre outros espaços comunitários (CANDIDA, 2023).

As redes de apoio são importantes por toda a vida. Na infância, são fundamentais para a formação da autoestima e mecanismos de resiliência (JULIANO; YUNES, 2014) e são essenciais também na vida adulta e na terceira idade. Maiores redes sociais e suporte social entre idosas/os/es LGBTQIAP+ estão associados a uma menor probabilidade de problemas de saúde geral, deficiências e depressão (KIM et al., 2017). Uma boa rede de apoio está relacionada a uma redução na sensação de solidão e a uma melhor qualidade de vida. Estudos recentes mostram que pessoas LGBTQIAP+ idosas que vivem com uma parceira/o/e têm uma melhora na saúde mental e aumento da longevidade (KIM et al., 2017). Resumindo, a rede de apoio é importantíssima para nossas vidas, principalmente para pessoas LGBTQIAPN+. Obrigado à minha rede de apoio. Até mais!

A seguir vai uma síntese do que conversamos (leia para fixar).

Importância da rede de apoio para uma pessoa LGBTQIAPN+:

1. **Aceitação e validação**: oferece um espaço em que a pessoa pode ser autêntica, sem medo de julgamento ou discriminação. Isso é fundamental para a construção de uma autoestima saudável e uma identidade positiva.
2. **Saúde mental**: reduz o risco de problemas de saúde mental, como depressão e ansiedade, que são mais comuns entre pessoas LGBTQIAPN+ devido à discriminação e à estigmatização que podem enfrentar na sociedade.
3. **Segurança**: fornece um sistema de proteção contra situações de violência, discriminação ou rejeição, oferecendo apoio emocional e, em alguns casos, apoio físico ou financeiro.
4. **Informação e recursos**: ajuda na obtenção de informações sobre direitos, serviços de saúde e outros recursos essenciais que podem ser mais difíceis de acessar devido à discriminação estrutural.

5. **Resiliência**: fortalece a capacidade de enfrentar e superar desafios, oferecendo suporte durante momentos difíceis e ajudando a construir uma rede de resiliência.
6. **Integração social**: facilita a conexão com outras pessoas da comunidade LGBTQIAPN+, promovendo um sentimento de pertencimento e comunidade que pode ser essencial para o bem-estar social e emocional.

Para as informações sobre autoria, as referências e o material de apoio deste capítulo, acesse o QR-Code.

CAPÍTULO 38

Orientações a escolas e professoras/es

Bruna Gabrielle Lopes
Psicóloga. Professora. Mestra em Educação. Possui pós-graduação em Psicanálise. Pós-graduanda em Sexualidade Humana e Gênero.

Falar sobre respeito e combate a qualquer tipo de discriminação passa, necessariamente, pela lembrança de dois importantes marcos na história: a Declaração Universal dos Direitos Humanos (ONU, 1948) e a Constituição Federal (BRASIL, 1988).

Os espaços escolares atuam como importantes ferramentas para a inclusão social, que é definida como o processo de integração na sociedade de pessoas e grupos que foram historicamente excluídos na dinâmica de socialização (ONU, 1948; BRASIL, 1988), como os grupos desfavorecidos economicamente, as pessoas com deficiência, a população negra e a comunidade LGBTQIAPN+. A escola atua enquanto um espaço de formação e socialização; deste modo é capaz de reproduzir desigualdades e classificar as pessoas reafirmando a norma social predominante, o que, muitas vezes, compromete o princípio da inclusão social e transforma a escola em mais um espaço de exclusão e marginalização de todas as pessoas que se apresentam fora da cis-heteronormatividade[1] (MÁRCIA FERREIRA; SANTOS, 2014)[2].

1 A *heterocisnormatividade* se refere à junção de heteronormatividade e cisnormatividade, reforçando a ideia de que as normas de gênero e sexualidades instituem como "normais" as práticas heterossexuais e os corpos não trans (BRUNETTO, 2017).

2 Foi optado por grafar o prenome das autoras na primeira menção no texto para dar maior visibilidade às autorias das mulheres, uma vez que estas foram historicamente apagadas das produções de conhecimento.

Isto posto, cabe destacar a mediação de conflitos dentro dos ambientes escolares como de extrema importância para a possibilidade de pensar uma convivência harmoniosa entre todas as pessoas que fazem parte do cotidiano escolar, desde profissionais até estudantes e familiares (Marina DE AQUINO; LANDO, 2023). Pensando nisso, é preciso que aquelas/es que estão nos ambientes educacionais proponham medidas e políticas a fim de garantir uma convivência escolar sem violências, dado o papel primordial das pessoas envolvidas na educação em assegurar o acesso e a permanência de todas/os/es com condições igualitárias de aprendizagem.

Com base no Estatuto da Criança e do Adolescente (ECA) (BRASIL, 1990), é amplamente reconhecido que crianças e adolescentes são sujeitos de direitos. Dito isso, essa população também precisa de escuta para que as decisões nos diferentes espaços sejam tomadas de maneira adequada. Em cada município existe uma rede de proteção à criança e ao adolescente que atua de forma integrada e pode contribuir não apenas com as discussões presentes na escola, mas também com qualquer tipo de violação de direitos identificada para além desse ambiente.

No Brasil, a educação é um direito básico e fundamental garantido pela Constituição (BRASIL, 1988), o que destaca a importância da escola como espaço de combate à discriminação. A presença de pautas como gênero e sexualidades nos ambientes escolares é independente da intenção manifestada, de discursos explícitos ou da existência de disciplinas específicas sobre o tema, uma vez que estes assuntos estão na escola porque fazem parte da realidade das pessoas, não é algo passível de ser desligado ou posto à parte (GUACIRA LOURO, 1997).

Os movimentos de exclusão e LGBTQIAPNfobia são revelados no ambiente escolar quando há movimentação para que não sejam elaboradas discussões sobre práticas pautadas no respeito e na igualdade de direitos de toda a comunidade escolar (Bruna LOPES; MARCIELLY MORESCO, 2022). Essas movimentações podem se apresentar em livros didáticos, nas queixas escolares, nas brincadeiras e piadas, na proibição do uso do banheiro conforme o gênero, e até mesmo nas palavras e desenhos pichados nas paredes e carteiras das escolas (LOURO, 2000). Também é função social da escola trabalhar as questões de gênero e sexualidades, coibindo os processos violentos e produzindo um espaço seguro para todas as pessoas.

Quando um professor ou uma professora se recusa a chamar estudantes travestis ou transexuais pelo nome social, não apenas comete o crime de transfobia, mas também viola um direito fundamental, reproduzindo e ensinando que atitudes de insulto são aceitáveis quando são contra pessoas que não se encaixam na heterocisnorma (LOPES; MORESCO, 2022). Defender a existência e a garantia de direitos para toda a população não faz parte de uma ideologia, mas de questões básicas de direitos humanos.

Apesar de as escolas representarem um dos principais espaços de formação para a cidadania e colaborarem para a socialização das crianças e adolescentes, dificilmente a instituição demonstra capacidade de lidar com a diversidade presente no espaço escolar (DE AQUINO; LANDO, 2023). Por isso, é fundamental que as escolas promovam um ambiente acolhedor e proativo, não apenas reconhecendo a diversidade, mas também estabelecendo políticas para garantir o respeito e a não violência para todas as pessoas que integram o espaço educacional (UNIBANCO, 2016).

A escola deve ser vista como um espaço onde estudantes, professoras/es e demais profissionais da equipe escolar possam levantar questionamentos, trazer pontos para reflexão e para a formulação de novas perguntas na tentativa de aliviar tensões, combater preconceitos e demais questões que interferem no desenvolvimento da aprendizagem e no convívio saudável (LOPES; MORESCO, 2022). O silêncio não faz com que as questões deixem de existir; pelo contrário, reforça a ideia de que não há diversidade de gênero e sexualidades, perpetuando o preconceito e a intolerância em nome de uma "normalidade" dentro das instituições de ensino brasileiras (DE AQUINO; LANDO, 2023).

Possibilidades de ações dentro dos espaços escolares

As possibilidades de ações dentro das escolas são diversas, com um conjunto significativo de materiais[3] disponíveis para o trabalho com cada fai-

3 Disponível em: http://generoeeducacao.org.br.

xa etária e para diferentes usos no ambiente escolar, que podem facilitar nas práticas pedagógicas mais assertivas.

Além dos materiais disponíveis em livros e plataformas digitais, existem legislações[4] vigentes que respaldam o trabalho pedagógico que pode ser realizado, exemplos dessas legislações são as que concernem ao uso do nome social. Tais legislações garantem que as pessoas sejam reconhecidas pelo nome com o qual se identificam, sendo um direito assegurado no âmbito dos órgãos judiciários pela Resolução 270 do Conselho Nacional de Justiça (CNJ) e, de modo mais amplo, na Administração Pública, pelo Decreto nº 8.727/2016. Em relação ao âmbito escolar, na educação básica, tem-se o Parecer CNE/CP nº 14/2017 e a Resolução CNE/CP nº 1/2018, que define o uso do nome social de travestis e transexuais nos registros escolares.

Para além do nome social, é importante sempre prestar atenção ao tratamento verbal, que deve se adequar ao gênero com o qual a pessoa se identifica. Por exemplo, uma mulher trans ou travesti deve ser chamada por artigos e pronomes femininos. A linguagem, muitas vezes, pode excluir mais do que incluir, sendo necessário atentar-se para o que é apropriado a cada pessoa, a fim de que a linguagem não seja mais uma das ferramentas que possibilite e perpetue a violência.

Atitudes e comentários discriminatórios não podem fazer parte do fazer docente. Professoras/es devem trabalhar para garantir o acesso e a permanência de todas as pessoas com respeito e acolhimento. Qualquer prática ou discurso preconceituoso deve ser eliminado da prática nas escolas, independentemente de crenças pessoais, dado que o Estado é laico e as atitudes devem ser embasadas na dignidade da pessoa humana e na prevalência dos direitos humanos, conforme previsto na Constituição Federal (BRASIL, 1988).

Ainda, cabe salientar que levantar debates e convidar a academia[5] e a comunidade para os espaços escolares pode ser uma prática proveitosa para todas as pessoas. Aproveitar o conhecimento produzido é fundamental para

4 Essas legislações estão sugeridas logo abaixo, no material de apoio.

5 Aqui, *academia* refere-se ao espaço e às produções acadêmicas, ou seja, às universidades e pessoas que pesquisam sobre a temática que podem contribuir para o debate nas escolas.

embasamento teórico e prático para as vivências escolares (LOPES; MORESCO, 2022). Utilizar materiais que possibilitem reflexões críticas e diversifiquem os materiais de apoio disponíveis para as escolas também pode colaborar com as práticas livres de violências em relação a gênero e sexualidades. No site *Gênero e Educação*[6] é possível verificar materiais, planos de aula e questões para o debate de acordo com a faixa etária das/dos/des estudantes. Um exemplo desses materiais é o guia "Por Que Discutir Gênero na Escola?"[7], que pode dar pistas, a partir de experiências concretas, sobre a importância do debate e como fazê-lo.

Por fim, cabe destacar que é primordial pensar no currículo escolar como um instrumento que pode ser utilizado tanto para a produção de práticas de liberdade quanto para a implementação de sistemas de opressão, a depender dos caminhos que a instituição escolhe seguir (MORAES, 2017). A educação precisa ser entendida como um importante espaço político que deve levantar questões e reflexões fundamentais sobre a sociedade que se deseja construir e sobre as sujeitas e os sujeitos que se deseja produzir a partir das vivências nas escolas (MORAES, 2017). É crucial que a educação seja compreendida por todas/os/e como um espaço simbólico e institucional que tem um posicionamento marcado pelo combate a qualquer violência presente na instituição (Bruna LOPES, 2023).

Para as informações sobre autoria, as referências e o material de apoio deste capítulo, acesse o QR-Code.

6 Verificar nota de rodapé 3.

7 Disponível em: https://generoeeducacao.org.br/wp-content/uploads/2020/07/2016_PorqueDiscutirGeneronaEscola.pdf

CAPÍTULO 39

Educação sexual: em que consiste? Por que é necessária?

Mary Neide Damico Figueiró
Psicóloga. Professora. Autora. Doutora em Educação e Mestre em Psicologia Escolar.

Falar sobre educação sexual para mães, pais e responsáveis que desejam aprender a lidar, de maneira segura, com filhos e filhas que não se enquadram nos ditames de uma sociedade que prima pela heterossexualidade e que tem dificuldades em lidar com os variados atributos relacionados à diversidade sexual deixou-me feliz por dois motivos. Primeiro, porque sou pesquisadora da educação sexual há mais de 40 anos e autora de livros sobre o tema. É uma grande luta que abraço cotidianamente, com garra e paixão, desde que iniciei minha docência na Universidade Estadual de Londrina (UEL), em 1980. Segundo, porque tenho uma filha homossexual, chamada Beatriz, nascida em 1983, pessoa querida e alegre, que atualmente é designer e profissional bem-sucedida. Ela, assim como toda a minha família, viveu momentos difíceis, do final da década de 1990 até, aproximadamente, os primeiros quatro anos deste século.

Eu tinha conhecimentos suficientes para lidar com a questão. Creio que me sentia segura, porém um tanto temerosa. Mas meu marido, assim como minhas duas outras filhas e meu filho, tinham conhecimento superficial sobre o assunto. O relacionamento não foi abalado porque agi com serenidade e, acima de tudo, com empatia e compreensão para o fato de que meu marido foi criado e, assim como eu, cresceu num tempo em que, além da supremacia da heterossexualidade, o preconceito em relação à homossexualidade era muito forte e influenciava milhões de mentalidades. Refiro-me às décadas de 1960 e 1970. Sempre que possível, comentava sobre esse fato com minha filha Beatriz e lhe pedia paciência e compreensão para com seu pai, o que foi fundamental e deu forças a ela e a ele. O relacionamento entre ambos foi amainado, com o tempo, e o pai passou a aceitar o fato de ela ser homossexual, reconhecendo que sua orientação sexual fazia parte do que ela era como pessoa. Levou uma média de 6 anos para minha família se reequilibrar, mas houve momentos difíceis em que eu me perguntava: "e agora, o que eu faço?".

Quando nos dispomos a pensar em nossa tarefa de pessoas adultas para educar filhos e filhas também do ponto de vista da sexualidade, o primeiro passo é parar para pensar: "Como foi a minha educação sexual?". Falar sobre sexo é comumente difícil. Vale a pena relembrar como foi a nossa educação sexual e, se possível, conversar com outra pessoa ou grupo sobre isso, trocando ideias, vendo pontos semelhantes e outros diversos. Geralmente, a grande maioria das pessoas das décadas passadas, mesmo das décadas recentes, não teve, em casa, educação sexual satisfatória, positiva. É preciso desfazer ranços que carregamos, como, por exemplo, ideias de sexo como coisa feia, vergonhosa, pecaminosa, pornográfica... Embora se viva num tempo em que, aparentemente, a prática do sexo é bastante livre e que tudo parece ser muito liberal, é possível considerar que o silêncio das pessoas adultas em casa e na escola, os tabus, os preconceitos, a vergonha de falar sobre sexo ainda se fazem presentes.

Quem teve um aprendizado humanizado, respeitoso, dentro de sua família e/ou na escola consegue avaliar o quanto foi bom ter tido esse aprendizado. E quem não teve costuma reconhecer a falta que ele lhe fez. É direito de crianças e de adolescentes nutrirem uma boa visão da dimensão da sexualidade como algo importante para a vida, inseparável do existir humano e ligado ao prazer.

Vale saber que o silêncio das pessoas adultas responsáveis pelo cuidado e/ou pela educação da criança também ensina sobre sexualidade. O "não falar sobre" faz com que ela cresça entendendo que sexo é assunto do qual não se fala, é algo feio, vergonhoso... A criança percebe quando as pessoas ao seu redor têm dificuldade em falar sobre. É comum as pessoas afirmarem que "não tiveram educação sexual", pois nada lhes foi falado, de forma educativa, a respeito de sexo. Engano, pois todas as pessoas tiveram e continuam a ter educação sexual (boa ou ruim), mesmo que por meio do silêncio de pessoas jovens, adultas e idosas, das broncas, das risadas irônicas, dos comentários, das piadas, às vezes maldosas... Também têm influência as mensagens presentes na mídia televisiva ou impressa, na internet e nas letras de músicas. Nessas situações são passadas mensagens positivas ou negativas sobre o sexo, o corpo, o relacionamento afetivo e/ou sexual. Da mesma forma acontece na escola. As crianças se educam ou se deseducam nas variadas relações cotidianas. É o que denominamos de educação sexual *informal*. Assim, por exemplo, se um parceiro ou uma parceira trata o outro ou a outra de modo amável, de modo respeitoso, e vice-versa, a criança aprende que a vida a dois é boa e que viver a dois é possível e faz bem. Se um parceiro ou uma parceira ofende ou é frio/a com o/a outro/a, então seguramente mensagens ruins sobre a vida a dois são passadas. E, nesse ínterim, está acontecendo educação sexual *informal* sem que, geralmente, se tenha consciência disso. Também está acontecendo essa Educação quando uma criança vê as pessoas adultas tratarem com respeito e empatia pessoas LGBTQIAPN+.

Assim, lembremo-nos de que o não falar fortalece a "deseducação sexual" e que, se queremos construir um mundo que respeite a diversidade humana, incluindo a diversidade sexual, precisamos abordar direta e claramente os variados assuntos relacionados à sexualidade, na família, na escola e também em algum ambiente com o objetivo de educar, como em igrejas e museus.

O entendimento da educação sexual *informal* fica facilmente alcançado na afirmação destacada por Oliveira (2023): "Não existe a possibilidade de não educar sexualmente, porque educamos com o que fazemos, com o que dizemos e também com o que calamos" (CAHAN et al., 2020, p. 11, apud OLIVEIRA, 2023, p. 41).

O livro *educação sexual no dia a dia* (Figueiró, 2020) é repleto de situações acontecidas em casa e na escola, que ajudam a leitora ou o leitor a compreender a presença e a influência da educação sexual *informal* na vida de crianças, garotas e garotos. Traz orientações didáticas a respeito de como conversar sobre algumas questões com a criança e o/a adolescente e também auxilia o/a leitor/a a repensar várias questões referentes à sexualidade.

A educação sexual **não** pretende influenciar crianças e adolescentes a mudar de sexo ou de gênero ou de orientação sexual e, acima de tudo, **não** pretende incentivar adolescentes a fazer sexo. Pelo contrário, visa ensinar a pensar em todas as questões ligadas à sexualidade, analisar, discutir para amadurecer a opinião de cada adolescente e jovem, ajudando-lhes a ver o assunto com seriedade e responsabilidade e com respeito a si e à parceira/o. Pesquisas mostram que adolescentes, sejam garotos ou garotas, que têm um bom aprendizado sobre sexualidade deixam para iniciar-se sexualmente com um/uma parceiro/a mais tarde do que os que não têm, justamente porque entendem que é preciso responsabilidade e muito preparo para viver o sexo de maneira positiva e saudável.

A educação sexual intencional, por sua vez, refere-se a toda ação de ensino-aprendizagem planejada que oportuniza ao educando e à educanda o aprendizado dos vários conteúdos científicos referentes à sexualidade e lhe ajuda a viver bem a sua sexualidade, com liberdade, responsabilidade e respeito por seu corpo e pelo corpo do seu ou da sua parceira. A educação sexual intencional é um trabalho formativo que se propõe a formar pessoas engajadas socialmente, que saibam identificar onde há injustiça, discriminação de toda ordem, desigualdades, violência, opressão e que sejam capazes de lutar pela transformação social de todas essas questões que afetam a qualidade de vida, que trazem dor e infelicidade. Trata-se de uma perspectiva teórica denominada *emancipatória*. Então, falamos em *educação sexual intencional emancipatória* porque, além dos benefícios pessoais que ela pode trazer ao/à educando/a, favorece o seu engajamento em questões sociais, com mudanças benéficas para todos/as. Alguns profissionais optam por chamar de Educação em Sexualidade, como os demais autoras/es deste livro e a Unesco, por exemplo (FIGUEIRÓ, 2010).

A educação sexual intencional emancipatória também é um meio importante de educar do ponto de vista moral, no sentido de trabalhar os valores, tais como o amor, a justiça, a responsabilidade, a igualdade, a fraternidade, o respeito ao próprio corpo e ao corpo da/o outra/o, o respeito a todo tipo de diversidade, incluindo a diversidade sexual entre outros. Esses são elementos necessários em qualquer trabalho formativo que prepara para a vida, que se preocupa em formar pessoas verdadeiramente humanas. A educação sexual pode, igualmente, trabalhar a afetividade, que tem no amor seu principal substrato. A importância da afetividade pode ser compreendida por meio de seu significado:

> A afetividade diz respeito a um processo de interação com outra pessoa, onde ocorrem trocas positivas, demonstração de bem querer e valorização de si e do outro, de forma incondicional. Trata-se de uma interação mutuamente prazerosa e geradora de bem-estar. Tem como base a comunicação verbal e/ou não verbal e pode envolver uma variedade de manifestações que vão desde simples toques, gestos amáveis e olhares afetuosos, até o contato físico, como abraços, beijos, carinhos, mais, ou menos, íntimos. É um processo que possibilita lidar, saudavelmente, com a expressão das emoções e, ao mesmo tempo, fornece o alicerce para o desenvolvimento da capacidade de amar a si próprio e aos outros. Fornece o alicerce, também, para a alegria de viver (FIGUEIRÓ, 2018a, p. 69-70).

Infelizmente, discursos contra a educação sexual têm acontecido com frequência, desde 2014, aproximadamente, deixando famílias inseguras e temerosas, achando que só em casa é que deve ser ensinado sobre sexualidade e não na escola. É indiscutível a importância da família e do quanto ela pode ensinar de modo intencional. Porém, mesmo que pais, mães e/ou pessoas adultas, responsáveis pelo cuidado e pela educação das crianças, no lar, não ensinem conteúdo específico, não falem sobre sexo, sobre de onde vêm os bebês, por exemplo, por dificuldades ou vergonha ou porque se sentem despreparados, o aprendizado sobre a sexualidade está acontecendo, de maneira *informal*, conforme já esclareci.

Os discursos contra a educação sexual dizem que não é papel da escola, que é apenas função da família. Porém, família e escola, ao unir suas forças, veem seus esforços conduzirem a um resultado melhor e mais efetivo. Além disso, na escola tem algo muito importante e que não tem em casa: trata-se de um grupo de colegas de ambos os gêneros, de idades aproximadas, porque não se faz educação sexual sem debates, sem troca de ideias, sem reflexão. Há a necessidade de repetições dos conteúdos trabalhados, ano a ano, assim como das discussões, dos debates. O tema tem que ser retomado, relembrado; têm que ser dadas várias oportunidades para pensar sobre ele, para debater a respeito. Exatamente como se faz em todas as disciplinas: conteúdos são "relembrados" de uma série para outra. Em Português, Inglês, Matemática, por exemplo, determinados conteúdos precisam ser revistos. E a escola pode ser encarregada de revisões, retomadas de conteúdos relacionados à sexualidade.

Quando nos referimos a professores/as trabalharem o tema da sexualidade, sei que algumas famílias podem ter dificuldades em acatar a ideia, pois normalmente temem que professores/as "passem os seus valores" para os/as alunos/as, isto é, temem que eles/elas façam doutrinação. O propósito está longe disto. Por um lado, um/a professor/a deve trabalhar os conhecimentos científicos de muitos conteúdos, como: métodos contraceptivos, namoro, menstruação, gravidez, parto etc. Isso é falar de assuntos que dizem respeito à vida, ao entendimento científico do corpo, da relação desse corpo com outros. Por sua vez, professores/as não devem ditar regras e normas do que é certo ou errado; o/a aluno/a deverá refletir várias vezes para formar a sua opinião, os seus valores levando em conta também o que lhe é ensinado pela família (FIGUEIRÓ, 2018b).

A educação sexual não é, portanto, um trabalho que pretende ir contra o que as famílias ensinam. Não é uma afronta a elas, que talvez considerem importante que sua filha ou seu filho viva a sexualidade segundo os moldes religiosos tradicionais, por exemplo.

Se na escola se pode ajudar crianças, garotas e garotos a conhecerem sobre rios, montanhas, astros, geografia, história e muitos outros conteúdos, por que não se pode falar do corpo que é um instrumento essencial para se viver e se relacionar com as demais pessoas? Por que não se pode explicar com naturalidade e verdade de onde viemos, como viemos? É em nossa cabeça, de pessoas adultas, que o assunto é feio, é vergonhoso. Somos nós, adultos/as, que complicamos a verdade. Para a criança, é simples e natural. Porém, se a família e a escola não ensinam, cedo ela aprenderá sobre o tema sexo por outros meios, os quais, talvez, muitas vezes vão passar uma imagem excessivamente pornográfica, centrada no egoísmo e na irresponsabilidade.

O conhecimento sobre sexualidade faz parte dos Direitos Sexuais e dos Direitos Reprodutivos que, por sua vez, são reconhecidos como Direitos

Humanos. Entre os Direitos Reprodutivos temos o direito "à informação e aos meios para isso e o direito de atingir o mais alto padrão de saúde sexual e reprodutiva". Dos 16 Direitos Sexuais, destaco: "Direito à educação e o direito à educação sexual esclarecedora" (FIGUEIRÓ, 2023, p.117).

Num texto em que fala em ansiedades sobre o que futuro nos reserva, Schreiner (2024) afirma que há "preocupação generalizada com o futuro da vida no planeta" e que uma das saídas promissoras seria aprimorarmos a humanidade em cada um de nós. Assim diz o autor:

> Desde tempos antigos, nossos ancestrais desenvolveram uma ética de cuidado baseada em valores como atenção, responsabilidade, competência e confiança. Sem isso a humanidade não teria sobrevivido para contar história. Essa base biocultural, embora também tenha aspectos violentos e assustadores, é caracterizada pela amorosidade, generosidade e cuidado parental. Isso que precisa ser cada vez mais nutrido (SCHREINER, 2024, p. 17).

É o que pudemos ver durante a tragédia climática no Rio Grande do Sul, iniciada em abril de 2024, e é este espírito de humanidade que a educação sexual é capaz de desenvolver ao longo da formação de nossas crianças e jovens.

Ainda, para uma compreensão ampla do que seja a educação sexual, é importante considerar outras temáticas necessárias de serem abrangidas. São os trabalhos de prevenção às infecções sexualmente transmissíveis (IST), incluindo HIV/Aids; gravidez na adolescência e toda e qualquer gravidez não planejada; prevenção à violência sexual infantojuvenil; diversidade sexual e a compreensão da realidade de pessoas LGBTQIAPN+. Pode-se incluir também, a partir dos 14 anos, falar da prevenção ao estupro. A seguir, abordarei brevemente alguns desses itens.

A prevenção às infecções sexualmente transmissíveis (IST), incluindo HIV/Aids, é fundamental de ser trabalhada, mas é preciso cuidado para não associar o sexo a IST e drogas. É preciso cuidado para não apavorar. A prevenção à violência sexual infantojuvenil deve ser feita desde que as crianças são pequeninas, ensinando que elas devem proteger seu corpinho, que outra pessoa não pode mexer em suas partes íntimas (pênis, vulva, nádegas, peitinho...), exceto a pessoa que faz sua higiene quando ela é pequeninha, que ela não deve deixar e que, se algo acontecer, ela deve contar para uma pessoa de sua confiança. Precisamos ensinar, desde a mais tenra idade, que violência sexual é crime e deve ser denunciado, para que o/a autor/a seja preso/a e não se corra o risco de que violente outras crianças ou adolescentes.

Quanto à prevenção ao estupro, para estudantes adolescentes, ela é necessária, pois é um fenômeno que vem sendo noticiado cada dia mais. Um entendimento completo do porquê e como essa prevenção pode ser feita pode ser encontrado no livro *Do que estamos falando quando falamos de estupro*, escrito pela indiana Sohaila Abdulali (2019). A autora, que já sofreu um estupro coletivo, defende a discussão deste tema dentro da educação sexual, e considera que é preciso mostrar que um evento adverso e desastroso como esse não pode definir uma vida inteira e que a cura pode ser encontrada. Mostra que se deve educar para o consentimento afirmativo e que o sexo só pode acontecer quando a outra pessoa livremente puder consentir, certificando-se de que os/as parceiros/as estão sintonizados/as.

Ao longo do texto, o/a leitor/a pôde perceber que ora uso o termo sexualidade, ora o termo sexo; portanto, considero necessário conceituá-los. O sexo é entendido como relação sexual entre duas pessoas ou como uma vivência sexual por meio da automasturbação ou masturbação mútua. Ele está contido no conceito de sexualidade, que é mais amplo, o que podemos verificar na seguinte conceituação:

> A sexualidade é elemento integrante de nossa identidade e envolve o amor, o prazer, o toque, o sexo, a afetividade, o carinho, os gestos, a comunicação, as relações de gênero, o respeito, a alegria de viver e o conjunto das normas culturais relacionadas à prática sexual. Sexualidade abarca, ainda, o gênero, a identidade sexual, a orientação sexual e a identidade de gênero (FIGUEIRÓ, 2018a, p. 69).

Para desfazermos mitos, preconceitos e ideias negativas sobre sexo, orientação sexual, identidade de gênero, identidade sexual e outras variantes no campo da sexualidade e da diversidade sexual, são de grande auxílio as leituras e os debates em grupo, o que ajuda a ressignificar nossas percepções e ideias. Também considero útil assistir a bons documentários e/ou filmes, tais como: *Filadélfia* (Filme, 1993, A12); *O Padre* (Filme, 1994, A14); *Billy Elliot* (Filme, 2000, A12); *Do Que é Feita Uma Família* (Filme, 2001, A14); *O Segredo de Brokeback Mountain* (Filme, 2005, A14); *Orações para Bob* (Filme, 2009, A14) e *A Garota Dinamarquesa*[1] (Filme, 2015, A14). Outra grande ajuda são as músicas que tratam do tema, como *De Toda Cor* (2017)[2], que fala sobre o respeito à diversidade; e *Eu Sem Você Não Dá* (2022)[3], que nos leva a pensar em uma boa relação entre duas pessoas que se querem bem, que se amam, independentemente de sexo, gênero, orientação sexual ou identidade sexual, ou seja, se aplica a todo e qualquer casal. Um dos fatores que mais conduz ao preconceito, à dificuldade em conceber com tranquilidade a relação, por exemplo, de um casal homossexual, é o pensar no sexo entre duas pessoas iguais; tudo flui com mais facilidade se se pensa no amor entre duas pessoas que se querem bem.

De maneira resumida, sobre "E agora, o que eu faço?" diante da compreensão sobre *em que consiste a educação sexual e por que ela é necessária e importante*, são estes os elementos apontados:

1. Repensar como foi a nossa educação sexual; reconhecer que talvez possamos ter dificuldades em falar sobre sexo.
2. Reconhecer que todas as pessoas têm direito a informação e conhecimento sobre sexualidade, desde a infância.
3. Procurar ter na escola uma aliada nesse trabalho informativo e formativo.
4. Buscar conhecer e ensinar a criança e/ou o/a adolescente a respeito dos Direitos Sexuais e dos Direitos Reprodutivos.

---

1 Apesar de esse filme retratar a história de uma mulher trans, este é alvo de críticas por fazer transfake, ou seja, um ator cisgênero representa uma mulher transgênera. Entretanto, o filme é sugerido devido à dinâmica familiar e à temática apresentadas [N.O.].

2 Trilha sonora da novela *A Força do Querer*, exibida pela Rede Globo. Sua letra foi baseada no poema "O Inexato", de Elisa Lucinda (disponível em: watch?v=MyCxOF1bWcg).

3 Trilha sonora da novela *Terra e Paixão*, exibida pela Rede Globo. Cantada por César Menotti e Fabiano, com participação de Ana Castela, era tocada quando aparecia o casal de homens/atores que se amavam: Kelvin (Diego Martins) e Ramiro (Amaury Lorenzo).

5. Buscar reeducar-se continuamente do ponto de vista sexual, superando os preconceitos a fim de ter uma visão positiva quanto ao sexo.

Neste ponto, em que abordamos a importância da educação sexual na vida das pessoas, vale a pena recorrermos a um pensamento do Dr. José de Albuquerque, médico, radicado no Rio de Janeiro, que foi pioneiro e muito lutou pela educação sexual e fez riquíssimas publicações sobre o tema na década de 1930 e 1940. Ele que, como muitos/as estudiosos/as, reconheceu que a educação sexual deve estar presente em todas as fases da vida (OLIVEIRA, 2023), afirmou: "Não há educação completa sem educação sexual" (ALBUQUERQUE, 2016, p. 166 apud OLIVEIRA, 2023, p. 197).

Sabedores dessa necessidade e da riqueza desse aprendizado na vida das crianças e jovens, família, professores/as e demais profissionais da educação e da saúde podem ser fortes aliados na luta em prol da educação sexual na família e na escola. O que se espera de toda educação é que ela conduza as pessoas rumo à felicidade.

Para as informações sobre autoria, as referências e o material de apoio deste capítulo, acesse o QR-Code.

CAPÍTULO 40

Desenvolvendo a habilidade de conversar sobre sexualidade

Lena Vilela
Enfermeira. Educadora em sexualidade. Autora. Cofundadora do Instituto Kaplan.

Educação em sexualidade

A educação sexual, ou educação em sexualidade, como foi definida pela UNESCO no seu Guia de Orientações Técnicas de Educação em Sexualidade para o Cenário Brasileiro, pode ser entendida como toda e qualquer experiência de socialização vivenciada ao longo da vida de uma pessoa que lhe permita posicionar-se na esfera social da sexualidade.

Esse processo educativo pode ocorrer de um jeito informal, quando mães e pais ou outras pessoas significativas para a criança e adolescente falam o que são coisas de menino ou menina, emitem opiniões sobre o piercing da/o/e jovem, valorizam uma atitude amorosa entre um casal, alertam para alguma situação sexual específica, como também no jeito como cada um se comporta num relacionamento ou se sente bem numa vestimenta. No dia a dia, através dessas atitudes, transmitimos conteúdos, que aos poucos são aprendidos pelas filhas/os/es, ao mesmo tempo que nossos valores e expectativas em relação à sexualidade delas/es/us vão sendo incorporados por elas/es/us.

No entanto, a educação em sexualidade também pode ser uma intervenção na educação sexual das pessoas. Isso ocorre quando procuramos transformar a situação problema da sexualidade em aprendizagem. Para isso, mães/pais/responsáveis precisam ter conhecimento sobre sexualidade na infância e adolescência, e utilizar recursos materiais, educativos e pessoais que contribuam efetivamente para atender às necessidades da educação de suas filhas/os/es.

Investir numa educação consciente capaz de criar condições de uma pessoa, seja ela criança, adolescente ou adulta, lidar com a sua vida sexual de modo saudável e responsável se tornou o meu desafio e a minha paixão ao longo da minha carreira profissional, durante os mais de 25 anos de trabalho no Instituto Kaplan, em São Paulo.

Meu ciclo no Instituto Kaplan terminou, e decidi retornar para minha amada terra, Maceió. Foi nesse momento que resolvi mergulhar no mundo digital. Entrei nas redes sociais e descobri que muitas mães e pais estavam enfrentando dificuldades em conversar sobre sexualidade com suas filhas/os/es que estão entrando na puberdade, especialmente quando o tema é diversidade sexual.

Cada vez mais, o tema da diversidade sexual está sendo discutido entre crianças e adolescentes que estão trazendo essa questão para as conversas com suas mães e pais, mencionando que se sentem bissexuais ou que ouviram falar sobre o assunto com amigas/os/ues ou na internet. Além disso, conhecem outras crianças ou adolescentes com mães ou pais do mesmo sexo. Essa maior exposição e compreensão da diversidade sexual tem levado adolescentes a construírem uma visão sobre sexualidade muito diferente daquela de suas mães e seus pais.

Para surpresa delas e deles, suas filhas/os/es falam sobre termos sexuais que nunca imaginaram, ou não têm a menor ideia do que significam: pansexual, sapiossexual, cis-hétero, gênero fluido, demigênero, não binário, andrógeno, transexual, bissexual... até mesmo assexual. Quanto mais entender que sua menina se sente bissexual, ou que seu garoto é pansexual! As pessoas ainda não foram preparadas para serem mães e pais de gays, lésbicas ou outro jeito sexual que foge ao cis-hétero. Daí a importância deste livro, e de mães, pais e responsáveis desenvolverem essa habilidade para estar cada vez mais perto de suas filhas/os/es.

Recursos pessoais e materiais

A educação engloba diversos recursos que auxiliam no aprendizado e na compreensão da sexualidade. Além dos materiais didáticos, como livros, vídeos informativos, filmes e jogos, os recursos materiais incluem também objetos e equipamentos específicos, como modelos anatômicos e preservativos.

No entanto, o recurso material por si só não supre a necessidade da educação em sexualidade, de proporcionar informações confiáveis, fomentando o respeito e a compreensão das diferenças, e contribuindo para uma vivência saudável e consciente da sexualidade. É necessário levar em consideração os recursos pessoais e cognitivos de educadoras/es e educandas/os/es para que esses objetivos sejam atendidos.

Recursos para o diálogo

Jovens se permitem questionar e explorar sua própria identidade sexual, não apenas se encaixando em padrões pré-estabelecidos, mas também se permitindo experimentar e entender a diversidade que existe na sexualidade humana. No entanto, é compreensível que, em um mundo cada vez mais conectado e com acesso a uma variedade de informações, as/os/es jovens possam se confundir ou sentir dificuldade em entender os próprios sentimentos, principalmente.

É importante que mães, pais e responsáveis acompanhem essas percepções e estejam disponíveis para conversar com adolescentes sobre esses assuntos. Ao invés de rejeitar ou negar as experiências e sentimentos que estão vivenciando, é preciso respeitar a diversidade sexual e proporcionar um ambiente seguro para discussões abertas e esclarecimentos para o desenvolvimento saudável de adolescentes nessa área da vida.

Assim, nasceu o PAPO FIRME – um método de diálogo que criei para auxiliar mães, pais e responsáveis a abordarem o tema da sexualidade de forma leve e descontraída no dia a dia com suas filhas/os/es. Nessa proposta eu utilizo recursos voltados para uma abordagem que gere confiança, provoque uma interação e promova a tomada de consciência da/o/e adolescente.

1. Crie um clima de confiança

Tudo começa pela forma como você fala e pensa sobre o assunto que deseja abordar. Segundo o jornalista científico Daniel Goleman (1995), autor do livro *Inteligência Emocional*, em questão de milésimos de segundos, decidimos inconscientemente se gostamos ou não de uma determinada situação, ideia ou maneira de ser. Esse julgamento é diretamente influenciado por nosso conhecimento e experiência passada em relação a esse fato.

Portanto, para criar um clima de confiança, é imprescindível que haja um dos mais importantes recursos pessoais – a **empatia**!

- **Empatia**

Empatia é a capacidade de compreender e respeitar os sentimentos e experiências das outras pessoas. Essa definição é adotada pelo psicólogo estadunidense Marshall Rosenberg, criador da comunicação não violenta. De acordo com ele, *empatia* significa ter uma compreensão respeitosa do que os outros estão passando. Seu livro, *Comunicação Não Violenta: Técnicas para melhorar relacionamentos pessoais e profissionais*, é uma valiosa ferramenta para uma comunicação harmoniosa, sobretudo em situações controversas.

Para desenvolver a empatia, é crucial estar ciente de que julgamos constantemente os outros, baseados em nossas próprias ideias e crenças, que podem ser formadas por mitos e tabus. Um exemplo disso é quando fazemos comentários negativos sobre o jeito de ser de alguém que é diferente do nosso. Quando você faz isso, transmite valores que podem fazer com que as filhas/os/es sintam medo de sofrer rejeição por mães/pais/responsáveis caso pensem de modo diferente.

É fundamental buscar **conhecimento** e ser capaz de respeitar e validar as experiências e os sentimentos de cada pessoa, valorizando sua individualidade e autonomia na definição de sua identidade sexual.

- **Conhecimento**

É preciso fazer as pazes com a sexualidade! O clima de confiança só vai ocorrer quando a gente se livrar de ideias preconcebidas a respeito das pessoas e de suas circunstâncias, e tivermos clareza sobre o que se quer discutir.

Para isso, é importante que mães, pais e responsáveis questionem o quanto compreendem sobre diversidade sexual. Caso haja algum desconforto, é necessário identificar o que exatamente causa esse desconforto. Procurem informações confiáveis e busquem entender a diversidade sexual de maneira mais abrangente, por meio de **livros, sites especializados e redes sociais, podcasts, além de cursos on-line**, conforme sugerido no material complementar disponível no Qr Code no final do capítulo.

Sua criança ou adolescente só vai querer conversar sobre sexualidade se encontrar na mãe/pai/responsável essa postura acolhedora e uma compreensão sobre a sexualidade que transmita a eles a segurança de que você será capaz de ter essa conversa, sem que haja o risco de perder o seu amor.

2. Desperte o interesse de filhas/filhos/filhes

Uma das situações mais difíceis enfrentadas por mães, pais e responsáveis é lidar com a recusa ou o desinteresse de filhas/filhos/filhes em conversar sobre sexualidade com elas/es/us. Contudo, isso pode ser revertido, através de recursos que despertem o interesse na/no/ne adolescente.

- **Contar histórias**

O adulto precisa surpreender a/o/e adolescente, gerar curiosidades e impactar suas emoções! E para isso, nada melhor do que **contar histórias, principalmente suas próprias histórias.** Falar sobre você na idade das filhas/os/es é um poderoso recurso para atrair a atenção de adolescentes, pois as histórias oferecem identificação, suspense, exploração de temas relevantes, engajamento e aprendizado indireto. Quando mães, pais e responsáveis contam histórias pessoais, mostram-se para adolescentes como seres humanos que também enfrentaram uma trajetória de vida cheia de altos e baixos, com acertos, mas também muitas dúvidas e até erros; isso permite que jovens vejam mães, pais e responsáveis como pessoas reais. Essa percepção gera uma conexão e envolvimento com o que está sendo falado.

Além da história pessoal, você pode utilizar a história de alguma outra pessoa ou personagem, como também dar uma notícia sobre o assunto ou fazer um comentário sobre um filme ou série que aborda a questão que você quer falar. Por exemplo: você quer falar sobre masculinidade, o filme "Close" (2022) é uma boa sugestão. Você pode fazer um convite atrativo para assistir a um filme que fala sobre a amizade de dois garotos.

Durante o filme, faça comentários curtos sobre seus sentimentos, o que gostaria que acontecesse, suas dúvidas ou alguma informação que se um daqueles garotos soubessem, o desfecho poderia ser outro, como: *Os meninos podem se gostar e serem carinhosos entre eles. Se fossem duas meninas, será que os colegas iriam estranhar essa amizade?* Mas não se estenda. Afinal, vocês estão assistindo a um filme, e isso já pode ser o suficiente para sua filha/filho/filhe ter interesse em querer falar sobre esse tema com você.

3. Faça boas perguntas!

Para tornar uma conversa interessante, é necessário promover a aprendizagem. Nesse sentido, nada melhor do que usar o recurso da **abordagem indagativa** e conhecer o que sua filha/o/e já sabe sobre o assunto. Para isso, faça boas perguntas, utilizando as seguintes expressões: POR QUÊ? COMO? O QUÊ? DESCREVA? EXPLIQUE? CONTE-ME? O QUE VOCÊ ACHA? E procure descobrir os pensamentos, sentimentos, ideias, convicções e interesses que a criança ou adolescente tem a respeito daquela situação ou assunto. Perguntas abertas provocam uma reflexão, que resultam em respostas mais elaboradas que apenas sim ou não.

Quando você encoraja sua filha/o/e a expressar sua opinião sobre um assunto que está trazendo, você está ajudando a desenvolver sua autonomia e senso crítico, ao mesmo tempo que obtém informações para auxiliar-lhe nessa jornada. Por exemplo, após assistir ao filme "Close", se na etapa anterior usou um comentário para chamar a atenção de sua filha/o/e, para dar continuidade à conversa você pode fazer perguntas como: *Quais cenas sobre a amizade de Léo e Remí você achou mais interessantes? Na sua escola já aconteceu alguma situação semelhante? Como você acredita que suas/seus colegas entenderiam a amizade de Léo e Remí? Na sua opinião, quais oportunidades esses meninos precisavam ter para que o filme tivesse um final diferente?*

É preciso ter o cuidado de fazer perguntas envolvendo terceiros, como amigas/os/ues ou personagens, a menos que vocês já tenham construído confiança mútua e tenham costume de conversar sobre sexualidade. Caso contrário, direcionar a pergunta diretamente pode fazer com que a/o/e adolescente tema sua reação e não sinta segurança para se expressar.

Quando sua filha/o/e fala em nome de amigas/os/ues, na verdade, está expressando suas próprias opiniões. Ela/e/u pode até falar em nome de alguém, mas está compartilhando o que sente, o que percebe. É essencial **ouvir-lhe**, pois essa é a parte mais importante!

4. Ouça filhas/filho/filhes

Vamos ouvir, ouvir mesmo, sem interromper. Eu sei que isso não é fácil, pois não nos ensinaram a ouvir os outros, muito menos as nossas filhas/os/es. Nas filhas/filhos/filhes aprendemos a mandar, acreditar que basta ser pai ou mãe para saber o que é certo para elas/eles/elus. Quando exprimem algo com o qual não concordamos, nossa tendência é contestar imediatamente. No entanto, precisamos aprender a ouvir mesmo nessas situações controversas. Ouvir é o próximo recurso a ser utilizado em uma conversa.

Ouvir o que nossas filhas/os/es têm a dizer, o que estão expressando, é a riqueza que guiará o conteúdo da conversa que precisamos ter com elas/es/us. Não sou eu, nem qualquer livro, que poderá dizer o que você deve conversar, por exemplo, sobre masculinidades. Quem vai dizer o que vocês têm que falar são elas/es/us mesmas/os/es.

Portanto, sugiro que você pratique a arte de ouvir sua filha/filho/filhe. Experimente fazer uma pergunta e esperar até que ela/e/u dê sua resposta. Não precisa ser sobre sexualidade, comece com assuntos mais simples. O importante é treinar a habilidade de ouvir-lhe sem interromper. Você perceberá que, ao se expressar com base no que ouviu delas/es/us, será mais fácil atender às suas necessidades. Isso muda a conexão entre vocês. Ouvir nossas filhas/os/es é um momento mágico!

5. Seja complementar

Durante a minha pós-graduação na Faculdade de Saúde Pública da Universidade de São Paulo, aprendi com o professor Cornelio Rosenburg que para ser ouvido por um/a/e adolescente, é preciso fazer-lhe perceber o valor na conversa, aprender algo útil. Foi ele quem me inspirou a cultivar o recurso da complementaridade: mães/pais/responsáveis devem primeiro ouvir, identificar as necessidades e então utilizar seu conhecimento para complementar o que suas filhas/os/es ainda não sabem ou precisam aprender. É isso que **promove um diálogo que agrega valor e motiva a/o/e adolescente a ouvir mães e pais.**

Para o meu professor, devido à falta de experiência e conhecimento, as/os/es adolescentes podem expressar ideias baseadas em informações superficiais ou até mesmo desconhecimento sobre determinados assuntos. Ele chamou isso de lacunas. Por exemplo: ao perguntar *ao* seu filho: *Como você acredita que seus colegas entenderiam a amizade de Léo e Remí?* E ele lhe respondesse: *Acho que do mesmo jeito que os alunos dessa escola. Uma amizade assim, que parece que só há graça na vida se o outro estiver junto, é coisa de namorado, coisa de gay!*

É aí que entramos para fornecer informações complementares. Nem sempre aquilo que parece é. O fato de se sentirem assim não necessariamente significa que estão em um relacionamento amoroso e com interesses sexuais, também podem ser só amigos. Meninas também costumam se expressar dessa forma sem que sejam chamadas de lésbicas! Além disso, nessa fase da vida, a amizade é muito importante para aprender sobre sua própria identidade. É comum acontecer uma admiração mútua e uma conexão psíquica muito forte, em que um olhar basta para saber como o outro se sente. No entanto, estão apenas aprendendo a lidar com sua própria identidade sexual, em que o interesse está em si mesmos, não no outro. Portanto, isso não define a orientação sexual.

Vamos utilizar essa complementaridade, na conversa com filhas/filhos/filhes? Desviando o foco do problema e promovendo aprendizado, geramos valor e fornecemos a educação necessária para que a/o/e adolescente desenvolva senso crítico e veja a situação por outra ótica. Por isso, é importante ter atenção a essas lacunas e ser complementar ao preenchê-las com valores, informações, amor e outros sentimentos positivos que temos a oferecer a nossas filhas/filhos/filhes.

Para as informações sobre autoria, as referências e o material de apoio deste capítulo, acesse o QR-Code.

CAPÍTULO 41

Tabus nos processos de educação em sexualidade

Eliane Rose Maio

Psicóloga. Professora e pesquisadora em gênero/sexualidade. Doutora com pós-doutorado em Educação Escolar. Mestre em Psicologia.

Começo este capítulo instigando você, leitor/a/e, a pensar em como foi a sua educação em sexualidade. Foi feita pela família? E nas escolas, como foi? E em outros espaços em que você conviveu, tais como: igrejas, projetos educativos, aulas esportivas etc.?

Penso que a maioria aqui refletiu que pouco ou quase nada teve de educação em sexualidade, principalmente a familiar e a escolar, as duas instituições que todas as crianças deveriam frequentar, é delas que deveriam sair as informações, pois seriam confiáveis.

Sobre isto, Eliane Maio, Márcio de Oliveira e Reginaldo Peixoto (2018, p. 61) apresentam que:

> (...) a família, a igreja e a escola ocupam na vida das crianças, principalmente, percebemos que a família é a primeira instância de formação humana. Geralmente é na família que aprendemos as primeiras regras de convivência social, os valores e as práticas que tradicionalmente a ela estão conferidas. Ainda que muitas vezes eduque de forma errônea (com preconceitos, discriminações, violências), a família é uma instituição importante que de certa forma contribui posteriormente para a educação formal.

Estamos no século XXI, já se passaram 24 anos dele e ainda verificamos que não encontramos estes diálogos para as crianças, e deveriam existir, na medida em que uma educação em sexualidade respeitosa, afetiva e científica vem a provocar nelas entendimentos, compreensão sobre a vida, bem como a protegerem-se, evitando violências sexuais. Criança bem informada sexualmente saberá se defender de um abuso, como também pode não se tornar uma pessoa abusadora.

Contudo, o que vem a ser educação em sexualidade? São muitas respostas para esta questão, porém a simplificamos por aqui, pois será o norteador deste texto. Educar em sexualidade é proporcionar condições para que as pessoas, principalmente as crianças – pois é nesta faixa etária que se devem começar os ensinamentos – possam conhecer seu corpo, aprendendo quais são suas partes, o que lhes dá prazer, conforto, e com atitudes positivas, sem vergonhas, livres de medo, preconceitos, culpas, bloqueios ou tabus.

Esta modalidade deveria ser vista como um direito que todo ser humano tem, pois não nascemos sabendo sobre aspectos da vida; vamos aprendendo de tudo um pouco, e a sexualidade deveria/deve fazer parte deste aprendizado. Novamente, criança bem educada sexualmente, sobretudo pelas pessoas com quem ela convive, de perto, aprende com "olhos de sabedoria", evitando problemas futuros, tais como: gravidez indesejada, infecções sexualmente transmissíveis (IST) e traumas sexuais que podem vir a ter.

Infelizmente ainda persistem muitos tabus, interditos e preconceitos sobre educação em sexualidade, tais como: visão totalmente moralista sobre atitudes sexuais, que envolvem discursos religiosos, tais como pecado-santidade, perversão-santidade, destacando que a sexualidade é somente a reprodução da espécie humana.

> Como uma proposta educativa, essa abordagem enfatiza a formação de valores, como **a valorização da união do casal heterossexual,** a importância da família e da religiosidade, e a defesa dos direitos familiares e da liberdade de educação. Todavia, os discursos moralistas frequentemente repetem os princípios fundamentais da educação sexual. Como resultado, as escolas frequentemente solicitam permissão dos pais para ensinar sobre temas de

> sexualidade humana ou **para determinar o conteúdo a ser abordado** (SAMMARCO, s/d, s/p).

Outros tabus se referem a achar que falar sobre sexualidade com as crianças serviria para estimulá-las a iniciar a vida sexual precocemente, como também para "mudarem" a sua orientação sexual ou a identidade de gênero[1]. A saber, orientação sexual é o que uma pessoa busca em relacionamentos afetivos e sexuais, e são várias, tais como:

> Heterossexuais se atraem por pessoas do gênero oposto, homossexuais se atraem por pessoas do mesmo gênero, já aquelas pessoas que se interessam por indivíduos do mesmo ou de qualquer outro gênero são consideradas bissexuais. A assexualidade pode ser definida como a ausência de desejo sexual por qualquer gênero. No entanto, pode acontecer de as pessoas assexuais sentirem atração por um dos gêneros (ou ambos) só em situações específicas (SÃO PAULO, 2022, s/p).

Já a identidade de gênero se refere a como a pessoa se identifica, sendo mulher ou homem.

> O cisgênero é quem se identifica com o gênero que lhe foi atribuído ao nascimento. Quem não se identifica nem como homem nem como mulher é chamado de não binário. O transgênero é o oposto do cis, aquele que se identifica com um gênero diferente do que lhe foi dado ao nascimento (SÃO PAULO, 2022, s/p).

A partir de um adequado diálogo, afetivo e explicativo, a criança, além de entender questões sobre sexualidade, compreende as diversas formas de uma pessoa se expressar sexualmente, não entendendo como atitudes erradas ou que devam ser mudadas (MAIO, 2010).

---

1 Sugerimos a leitura dos capítulos "Quando falamos em orientação sexual, do que estamos falando?" e "Gêneros: mas o que é isso?". [N.O]

Os tabus acerca da educação em sexualidade podem levar as crianças a não compreenderem que a vida deve ser feita para se viver livremente, sem amarras e, consequentemente, todas as formas de opressão que podem ter, em torno da expressão da sexualidade. Infelizmente, ainda presenciamos e constatamos a falta de diálogo sobre este tema, proporcionando que as crianças, ainda mais aquelas que têm a oportunidade das mídias digitais, acabem buscando respostas para aquilo que não receberam/recebem nos lugares mais apropriados e seguros, que são a sua casa e a escola, e assim incorporando informações não adequadas à sua faixa etária.

Educar uma criança, com seriedade, afeto e diálogo, sobre quaisquer temas, proporciona compreensão, discernimento, futuras escolhas, cuidados... Assim deve ser a educação em sexualidade, que vai além de simplesmente transmitir informações sobre IST, anatomia e reprodução, fatos estes que ocorrem (e quando ocorrem) são somente nas aulas de Ciências e Biologia, a partir do 5º do Ensino Fundamental I e depois, no 8º e 9º anos do Ensino Fundamental II, sobre as temáticas elencadas (MAIO, 2010). Nestes anos, a/o/e aluna/o/e já está com mais de 10/11 anos, idade em que já deveria ter obtido informações anteriores, para que ao chegar neste período pudesse dialogar com o que lhe é apresentado cientificamente.

Temos verificado que de uns 10 anos para cá houve um retrocesso sobre o ensino destes temas nas escolas e várias organizações começaram a apregoar que seria a propagação da "ideologia de gênero". Porém, o que vem a ser este termo? Júlia Garraio e Teresa Toldy (2020, p. 131), no artigo: *"Ideologia de gênero": origem e disseminação de um discurso antifeminista,* apresentam que,

> enquanto termo que aponta para a dimensão socialmente construída dos papéis de gênero, o conceito ideologia de gênero foi acolhido e celebrado em meios feministas e sob a sua influência. O termo apenas se tornou um conceito controverso quando certos atores políticos e religiosos começaram a usá-lo pejorativamente em meados dos anos 90 para definir o que esses atores acusavam de ser um movimento social permissivo pró-aborto e pró-LGBT que deveria ser combatido em nome da defesa da família e do bem-estar das crianças (2020, p. 131).

Essa tônica *Deus, Pátria e Família* veio contaminando diversos espaços, e a escola é um deles. Atuar com os temas sobre gênero e sexualidade acabou sendo atacado e muitas/os/es profissionais de educação temem tocar nestes assuntos, por medo de represálias.

> A educação, nomeadamente os programas escolares, têm sido uma das áreas mais visadas pelos detratores da "ideologia de gênero" nos vários contextos geográficos. Este foco nas jovens gerações revela as ambições dos ideólogos "antiideologia de gênero" como movimento empenhado numa transformação global dos comportamentos e das mentalidades, que apresenta traços de uma contrarrevolução empenhada em revogar mudanças e tendências sociais resultantes do ativismo feminista, do empoderamento das mulheres e das pessoas LGBTQ nas últimas décadas (GARRAIO; TOLDY, 2020, p. 133).

Ao não ser mais dialogado em casa, nem nas escolas, por conta da onda de conservadorismo, propagado pelo tal combate à "ideologia de gênero", as crianças ficam à mercê de informações inadequadas sobre sexualidade, e assim podem construir muitos mitos e tabus sobre este tema, de modo a não conseguirem construir uma vida sexual saudável, privando-se de informações adequadas quanto a IST, gravidez precoce e, principalmente, podendo ser vítimas de violência sexual. Afirmamos que uma criança bem educada sexualmente saberá se defender de abusos, bem como o/a provável abusador/a tem medo de se aproximar dela, pois sabe que não é um ser "inocente", conforme afirma Isabela Daiane Pironi (2022), em sua dissertação de mestrado, intitulada: *Prevenção sobre violência sexual infantojuvenil no ambiente escolar e a formação inicial em um curso de Pedagogia.*

Evitar que mitos e tabus, que também geram muitos preconceitos, estejam presentes na educação de uma criança produz somente benefícios a elas, pois podem conhecer seu próprio corpo, havendo a construção da sua identidade pessoal/sexual.

> Além disso, a educação sexual visa sistematizar saberes e práticas que contribuam para o cuidado da saúde pessoal e coletiva, incluindo a saúde sexual e reprodutiva, numa perspectiva integral. [...] Entretanto, uma estra-

> tégia eficaz de educação sexual é a implementação de programas de prevenção que capacitam os jovens a intervirem diante de situações de agressão sexual que presenciam (SAMMARCO, s/d, s/p, grifos da autora).

E agora, retornando à nossa pergunta inicial: onde e como vocês, que estão lendo este capítulo, foram ensinadas/os/es sobre sexualidade? Em casa, na escola? Caso não tenha acontecido isto, que tal se preparar para que aconteça com quem está próxima/o/e a você, quer seja sua filha/o/e, parente, aluna/o/e? Ao educar sexualmente uma criança, proporcionará que ela saiba ouvir, discernir, aprender, usufruir, bem como desconstruir qualquer preconceito, quebrando tabus e fazendo com que ela possa falar sobre este aprendizado.

Aprender faz muito bem!! Dialogar sobre educação em sexualidade liberta, aconchega e agrega!

Finalizando, indico algumas leituras, de fácil acesso, tanto para familiares quanto para as escolas, informações sobre autoria e as referências deste capítulo no QR-Code a seguir.

CAPÍTULO 42

IST, HIV e Aids: realidades atuais e orientações para uma vida sexual saudável

Bruna Gazoni de Souza
Médica infectologista. Atua com foco em infectologia clínica e educação em saúde.
Hilton Luis Alves Filho
Médico infectologista. Mestrando. Possui pós-graduação em sexologia.

Importância de discutir IST, HIV e Aids

O diálogo aberto sobre sexualidade e prevenção entre mães, pais e responsáveis com as crianças e adolescentes é primordial para normalizar esse assunto ainda tão cercado de preconceitos e estigmas. Abordar o tema de IST (infecções sexualmente transmissíveis), HIV (vírus da imunodeficiência humana) e Aids (síndrome da imunodeficiência humana adquirida) com sua filha/o/e filha/o/e pode ser desafiador, mas é uma conversa essencial para garantir a saúde e o bem-estar dela/e/u. Neste capítulo vamos te passar algumas informações para que você possa melhorar sua compreensão sobre o tema e tente abrir esse diálogo, bem como saber onde procurar ajuda caso precise, para si ou para outra pessoa, inclusive para sua criança ou adolescente.

Em um mundo em que o arco-íris da diversidade deveria ser celebrado, ainda há sombras que se estendem sobre diálogos essenciais. Discutir abertamente sobre IST, HIV e Aids é mais do que necessário; é um ato de amor, compreensão e resistência.

IST, HIV e Aids no contexto LGBTQIAPN+

Desde os primórdios, a sociedade construiu muros altos, aparentemente intransponíveis, em torno do sexo e da sexualidade, sobretudo quando não se alinham a cisgeneridade e heterossexualidade normativas. Esses muros não apenas obscurecem a visão, mas também ecoam vozes opressivas que reprimem a expressão autêntica do ser.

A chegada da pandemia de Aids, nos anos de 1980, foi um terremoto que abalou as fundações de como vivenciamos o sexo e a sexualidade. De repente, o mundo se viu diante de uma realidade em que a intimidade poderia trazer consequências mortais, forçando uma reavaliação global de práticas, que aflorou preconceitos e discriminações contra grupos já historicamente marginalizados. Nesse cenário, surgiram e se aprofundaram estigmas cruéis, pintando certos corpos como "em risco" ou "perigosos", subalternizando-os em uma narrativa de medo e exclusão. A sociedade, em vez de estender a mão, muitas vezes apontou o dedo, marginalizando aquelas pessoas que mais precisavam de apoio.

Para a comunidade LGBTQIAPN+, o impacto é como uma tempestade que nunca passou. Homens cis gays e bissexuais, pessoas transvestigêneres[1] e todos os outros membros desse espectro vibrante enfrentaram – e ainda enfrentam – desafios desproporcionais. A sexualidade, parte intrínseca de nossas identidades, foi marcada por uma cicatriz profunda, uma lembrança constante da luta pela cidadania e pelo direito de existir plenamente.

Por isso, é vital que todas as famílias, especialmente pertencentes à comunidade LGBTQIAPN+, se unam em diálogo e luta. Conversar abertamente sobre sexualidade e IST é construir pontes sobre os abismos do medo e da ignorância. É reconhecer que, embora a sociedade possa ser lenta em mudar e abandonar preconceitos, o amor, o respeito e a compreensão dentro de casa, nas escolas e cenários de convivência cotidianos podem e devem

1 *Transvestigênere* é um termo guarda-chuva criado por Indianarae Siqueira – ativista da causa trans e idealizadore da CasaNem – e difundido pelo Brasil por Erika Hilton, deputada Federal pelo PSOL. A palavra vem da junção de travesti e transgênere, ela surgiu com o objetivo de fugir do binarismo e dos termos colonizadores, engloba as mulheres e os homens trans, as travestis, es não bináries e as pessoas intersexo.

tornar esses locais realmente seguros e acolhedores para a diversidade humana, em que estigmas e preconceitos são desfeitos e a saúde e a vida são priorizadas. Almejamos que cada família seja um farol de esperanças, guiando os seus através das águas turbulentas da desinformação. Reforçamos que cada conversa seja um passo em direção a um presente e futuro cujo amor não conhece barreiras; e a saúde, um direito humano inalienável, ratifique como amamos, nos relacionamos, quem somos e nos tornamos.

Susan Sontag (2007), em seu livro *Doença como metáfora – Aids e suas metáforas*, desafia as metáforas apocalípticas e a névoa de irracionalismo que obscurecem a compreensão do câncer e da aids. Segundo ela, os estigmas e metáforas sobre HIV e Aids transformaram um vírus e uma doença em marcadores de identidade, o que contribuiu para uma visão irracional das doenças, principalmente a aids, que por sua vez afeta negativamente o acesso à prevenção e ao tratamento. Ao invés de ver a doença como uma identidade ou uma falha moral, devemos reconhecê-la como uma condição humana de saúde que requer compreensão, compaixão e cuidados adequados. Inspirados por sua visão, podemos ressignificar o estigma sobre HIV e Aids de uma maneira que promova a dignidade humana, a cidadania e o acesso à saúde.

Para superar tais estigmas, devemos adotar uma linguagem inclusiva e atualizada, que respeite a individualidade sem atribuir culpa. As práticas pedagógicas devem ser socialmente referenciadas, com agendas locais de emancipação, reconhecendo que o medo não é um meio eficaz de prevenção. Em vez disso, devemos defender a prevenção combinada[2], que não moraliza corpos e condutas, mas oferece uma abordagem integral e integrada à saúde. Ao agir coletivamente, podemos construir uma sociedade mais justa e saudável, em que o HIV, a Aids e as demais IST serão entendidas não como estigmas, mas como desafios de saúde que enfrentamos em conjunto.

---

2 A prevenção combinada do HIV e de outras IST refere-se a uma abordagem integrada que utiliza múltiplas estratégias para reduzir a transmissão dessas infecções. Esta abordagem é baseada em intervenções comportamentais, biomédicas e estruturais, adaptadas ao contexto específico de cada população ou região.

Compreendendo as IST

As infecções sexualmente transmissíveis (IST) são causadas por vírus, bactérias ou outros microrganismos e são transmitidas principalmente por contato sexual sem proteção, podendo também ocorrer transmissão de pessoa gestante para filha/o/e durante a gestação, parto ou amamentação. Menos comumente, as IST podem ser transmitidas por contato não sexual com secreções corporais como sangue, sêmen, liquor[3], secreção vaginal e retal entre outras pessoas contaminadas. Fezes, urina e saliva não transmitem o HIV. As IST podem ter complicações graves se não forem tratadas adequadamente, levando inclusive à morte; por isso o tratamento é essencial, pois interrompe a transmissão e melhora a qualidade de vida. A terminologia IST é preferida em relação a DST (doença sexualmente transmissível), pois destaca a possibilidade de se ter uma infecção sem sintomas aparentes (assintomática).

Existem diversas IST, as mais conhecidas são: HIV, sífilis, HPV, hepatites (A, B, C e D), herpes genital, cancro mole (cancroide), gonorreia, tracoma e outras infecção por *Chlamydia trachomatis*, HTLV 1 e 2, doença inflamatória pélvica, donovanose e linfogranuloma venéreo (LGV). Mas não se preocupe, você não precisa conhecer a fundo cada uma delas, apenas saber alguns sintomas que indicam a necessidade de procurar ajuda de um profissional de saúde.

HIV e Aids

HIV e Aids são questões de saúde diferentes. HIV é o vírus da imunodeficiência humana e a Aids é a doença que pode ser causada pelo HIV. A Aids é um estágio avançado da infecção do HIV sem o diagnóstico e tratamento adequados. Viver com HIV não caracteriza uma doença, mas sim

3 O líquido cefalorraquidiano (LCR) é um fluido claro e aquoso que preenche os ventrículos cerebrais e o espaço subaracnóideo ao redor do cérebro e da medula espinhal. Ele desempenha várias funções críticas no sistema nervoso central (SNC), incluindo a proteção física do cérebro e da medula espinhal, a entrega de nutrientes e a remoção de resíduos metabólicos, como proteínas, e pode concentrar patógenos, sendo importante fonte de transmissão.

uma condição crônica de saúde que, se tratada adequada e regularmente, não interfere na expectativa e qualidade de vida das pessoas.

Pessoas que descobrem viver com HIV ou Aids e realizam o tratamento conforme prescrito diminuem rapidamente a quantidade de vírus circulante no sangue (carga viral), tornando-se indetectáveis; portanto, controlam a infecção, mantendo a saúde e zerando qualquer chance de transmissibilidade via sexual para sua(s) parceria(s). Toda pessoa vivendo com HIV e Aids (PVHA) que está com carga viral indetectável não transmite o HIV, a isso chamamos indetectável, que é intransmissível[4].

Sinais e sintomas de IST

As IST podem se manifestar por meio de sintomas como feridas, corrimentos, bolhas, verrugas anais e/ou genitais, dor pélvica, ardência ao urinar, lesões de pele e aparecimento de ínguas (adenomegalias). Essas infecções podem surgir em diversas partes do corpo, não se limitando apenas aos órgãos genitais e ânus. É fundamental observar o corpo durante a higiene pessoal para identificar possíveis sinais precoces de IST e, ao perceber sintomas, buscar atendimento de saúde, em geral de profissional da medicina ou enfermagem[5], mesmo sem relação sexual recente, e informar as parcerias sexuais. Exames laboratoriais após relações sexuais desprotegidas são essenciais para detectar IST, respeitando o tempo de janela imunológica[6], que difere entre as infecções. Tenha atenção caso apresente algum dos sintomas:

- **Corrimento:** aparece no pênis, vagina ou ânus; pode ser esbranquiçado, esverdeado ou amarelado, dependendo da IST; pode ter cheiro forte e/ou causar coceira; provoca dor ao urinar ou durante a re-

4 Indetectável = Intransmissível (I = I) ou Indetectável = Zero (I = 0) todas as pessoas vivendo com HIV em tratamento antirretroviral e carga viral indetectável há pelo menos seis meses não transmitem o vírus por via sexual; pessoas gestantes que vivem com HIV têm 99% de chance de terem filhas/os/es sem o HIV se seguirem o tratamento recomendado durante o pré-natal, parto e puerpério.

5 Muitas vezes, em especial no SUS, o primeiro atendimento ou acolhimento pode ser feito por um/a/e profissional da enfermagem que depois passará para profissional da medicina, se for necessário.

6 Refere-se ao período entre a infecção inicial e o momento em que um teste pode detectar de forma confiável a presença da infecção. Durante essa janela, os testes podem resultar em falsos-negativos, pois os marcadores de infecção ainda não são detectáveis.

lação sexual; nas mulheres cis e demais pessoas com vagina, quando é pouco, o corrimento só é visto em exames ginecológicos. Exemplos: pode se manifestar na gonorreia, clamídia e tricomoníase. Importante: o corrimento vaginal é um sintoma muito comum e existem várias causas que não são IST, como a vaginose bacteriana e a candidíase vaginal.

- **Feridas:** aparecem nos órgãos genitais ou em qualquer parte do corpo, com ou sem dor; os tipos de feridas são muito variados e podem se apresentar como vesículas, bolhas, úlceras, manchas, entre outros. Exemplos: podem ser manifestações da sífilis, herpes genital (HSV), cancroide (cancro mole), donovanose e linfogranuloma venéreo. Importante: na sífilis a lesão geralmente é indolor e desaparece após poucas semanas, o que pode gerar a impressão de cura; portanto, é essencial manter uma rotina de testes frequentes para as IST. Importante: a Mpox é uma doença viral que, apesar de **não** ser considerada IST, tem sido transmitida por contato íntimo e gera múltiplas lesões genitais.
- **Verrugas anogenitais:** são causadas pelo papilomavírus humano (HPV); podem aparecer em forma de couve-flor, quando a infecção está em estágio avançado; em geral, não doem e pode ocorrer irritação ou coceira. Importante: o HPV está associado ao câncer de colo de útero, dentre outros tipos de câncer; a vacinação contra HPV é essencial para ampliar a proteção.
- **Dor na genitália, ânus, na parte inferior de abdome ou durante relação sexual:** pode ser sintoma de IST não tratada na fase inicial ou que começa a atingir órgãos internos. Exemplo: a doença inflamatória pélivica (DIP) é uma manifestação clínica tardia, decorrente de gonorreia e clamídia não tratadas.

Além das IST que causam corrimentos, feridas, verrugas anogenitais e dores, existem infecções causadas por vírus, como HIV 1 e 2, HTLV 1 e 2, hepatites virais A, B, C, e D com sinais e sintomas específicos, mas que muitas vezes ficam silenciosas (assintomáticas) por anos.

Diagnóstico

As IST ocorrem com alta frequência na população geral, apresentando múltiplas manifestações clínicas, como vimos. O diagnóstico é baseado na avaliação clínica realizada por profissional de saúde habilitada/o/e, na identificação de vulnerabilidades individuais e coletivas, exame físico e exames complementares, que podem incluir a coleta de material biológico para testes laboratoriais ou rápidos, quando indicado. Você não precisa saber qual exame fazer, precisa procurar ajuda profissional se tiver sintomas e quem te atender vai orientar ou encaminhar.

Prevenção combinada

O que é sexo seguro?

Geralmente, o termo *sexo seguro* é associado ao uso exclusivo de preservativos. Por mais que o uso de preservativos seja uma estratégia fundamental a ser sempre estimulada, ele possui limitações. Assim, outras medidas de prevenção são também importantes e complementares para uma prática sexual de fato segura.

Qualquer pessoa que tenha relações sexuais pode se infectar com uma IST, independentemente de idade, estado civil, classe social, identidade de gênero, orientação sexual, credo ou religião.

A prevenção combinada associa diferentes tecnologias de promoção da saúde e prevenção das IST, adaptadas às características e ao momento de vida de cada pessoa. Entre os métodos combináveis estão:

- Uso frequente de preservativo e gel lubrificante.
- Testagem regular para IST a cada 4-6 meses ou antes, se necessário.
- Prevenção da transmissão vertical: evita a transmissão ao bebê durante a gravidez, parto ou amamentação.
- Tratamento oportuno das IST e hepatites virais crônicas.

- Imunização para HPV e hepatites A[7] e B.
- Programas de redução de danos para usuários de álcool e outras substâncias psicoativas.
- Profilaxia pré-exposição (PrEP).
- Profilaxia pós-exposição (PEP).
- Tratamento antiretroviral de todas as pessoas vivendo com HIV e Aids (PVHA): com adesão ao tratamento, atinge-se níveis de carga viral tão baixos que a transmissão do vírus por via sexual é nula, além de garantir qualidade de vida.

Usar preservativos interno ou externo e gel lubrificante

Preservativos são as famosas camisinhas. O uso de preservativos (externo ou interno) em todas as relações sexuais (orais, anais e vaginais) é o método mais eficaz para prevenir a transmissão de IST em geral, como gonorreia, clamídia e hepatites virais, além de evitar a gravidez não planejada. Embora existam diversos métodos contraceptivos, o uso consistente de preservativos é o único eficaz na prevenção conjunta de IST. Na prevenção de gestação não planejada recomenda-se sempre a dupla proteção: uso de preservativo e outro método contraceptivo.

Os preservativos e géis lubrificantes à base d'água podem ser obtidos gratuitamente nas unidades de saúde do SUS (para saber onde retirá-los na sua cidade, ligue para o Disque Saúde 136) ou comprados em farmácias e mercados. Existem diversos tamanhos, texturas, cores e sabores disponíveis, além de materiais diferentes (a maioria é de látex, mas já existem diversos de outros materiais para alérgicos).

Existem dois tipos de preservativo: 1) externo, que deve ser colocado no pênis ereto ou em *sextoys* (objetos para uso em atividades sexuais), antes da

---

7 No momento, a vacina de hepatite A faz parte do Programa Nacional de Imunização para crianças em dose única dos 15 meses até 5 anos, para adolescentes e pessoas adultas só está disponível na rede pública em poucas cidades, associada a controle de surtos, mas é facilmente encontrada na rede privada.

penetração; 2) interno, é usado internamente na vagina ou ânus, pode ser colocado algumas horas antes da relação sexual.

Orientação de como usar o preservativo

Manusear os preservativos é uma questão de prática. Treinar antes pode ajudar a evitar erros. Durante as preliminares, colocar a camisinha pode se tornar um momento prazeroso, por isso é importante que as orientações sigam o modo correto de uso (que em geral está na embalagem) e lembre-se de comentar para elas/es/us:

- Nunca reutilizarem os preservativos.
- Nunca usarem dois ou mais preservativos ao mesmo tempo, pois eles podem se romper com o atrito.
- Preservativos internos e externos não devem ser utilizados ao mesmo tempo, sob o risco de se romperem com maior facilidade.
- Preservativos também podem ser utilizados para qualquer tipo de penetração (por pênis, mão, dedos ou objetos), mas devem ser descartados e trocados por outro se a penetração for alternada entre as pessoas ou entre ânus, vagina e boca, para evitar a troca de fluidos corporais.
- Luvas e dedeiras de látex podem servir para a penetração por mãos e dedos, é importante manter as unhas bem aparadas para evitar lesões da mucosa penetrada ou rupturas da barreira utilizada.

Práticas sexuais entre vulvas, também chamadas de tribadismo, ou com troca de fluidos entre vaginas, também têm potencial de transmissão de IST. Existem poucos métodos de barreira específicos para a prática de tribadismo ou para sexo oral em vulva, como placas ou calcinhas com fundo de silicone ou látex resistentes, mas não são encontrados com facilidade no mercado, não estão disponíveis nos serviços de saúde pública e costumam ser pouco conhecidos e divulgados devido à desinformação de profissionais e da própria sociedade, em decorrência das concepções culturais heteronormativas sobre as práticas sexuais.

ATENÇÃO: filmes plásticos de uso culinário não devem ser utilizados por serem porosos e se romperem com muita facilidade.

As instruções das fabricantes de preservativos, conforme a Resolução nº 62, de 3 de setembro de 2008, da ANVISA (Agência nacional de Vigilância Sanitária), alertam para não usar objetos cortantes ou pontiagudos ao abrir a embalagem e não recomendam o corte do preservativo para outros fins. No entanto, devido à dificuldade de acesso a métodos de barreira específicos para sexo não penetrativo em vulvas, é possível improvisar uma placa de material seguro a partir de um preservativo (interno ou externo) ou uma luva de látex durante a prática sexual (Figura 1).

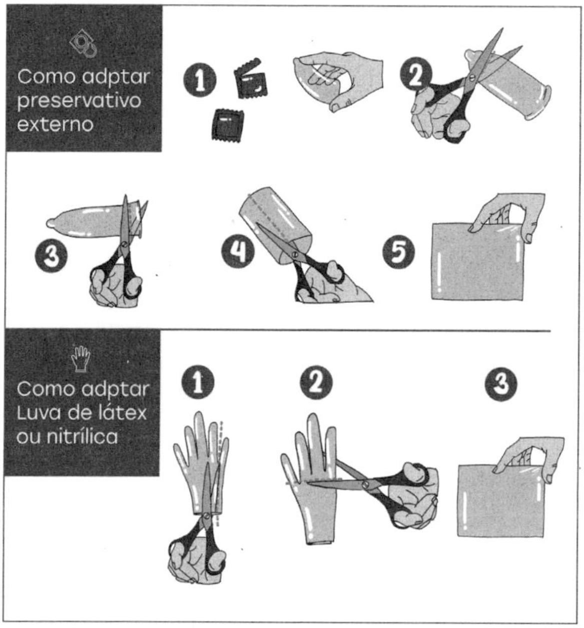

Figura 1

Fonte: Grupo Arco-Íris de Conscientização Homossexual, adaptada de Panfleto Espelho de mim: informações sobre sexo mais seguro entre mulheres.

Profilaxia pós-exposição (PEP) e profilaxia pré-exposição (PrEP)

Além dos preservativos, o SUS oferece outras formas de prevenção no caso de exposição a material contaminado ou desconhecido, bem como no caso de relação sexual desprotegida: PEP e PrEP.

A PEP é uma medida de prevenção de urgência; é o uso de medicações em situações de risco de infecção pelo HIV, hepatites e outras IST. As situações de risco incluem violência sexual, relação sexual desprotegida (sem o uso de PrEP ou preservativo ou com rompimento deste) e acidente ocupacional com instrumentos perfurocortantes ou contato direto com material biológico. O Ministério da Saúde mantém atualizados todos os locais que disponibilizam PEP no botão "Onde encontrar a PEP", disponível pelo link https://www.gov.br/aids/pt-br/assuntos/prevencao-combinada/pep-profilaxia-pos-exposicao-ao-hiv. Nos casos de violência sexual, a unidade de saúde onde a pessoa foi atendida deve iniciar os protocolos de PEP.

Já a PrEP é o uso dos medicamentos antirretrovirais antes das relações sexuais, reduzindo a probabilidade de a pessoa se infectar com HIV no caso de contato de risco. A PrEP para HIV deve ser utilizada se a pessoa se encontra em situação de vulnerabilidade para se infectar com o HIV.

Como saber se estou vulnerável à infecção pelo HIV?

A PrEP é indicada para qualquer pessoa com idade de 15 anos ou mais em situação de vulnerabilidade para o HIV, conforme descrito a seguir:

- Frequentemente deixa de usar preservativo em suas relações sexuais (anais ou vaginais).
- Faz uso repetido de PEP (profilaxia pós-exposição ao HIV).
- Apresenta histórico de episódios repetidos de IST.
- Contextos de relações sexuais em troca de dinheiro, objetos de valor, drogas, moradia etc.
- Chemsex: prática sexual sob a influência de drogas psicoativas (metanfetaminas, gama-hidroxibutirato (GHB), MDMA, cocaína, poppers) com a finalidade de melhorar e facilitar as experiências sexuais.
- Relacionamento sorodiferente, em que uma pessoa vive com HIV e a outra não.

Mas se você tem dúvidas procure um serviço de saúde ou profissional de saúde da sua confiança e se informe.

Vacinação: Imunização contra hepatite A, B e HPV

Vacinas são formas de prevenção. Todas as pessoas podem e devem tomar vacinas. É sempre importante verificar se as vacinas estão em dia. Para isso é importante levar sua carteirinha na UBS mais próxima e checar se está tudo em dia.

Como falar com minha filha/o/e sobre prevenção a HIV e demais IST?

Conversar sobre IST pode ser desafiador. Comece lembrando que você não precisa saber tudo e que conhecimento se constrói em conjunto. Aqui vão algumas dicas de como você pode fazer para tentar esse diálogo:

1. **Escolha o momento certo**: escolha um momento em que vocês estejam relaxadas/os/es e sem pressa, num **ambiente confortável** e com **privacidade** para garantir que a conversa ocorra em um lugar seguro, onde todas as pessoas se sintam à vontade para falar abertamente.
2. **Transparência e honestidade:** pergunte o que sua filha/o/e sabe sobre IST, HIV e aids, e fale de maneira clara e honesta sobre o que você sabe. Busquem em conjunto elucidar como cada pessoa pode se prevenir e desmistificar informações erradas que possam ter ouvido.
3. **Use uma linguagem apropriada:** adapte a linguagem e a quantidade de informação de acordo com a idade e a maturidade de sua filha/o/e, usando termos simples.
4. **Enfatize a prevenção**: o uso de **preservativos** e **gel lubrificante** é algo muito importante. Incentive e explique como usar. Manter disponível em casa é sempre uma estratégia eficaz e evita inibição, seja de retirar na UBS, seja de comprar em farmácias. Atualize-se em prevenção combinada e busque informações sobre PrEP e PEP conversando abertamente sobre a possibilidade dessas estratégias, pois são métodos que fortalecem a autonomia.
5. **Incentive a testagem regular:** explique a importância de realizar testes regulares para IST assim que iniciar a vida sexual. Agende e acom-

panhe a ida às consultas, se isso facilitar o processo. Normalize a prática de fazer testes como parte de uma rotina de cuidados com a saúde. Faça os seus testes também para criar um elo de confiança e suporte.

6. **Ofereça apoio e recursos**: deixe claro que você está disponível para conversar sempre que ela/e/u precisar e indique/acesse conjuntamente materiais educativos e organizações que possam oferecer mais informações e suporte, se algum exame for reagente.
7. **Reforce o respeito e a inclusão:** o exemplo prático é sempre o mais importante. Reforce a importância de respeitar a diversidade humana, seja ela qual for, em especial a sexual e de gênero. Crie um ambiente de apoio e aceitação, em que sua filha/o/e sinta segurança para ser quem é.

Lembre-se de que essa é uma conversa contínua e não precisa ser resolvida em uma única vez. Manter um diálogo aberto e contínuo é fundamental.

Para as informações sobre autorias, as referências e o material de apoio deste capítulo, acesse o QR-Code.